Art, médium, média

ESTHÉTIQUES
Collection dirigée par Jean-Louis Déotte

Pour situer notre collection, nous pouvons reprendre les termes de Benjamin annonçant son projet de revue : *Angelus Novus*.

« En justifiant sa propre forme, la revue dont voici le projet voudrait faire en sorte qu'on ait confiance en son contenu. Sa forme est née de la réflexion sur ce qui fait l'essence de la revue et elle peut, non pas rendre le programme inutile, mais éviter qu'il suscite une productivité illusoire. Les programmes ne valent que pour l'activité que quelques individus ou quelques personnes étroitement liées entre elles déploient en direction d'un but précis ; une revue, qui expression vitale d'un certain esprit, est toujours bien plus imprévisible et plus inconsciente, mais aussi plus riche d'avenir et de développement que ne peut l'être toute manifestation de la volonté, une telle revue se méprendrait sur elle-même si elle voulait se reconnaître dans des principes, quels qu'ils soient. Par conséquent, pour autant que l'on puisse en attendre une réflexion – et, bien comprise, une telle attente est légitimement sans limites –, la réflexion que voici devra porter, moins sur ses pensées et ses opinions que sur les fondements et ses lois ; d'ailleurs, on ne doit plus attendre de l'être humain qu'il ait toujours conscience de ses tendances les plus intimes, mais bien qu'il ait conscience de sa destination.

La véritable destination d'une revue est de témoigner de l'esprit de son époque. L'actualité de cet esprit importe plus à mes yeux, que son unité ou sa clarté elles-mêmes ; voilà ce qui la condamnerait – tel un quotidien – à l'inconsistance si ne prenait forme en elle une vie assez puissante pour sauver encore ce qui est problématique, pour la simple raison qu'elle l'admet. En effet, l'existence d'une revue dont l'actualité est dépourvue de toute prétention historique est justifiée… »

Dernières parutions

Jean-Louis DÉOTTE, *W. Benjamin littéralement*, 2017.
Martine LEFEUVRE-DÉOTTE, *Les campeurs de la République*, 2017.
Sandrine MORSILLO, *Eric Vigner, un théâtre plasticien. Lectures-performance au Musée d'Art Moderne de la ville de Paris (2013/2015)*, 2017.
Claude AMEY, *Duchamp & Warhol. De l'artiste à l'anartiste*, 2016.
Sandrine MORSILLO, *L'exposition à l'œuvre dans la peinture même*, 2015.
Lucie ROY, *Le pouvoir de l'oubliée : la perception au cinéma, Un essai à caractère philosophique*, 2015.
Ricardo SALAS ASTRAIN et Fabien LE BONNIEC (dir.), *Les Mapuche à la mode. Modes d'existence et de résistance au Chili, en Argentine et au-delà*, 2015.

Sous la direction de
Pascal Krajewski

Art, médium, média

Du même auteur

L'art au risque de la technologie. I, Les appareils à l'œuvre, L'Harmattan, 2013.

L'art au risque de la technologie. II, Le glaçage du sensible, L'Harmattan, 2013.

L'ordre technologique, Ovadia, 2016.

L'enquête : Sur l'art de Marc-Antoine Mathieu, PLG, 2016.

 Maison des Sciences de l'Homme
Paris Nord

© L'Harmattan, 2018
5-7, rue de l'Ecole-Polytechnique, 75005 Paris

http://www.editions-harmattan.fr

ISBN : 978-2-343-13800-8
EAN : 9782343138008

Ce livre est issu du travail mené dans la revue en ligne Appareil, *de la MSH-Paris Nord, en 2016-2017.*

Cette version papier n'aurait pas vu le jour sans la généreuse proposition de Jean Louis Déotte de l'accueillir dans sa collection chez L'Harmattan.

Je tiens aussi à remercier Audrey Rieber et Cécilia Monteiro, rédactrice en chef et secrétaire de rédaction de la revue Appareil, *pour leurs relectures aiguisées.*

L'article d'ouverture et « Remédiation » sont inédits pour cette version papier.

Un médium, des média ?

Pascal Krajewski

S'il est au sens étymologique « moitié », milieu entre deux extrêmes, et donc position moyenne, le médium est aussi le « moyen » par lequel quelque chose arrive. C'est dans ce second sens, très large, que nous engageons notre étude. Le médium se révèle d'abord en sa dimension matérielle : il est le truchement grâce auquel un message passe, une action se transmet, un individu se projette sur son environnement – quelque chose entre l'outil, le vecteur, la prothèse et le canal. Mais dès lors qu'il commencera à être pensé, il sera considéré dans ses effets structurants, dans ses modalités d'action, dans ses régimes d'usage – et il finira par rayonner comme manière, comme forme, comme abstraction. Et le médium en devient le « milieu » dans lequel les gens baignent.

A l'ampleur de son extension, s'ajoutent des tracasseries langagières qui confinent aux casse-têtes. Faut-il privilégier la francisation régulière du vocable ou le respect de son étymologie latine : utilisera-t-on, ou non, l'accent aigu « é » ? Quel pluriel emploiera-t-on : des médiums, des médias ou des média ? Qui statuera sur l'accord légitime en nombre : le ou les multimédia(s) ? Comment traduire ou transplanter le terme et ses dérivés ?

I. Trois voies vers le médium

Au sens moderne dans lequel nous l'utilisons aujourd'hui, le mot est assez neuf (disons qu'il remonte au début du XXe siècle). Convenons, en guise de point de départ, que le médium désigne ce qui sert de support à la transmission de quelque chose, et ce faisant, module spécifiquement des inter-relations. Avec une telle formule originelle, le médium pourra être tiré dans de nombreuses directions. Il nous semble que l'on peut identifier trois usages différents du terme, dessinant trois paysages partiellement redondants.

L'usage populaire : les médias et le médiatique

Le substantif « média » est très répandu auprès du grand public. Il s'énonce dans des expressions telles que « médias de masse », « sphère médiatico-politique », « pouvoir médiatique » – et il s'impose à nous dans des objets concrets comme la télévision et la radio.

Prima facie, cette notion ne semble concerner que le domaine des actualités, sous ses deux aspects : les informations (le poids des nouvelles fraîches) et leurs supports de diffusion (journal papier, télévision, radio). Un personnage est médiatique, s'il est connu du grand public ; et il l'est, parce qu'il est souvent présent dans la presse d'informations ou à scandale.

Mais à y regarder de plus près, la notion s'élargit. Trois couches viennent s'y superposer pour la constituer : un type de contenu (la nouvelle, la *news*, l'information, le *buzz*), un ensemble de vecteurs matériels de transmission (le poste de télévision ou de radio, l'écran d'ordinateur, les journaux, les magazines, les tracts, l'écran de cinéma documentaire) et par suite, des organisations économiques dédiées à la production et la circulation de ces messages (la presse, *Timewarner*, les chaînes de télévision).

Finalement, c'est peut-être sous leurs traits de médias de masse que ces médias se cristallisent et se reconnaissent le mieux. D'aucuns en dressent même l'inventaire. La France a retenu la typologie suivante[1] : presse, cinéma, radio, télévision, internet. Le monde anglo-saxon propose parfois une classification en sept *mass-media* : l'imprimé, l'enregistrement sonore, le cinéma, la radio, la télévision, internet, les téléphones portables. Il n'est pas toujours clair si la publicité ou le jeu vidéo, pour ne citer que les derniers entrants dans cet espace sémiotique, sont des médias ou sont autre chose.

Le projecteur se porte alors autant sur le contenu que sur le moyen de diffusion. Parler des médias, c'est souvent désigner des objets : 1/ matériels, 2/ très visibles, 3/ prégnants dans le quotidien de tout un chacun, et 4/ étudiés parce que susceptibles d'influencer le comportement des récepteurs en fonction du contenu du message qu'ils transmettent. Dès lors une « science des médias » tentera d'étudier les opinions qui se forment dans les sociétés et chez les sujets, ainsi que le comment de cette formation[2]. Témoin, l'école de Francfort qui a eu à cœur de placer sous sa vigilance critique les « industries culturelles »[3].

Les médias sont ici en nombre limité ; ce sont des vecteurs de contenus culturels ; ils détiennent un *pouvoir politique*.

La multiplication de ces médias a provoqué un phénomène généralisé et polymorphe de « coalescence médiatique ».

Ainsi la notion de « multimédia » a-t-elle émergé avec l'arrivée des ordinateurs et d'internet. Elle stipule que l'informatique autorise le collage, au sein d'un même objet, de plusieurs médias différents qui avaient

---

[1] Voir par exemple : Francis Balle, *Les médias*, Paris, PUF, 2014.
[2] Par exemple : Vilém Flusser, *La civilisation des médias*, Belval, Circé, 2006.
[3] Le syntagme « industrie culturelle » est forgé dès 1947 dans : Theodor W Adorno et Max Horkheimer, *La dialectique de la raison*, Paris, Gallimard, 2000.

l'habitude d'exister et de s'afficher séparément : son, image fixe, images animées, texte. Si l'idée n'est peut-être pas tout à fait nouvelle (un livre peut mêler textes et photographies ; un film amalgame souvent une musique à ses images animées), le multimédia insiste sur la présentation simultanée et agrégée de contenus associés à différents médias au sein d'un autre médium sous-jacent. Si l'informatique a accouché de la notion de multimédia, c'est peut-être qu'elle est moins un nouveau médium qu'un « infra-médium », sur lequel les autres peuvent se greffer et apparaître *presque* tels qu'en eux-mêmes.

Autre logique particulièrement visible dans les industries médiatiques, celle de la « remédiation », du passage d'un contenu issu d'un certain média vers un autre présentant d'autres qualités formelles, soit encore « la représentation d'un médium dans un autre »[1]. La remédiation opère une légère altération du contenu initial, afin de l'adapter aux régimes spécifiques du nouveau média. Par exemple, il n'est pas rare de voir un roman adapté en bande dessinée, en film ou en série télévisée ; un reportage repris à la radio, à la télévision, dans les journaux, sur Internet, sous des formes cousines ; etc. Dans l'industrie cinématographique, l'idée même d'une « chronologie des médias » acte bien d'une logique générale capable de se moduler selon différents supports.

Dernièrement est aussi apparue l'idée du « transmédia », et plus exactement d'une « narration transmédia ». On veut pointer là la capacité d'une œuvre à se développer en dehors d'un unique média, par l'apport de contenus produits selon d'autres régimes médiatiques. C'est le cas de certaines séries télévisées ou de certains jeux vidéo, qui se ramifient et s'amplifient *via* d'autres médias de transmission (internet, BD, vidéo) : s'élaborent ainsi des histoires riches de contenus issus de médias disjoints.

L'usage scientifique : les média et le médiologique

C'est sans doute à McLuhan que revient le mérite d'avoir élargi considérablement la notion, bien qu'il se gardât de la définir précisément. En 1964, dans *Understanding media*, il donne au mot « médium » un sens très ample[2] : *tout prolongement technico-technologique[3] de nous-mêmes est un médium*. La souris d'ordinateur, la voiture, la bouteille d'eau, la route, le téléphone, le crayon – mais aussi l'alphabet, l'argent, les jeux, l'électricité, la lumière électrique, etc.

---

[1] Jay David Bolter et Richard Grusin, *Remediation: Understanding New Media*, Cambridge, MIT Press, 1998. *Vide infra*, p. 165.
[2] Marshall McLuhan, *Pour comprendre les médias*, Paris, Point, 1968.
[3] Cette nuance est la nôtre. La technique est la sous-traitance du traitement de la matière (par des machines) ; la technologie est la sous-traitance du traitement de l'information (par des appareils). McLuhan ne parle que de « prolongement technique ».

Il pose avec une force sans précédent, et dans une formule lapidaire, que, vu ses effets sur l'homme et nos sociétés, c'est le médium qui compte, non son usage ! Autrement dit, *le médium est le message.*

En effet, pour McLuhan, il y a le médium et le message (ou le contenu), c'est-à-dire d'un côté le moyen par lequel l'homme se projette dans son monde, et de l'autre les choses qu'il choisit de faire, de traiter ou de transmettre avec cet outil. Et à bien regarder les changements intervenus chez l'Homme au cours de son histoire, on s'aperçoit que c'est moins le message que le médium lui-même qui aura primé (la mécanisation de l'industrie a révolutionné nos modes de vie, de travail, de loisirs, etc que l'on produise des voitures ou des *cornflakes*). Le médium façonne le mode et détermine l'échelle de l'activité et des relations des hommes. Comment ?

Point de départ de la thèse de McLuhan : le médium est une prothèse. Toute prothèse est médium. Le médium, en dehors de tout contenu, influe d'une part sur la structure sociale (il lui « donne sa saveur culturelle particulière ») et d'autre part sur le sensible de l'homme (« il façonne l'expérience et la conscience de chacun de nous »)[1]. Progressivement le médium va donc façonner tout notre sensible, le monde qui nous entoure et le milieu dans lequel nous baignons. D'où le point d'arrivée : notre milieu est la somme de nos média. Le médium est ce qui prolonge et ampute l'être de l'homme dans une forme technico-technologique nouvelle[2].

Sous son concept de médium sont donc regroupés des objets et des abstractions susceptibles d'influer sur le comportement des récepteurs simplement par leur forme et leur mode d'action. Dès lors, les sciences médiologiques vont tenter d'analyser les altérations de la sensibilité de l'individu, partant de l'hypothèse que les média détiennent un *pouvoir anthropique*.

Pour Régis Debray, fondateur de la médiologie, « *le* médium n'existe pas ». Délaissant l'objet-médium, insaisissable, mal fagoté, retors, il place l'accent sur la discipline et sa méthode, la médiologie. On peut malgré tout au travers de ses différents cours réussir à isoler quelques ébauches définitionnelles qu'il ne dénierait pas. Le médium est « *l'ensemble*, techniquement et socialement déterminé, *des moyens de transmission et de circulation symbolique* ». La médiologie s'intéresse moins aux *mass-media* (et même pas du tout) qu'à ce qu'on pourrait appeler, dans d'autres sociolectes, des idéologies ou des mèmes. Ainsi peuvent passer sous sa coupe, des institutions (école), des objets techniques (tube cathodique), des supports matériels (le papier), des codes sociaux (grammaire), des organes du corps (larynx), des modes généraux de communication (imprimé)[3].

---

[1] *Ibid.*, p. 40.
[2] *Ibid.*, p. 29.
[3] Régis Debray, *Cours de médiologie générale,* Paris, Gallimard, 1999, p. 14-24.

Quatre dimensions s'intriquent dans le concept large et à peine énoncé de médium : « 1/ un *procédé général de symbolisation* (parole articulée, signe graphique, image analogique) ; 2/ un *code social de communication* (la langue utilisée par le locuteur ou l'écrivant) ; 3/ un *support physique* d'inscription et de stockage (pierre, papyrus, support magnétique, microfilms, cd-roms), et 4/ un *dispositif de diffusion* avec le mode de circulation correspondant (manuscrit, imprimerie, numérique) »[1].

Il s'agira moins chaque fois d'analyser séparément chacune de ces quatre facettes, que de prendre en compte toute la richesse du terme, pour décortiquer, en bon médiologue, *ce qui compte*, c'est-à-dire encore et toujours les effets structurels sur l'homme et la société. C'est pourquoi la finalité de l'étude peut se déporter du médium lui-même vers ce qu'il organise, savoir la *transmission*. Le médium n'est ni un *mass-media*, ni un moyen (vecteur ou canal), il est un « dispositif véhiculaire » qui façonne notre histoire, qui sert à forger une « matrice de sens »[2]. Cet organe de transmission est l'invisible support de la circulation des signes, quels que soient leur mode de communication et leur stade chronologique.

Pour les médiologues, de 1960 ou du XXIe siècle, le médium est un dispositif matériel *véhiculant du sens* et qui n'est intéressant que dans la mesure où il organise une sculpture du sensible par la transmission pénétrante de ce sens.

L'usage esthétique : les médiums et le médiumnique

C'est Greenberg qui a popularisé l'idée de « médium » dans le champ de la critique d'art et plus globalement de l'esthétique. Dès son article « Vers un Laocoon plus neuf », paru en 1940, il analyse la démarche de l'art moderne comme la volonté de mettre à jour les caractéristiques propres et exclusives de chaque discipline artistique. Autrement dit, chaque art qui cherche à découvrir son essence doit s'affronter à ce qu'il est en propre ; c'est ainsi qu'il met à jour les qualités de son médium. Par exemple, la planéité de la surface d'une toile sera le seul élément pur de l'art pictural. Partant, les peintres qui la mettent en avant et qui s'affrontent à cette seule question, accomplissent le programme latent de la peinture à la recherche d'elle-même. Par conséquent, l'école de New York est la plus probe des démarches artistiques. *Ergo*, Jackson Pollock et ses compagnons d'armes sont les plus grands peintres de leur temps (de tous les temps ?).

L'art en son médium ne vise plus seulement à représenter du mieux possible et selon la sensibilité d'une époque, un contenu nouveau ou repris – il est aussi capable d'un « progrès », définissable soit comme l'exploration de

---

[1] Régis Debray, *Introduction à la médiologie,* Paris, PUF, 2000, p. 35.
[2] *Ibid.*, p. 31.

toutes les potentialités artistiques de son médium, soit comme la découverte de son destin plastique. Les enjeux médiumniques viennent remplacer les anciennes questions artistiques. Le médium de l'art serait alors à trouver à la croisée de deux chemins : l'approche matériologique et la volonté d'art. Il indexe une certaine classe de matériaux et leurs techniques afférentes, en même temps qu'il se confronte aux exigences particulières d'un artiste en quête de sens.

Et l'art moderne est peut-être en effet ce moment de l'histoire de l'art où l'œuvre se crée dans le désir de laisser transparaître son médium en ses constituants, son régime et son potentiel. Car les médiums détiennent un *pouvoir poïétique*.

Pourtant, au moment même où Greenberg sculptait le concept, le fait artistique multipliait les aventures qui allaient le contredire.

Dans les expérimentations iconoclastes et même arto-clastes d'un mouvement comme Dada, que Fluxus remettra au goût du jour dans les années 1960, de quel médium oserait-on parler ? L'œuvre y est un montage hybride, non fini, mêlant sans hiérarchie tout matériau, entre performance et installation, refusant toute technicité au geste de l'artiste, se désintéressant de la forme pour ne considérer que son impact politique ou anarchique !

Depuis l'art contemporain, les arts ont moins tendance à se structurer derrière les « arts classiques » (les arts à médium ?), qu'à se multiplier tous azimuts pour voir émerger un florilège de nouvelles branches : installation, *body art*, art conceptuel, *land art*, vidéo, etc. Non seulement les anciens médiums n'ont guère plus cours, mais les nouveaux semblent plus enclins à vouloir mêler différentes opérativités médiumniques qu'à se forger un médium propre et pur.

Plus récemment, l'irruption des nouvelles technologies dans l'art a produit l'avènement d'un « art des nouveaux média(s) », à l'appellation aussi discutable qu'étonnante. Sont concernés *a priori* les arts usant de l'électronique (puis de l'informatique), d'internet et des interfaces interactives, pour produire des œuvres d'un nouveau genre. S'il s'agit vraiment de l'art d'un seul nouveau médium – celui du numérique – pourquoi le qualifier d'un pluriel nébuleux (« les nouveaux médias ») ?

D'ailleurs, à ceux qui affirment cet avènement d'un « art technologique », issu de la mise en art du médium « technologie », il faudrait demander de vérifier qu'il s'accompagne bien d'un ensemble de règles spécifiques et exclusives de création. L'œuvre ainsi produite, si elle est d'art, est-elle vraiment *sui generis* ? Ne s'agit-il pas plutôt d'une sculpture, ou d'une installation, ou d'une performance – qui intègre une dimension technologique plus ou moins appuyée ? Nam June Paik, dans sa série des *Robots*, est-il sculpteur, *designer* ou techno-artiste ?

La technologie numérique ne serait-elle pas avant tout un médium d'hybridation, un « méta-médium » ? Les « nouveaux médias » numériques viendraient alors organiser la tendance à « l'effrangement des arts »[1], en se greffant sur certains, en en hybridant d'autres. Ce qui bien sûr irait prendre le contre-pied de l'idée greenbergienne de médium, devant assurer l'essentielle pureté d'un art ne frayant avec aucun autre...

II. Cerner le médium artistique

Considérons l'art du roman. Comment se présente-t-il ? Comment se donne-t-il à l'appréciation de ses récepteurs ? Que pourrait-on appeler le « médium du roman » ?

Le romancier travaille avec les mots d'une langue, qu'il agence pour tramer son texte. Écrira-t-il au stylo rouge, à la plume, à la machine à écrire, à l'ordinateur, avec un logiciel de reconnaissance vocale ou en dictant à son secrétaire : il fera toujours de la littérature, et la même. Bien que ses *outils* aient pu varier, le médium reste inchangé parce que son matériau et son intention, eux, ont résisté. Le romancier d'aujourd'hui et celui du XIXe siècle sont frères d'art, car ils s'affrontent à la même matière, les « mots raconteurs » ; tandis que le poète et le romancier modernes, chacun derrière son écran d'ordinateur, ne partagent pas tout à fait le même art bien qu'ils usent du même outil numérique : pour l'un, sa matière est faite de « mots raconteurs », pour l'autre de « mots évocateurs ».

Que le résultat de ce travail créateur tienne sur un manuscrit, un tapuscrit, ou un carnet – cela n'importe pas non plus à l'art en écriture et donc ne joue pas sur la définition du médium. Écrit sur du bois, du vélin ou du papyrus, le poème est toujours poème et le *substrat* de son inscription n'est pas même secondaire, il est accessoire.

Quant au médium du peintre, il pourrait s'analyser comme la « matière colorée agencée ». Quelle que soit sa spécificité matériologique, la peinture est toujours la matière primaire, par laquelle l'intention de l'artiste engendre forme et sens. L'outil du peintre peut varier – pinceau, couteau, doigt, corps – l'artiste n'en fait pas moins de la peinture. Le substrat de son travail peut être changeant – toile, carton, fresque – il n'en reste pas moins peintre. Là encore, le médium de l'art semble se distinguer de l'outil de l'artiste et du substrat de l'œuvre.

Revenons au roman. Comment le reçoit celui qui le lit ? Classiquement, il le lit sur un *support* « livre imprimé », dont le format importe peu : en gros caractères, en poche, en pléiade, en album jeunesse, etc, le lecteur lit

---

[1] Théodor Adorno, « L'art et les arts » [1967], dans *L'art et les arts*, Paris, Desclée de Brouwer, 2002, p. 43-74.

toujours le même livre tant qu'il lit les mêmes mots, quel que soit leur *vecteur* de présentation. De même, le support « écran » offre différents vecteurs *a priori* indifférents à l'œuvre : ordinateur, tablette, liseuse ou téléphone. Le changement de supports lui-même est censé resté anodin puisque le texte de l'œuvre est scrupuleusement respecté. Dans un livre, sur un écran, voire sur un mur, c'est toujours le même roman qui se donne à lire. De fait, un tel changement reste neutre dans la mesure où il ne transforme pas la modalité de la réception (ici, la réception visuelle de l'œuvre par sa lecture lexicale). Un poème peut apparaître dans son recueil original, dans une anthologie pour enfants, sur un panneau de métro, gravé sur un mur, dans un *twit*, sur un écran de téléphone – il reste égal à lui-même. Ce sont certes là des supports et des vecteurs différents de présentation de l'œuvre à son public – mais ils ne sont pas censés interférer avec l'appréciation de l'œuvre, donc avec le médium de l'art du littérateur.

La thèse est déjà moins tenable avec les traductions, non seulement parce qu'elles ne sont ni la langue, ni les mots, ni le rythme de l'auteur, mais aussi parce qu'elles varient avec les traducteurs. C'est que l'œuvre traduite est une œuvre seconde, se présentant à de nouveaux récepteurs sous une forme altérée sans pour cela nuire à l'œuvre primaire restée pure. Celle-ci, lorsqu'elle s'élabore, reste indifférente à ses potentielles traductions. Sans doute le médium de la littérature est-il de ceux qui peuvent voir leurs œuvres s'accroître de traductions interprétantes, de *versions*.

Mais pour le théâtre ? On peut recevoir une même pièce de théâtre en la *voyant* jouer sur scène, en la *lisant* dans un livre, ou en *l'écoutant* grâce à un livre audio. Les conditions matérielles de réception sont des plus variables puisqu'elle recourt ici à trois régimes différents du sensible. Nous dirons que la condition matérielle d'accès à l'œuvre est son *support*, ici : le corps de l'acteur, l'écrit papier, la voix invisible. Le *vecteur*, lui, sera le mode communicationnel de diffusion de l'œuvre, le choix industriel de sa circulation : par exemple, le corps de l'acteur se donnera à voir dans des théâtres nationaux, des kermesses, des écoles, en plein air, etc.

Comment l'auditeur entre-t-il en contact avec une symphonie ? Sur un CD, à la radio, dans une salle de concert : ce sont là autant de vecteurs de diffusion pour l'art musical. Et comment pourra-t-il apprécier tel opus de tel compositeur ? Dans une des nombreuses *interprétations* enregistrées au fil du temps, en version concert ou en studio, par tel grand chef d'orchestre ou tel autre. L'œuvre du maître, tant qu'elle est respectée dans sa partition, dans son *texte*, sera jugée telle qu'en elle-même – quelles que soient la qualité et la diversité des vecteurs de sa présentation et des versions interprétatives de son texte.

Pour les œuvres autographes comme les peintures et les sculptures, il n'y a théoriquement qu'une seule réception possible : celle en face à face, devant l'objet peint ou sculpté par l'artiste lui-même. Mais en fait, l'art de la peinture a réussi à se diffuser à la Renaissance grâce à la technique de la gravure, par laquelle un copiste (bien souvent artiste lui-même) reproduisait les œuvres majeures des maîtres, puis les diffusait sous forme de dessins noir et blanc de petit format. On peut alors dire que là encore, l'œuvre était réinterprétée par le graveur puis diffusée sur support papier, *via* le vecteur des gravures. Encore de nos jours, qui ne connaît *La Joconde*, et qui l'a vue de ses yeux ? Les vecteurs de *re-présentation* de l'œuvre, respectueux de ses qualités intrinsèques, permettent de l'apprécier sans la juger sur pièces : les photos, les posters, les imprimés. On doit y adjoindre des vecteurs de *dérivation* de l'œuvre, moins respectueux de ses qualités propres, diversifiant allégrement les supports de présentation, mais tout aussi porteurs du contenu et de l'idée de l'œuvre : tout le *merchandising* des musées est construit là-dessus. Les versions abrégées ou pour enfants des grands classiques de la littérature relèveraient, pour les œuvres littéraires, de cette logique de « dérivation vectorielle ».

Et qu'en est-il de la sculpture ? Sous l'apparente unicité d'un art immémorial, peut-on vraiment dire que l'art du tailleur et celui du modeleur recouvrent les mêmes pratiques, les mêmes techniques et le même apparaître de l'œuvre ? Le premier taille son bloc (de bois, de marbre) pour en extraire une œuvre, le second façonne son travail en amalgamant progressivement son matériau plastique (argile, terre). Et l'œuvre est-elle bien la même si elle est statue en marbre unique confinée dans une église, ou bronze fondu en plusieurs exemplaires, à partir d'un moule, lui-même issu du travail effectif de l'artiste, qui n'était donc que la matrice de la future œuvre offerte au public ? Les multiples bronzes *sont* l'œuvre ; les copies en plâtre exposées par souci de conservation d'originaux fragiles sont des vecteurs de re-présentation ; les moulages réduits vendus dans les boutiques sont des vecteurs de dérivation ; les divers matériaux (bronze, plâtre, argile, plastique) en sont les supports.

Dressons donc un premier bilan de cette analyse. Le médium de l'art est le matériau-à-informer, que l'artiste affronte par son geste singulier répondant à son intention : l'écrire, le peindre, le composer, le sculpter. Il n'est ni l'outil de l'artisan, ni le substrat matériel contingent de l'œuvre en train de se faire. Mais le médium d'un art est aussi le régime de présentation de l'œuvre à son public : le texte écrit, la surface peinte, la mélodie sonore, le volume dans l'espace. Il n'est ni le support concret de cette modalité, ni le vecteur socio-économique de sa diffusion (de présentation, d'interprétation, de représentation ou de dérivation). On distinguera donc d'un côté le médium tel qu'en lui-même, au moment de la création et de la réception d'un art – et de l'autre, les conditions connexes de sa bonne marche : outil, substrat/support, vecteur.

D'où notre thèse paradoxale : *la notion de médium ne parvient à devenir saillante et ne se révèle pertinente qu'à partir de l'instant où les artistes considèrent leur art sous l'angle de ses conditions connexes*. La peinture précise son médium quand elle commence à muter à cause de ses outils (les tubes de couleur des impressionnistes) ou de son substrat (le mouvement Support-Surface). On se demandera ce qu'est le médium de la poésie quand des poètes déclareront que leur œuvre a été spécifiquement créée pour être entendue *en live* et non lue sur du papier (poésie sonore) ; on se demandera si la bande dessinée « numérisée » bascule véritablement dans un nouveau clade d'une « bande dessinée numérique », si des œuvres se voient spécifiquement créées en fonction des nouvelles propriétés des tablettes et des écrans et en deviennent incompatibles avec la sphère du papier ; etc.

C'est au moment de la prise de conscience des réserves créatrices de ses conditions connexes, que le « médium » se baptise et germe tel le talisman chargé de conserver la veine unique et primordiale devant continuer d'irriguer un art foisonnant, explorant de nouvelles pistes de production. Et le médium ne pouvait se révéler tant qu'il n'était pas secoué, tant que les conditions connexes de son bon exercice ne cherchaient pas à prendre leur autonomie.

Tant que les artistes étaient focalisés sur leur art/médium, tant que l'art se résumait à la simple expression de son médium, et que les créateurs étaient jugés pour leur technique et leur intention d'art appliquées à un médium – *il ne pouvait pas être question du médium*. Mais dès que l'effort, l'intérêt, la recherche se déplacèrent sur les conditions connexes du médium, alors il devint urgent de lui accorder une place dans le langage et dans le travail.

Centrer le discours sur la question du médium fait alors peut-être droit à une triple préoccupation. Considérer que la création vise dans son faire à *sublimer un matériau*, en lui donnant ses « lettres de noblesse artistique » ; observer la *réflexivité de ce matériau*, qui non seulement donne à voir, mais qui aussi *se* donne à voir ; placer le travail artistique dans une démarche heuristique, de *recherche formelle*, visant à l'exploration voire l'exploitation des possibilités du médium en lien avec ses conditions connexes. Voilà donc paraître le médium de l'art !

Comme le créateur se focalise sur son médium, le récepteur devra, pour comprendre l'intention et le geste de l'artiste, être sensible aux mêmes problématiques – et le médium est bien ce qui transparaît quand le public se concentre sur les enjeux matériels et formels d'une œuvre d'art, afin de saisir comment elle vient à lui. C'est alors le *matériau, en son agencement et en ses qualités et dans son articulation avec ses conditions connexes d'existence*, qui, aux moments de la création *et* de la réception, est le point nodal de l'attention et de la relation. C'est donc en retranchant au faire artistique les conditions connexes d'apparition de l'œuvre, que l'on réussira à découvrir le médium de l'art.

D'abord matière, le médium est la transcendance d'un matériau d'origine et son exploitation artistique. L'artisanat a ses matériaux ; l'art, des mêmes, sécrète son médium. L'industrie de la poterie produit des objets à partir de la glaise ; l'art de la poterie crée des œuvres, en exploitant ce matériau dans un conflit entre l'artiste en son faire et son vouloir et la matière en ses réserves et ses résistances. Le médium est le mode d'être artistique d'un matériau. Plus exactement, il est l'ensemble des matériaux dans leur usage et destination artistiques, dans leur régime artistique (qui définit ainsi l'art du médium en question). Médium, *alias* matériau transcendé, ou matériau qui échappe à sa condition mondaine et prosaïque par le geste technique et intentionnel de l'artiste.

La résistance du médium et ses conditions d'existence sont les limites et les problèmes autant que les ressources et l'avenir de l'art. Le médium dit aussi bien le matériau que le mouvement de la « poïèse » qui s'en empare ou l'attention de « l'esthèse » qui le perçoit. Il a, non une logique, mais une *opérativité* interne que l'artiste doit affronter, pour que le public puisse s'y confronter. Le langage peut s'exploiter : techniquement (le langage de communication quotidien), poétiquement (le médium de la poésie, ce sont « les mots extraits de leur mondanité »), théâtralement (le médium du théâtre, c'est le « discours incarné par des agents »), romanesquement (le médium du roman, c'est le « récit déployé prosaïquement »). Et le médium « littérature » n'existe peut-être pas en soi, forcé de se préciser dans une multitude d'usages plus contraints.

Deux leçons sont données dès lors que l'on s'attache à cette idée de médium artistique : primo, c'est la matière même qui porte les enjeux de chaque art, et secundo, l'autonomie de chaque art est revendiquée, non seulement par rapport à la société, mais aussi par rapport aux autres arts.

Il y a alors deux façons d'approcher un médium : tenter d'en définir le propre, mettre en lumière son ossature, exalter sa « pureté » ; ou observer ses moyens d'extension non-catastrophique (de sorte qu'il se survive malgré tout), mettre sa gestique au premier plan, célébrer son « exubérance ». La première approche pourrait être qualifiée d'essentialiste, elle qui tente de donner une définition a-historique de la nature d'un art ; la seconde s'intéresse plutôt au devenir d'un art, dans le respect de critères qui en maintiennent le fil trans-historique. D'un côté, la position du puriste (légaliste et dogmatique) et de l'autre, la tournure du formaliste (anarchiste et expérimentale).

III. L'art, son médium et les média

Première partie : le médium de l'art

S'il apparaît au début du XXe siècle, le médium est peut-être une résurgence du problème plus ancien des disciplines artistiques, autrement dit de l'idée même d'un pluriel, les arts, qui viendrait compartimenter la grande idée de l'Art, au singulier. Les muses furent sans doute la première allégorie d'une divisibilité de l'Art. Les arts poétiques, les rhétoriques, les poétiques émaillent l'histoire des théories littéraires et artistiques : elles nous fournissent des traités censés éclairer les qualités et les différences de tel ou tel art, oscillant entre l'exercice normatif proposant des règles de bonne création et l'analyse esthétique observant les usages et les effets d'une œuvre ou d'un genre. Les académies, les ateliers, les concours ont été autant de façons d'organiser des pratiques artistiques communes répondant à autant de goûts du public. La philosophie apportera son tour personnel à l'entreprise en préconisant différents systèmes des Beaux-arts, fondés en principe et non plus en pratique (Schopenhauer, Hegel, Alain). Nous avons décidé de remonter ce fil archéologique jusqu'au XVIIIe siècle, pour y relever les premiers germes du futur médium avec Diderot puis Kant.

La notion de médium naît véritablement avec l'Art Moderne, dont l'histoire est une exploration sans précédent des possibilités techniques de chaque discipline. L'Art Moderne voit en effet fleurir les expérimentations et les aventures artistiques qui délaissent le contenu (le sujet traité ou l'objet représenté) au profit d'un questionnement sur les moyens de sa *présentation* (l'œuvre d'art en sa matérialité). Et ce moyen, matériel et technique, ce sera justement le médium. Et c'est sans doute au critique d'art américain Clement Greenberg que l'on doit attribuer sa conceptualisation précise[1].

En 1940, dans « Towards a newer Laocoon », le critique américain dresse une « apologie historique de l'art abstrait » (peinture, sculpture, poésie, musique). Historien de l'art, il relève les rapports tendus entre les disciplines artistiques cherchant à conquérir leur souveraineté en se libérant de l'influence des arts dominants. Depuis le XVIIe siècle, c'est la littérature qui domine le chœur des arts, leur imposant le recours à la fiction et à la narration. Mais les arts ont toujours tenté, avec plus ou moins de succès, de s'autonomiser, de rompre avec la nécessité de la *storia*. Ainsi il fut un temps où la musique domina, insufflant ses valeurs d'immédiateté et de pureté aux autres arts. En creux se définit donc le médium d'un art comme l'ensemble de ses qualités propres et exclusives.

---

[1] Les deux articles de Greenberg traduits sont lisibles dans Pascal Krajewski (sld), *Appareil. N°17 : Art et médium 1 : Le médium de l'art*, MSH-Paris Nord, Juillet 2016, en ligne. Les extraits qu'on va lire en sont issus.

> C'est par la vertu de son médium que chaque art est unique et strictement lui-même. Pour restaurer l'identité d'un art, l'opacité de son médium doit être accentuée.

A son époque, Greenberg note comme les arts ont finalement réussi à s'autonomiser, chacun ayant trouvé sa veine propre, en devenant « abstraits », c'est-à-dire en refusant le recours à la narration pour se concentrer sur les problèmes formels de leur médium. Ainsi en va-t-il de la peinture abstraite d'avant-garde qui découvre son médium en s'affrontant à ce qui lui résiste en propre :

> L'histoire de la peinture d'avant-garde est celle d'une soumission progressive à la résistance de son médium ; résistance qui est avant tout celle de la surface plane du tableau, luttant contre les efforts visant à en faire un « trou au travers duquel » paraît l'espace perspectiviste réaliste.

Vingt ans plus tard, dans « Modernist painting », Greenberg revient sur son intuition pour la confirmer en étudiant l'histoire de la peinture jusqu'à son modernisme actuel. La leçon historique se double d'une découverte philosophique : c'est dans sa capacité à l'auto-critique, issue des Lumières et de Kant, qu'il faut comprendre l'idée de Modernisme. En art, une telle auto-critique passe par une interrogation sur la nature du médium de chaque discipline. Ainsi peut s'élaborer une auto-définition de chaque art, ramené à sa pureté, c'est-à-dire à ce qu'il ne partage avec aucun autre. En peinture, cet élément, ce propre, consiste en la planéité de la surface de la toile ; la peinture moderniste, formelle, y trouvera donc son axe exclusif d'exploration.

> Et l'insistance sur l'inéluctable planéité de la surface (*flatness of the surface*) fut le point le plus fondamental dans les processus critiques par lesquels l'art de la peinture chercha à se définir au cours du Modernisme. Car la planéité était le seul élément exclusif de l'art pictural.

Qu'il s'agisse de trouver les caractéristiques essentielles d'un art, de l'établir en sa « pureté » en déterminant les propres de son faire artistique – ou bien d'inventorier les forces et les potentiels du dit art, de fixer un cap pour son progrès exploratoire – la question du médium va permettre de dire le destin d'un art. Nous proposerons donc de tester le concept en réfléchissant sur trois disciplines artistiques qui se sont autonomisées à force d'explorer ce qui était d'abord une unique veine médiumnique : le dessin, la bande dessinée et le dessin animé.

Seconde partie : les média dans l'art

La notion de « média » est, s'il était possible, encore plus fuyante que celle de « médium ». Selon sa langue d'ancrage, il n'est pas même dit qu'elle soit le pluriel du médium (et duquel ?).

Même si l'on réduit le champ de l'interrogation au seul domaine artistique (afin de cerner les média dans l'art), l'entreprise n'est pas moins périlleuse. On pourra proposer quatre zonages successifs pour préciser notre questionnement et les usages possibles de la graphie « média ». 1) Préférer « média » à « médiums » (et donc le tenir pour le pluriel du « médium » artistique), c'est simplement reconnaître au sein de la sphère de l'art l'existence d'œuvres pluri-médiumniques, qui usent simultanément de plusieurs médiums/a, c'est-à-dire qui mêlent diverses disciplines artistiques jusque-là cloisonnées. 2) Entendre « média » comme le pluriel de « médium » pris en son sens large (médiologique), c'est ouvrir la porte à l'ensemble de nos prothèses quotidiennes qui forgent notre sensible collectif et notre sensibilité individuelle ; car de nos jours, tout, rigoureusement tout, peut faire office de matériau artistique. 3) Évoquer les « médias en art », c'est tenir compte de l'irruption des médias culturels de masse dans notre société, leur ménager une place dans la sphère de l'art – même s'ils importent avec eux une économie, une réception et des dispositifs sans aucun rapport avec les médiums traditionnels de l'art. 4) Enfin, les « nouveaux média en art » feront référence à l'arrivée massive des technologies numériques et de l'informatique dans la sphère de l'art.

À une interrogation sur le fond, s'ajoutera un casse-tête lexicographique sans doute indémêlable. Quels mots en effet permettraient de théoriser l'irruption de ces « média(s) » dans l'art ?

Premier écueil, l'histoire très accélérée du développement des technologies depuis la fin de la Seconde Guerre mondiale. Les nouveaux média(s) déferlent dans nos quotidiens à un rythme effréné. Un terme forgé dans les années 1960, pour faire face à telle apparition ou à tel développement récents, sera déjà obsolète la décennie suivante, et devra faire place à une nouvelle notion permettant une approche plus englobante ou différemment troussée. L'idée du « poly-média » est une hydre mutante.

Une difficulté supplémentaire tient à l'importance et à la spécificité de la terminologie anglo-saxonne. Car l'anglais ne connaît que le couple *medium/media* (singulier/pluriel), pour évoquer tout ce qui touche à la transmission d'un contenu – de sorte que la télévision est un *medium* pour le locuteur anglais, tandis qu'elle est un média pour le locuteur français. L'emprise de l'anglo-saxon étant particulièrement prégnante dans les industries culturelles comme dans le numérique, l'incompatibilité terminologique entre notre approche et la leur sera particulièrement épineuse et retorse à résoudre. Parlera-t-on d'un « art multimédia », pour rester au plus proche de l'anglais et rappeler le pluriel latin du médium artistique – ou d'un « art multimédias », lorsque celui-ci utilise clairement des techniques polymédiatiques importées des grands médias de masse ? Une « œuvre multimédia » se pluralise-t-elle en des « œuvres multimédias » ?

Le problème que nous tenterons de construire dans la seconde partie sera donc double : ontologique et lexicologique. Quel est le médium d'un art composé de plusieurs média, et comment peut-on le catégoriser ? L'art peut-il survivre à l'intégration toujours plus échevelée des médias et de leur économie ? Peut-il si aisément assimiler leur logique à ses modalités (créatrices, réceptives, conservatrices...) ? Nous partirons du terme forgé par l'artiste-théoricien Dick Higgins dans les années 1960 pour analyser les œuvres hybrides de son temps : l'intermédia[1].

En 1966, dans « Intermedia », l'artiste américain note l'émergence d'œuvres inclassables, « venant se loger entre les médiums reconnus », qu'il appellera des intermédia, et qu'il considère comme l'art le plus intéressant de son époque. Les collages, les *ready mades*, Fluxus, les *happenings*, les *combine paintings* – loin de la pureté des arts abstraits – sont la force vive d'un art socialement engagé qui ne s'embarrasse pas de problèmes techniques mais revendique un usage politique de l'art.

Quinze ans plus tard, dans « Synesthesia et intersenses », l'artiste revient sur le contexte de la création de ce terme : il nous semble qu'il décrit moins une mode ou un mouvement datés, qu'une tendance constamment présente dans l'histoire de l'art : celle visant à faire fusionner, à l'intérieur d'une même œuvre, plusieurs médiums artistiques.

Notre problème lexicologique est donc posé d'emblée, puisque « the intermedia » s'entendra d'abord comme « les [œuvres] intermédia », puis très vite comme la classe ainsi constituée de « l'intermédia ».

Nous pourrons tester la résistance de la notion du médium à ces nouvelles logiques, en nous intéressant à deux domaines bien différents : d'une part, l'esthétique des choses banales (avec Danto et Duchamp/Warhol) ; et, d'autre part, la genèse d'un art peu connu en France, l'art radiophonique.

Higgins montrait la voie ; l'avenir allait la confirmer. Des logiques médiologiques exogènes s'introduisirent dans la sphère de l'art et les dénominations se multiplièrent : le *mixed media*, le post-média, le numérique, le trans-média, le multi-média. Ce sont là autant de façons de reposer la question chaque fois qu'une nouvelle forme d'hybridation entre dans la danse. Et c'est peut-être chaque fois une façon de dépasser, en la niant ou en la minimisant, l'emprise et l'opérativité du médium, pourtant conçu comme condition d'un art « pur », donc de tout art majeur.

---

[1] Les articles traduits de Higgins sont lisibles dans Pascal Krajewski (sld), *Appareil. N°18 : Art et médium 2 : Les média dans l'art*, MSH-Paris Nord, Septembre 2017, en ligne.

Enfin, on pourra poser la question de la présentation des œuvres, de leur médiation, c'est-à-dire interroger le rôle de l'institution muséale comme médium dans la sphère de l'art, qui, pour s'adapter aux nouvelles logiques du XXe siècle, doit elle aussi muter.

Bibliographie

ADORNO Théodor, *L'art et les arts*, Paris, Desclée de Brouwer, 2002
ADORNO Théodor et HORKHEIMER Max, *La dialectique de la raison [1944]*, Paris, Gallimard, 2000
ALAIN, *Système des beaux arts [1920]*, Paris, Gallimard, 1953
BALLE Francis, *Les médias*, Paris, PUF, 2014
BOLTER Jay David et GRUSIN Richard, *Remediation: Understanding New Media*, Cambridge, MIT Press, 1998
DEBRAY Régis, *Cours de médiologie générale*, Paris, Gallimard, 1999
DEBRAY Régis, *Introduction à la médiologie*, Paris, PUF, 2000
DE KERCKHOVE Derrick, *L'intelligence des réseaux*, Paris, Odile Jacob, 2000
FLUSSER Vilém, *La civilisation des médias*, Belval, Circé, 2006
GENETTE Gérard, *L'œuvre de l'art [2 Tomes]*, Paris, Seuil, 1994 et 1997
GREENBERG Clement, « La peinture moderniste » et « Vers un *Laocoon* plus neuf », dans KRAJEWSKI Pascal (sld), *Appareil. N°17 : Art et médium 1 : Le médium de l'art*, MSH-Paris Nord, Juillet 2016, en ligne
GUILLORY John, « Genesis of the media concept », dans *Critical Inquiry. Vol 36, N°2*, Hiver 2010, en ligne
HEGEL Georg Wilhelm Friedrich, *Esthétique. Tome 1 [cir. 1820]*, Paris, Librairie Générale Française, 1997
HIGGINS Dick, « Sur les intermédia », dans KRAJEWSKI Pascal (sld), *Appareil. N°18 : Art et médium 2 : Les média dans l'art*, MSH-Paris Nord, Septembre 2017, en ligne
LESSING Gotthold Ephraim, *Laocoon [1766]*, Paris, Hermann, 1990
MCLUHAN Marshall, *La Galaxie Gutenberg : face à l'ère électronique, les civilisations de l'âge oral à l'imprimerie [1962]*, Paris, Mame, 1967
MCLUHAN Marshall, *Pour comprendre les médias : les prolongements technologiques de l'homme [1964]*, Paris, Points, 1968
QUARESMA José (sld), *Art and Remediation*, Lisbonne, Université de Grenade, 2013
RANCIÈRE Jacques, *Le partage du sensible*, Paris, La Fabrique Éditions, 2000

Première partie

Le médium de l'art

Dans le corps de l'œuvre :
Pour une préhistoire du médium chez Diderot

Giuseppe Di Liberti

Giuseppe Di Liberti est maître de conférences en esthétique à l'université d'Aix-Marseille et membre du CEPERC (UMR 7304). Ses travaux portent notamment sur l'histoire des idées esthétiques, sur les relations entre esthétique et sciences de la vie, et sur le statut de l'objet artistique

Le spectateur, le critique, le philosophe

Dans l'incipit du Laocoon, ouvrage qui pourrait à juste titre être considéré comme le point de départ de toute réflexion sur l'intermédialité à l'âge moderne, Lessing présente à son lecteur trois figures emblématiques de ceux que l'on pourrait désigner aujourd'hui comme des « spectateurs informés » s'étant essayés à la comparaison entre poésie et peinture : l'amateur, « homme d'une grande finesse de goût qui sentait que ces deux arts produisaient en lui les mêmes effets » ; le philosophe qui « voulut mieux comprendre notre plaisir et découvrit qu'il découlait dans les deux arts d'une seule et même source », la beauté, montrant ainsi qu'elle possède des règles générales ; le critique d'art « réfléchissant sur la valeur et la répartition de ces règles générales, remarqua[nt] que les unes dominent la peinture, les autres la poésie[1] ».

---

[1] Gotthold Ephraim Lessing, *Laocoon*, trad. fr. par Courtin [1866], revue et corrigée, Paris, Hermann, 2002, p. 41. Derrière la figure de l'amateur se cachait très probablement l'ami Christoph Friedrich Nicolai, proche du cercle berlinois de Lessing, éditeur de la revue *Bibliothek der schönen Wissenschaft und freyn Künste*. Le philosophe était très certainement Moses Mendelssohn, qui avait publié en 1757 dans la revue de Nicolai ses *Betrachtungen über die Quellen und Verbindungen der schönen Künste und Wissenschaften* (remaniées en 1761 sous le titre *Über die Hauptgrundsätze der schönen Künste und Wissenschaft*). Et bien évidemment, le critique d'art n'est autre que Lessing lui-même, qui prenait ainsi en charge la fonction de l'analyse ponctuelle et factuelle des œuvres comme moyen pour comprendre les caractères propres de la poésie et la peinture.

Dans sa distribution des rôles, Lessing oublie, sans méchanceté pourrait-on dire, Denis Diderot. Il avait pourtant lu la *Lettre sur les sourds et muets*, souvent reconnue comme le « *Laocoon* français », dont il avait écrit un compte rendu élogieux dans le *Vossische Zeitung* en 1751, l'année même de la publication de la *Lettre*. Ses éloges s'adressaient surtout à la promptitude d'esprit de Diderot :

> Qui ne connaît les habitudes de Monsieur Diderot ? Il se lance constamment dans les digressions, il saute d'une idée à l'autre, et le dernier mot d'une période lui paraît une transition suffisante. Le nom de *Lettre* est peut-être une légère excuse pour ce manque de liaison. Sa meilleure excuse cependant, c'est que toutes ses digressions sont pleines d'idées neuves et belles. Si seulement tous les écrivains décousus voulaient bien nous dédommager de la sorte[1] !

Lessing reconnut donc Diderot en tant que critique d'art plutôt que comme philosophe.

> L'importance du procès intenté par Diderot aux idées de Batteux échappa [à Lessing], et il se borna à des éloges de nature générale qui montrent qu'il appréciait bien l'ouverture et la mobilité d'un esprit qu'il sentait apparenté au sien, mais qu'il ne discernait pas encore la portée de ses réflexions esthétiques[2].

D'ailleurs, quinze ans plus tard, dans son *Laocoon,* il n'y aura aucune trace de la lecture de la *Lettre*. Pourtant Diderot – et il s'agit de l'un des traits extraordinaires de sa réflexion – a été tout à la fois amateur, philosophe et critique. Il a souvent joué ces rôles simultanément dans le même texte, voire dans la même phrase. Il aurait certainement rejeté l'appellation d'amateur (« Nos artistes sont fatigués dans leurs ateliers d'une vermine présomptueuse qu'on appelle des *amateurs*, et cette vermine nuit beaucoup à leurs travaux[3] ») en lui préférant peut-être le qualificatif de *connaisseur*, auquel manquerait cependant la coloration sentimentale qui convient bien à maintes pages des *Salons*. Si Dieckmann a reconnu que Diderot avait « fait de la critique "en technicien" et "en philosophe"[4] », il faut certainement y ajouter la position du *spectateur*, qui certes vise à pénétrer les secrets de fabrication des objets artistiques et à comprendre les règles générales des arts

---

[1] Cité dans Roland Mortier, *Diderot en Allemagne (1750-1850)*, Genève/Paris, Slaktine Reprints, 1986, p. 345.
[2] Paul Hugo Meyer, « Introduction », *Diderot Studies*, « Diderot : "Lettre sur les sourds et muets" », édition commentée et présentée par Paul Hugo Meyer, 7, 1965, p. 24.
[3] Denis Diderot, *Salon de 1763*, *Œuvres*, édition établie par Laurent Versini en 5 tomes, Paris, Robert Laffont, 1994-1997, tome IV : *Esthétique – Théâtre*, 1996, p. 240. Abréviation adoptée en note : LV, 4.
[4] Herbert Dieckmann, *Cinq leçons sur Diderot*, Genève, Droz, 1959, p. 148.

ainsi que leur rapport à la nature et à la vérité, mais qui juge toujours à partir des effets que l'œuvre suscite en lui.

D'une certaine manière, à ces trois figures correspondent trois sens du médium chez Diderot, tout en sachant que Diderot n'utilise évidemment pas ce terme et que la tripartition arbitraire adoptée ici vise simplement à saisir trois plans qui sont intimement entrelacés. Nous ne souhaitons pas reconstruire ici une sorte de théorie du médium chez Diderot, mais nous cherchons plutôt à déterminer certaines caractéristiques du médium à partir de la réflexion sur les arts de Diderot, considérée comme geste fondateur de la critique d'art liée à la philosophie. Nous nous limiterons à parcourir quelques passages des *Salons*, donc nous resterons surtout dans le domaine de la peinture, puisqu'elle demeure certainement le domaine exemplaire pour examiner comment le spectateur, le critique et le philosophe travaillent ensemble. Il serait néanmoins envisageable de vérifier si les distinctions proposées ici sont également valables dans les autres domaines artistiques.

Cette tripartition nous semble bien représenter les différentes étapes des analyses d'œuvres par Diderot : commencer par les effets suscités par l'œuvre, puis comprendre comment l'œuvre a « fabriqué » (ou non) de tels effets, enfin inscrire ces analyses dans une interrogation plus large qui concerne aussi bien l'éthique que la relation entre la vérité (de l'œuvre) et la nature. Seule la profonde cohérence de ces trois plans peut conduire le *Philosophe* à la pleine appréciation d'une œuvre[1].

Trois voies vers le médium

En acceptant la proposition de Grimm de rédiger des comptes rendus des Salons pour la *Correspondance littéraire*, Diderot adopte avant tout la position du spectateur et note régulièrement les effets sentimentaux que les tableaux produisent sur lui. En 1763, il déclare : « Voilà, mon ami, tout ce que j'ai vu au Salon. Je vous l'écris au courant de la plume. [...] J'ai senti, et j'ai dit comme je sentais[2] ». Deux ans plus tard, en s'adressant au peintre avec ses *Essais sur la peinture*, dans la partie consacrée à la composition, il exprime très clairement son attente et son désir : « Touche-moi, étonne-moi, déchire-moi, fais-moi tressaillir, pleurer, frémir, m'indigner d'abord ; tu récréeras mes yeux après, si tu peux[3] ». Comprendre les moyens propres à la peinture sera la tâche du critique, mais le désir du spectateur précède, d'une certaine manière, l'analyse des règles et amène plutôt à interroger l'efficacité

---

[1] On pourrait lire en ce sens son enthousiasme pour Chardin ou sa distance vis-à-vis de Boucher : « Quelles couleurs ! quelle variété ! quelle richesse d'objets et d'idées ! Cet homme a tout, excepté la vérité » (D. Diderot, *Salon de 1761*, LV, 4, *op. cit.*, p. 205).
[2] D. Diderot, *Salon de 1763*, LV, 4, *op. cit.*, p. 289.
[3] D. Diderot, *Essais sur la peinture*, LV, 4, op. cit., p. 498.

des œuvres – littéralement leur capacité de produire des effets – et donc, pour paraphraser Michael Fried, la place consacrée au spectateur. Pour synthétiser ce premier plan d'observation adopté par Diderot, nous pouvons dire qu'il interroge le médium comme *condition du regard*, comme ce « qui nous permet de percevoir les images de telle sorte que nous ne les confondions ni avec de vrais corps ni avec de simples choses ». L'expression « condition du regard » pourra bien sûr sembler trop vague et on pourrait succomber à la tentation d'évoquer ici la notion de « dispositif » : ce faisant, l'on risquerait d'ajouter de la confusion plutôt que de clarifier la notion[1]. Nous nous limiterons à prendre en compte ici seulement deux conditions, qui ressortent souvent des pages de Diderot et qui, d'une certaine manière, peuvent nous aider à mieux comprendre la notion de médium : la manière dont le tableau s'adresse au spectateur et son contexte d'exposition. En ce sens, le médium pourrait signifier les manières par lesquelles la relation entre l'œuvre et le spectateur s'instaure.

« J'aime assez dans un tableau un personnage qui parle au spectateur sans sortir du sujet[2] ». Ce qui est étonnant et innovant dans cette remarque à propos d'un tableau de Greuze, ce n'est pas l'accent mis sur la dimension rhétorique grâce à laquelle le tableau s'adresse au spectateur, mais justement le dépassement de cette dimension rhétorique par la naturalité d'une figure qui parle au spectateur tout en restant plongée dans son activité, comme c'est le cas dans de nombreux tableaux de Chardin. Il s'agit ici de cette *primauté de l'absorbement* – « absorbement des personnages des tableaux dans un état ou une activité » – qui, selon Michael Fried, caractérise en partie la peinture française au milieu du XVIIIe siècle :

> Il fallut cependant attendre le milieu des années 1750 pour voir la critique et la peinture françaises poser en toute conscience la représentation de l'absorbement visant à convaincre le spectateur comme une exigence explicite, c'est-à-dire un effet spécifiquement artistique requérant une forme de plus en plus particulière de virtuosité. (L'absorbement prit forme d'exigence au moment précis où il cessa d'apparaître comme une ressource picturale assurée)[3].

C'est le paradoxe rhétorique que l'on retrouvera dans *Le Fils naturel* mais qui traverse en entiers les *Salons* de Diderot : l'acmé de l'efficacité d'un tableau correspond à sa naturalité, à sa vérité, et cette vérité correspond à la capacité du tableau d'oublier le spectateur, c'est-à-dire d'oublier la frontière entre l'espace fictif et l'espace vécu par le spectateur. Dans son article pour l'*Encyclopédie* sur la composition en peinture, Diderot insistait

---
[1] *Cf.* Bernard Vouilloux, « La critique des dispositifs », *Critique*, 718, 2007, p. 152-168.
[2] D. Diderot, *Salon de 1761*, LV, 4, *op. cit.*, p. 228.
[3] Michael Fried, *La place du spectateur. Esthétique et origines de la peinture moderne* [1980], Paris, Gallimard, traduit de l'anglais (États-Unis) par Claire Brunet, 1990, p. 18.

déjà sur le but principal d'un tableau : l'unité du point de vue[1]. L'harmonie des rapports entre les parties n'est pas pour ainsi dire finalisée en fonction de l'équilibre du tableau, mais sert surtout à bâtir un angle d'observation, un seuil qui permet au spectateur de plonger instantanément dans l'espace de l'œuvre.

En tant que spectateur, Diderot est aussi sensible à l'accrochage des tableaux lors des Salons, d'autant plus que de 1761 à 1773, le rôle de *tapissier* avait été confié à son cher Chardin[2]. Les remarques sur l'accrochage se multiplient :

> Chardin qui a été cette année ce qu'ils appellent le tapissier, à côté de ces deux misérables esquisses, en a placé une de Greuze, qui en fait cruellement la satire. C'est bien là le cas du *malo vicino* […]. Excellente leçon pour le Prince dont on a entremêlé les compositions avec celles de Vernet, il ne perdra pas ce qu'il a, et il connaîtra ce qui lui manque ; […] Ce cruel voisinage est encore une des malices du tapissier Chardin[3] […]

> Ce tapissier Chardin est un espiègle de la première force, il est enchanté quand il a fait quelques bonnes malices[4].

Pour la première fois en histoire de l'art, *l'exposition* est traitée comme *médium* et ce n'est pas un hasard qu'un artiste de renom en soit chargé. Avec le livret du Salon comme guide, Diderot décrit avant tout à Grimm et à ses lointains correspondants couronnés son expérience de vision, y compris les effets dus à l'accrochage.

En spectateur, Diderot ne peut que constater les effets d'une œuvre sur lui et donc son efficacité ; en critique, il doit nécessairement s'interroger sur les moyens qui permettent d'atteindre une telle efficacité. Nous pouvons identifier deux moments de cette interrogation : un premier, qui est celui du « critique militant » précisant pas à pas son lexique sans le définir ; un deuxième qui est celui du « critique théorique » – celui des *Essais sur la peinture* ou des *Pensées détachées sur la peinture, la sculpture, l'architecture et la poésie* – qui vise à organiser, sans volonté de systématisation, son vocabulaire critique. En reprenant l'expression de

---

[1] Cf. D. Diderot, « Composition en peinture », LV, 4, *op. cit.*, p. 120 et aussi la note 22. Fried souligne comment « Diderot ajoute une quatrième unité aux traditionnelles unités d'action, de temps et de lieu : celle du point de vue. Il l'introduit dès le début dans sa définition de la composition picturale et la définit avec force dans les *Essais* » (M. Fried, *La place du spectateur, op. cit.*, p. 95).
[2] Sur la fonction du *tapissier* voir Stéphane Lojkine, « Vérité, poésie, magie de l'art : les *Salons* de Diderot » [cours], université de Provence, sept.-déc. 2011, en ligne : http://utpictura18.univ-montp3.fr/Diderot/SalonsIntroduction.php.
[3] D. Diderot, *Salon de 1765*, LV, 4, *op. cit.*, p. 320 et p. 357.
[4] D. Diderot, *Salon de 1769*, LV, 4, *op. cit.*, p. 869.

Dieckmann, nous pourrions ajouter une troisième nuance à celles-ci, celle de critique technicien[1] : celui qui s'intéresse de près aux techniques artistiques. À titre d'exemple, rappelons la publication de l'*Histoire et secret de la peinture en cire*, l'édition du *Traité des couleurs pour la peinture en émail et sur la porcelaine* de Didier-François d'Arclais de Montamy ou des *Leçons de clavecin, et Principes d'harmonie* d'Anton Bemetzrieder, l'attention pour les articles de l'*Encyclopédie* consacrés aux pratiques artistiques. En tout cas, le point crucial pour Diderot critique d'art est toujours celui présenté dans la *Lettre sur les sourds et muets* : comprendre les *hiéroglyphes* propres à chaque art. Voici donc un deuxième sens du médium que nous pouvons retrouver dans la réflexion de Diderot et que nous pouvons lire de nouveau dans une perspective moderniste : *le médium comme langage propre à chaque art*.

Dans la première page du *Salon de 1765*, celui qui contiendra aussi les *Essais sur la peinture*, Diderot raconte presque humblement son apprentissage critique, comment il a quitté la simple condition de spectateur, poussé par la nécessité de réfléchir sur les notions de l'art (nécessité qui le pousse à la rédaction des *Essais*) ; et il montre surtout que les termes adoptés pour décrire les tableaux correspondent au langage propre à la peinture et que chaque art possède son langage.

> Si j'ai quelques notions réfléchies de la peinture et de la sculpture, c'est à vous, mon ami, que je les dois ; j'aurais suivi au Salon la foule des oisifs ; j'aurais accordé, comme eux, un coup d'œil superficiel et distrait aux productions de nos artistes ; d'un mot, j'aurais jeté dans le feu un morceau précieux, ou porté jusqu'aux nues un ouvrage médiocre, approuvant, dédaignant, sans rechercher les motifs de mon engouement ou de mon dédain. C'est la tâche que vous m'avez proposée, qui a fixé mes yeux sur la toile, et qui m'a fait tourner autour du marbre. J'ai donné le temps à l'impression d'arriver et d'entrer. J'ai ouvert mon âme aux effets. Je m'en suis laissé pénétrer. J'ai recueilli la sentence du vieillard et la pensée de l'enfant, le jugement de l'homme de lettres, le mot de l'homme du monde et les propos du peuple ; et s'il m'arrive de blesser l'artiste, c'est souvent avec l'arme qu'il a lui-même aiguisée. Je l'ai interrogé ; et j'ai compris ce que c'était que finesse de dessin et vérité de nature. J'ai conçu la magie de la lumière et des ombres. J'ai connu la couleur ; j'ai acquis le sentiment de la chair ; seul, j'ai médité ce que j'ai vu et entendu ; et ces termes de l'art, *unité, variété, contraste, symétrie, ordonnance, composition, caractères, expression*, si familiers dans ma bouche, si vagues dans mon esprit, se sont circonscrits et fixés.

---

[1] D. Diderot, *Pensées détachées sur la peinture*, LV, 4, *op. cit.,* p. 1044 : « quoique toute ma réflexion soit tournée vers les principes spéculatifs de l'art, cependant, lorsque je rencontre quelques procédés qui tiennent à sa magie pratique, je ne puis m'empêcher d'en faire note ».

> Ô mon ami ! que ces arts, qui ont pour objet d'imiter la nature, soit avec le discours, comme l'éloquence et la poésie ; soit avec les sons, comme la musique ; soit avec les couleurs et le pinceau, comme la peinture ; soit avec le crayon, comme le dessin ; soit avec l'ébauchoir et la terre molle, comme la sculpture ; le burin, la pierre et les métaux, comme la gravure ; le touret, comme la gravure en pierres fines ; les poinçons, le matoir et l'échoppe, comme la ciselure, sont des arts longs, pénibles et difficiles[1] !

Nous trouvons condensé dans ce passage, tout le parcours de Diderot qui, ayant fixé ses yeux sur la toile, commence à s'interroger sur la nature de ses sentiments et les limites de son langage, voit la continuité entre technique et théorie, et constate que sa sensibilité s'aiguise au fur et à mesure que ses idées se précisent. Mais les seules différences techniques entre les arts ne suffisent pas à comprendre l'idée d'imitation, qui met directement en jeu le rapport à la nature.

L'éclectisme et la curiosité du philosophe vont maintenant imposer à toute tentative d'analyse de sa pensée la traversée des péripéties dans les domaines les plus variés ainsi que la reconnaissance d'un fond unitaire. Bien évidemment, il ne s'agit pas de trouver une unité systématique qui a toujours été refusée par Diderot, mais plutôt une cohérence générale telle que l'on peut la chercher dans sa philosophie de la nature. Nous pourrions être tentés de dire que toute la philosophie de Diderot est une philosophie de la nature et que toute division disciplinaire *a posteriori* – son esthétique, sa morale – doit être intégrée au sein de sa philosophie de la nature. Il s'agit d'une nécessité de lecture souvent dictée par les textes mêmes. Comment lire autrement le très célèbre incipit des *Essais sur la peinture* ? « La nature ne fait rien d'incorrect. Toute forme belle ou laide a sa cause, et de tous les êtres qui existent, il n'y en a pas un qui ne soit comme il doit être[2] ». L'imitation de l'artiste ne doit donc pas se concentrer sur les effets de la nature mais sur les causes, pour les retrouver dans le tableau et nous faire « sentir une liaison secrète, un enchaînement nécessaire[3] » entre les parties d'un corps. L'artiste doit observer les phénomènes de la nature et saisir tout ce qui produit des changements, tout ce qui introduit des variations, car il n'y a pas dans la nature de corps abstraits et idéaux, mais toujours des corps qui se transforment. La vérité d'un tableau ne dépend pas de la fidélité de la reproduction des effets, mais de sa capacité de présenter de manière analogique les relations et les causes d'une forme.

En philosophe, Diderot nous donne alors à penser un troisième sens du médium, celui du médium comme *corps matériel*. Il s'agit sans doute de la

---

[1] D. Diderot, *Salon de 1765*, LV, 4, p. 291.
[2] D. Diderot, *Essais sur la peinture*, LV, 4, p. 467.
[3] *Ibid.*, p. 468.

forme la plus complexe de médium parmi celles que nous présentons ici ; elle nécessite au moins une articulation en trois moments.

Avant tout, chaque corps possède une organisation qui lui est propre et lorsque Diderot parle de la composition en peinture il vise justement cette analogie entre le tableau et le corps vivant : « Un tableau bien composé est un tout renfermé sous un seul point de vue, où les parties concourent à un même but, et forment par leur correspondance mutuelle un ensemble aussi réel que celui des membres dans un corps animal »[1]. L'être organique du tableau n'est pas simplement une règle de disposition des figures, mais le tableau comme corps vivant est la condition pour que le spectateur entre *en résonance*, pour réveiller « l'idée de rapports », percevoir hors de lui les rapports de son entendement.

> Chaque fonction que le corps remplit exerce un effet non seulement sur une de ses parties, mais sur le corps tout entier. Il y a une « conspiration générale des mouvements », une interdépendance de toutes les parties que l'artiste doit connaître et sentir pour les représenter [...] Ce qui est "imité" c'est la manifestation de certaines lois, l'expression de certaines fonctions ; l'une et l'autre n'existent que pour celui qui sait former l'idée d'un tout, d'un ensemble de causes et d'effets[2].

Le tableau imite un organisme complexe et devient ainsi un organisme vivant auquel le spectateur peut se rapporter de vivant à vivant, comme si la frontière de l'objet fictionnel pouvait être franchie grâce au sentiment de vérité, grâce au partage du sensible.

Ensuite, dès la *Lettre sur les sourds et muets,* Diderot montre comment tout langage, toute forme expressive doit être incorporé dans un corps : un corps qui n'est pas seulement un support mais une condition essentielle du langage. La formation du langage – et aussi la diversité des langages artistiques – dépend de nos organes de réception et d'expression. Il n'y a pas de langage sans incorporation.

Enfin, une dernière dimension ouvertement métaphysique vient outrepasser toute considération spécifique du problème artistique : le tableau en tant que corps vivant est une matière sensible et c'est justement la sensibilité qui, à partir du *Rêve de D'Alembert*, est considérée par Diderot comme la propriété universelle de la matière qui garantit le *commercium*

---

[1] D. Diderot, « Composition en peinture », LV, 4, p. 120.
[2] H. Dieckmann, *Cinq leçons sur Diderot*, p. 118 ; cit. in Fried, *La place du spectateur, op. cit.*, p. 88 qui continue : « comme Diderot y insiste, l'ensemble du tableau ne doit être qu'un système expressif et dramatique de causes et d'effets ; [...] En un mot, si l'unité picturale était une espèce de microcosme du système causal de la nature et de l'univers, l'unité de la nature appréhendée par l'homme était réciproquement, à l'instar de celle des tableaux, fondamentalement dramatique et expressive ».

entre les êtres, qui constitue le *continuum* des vivants. La réflexion de Diderot sur les arts ne peut pas être séparée de son matérialisme biologique, de ses idées sur la sensibilité de la matière et la variabilité infinie de la nature.

Ces trois positions différentes sur le médium, ces trois angles convergents d'observation, laissent en suspens un problème majeur. Qu'est-ce qui rend possible et légitime la comparaison des œuvres issues de différents arts ? Le sentiment ressenti par le spectateur, les effets de chaque œuvre peuvent-ils suffire à rapprocher des œuvres et à en saisir la spécificité ?

Diderot écarte explicitement la possibilité que la comparaison soit fondée sur un système des beaux-arts[1]. Mais peut-on vraiment comparer les œuvres de différents arts sans posséder un système de référence ? En d'autres termes, peut-on véritablement parler d'intermédialité sans avoir recours à un système implicite ou explicite ? Sans un principe unitaire, une source commune aux divers hiéroglyphes ? La critique que Diderot fait du système de Batteux ne cache-t-elle pas une exigence plus profonde que ses remarques sur le caractère vague de la belle nature et de la bonne imitation ?

Les hiéroglyphes vs le système des beaux-arts

De la *Lettre sur les sourds et muets*, nous l'avons vu auparavant, Lessing avait apprécié surtout la richesse d'idées de Diderot, malgré l'absence de rigueur dans l'argumentation, trop légèrement justifiée par le choix de la forme épistolaire. Cependant, le passage désinvolte d'un argument à un autre révèle peut-être un aspect structurel de la pensée de Diderot. Comme le soulignait Paul Hugo Meyer qui, en 1965, avait dirigé une importante édition critique du texte, « le manque de composition rigoureuse de la *Lettre* témoigne simplement du fait que pour Diderot il n'y a pas au fond de distinction organique acceptable entre métaphysique et esthétique, ou encore entre pensée et sensibilité[2] » et, si Diderot « vire en cours de chemin de la métaphysique à l'esthétique, c'est parce que ce passage correspond à celui qui conduit les idées de leur naissance à leur expression[3] ». C'est justement dans cette profonde unité de la métaphysique et de l'esthétique qu'il faut intégrer la réflexion de Diderot sur la spécificité et la singularité des médiums artistiques.

---

[1] Je me permets ici de renvoyer à mon article « Diderot : Le système des arts comme système des sens », dans Marie-Pauline Martin et Chiara Savettieri (dir.), *La musique face au système des arts ou les vicissitudes de l'imitation au siècle des Lumières (1690-1803),* Paris, Vrin, 2014 et à mon livre *Le système des arts*, Paris, Vrin, 2016.
[2] Gita May, « À l'usage de ceux qui lisent la *Lettre sur les sourds et muets* », *Diderot Studies*, 7, 1965, p. V-XXVI, p. XXII.
[3] *Ibid.*, p. XX.

Parfois, souvent même, on cite la *Lettre* pour y retrouver la critique assez féroce que Diderot adresse à Batteux, destinataire de la lettre, en particulier à son traité *Les Beaux-Arts réduits à un même principe* qui, dès sa parution en 1746, avait connu un succès extraordinaire. Contre le système des beaux-arts de Batteux, Diderot défend, dans la ligne de Shaftesbury et de Dubos, les différences entre poésie et peinture, et, plus généralement, les « hiéroglyphes particuliers » de tout art d'imitation, qui conduisent plutôt à un travail de comparaison qu'à une tentative de réduction à un seul principe.

Lisons ce passage célèbre de la *Lettre* :

> Partout où l'hiéroglyphe accidentel aura lieu, soit dans un vers, soit sur un obélisque, comme il est ici l'ouvrage de l'imagination, et là celui du mystère, il exigera pour être entendu, ou une imagination ou une sagacité peu communes. Mais s'il est si difficile de bien entendre des vers, combien ne l'est-il pas davantage d'en faire ? On me dira peut-être *tout le monde fait des vers* ; et je répondrai simplement, *presque personne ne fait des vers*. Tout art d'imitation ayant ses hiéroglyphes particuliers, je voudrais bien que quelque esprit instruit et délicat s'occupât un jour à les comparer entre eux.
>
> Balancer les beautés d'un poète avec celles d'un autre poète, c'est ce qu'on a fait mille fois. Mais rassembler les beautés communes de la poésie, de la peinture et de la musique, en montrer les analogies, expliquer comment le poète, le peintre et le musicien rendent la même image, saisir les emblèmes fugitifs de leur expression, examiner s'il n'y aurait pas quelque similitude entre ces emblèmes, etc. c'est ce qui reste à faire, et ce que je vous conseille d'ajouter à vos *Beaux-Arts réduits à un même principe*. Ne manquez pas non plus de mettre à la tête de cet ouvrage un chapitre sur ce que c'est la belle nature ; car je trouve des gens qui me soutiennent que faute de l'une de ces choses votre traité reste sans fondement ; et que faute de l'autre, il manque d'application. Apprenez-leur, Monsieur, une bonne fois comment chaque art imite la nature dans un même objet ; et démontrez-leur qu'il est faux, ainsi qu'ils le prétendent, que toute nature soit belle, et qu'il n'y ait de laide nature que celle qui n'est pas à sa place.[1]

Pour illustrer sa position, Diderot se lance ensuite dans la comparaison de trois œuvres – quelques vers de l'*Enéide,* une gravure de Frans Van Mieris et un fragment de musique composé par Diderot même – qui ont le même objet d'imitation, une femme mourante. Voici donc ce que Diderot propose à la place d'un système abstrait sans fondement ni application : un travail de

---

[1] D. Diderot, *Lettre sur les sourds et muets*, LV, 4, *op. cit.,* p. 43 ; Diderot présente la même critique à Batteux dans l'article *Beau* de 1752 publié ensuite en 1772 sous le titre *Traité du beau* : « M. l'abbé Batteux rappelle tous les principes des beaux Arts à l'imitation de la belle nature ; mais il ne nous apprend point ce que c'est que la *belle nature* » (LV, 4, *op. cit.*, p. 91).

terrain en contact direct avec les œuvres dans leur singularité, prenant en compte leur processus de fabrication. Même si le fond la *Lettre* reste métaphysique, nous pouvons déjà y trouver les présupposés qui seront mis en œuvre dans critique des *Salons*[1]. Et il lance ainsi une nouvelle pique à l'abbé Batteux :

> Je ne doute point que l'on ne trouvât dans nos peintres, nos poètes et nos musiciens des exemples, et plus analogues encore les uns aux autres et plus frappants du sujet même que j'ai choisi : mais je vous laisse le soin de les chercher et d'en faire usage, à vous, Monsieur, qui devez être peintre, poète, philosophe et musicien ; car vous n'auriez pas tenté de réduire les beaux-arts à un même principe, s'ils ne vous étaient pas tous à peu près également connus[2].

Ne serait-ce que pour la verve de Diderot face au style plutôt austère de Batteux, on peut facilement être tenté de sympathiser avec le *Philosophe* dans cette querelle, en courant le risque de simplifier la réflexion de Diderot ainsi que l'apport de Batteux, et de tomber dans quelques contradictions.

Tout d'abord, Diderot ne nie pas la notion de beaux-arts ni leur unité générale donnée par l'imagination. En d'autres termes, il n'a jamais remis en question le système des connaissances du *Discours préliminaire* et la place des beaux-arts dans ce système :

> La peinture, la sculpture, l'architecture, la poésie, la musique et leurs différentes divisions, composent la troisième distribution générale, qui naît de l'imagination, et dont les parties sont comprises sous le nom de beaux-arts. On pourrait aussi les renfermer sous le titre général de peinture, puisque tous les beaux-arts se réduisent à peindre, et ne diffèrent que par les moyens qu'ils emploient ; enfin, on pourrait les rapporter tous à la poésie, en prenant ce mot dans sa signification naturelle, qui n'est autre chose qu'invention ou création[3].

Pareillement, la notion d'arts d'imitation n'a jamais été remise en cause. Ce que Diderot critique chez Batteux est une idée abstraite d'imitation qui ne rend pas compte des différences des formes artistiques et de la singularité des observations des artistes sur la nature. Et c'est justement la question de la « belle nature » qui pose le plus de problèmes à Diderot et qui nous montre la profonde continuité entre métaphysique et esthétique dans sa pensée. Toute nature est belle et il n'y a pas de nature figée. « Tout ce qui est ne peut être ni contre nature ni hors de nature », dira Bordeau dans le *Rêve de D'Alembert*. La nature ne donne pas à voir des objets finis mais des

---

[1] *Cf.* P. H. Meyer, « The "Lettre sur les sourds et muets" and Diderot's Emerging Concept of the Critic », *Diderot Studies*, 6, 1964, p. 133-155.
[2] D. Diderot, *Lettre sur les sourds et muets*, LV, 4, *op. cit.*, p. 47.
[3] Jean Le Rond D'Alembert, *Discours Préliminaire*, Paris, Vrin, 2000, p. 114.

processus, des rapports de cause à effet, des relations. L'artiste doit observer les transformations toujours en acte des formes naturelles, en saisir les causes et retrouver avec le langage propre à son art le système de relations visé.

Pour approfondir l'étude des critiques formulées contre Batteux, il ne faut pas oublier qu'elles apparaissent dans la dernière partie de l'ouvrage, après l'analyse de la question de l'inversion linguistique (qui était, l'argument qui précède le texte le déclare[1], l'objet principal de la *Lettre*) et l'introduction de l'idée de hiéroglyphe.

Qu'est-ce que le hiéroglyphe ? Il est le stade le plus avancé de perfectionnement d'un langage et c'est à ce stade que Diderot reconnaît l'émergence et la spécificité du phénomène poétique[2]. Pour arriver à ce stade il faut suivre une évolution que Diderot décrit dans ces termes : « Il faut distinguer dans toutes les langues trois états par lesquels elles ont passé successivement au sortir de celui où elles n'étaient qu'un mélange confus de cris et de gestes, mélange qu'on pourrait appeler du nom de langage animal. Ces trois états sont l'état de *naissance*, celui de *formation*, et l'état de *perfection*[3] ». Cette ligne évolutive sert à démontrer la distinction nette qui subsiste pour Diderot entre l'ordre naturel des idées et l'ordre d'institution du langage : « Je dis l'*ordre naturel* des idées ; car il faut distinguer ici l'*ordre naturel* d'avec l'*ordre d'institution*, et pour ainsi dire, l'*ordre scientifique* ; celui des vues de l'esprit, lorsque la langue fut tout à fait formée[4] ». C'est certainement parmi les propositions les plus originales de la *Lettre* : la formation des idées est indépendante de l'évolution du langage et le degré de perfectionnement de ce dernier n'est pas déterminé par sa correspondance avec l'ordre des idées mais par sa capacité analytique et, pour ainsi dire, générative et expressive. Pensée et langage ne naissent pas ensemble et ne se développent pas simultanément et le sourd-muet en est la preuve : « un homme qui s'interdisant l'usage des sons articulés, tâcherait de s'exprimer par gestes[5] ».

L'évolution d'une langue, selon Diderot, pourrait se résumer ainsi : sur la base d'un « langage animal » qui peut compter seulement sur les signes naturels de cris et de gestes, se fonde le stade de naissance du langage

---

[1] « Où l'on traite de l'origine des inversions ; de l'harmonie du style ; du sublime de situation ; de quelques avantages de la langue française sur la plupart des langues anciennes et modernes, et, par occasion, de l'expression particulière aux beaux-arts » (D. Diderot, *Lettre sur les sourds et muets*, LV, 4, *op. cit.*, p. 13).

[2] Une analyse très claire du modèle d'évolution du langage de la *Lettre* est offerte par Élizabeth Lavezzi, « Remarques sur la peinture dans la *Lettre sur les sourds et muets* », *Recherches sur Diderot et sur l'Encyclopédie*, 46, 2011, p. 72-84.

[3] D. Diderot, *Lettre sur les sourds et muets*, LV, 4, *op. cit.*, p. 32.

[4] *Ibid.*, p. 14.

[5] *Ibid.*, p. 14.

humain qui utilise encore les gestes et des mots invariables, et qui suit l'ordre naturel des idées. Le deuxième état, celui de la formation, est caractérisé par l'abandon des gestes et la découverte d'une harmonie syllabique. Dans le troisième stade, celui de la perfection « on a voulu de plus de l'harmonie, parce qu'on a cru qu'il ne serait pas inutile de flatter l'oreille en parlant à l'esprit » et « comme on préfère souvent l'accessoire au principal ; souvent aussi l'on a renversé l'ordre des idées pour ne pas nuire à l'harmonie[1] ».

Le hiéroglyphe représente le moment strictement poétique où l'accessoire[2] est devenu l'élément principal et génère une nouvelle production de sens qui dépasse la signification des mots. L'expérience qu'on peut faire du hiéroglyphe est une expérience esthétique totale, dans laquelle nos sens, nos sentiments, notre imagination et notre entendement sont pareillement sollicités :

> Il passe alors dans le discours du poète un esprit qui en meut et vivifie toutes les syllabes. Qu'est-ce que cet esprit ? J'en ai quelquefois senti la présence ; mais tout ce que j'en sais, c'est que c'est lui qui fait que les choses sont dites et représentées tout à la fois ; que dans le même temps que l'entendement les saisit, l'âme en est émue, l'imagination les voit, et l'oreille les entend ; et que le discours n'est plus seulement un enchaînement de termes énergétiques qui exposent la pensée avec force et noblesse, mais que c'est encore un tissu d'hiéroglyphes entassés les uns sur les autres qui la peignent. Je pourrais dire en ce sens que toute poésie est emblématique. Mais l'intelligence de l'emblème poétique n'est pas donnée à tout le monde ; il faut être presque en état de le créer pour le sentir fortement[3].

Ainsi le spectateur qui parvient à saisir avec toutes ses facultés l'emblème devient lui-même l'artiste. D'une certaine manière, on serait tenté de dire que le hiéroglyphe conduit circulairement à un état pré-linguistique, mais cette lecture pousserait peut-être un peu trop loin les intentions de

---

[1] *Ibid.*, p. 33.
[2] E. Lavezzi, « Remarques sur la peinture dans la *Lettre sur les sourds et muets* », *op. cit.*, p. 82 : « Ce que, dans les *Essais*, Diderot appelle accessoire, (ce qui n'est pas du tout le sens du terme en peinture) correspond au hiéroglyphe pictural de la *Lettre* : la représentation d'un objet visible qui intensifie l'expression et l'harmonie ; le passage des *Essais* précise que l'énergie est apportée à l'œuvre par l'analogie entre l'objet représenté (l'arbre) et le sujet du tableau, la chaumière et la pauvreté de l'habitant qui l'occupe. Autrement dit, le vieil arbre près de la chaumière relève de la métaphore (il est misérable comme l'habitant) et de la métonymie (il est voisin de l'habitant de la chaumière). […] si l'accessoire est un hiéroglyphe pictural, ce dernier est la représentation d'un objet choisi pour les idées qui lui sont attachées et qui s'ajoutent au sujet traité pour le renforcer. De cette façon, Diderot valorise ce qui pourrait passer pour secondaire dans un tableau (le vieil arbre n'est pas le sujet), justifiant le choix paradoxal du terme accessoire ».
[3] D. Diderot, *Lettre sur les sourds et muets*, LV, 4, *op. cit.*, p. 34.

Diderot. Ce qui est certain c'est que le hiéroglyphe représente le moment où, après avoir distingué et analysé les idées, et après avoir structuré un langage, nous pouvons retrouver la profonde unité entre sensation, sentiment, imagination et entendement.

« Chaque art a ses avantages ; il semble qu'il en soit d'eux comme des sens. Les sens ne sont tous qu'un toucher ; tous les arts, qu'une imitation. Mais chaque sens touche, et chaque art imite d'une manière qui lui est propre[1] ». Toute forme expressive peut atteindre un état de perfection qui produit du sens et conduit à l'unité nos processus d'appréhension du monde. C'est la découverte de ce qui est strictement artistique qui transforme un problème artistique en une question métaphysique. En ce sens, en considérant le hiéroglyphe comme le médium propre à un art, nous pouvons lire ce passage assez étonnant de la *Lettre* :

> Je fréquentais jadis beaucoup les spectacles, et je savais par cœur la plupart de nos bonnes pièces. Les jours que je me proposais un examen des mouvements et du geste, j'allais aux troisièmes loges ; car plus j'étais éloigné des acteurs, mieux j'étais placé. Aussitôt que la toile était levée, et le moment venu où tous les autres spectateurs se disposaient à écouter ; moi, je mettais mes doigts dans mes oreilles, non sans quelque étonnement de la part de ceux qui m'environnaient, et qui ne me comprenant pas, me regardaient presque comme un insensé qui ne venait à la comédie que pour ne la pas entendre. Je m'embarrassais fort peu des jugements, et je me tenais opiniâtrement les oreilles bouchées, tant que l'action et le jeu de l'acteur me paraissaient d'accord avec le discours que je me rappelais. Je n'écoutais que quand j'étais dérouté par les gestes, ou que je croyais l'être. […] Quoi que vous pensiez de mon expédient, je vous prie de considérer que, si pour juger sainement de l'intonation, il faut écouter le discours sans voir l'acteur ; il est tout naturel de croire que pour juger sainement du geste et des mouvements, il faut considérer l'acteur sans entendre le discours[2].

Promenade au Salon

Diderot a été un homme de théâtre et le paradigme de la scène a toujours été prépondérant dans sa réflexion sur les arts[3]. Et au théâtre, il ne se

---

[1] D. Diderot, *Entretiens sur le fils naturel*, LV, 4, *op. cit.*, p. 1186.
[2] D. Diderot, *Lettre sur les sourds et muets*, LV, 4, *op. cit.*, p. 21.
[3] Roland Barthes, « Diderot, Brecht, Eisenstein », dans *L'Obvie et l'obtus, Essais Critiques III*, Paris, éditions du Seuil, 1982, p. 150 : « Toute l'esthétique de Diderot, on le sait, repose sur l'identification de la scène théâtrale et du tableau pictural : la pièce parfaite est une succession de tableaux, c'est-à-dire une galerie, un salon : la scène offre au spectateur « autant de tableaux réels qu'il y a dans l'action de moments favorables au peintre ». Le tableau

contente pas de se boucher les oreilles, il arrive même à imaginer le « quatrième mur » qui laisse aux acteurs la possibilité d'oublier complètement la présence du public : « Imaginez sur le bord du théâtre un grand mur qui vous sépare du parterre ; jouez comme si la toile ne se levait pas[1] ». Encore un changement de perspective, un bouleversement du point de vue, une expérience mentale visant à dévoiler les traits fondamentaux d'un phénomène artistique. Eisenstein, presque deux siècles plus tard, montrera comment selon lui « seul le cinéma réalise jusqu'au bout [ce] précepte de Diderot[2] ».

En sourd, il peut aller au théâtre, en sourd – en reprenant un *topos* des théories de la peinture – il peut même envisager de visiter une exposition, pour saisir les gestes, les mouvements des figures : « Celui qui se promène dans une galerie de peintures fait, sans y penser, le rôle d'un sourd qui s'amuserait à examiner des muets qui s'entretiennent sur des sujets qui lui sont connus[3] ».

Diderot tout aussi curieux du bavardage du public des Salons, rapporte parfois les petits commentaires volés dans la foule, aime à observer les effets que les œuvres exercent sur les gens. Mais il s'est surtout « laissé pénétrer » par les œuvres et leurs effets. Avant d'être critique et philosophe, il a été spectateur et en tant que spectateur qui ouvre son âme, il s'interroge parfois sur la médiation, sur l'échange entre l'espace de la peinture et son espace vécu. C'est en ce sens que nous pouvons reconnaître chez Diderot une idée de médium comme *condition du regard* qui concerne la prédisposition du spectateur, le sujet du tableau, la disposition de l'exposition.

La promenade n'est plus alors une simple déambulation, mais la synthèse même de l'activité du spectateur : on se promène dans la nature comme dans un tableau, on se promène dans le tableau comme à la campagne, on se promène au Louvre avec le livret du Salon en main et on observe les effets de montage de l'exposition. C'est surtout l'expérience de celui qui est

---

(pictural, théâtral, littéraire) est un découpage pur, aux bords nets, irréversible, incorruptible, qui refoule dans le néant tout son entour, innommé, et promeut à l'essence, à la lumière, à la vue, tout ce qu'il fait entrer dans son champ ; cette discrimination démiurgique implique une haute pensée : le tableau est intellectuel, il veut dire quelque chose (de moral, de social), mais aussi il dit qu'il sait comment il faut le dire ; il est à la fois significatif et propédeutique, impressif et réflexif, émouvant et conscient des voies de l'émotion. ».
[1] D. Diderot, *De la poésie dramatique*, LV, 4, p. 1310.
[2] Sergueï Eisenstein, « Diderot a parlé de cinéma », *Europe*, 1984, 661, p. 138. Sur Eisenstein lecteur de Diderot, voir Jean-Claude Bonnet, « Diderot a inventé le cinéma », *Recherches sur Diderot et sur l'Encyclopédie*, numéro 18-19, 1995, p. 27-33 et Véronika Altachina, « Eisenstein, lecteur de Diderot », *Recherches sur Diderot et sur l'Encyclopédie*, 50, 2015, p. 155-165.
[3] D. Diderot, *Lettre sur les sourds et muets*, LV, 4, p. 20.

devenu spectateur en étant passé par le stade du critique et du philosophe pour affiner sa sensibilité.

Une des plus belles et célèbres pages des *Essais sur la peinture* résume le sens de ce type de promenade :

> S'il nous arrive de nous promener aux Tuileries, au bois de Boulogne, ou dans quelque endroit écarté des Champs Elysées sous quelques-uns de ces vieux arbres épargnés parmi tant d'autres qu'on a sacrifiés au parterre et à la vue de l'hôtel de Pompadour, sur la fin d'un beau jour, au moment où le soleil plonge ses rayons obliques à travers la masse touffue de ces arbres dont les branches entremêlées les arrêtent, les renvoient, les brisent, les rompent, les dispersent sur les troncs, sur la terre, entre les feuilles, et produisent autour de nous une variété infinie d'ombres fortes, d'ombres moins fortes, de parties obscures, moins obscures, éclairées, plus éclairées, tout à fait éclatantes ; alors les passages de l'obscurité à l'ombre, de l'ombre à la lumière, de la lumière au grand éclat, sont si doux, si touchants, si merveilleux, que l'aspect d'une branche, d'une feuille arrête l'œil, et suspend la conversation au moment même le plus intéressant. Nos pas s'arrêtent involontairement ; nos regards se promènent sur la toile magique, et nous nous écrions : quel tableau ! Oh que cela est beau ! Il semble que nous considérions la nature comme le résultat de l'art. Et réciproquement, s'il arrive que le peintre nous répète le même enchantement sur la toile, il semble que nous regardions l'effet de l'art comme celui de la nature. Ce n'est pas au Salon, c'est dans le fond d'une forêt, parmi les montagnes que le soleil ombre et éclaire, que Loutherbourg et Vernet sont grands[1].

Starobinski observe à juste titre le paradoxe : « Pour trouver la vérité, il faudrait quitter Paris, vivre à la campagne. Mais il faut habiter les villes pour acquérir les qualités essentielles de l'artiste[2] ». C'est le paradoxe de la vérité en peinture ou autrement dit le rêve de Diderot de surmonter le conflit entre nature et culture. C'est le même paradoxe que celui de la « promenade Vernet » du *Salon de 1767*.

La promenade devient aussi, toujours en 1767, une sorte de méthode descriptive ou au moins une rhétorique du critique qui cherche une correspondance entre le mouvement du spectateur et le discours du tableau : « C'est une assez bonne méthode pour décrire des tableaux, surtout champêtres, que d'entrer sur le lieu de la scène par le côté droit ou par le côté gauche, et s'avançant sur la bordure d'en bas, de décrire les objets à

---

[1] D. Diderot, *Essais sur la peinture*, LV, 4, p. 478.
[2] Jean Starobinski, « L'espace des peintres », dans *Diderot, un diable de ramage*, Paris, Gallimard, 2012, p. 340.

mesure qu'ils se présentent. Je suis bien fâché de ne m'en être pas avisé plus tôt[1] ».

En conclusion, revenons un instant sur une phrase de la précédente citation des *Essais* : « …l'aspect d'une branche, d'une feuille arrête l'œil, et suspend la conversation… ». « Pour Diderot – écrit encore Starobinski – la peinture digne d'être aimée est celle qui l'"arrête" et le "fixe", celle qui l'oblige à revenir sans cesse à une scène éloquente ou magique, et c'est tout ensemble celle qui l'incite à inventer, en écho, des images qui n'ont pas encore trouvé leur peintre, et que le langage s'ingénie à tracer avec ses ressources propres, à la fois surabondantes et pauvres[2] ».

L'instantanéité du point de vue, l'arrêt sur le tableau, la suspension du discours, nous positionnent à la place du peintre[3], nous conduisent au point de départ de notre promenade dans le monde, au moment qui précède le long travail du pinceau et l'analyse des idées conduite par le langage : le moment où sentir et juger coïncident, où nous adhérons pleinement au monde de la vie.

Bibliographie

ARBO Alessandro, « Diderot et l'hiéroglyphe musical », *Recherches sur Diderot et sur l'Encyclopédie*, 30, 2001, p. 65-80

BATTEUX Charles, *Les Beaux-Arts réduits à un même principe*, (1746) éd. critique par Jean-Rémy Mantion, Paris, Aux amateurs de livres, 1989

BECQ Annie, « Diderot Historien de l'art ? », *Dix-huitième siècle*, 19, 1987, p. 423-438

BELLEGUIC Thierry, « La matière de l'art Diderot et l'expérience esthétique dans les premiers "Salons" », *Diderot Studies*, 30, 2007, p. 3-10

BELTING Hans, *Bild-Anthropologie : Entwürfe für eine Bildwissenschaft*, Munich, Fink, 2001 ; trad. par Jean Torrent, *Pour une anthropologie des images*, Paris, Gallimard, 2004

BOULERIE Florence, « Diderot et le vocabulaire technique de l'art : Des premiers "Salons" aux "Essais sur la peinture" », *Diderot Studies*, 30, 2007, p. 89-111

---

[1] D. Diderot, *Salon de 1767*, LV, 4, p. 677.

[2] J. Starobinski, « L'espace des peintres », op. cit., p. 373.

[3] D. Diderot, *Lettre sur les sourds et muets*, LV, 4, p. 30 : « notre âme est un tableau mouvant d'après lequel nous peignons sans cesse : nous employons bien du temps à le rendre avec fidélité ; mais il existe en entier et tout à la fois : l'esprit ne va pas à pas comptés comme l'expression. Le pinceau n'exécute qu'à la longue ce que l'œil du peintre embrasse tout d'un coup. La formation des langues exigeait la décomposition ; mais *voir* un objet, le *juger* beau, *éprouver* une sensation agréable, *désirer* la possession, c'est l'état de l'âme dans un même instant ».

BUCHS Arnaud, « Quand le tableau se fait image. Diderot en ses *Salons* », *Poétique,* 160, 2009, p. 405-415

CARTWRIGHT Michael T., « Diderot critique d'art et le problème de l'expression », *Diderot Studies*, 13, 1969, p. V-XII, 1-267

CHOUILLET Jacques, *La formation des idées esthétiques de Diderot*, Paris, Armand Colin, 1973

COHEN Huguette, « Diderot et les limites de la littérature dans les Salons », *Diderot Studies*, 24, 1991, p. 25-45

DELON Michel, « Le regard détourné Diderot et les limites de la représentation », dans Diderot, Denis, *Écrits sur l'art et les artistes*, textes réunis et présentés par Jean Seznec, Paris, Hermann, 2007, p. 259-275

DELON Michel, « Les "Essais sur la peinture" ou la place de la théorie *», Diderot Studies*, 30, 2007, p. 31-51

DUFLO Colas, *Diderot philosophe*, Paris, Honoré Champion, 2003

FUNT David, « Diderot and the Esthetics of the Enlightenment », *Diderot Studies*, 11, 1968, p. 5-192

GENAND Stéphanie, « L'œil ravi : violences du regard dans les premiers "Salons" de Diderot », *Diderot Studies*, 30, 2007, p. 143-154

HOBSON Marian, « Quelques Références dans la "Lettre sur les sourds et muets" », *Diderot Studies*, 18, 1975, p. 111-119

LOJKINE Stéphane, « Le problème de la description dans les "Salons" de Diderot », *Diderot Studies,* 30, 2007, p. 53-72

MAY Gita, *Diderot et Baudelaire critiques d'art*, Genève, Droz, 1973

MEYER Paul H., « The "Lettre sur les sourds et muets" and Diderot's Emerging Concept of the Critic », *Diderot Studies*, 6, 1964, p. 133-155

MODICA Massimo, « Diderot philosophe et critique d'art. Essai sur l'esthétique de Diderot », *Recherches sur Diderot et sur l'Encyclopédie*, 33, 2002, p. 73-95

QUINTILI Paolo, « La couleur, la *téchne*, la vie. L'esthétique épistémologique des *Salons* (1759-1781) », *Recherches sur Diderot et sur l'Encyclopédie*, 25, 1998, p. 21-39

Kant, les beaux-arts et leurs moyens d'expression

Danielle Lories

Danielle Lories et professeur de philosophie, de philosophie de l'art et d'esthétique philosophique à l'université catholique de Louvain, B-1348 Louvain-la-Neuve, Belgique.

Introduction

Afin d'éclairer la notion de médium artistique apparue dans les théories de l'art au cours du XXe siècle, on se propose ici de remonter le fil du temps bien en deçà de l'art moderne. La question actuelle du médium connaît en effet une « préhistoire » où pourrait-on dire ce qui fait question est d'abord *l'unité* des disciplines que nous considérons aujourd'hui comme des « subdivisions » du concept d'Art (des sous-espèces de l'espèce Art, ou des espèces du genre Art), tant il est vrai que la solution à ce problème de l'unité des arts fut bien plus longue à s'imposer que la question des subdivisions – par les moyens, les matériaux ou les procédés – de l'Art[1]. Historiquement, la question du principe de rassemblement des arts fut loin d'être aisée à trancher dans l'héritage non seulement de la pluralité des Muses, mais aussi des divisions médiévales entre les arts libéraux (dignes de l'homme libre) et les arts « mécaniques » ou « mercenaires » (exercés par les serfs ou contre rémunération). Aucun de ces groupes ne fournit l'ancêtre de la liste des « beaux-arts » qui s'établit au XVIIIe siècle. Le pluriel des beaux-arts *précède* l'usage d'un singulier qui les rassemblera (tout en admettant une hiérarchie et une articulation des différences). Or de ce pluriel, nous sommes encore tributaires dans notre usage actuel, lorsque nous parlons de « subdiviser » l'Art (ou l'art).

---

[1] Qu'on peut écrire avec une majuscule pour mettre à distance tout ce à quoi renvoient encore, par-delà les « beaux-arts », les traductions modernes de *technè* ou *ars*.

Le présent propos sera centré sur un moment particulier de cette préhistoire de la question du médium artistique telle qu'elle se pose aujourd'hui. Il sera traité de la classification des beaux-arts (et accessoirement de la hiérarchie qui en ressort) proposée par Kant, à la charnière, très signifiante à cet égard, des XVIIIe et XIXe siècles. Comme le siècle près de s'achever, Kant parle des « beaux-arts », s'interroge sur la manière de les classer, de distinguer et lier une pluralité unifiée sous cette appellation commune, mais n'évoque pas l'« Art » : le siècle suivant le fera. Pourtant le principe de l'unité des beaux-arts n'est plus celui, typique encore du XVIIIe siècle, de l'imitation de la belle nature. Et il n'est pas encore cette essence unique de l'Art au singulier qui, chez Hegel, se déclinera dans l'enchaînement systématique, historique mais surtout logiquement nécessaire des formes d'art et des arts particuliers qui ont en commun de se destiner au beau, c'est-à-dire à la manifestation sensible de l'Idée.

1. Kant et ses références

Dans la « Critique de la faculté de juger esthétique », au moment où Kant aborde la « Division des beaux-arts », la beauté est définie comme « l'expression d'idées esthétiques[1] » ; c'est ce qui fait l'unité des arts distincts. Et il faut, avant d'aller plus loin, prendre la mesure de la distance prise par Kant par rapport aux critères d'unité qu'avait reconnus son siècle et que ses contemporains (pré-)romantiques n'avaient de cesse de contester.

Pour ce regard rétrospectif inévitable, le texte kantien nous offre un point de départ car la troisième *Critique* n'évoque que deux théoriciens qu'elle qualifie de « critiques du goût » : Batteux et Lessing[2]. Tous deux sont des repères tout à fait essentiels pour la question de l'unité et de la pluralité des arts au XVIIIe siècle.

Dans son essai incontournable sur l'histoire du système des beaux-arts[3], P. O. Kristeller relève l'« origine relativement récente » de ce système qui n'a pas « adopté sa forme définitive avant le XVIIIe siècle ». L'historien fait jouer un rôle clé à l'ouvrage de Charles Batteux, *Les Beaux-Arts réduits à un*

---

[1] Nous citons la traduction réalisée par A. Renaut de la *Critique de la faculté de juger*, désormais CFJ, Paris, GF Flammarion (Aubier), 1995, en l'amendant (rarement) et/ou en la complétant des termes allemands pour des questions de clarté, et ce, sans autre avertissement que la présente note. Nous indiquons le paragraphe et si c'est utile la page du tome V de l'édition de l'Académie. Ici : CFJ, § 51, p. 320.
[2] CFJ, § 33, p. 284.
[3] Paul Oskar Kristeller, *Le Système moderne des arts. Étude d'histoire de l'esthétique*, Nîmes, Jacqueline Chambon, 1999.

même principe (1746)¹, selon lequel les arts seraient beaux d'imiter la belle nature².

Batteux éprouve encore le besoin de distinguer les beaux-arts des arts mécaniques en donnant aux premiers pour fin le plaisir, de sorte qu'une tripartition des arts selon leur fin s'établit : les arts mécaniques doivent satisfaire le besoin ; les beaux-arts visent le plaisir³ ; enfin, sorte d'intermédiaire entre les deux premières, une espèce d'arts a « pour objet l'utilité et l'agrément tout à la fois : tels [*sic*] sont l'éloquence et l'architecture⁴ ».

Après l'« étape décisive vers un système des beaux-arts » que constitue la thèse de Batteux, « la touche finale » audit système serait apportée par les Encyclopédistes⁵. En effet, le « Discours préliminaire » de d'Alembert consacre la liste des cinq beaux-arts que sont la peinture, la sculpture, l'architecture, la poésie et la musique : ce sont des arts voués au plaisir *et* à l'imitation. Par rapport aux divisions de Batteux, l'architecture rejoint plus pleinement le statut de *bel*-art, tandis que l'éloquence et la danse disparaissent de la liste des beaux-arts « par excellence »⁶. L'*Encyclopédie* contribua sans nul doute à populariser sous cette forme le système des beaux-arts en Europe, et les cinq arts indiqués comme majeurs par Kristeller – architecture, sculpture, peinture, musique et poésie – sont ceux retenus par l'*Esthétique* de Hegel quand il s'agit de proclamer l'insuffisance, en matière de jugement sur les arts, des critères, typiques du siècle précédent, du plaisir du goût et de l'imitation.

Un constat s'impose à partir de cet arrière-fond trop brièvement évoqué du siècle des Lumières : il ne reste presque rien du classique principe d'imitation chez Kant, puisque la notion même d'imitation est marginalisée à l'extrême. Si elle revêt une certaine portée du point de vue critique, c'est en un sens fort différent de ce qui se trouvait encore chez un Batteux. Ce qu'écrit Kant sur ce point doit être justement interprété : « La nature était belle lorsqu'en même temps elle avait l'apparence de l'art ; et l'art ne peut être appelé beau que si nous sommes conscients qu'il s'agit d'art et que

---

¹ Charles Batteux, *Les Beaux-Arts réduits à un même principe*, Paris, Aux amateurs de livres, 1989.
² Ce qui lui vaudra rapidement de vives critiques, dont celle de Diderot.
³ C. Batteux, *Les Beaux-Arts réduits à un même principe*, *op. cit.*, p. 82. Il est ici question des beaux-arts « par excellence », et il faut noter ce « par excellence » qui rend la liste qui suit *non exclusive* : « tels sont la musique, la poésie, la peinture, la sculpture, et l'art du geste ou la danse ».
⁴ *Ibid.*
⁵ P. O. Kristeller, *Le système moderne des arts*, *op. cit.*, p. 64, 66.
⁶ On pourrait ajouter que les arts sont ici présentés dans un ordre hiérarchique, même si la contestation de cet ordre se trouve dans le texte même qui la présente. Les articles consacrés aux différents arts confirment la référence à l'imitation.

celui-ci prend cependant pour nous l'apparence de la nature[1] ». Ce que la thèse peut avoir de commun avec celle du principe unique de Batteux, c'est de renvoyer au goût lui-même[2], au jugement de goût (dans sa pureté) chez Kant. Car la justification de ce parallèle entre nature et art est bien à trouver dans l'appel à la définition selon laquelle « est beau ce qui plaît dans le simple jugement appréciatif (et non pas dans la sensation des sens, ni par l'intermédiaire d'un concept)[3] ». Cette manière de présenter l'appréciation du goût indique, dès à présent, que la différenciation des arts du beau chez Kant ne se fera pas prioritairement par la distinction des sens auxquels ils s'adressent, comme c'était le cas chez Batteux. Quel est donc le sens kantien du parallèle ? C'est la nature qui se montre à nous comme artiste dans la mesure où elle apparaît (et l'on ne peut pas du tout s'assurer qu'il y a plus qu'une simple apparence !) comme produisant « intentionnellement » (comme un peintre son tableau) certaines formes que nous jugeons belles, comme si elle les produisait précisément à cette seule fin de nous plaire. Quant au génie créateur des beaux-arts, on peut sur cette base dire qu'il imite la nature en produisant à son tour des formes susceptibles de nous plaire en suscitant le jeu harmonieux et libre de nos facultés cognitives. Mais en aucun cas il n'est pour cela question que ces formes qui relèvent de l'originalité du génie imitent des formes de la nature, fût-ce de la belle nature. Cela n'est nullement requis. Si la nature se donne à voir comme si elle était portée par des fins, l'œuvre des beaux-arts, portée bien sûr par la poursuite consciente et volontaire de fins par l'artiste, ne sera belle que si cette finalité se fait aussi discrète que possible, aussi discrète qu'un semblant (« comme si ») de fin de la nature. Telle est l'imitation de la nature au sens kantien.

L'essentiel est ici, du point de vue du débat du XVIIIe siècle, la condamnation de la « manière » et de l'artifice académique : toute trace du travail scolaire, pénible et soumis à des règles doit s'effacer. Mais cet effacement n'est surtout pas destiné à tromper l'œil ni à faire croire à un ouvrage de la nature : que l'art doit avoir l'apparence de la nature signifie qu'il doit sembler aussi « naturel » et spontané qu'une production de la nature ; on ne doit y voir ni témoignage de contrainte ou de soumission, ni trace d'artifice. L'illusion est écartée, le texte est explicite : « il faut prendre conscience qu'il s'agit d'art et non pas de nature ». Ce qu'il s'agit d'effacer n'est pas même « l'accord avec des règles », c'est au contraire l'exactitude dans cet accord qui donne à l'art l'apparence de la nature, car les productions de la nature elles-mêmes *paraissent* produites selon des règles fermes et

---

[1] CFJ, § 45, p. 306.
[2] Dans la seconde partie de son ouvrage, Batteux indique qu'« [il] établit le principe de l'imitation, par la nature et par les lois du goût » ; il propose donc une définition du goût. C. Batteux, *Les Beaux-Arts réduits à un même principe*, op. cit., p. 113 et 115.
[3] CFJ, § 45, p. 306.

constantes. Ce qu'il faut effacer, c'est l'accord *laborieux* et la règle énonçable, connue, et reconnue, c'est la « forme scolaire », c'est-à-dire « une trace manifestant que la règle était présente sous les yeux de l'artiste et qu'elle a imposé des chaînes aux facultés de son esprit[1] ». Cette exclusion de la servilité à l'égard d'un modèle ou d'une règle préalable se répète du reste à l'égard des devanciers, des génies des générations antérieures qui pourtant peuvent servir de guides[2].

Si la mise en ordre de Batteux est tributaire d'une tradition déjà longue qui accompagne l'émergence de la notion de beaux-arts et contribue à la rendre possible tout en l'orientant, celle de l'*ut pictura poesis*, on sait quel rôle critique joua Lessing à cet égard, en particulier avec le *Laocoon ou des frontières de la peinture et de la poésie* (1766). La nouveauté de cet essai ne consiste pas à opposer, dans des termes alors déjà bien connus, la simultanéité caractéristique de la peinture (plus largement des arts plastiques) comme art se donnant pour objet des *corps* dans l'*espace* et la temporalité inhérente à la poésie, qui a pour objet des *actions* se succédant dans le *temps*. Elle consiste bien plutôt dans la charge menée, sur la base de ces différences, contre l'*ut pictura poesis*. Ce faisant, le texte présente plusieurs caractéristiques qui méritent ici d'être relevées. D'une part, le portrait du critique (littéraire ou d'art) qu'esquisse et défend Lessing prend le contre-pied d'une critique prétendant s'appuyer sur des règles *a priori* et intangibles, aussi bien que celui du projet récent d'une esthétique comme *science*[3]. Le critique de Lessing possède des traits que l'on retrouve chez le spectateur du beau chez Kant, auteur d'un jugement libre et désintéressé, subjectif mais à visée universelle, d'un jugement personnel qui a droit de cité, qui est public, selon une exigence kantienne caractéristique de sa compréhension de l'*Aufklärung*. Et de même que la faculté d'imagination est au cœur de ce jugement du critique ou du spectateur chez Lessing, de même c'est l'imagination (*Einbildungskraft*) qui est au cœur et du jugement (du goût) et du génie kantiens, et les conceptions de cette faculté sont parentes[4]. Kant récuse également la « science » esthétique de Baumgarten : « Il n'y a pas de science du beau, mais il n'en existe qu'une critique, et il n'y a pas de

---

[1] *Ibid.*
[2] CFJ, § 49, p. 318.
[3] Baumgarten utilise le terme et évoque le projet d'une nouvelle discipline scientifique dès 1735 ; le premier volume de son *Aesthetica* ne paraît qu'en 1750.
[4] Cette parenté mériterait une étude serrée qui ne peut avoir sa place ici. Les comparaisons avec chacun des deux auteurs de référence que sont Batteux et Lessing peuvent s'étendre du reste à bien des notions : c'est dire qu'on pourrait aussi bien comparer ici l'imagination kantienne à celle mise en œuvre par Batteux. Et on pourrait voir dans cette simple phrase de Batteux toute la répartition des rôles que l'on trouve chez Kant : « Le génie et le goût ont le même objet dans les arts. L'un le crée, l'autre en juge. » (C. Batteux, *Les Beaux-Arts réduits à un même principe*, op. cit., p. 113) Chez Kant, voir en particulier CFJ, § 48 et § 50.

belle science, mais seulement de beaux-arts[1]. » En outre, on peut dire qu'en portant l'accent sur les différences entre les arts de l'espace et les arts du temps, en insistant sur les limites de la peinture (vouée à la représentation des corps) par rapport à la poésie (portant sur les actions), Lessing fait pencher la balance du sens signifié du côté d'une valorisation de la poésie plus marquée encore que chez les classiques. Mais cette valorisation est, cette fois, celle de l'*expression* du sens comprise de telle sorte qu'elle ne peut que renvoyer à l'usage de la parole, et tend ainsi à conforter une hiérarchie affirmant la supériorité incontestée de la poésie sur tous les arts des figures (dans l'espace)[2]. La suite montrera en quoi le modèle de l'*expression* verbale est au cœur du classement kantien des arts.

En termes d'attention accordée au propre de chaque art, on ne peut douter que Kant soit à situer plus près de Lessing que de Batteux. Chez celui-ci, l'*ut pictura poesis* est à l'œuvre au point qu'il affirme qu'il n'est pas besoin de redire de la peinture (et cela veut dire des arts plastiques en général) ce qu'on a dit de la poésie : « ces deux arts ont entre eux une si grande conformité, qu'il ne s'agit, pour les avoir traités tous deux à la fois que de changer les noms, et de mettre peinture, dessin, coloris, à la place de poésie, de fable, de versification. » Un mot donc suffit sur les « moyens dont se sert la peinture pour *imiter et exprimer* la nature », pourvu qu'on ait déjà tout dit de la poésie[3].

2. L'expression et les idées esthétiques

Plutôt qu'au nom de l'imitation de la belle nature chez Batteux, ou de l'imitation ou de l'expression de la beauté des corps visibles par la peinture, des actions par la poésie chez Lessing, Kant rassemble les arts du beau en tant que chacun d'eux exprime des *idées esthétiques*. Cette notion est dès lors capitale pour comprendre sa manière de classer et de hiérarchiser les arts[4].

Le génie investit le champ de la pensée non pas avec des images, mais avec des « idées esthétiques ». Le génie, c'est l'imagination créatrice dans toute sa liberté, ce qui ne veut pas dire l'arbitraire de la fantaisie débridée (ni du rêve, ni du fantasme absurde). Celle-ci serait incommunicable, ce qui est

---

[1] CFJ, § 44, p. 304.
[2] Dans le *Laocoon*, pourtant, il n'y a pas d'abandon de la terminologie – commune aux arts de l'espace et du temps – de l'imitation, laquelle fera ailleurs l'objet de vives critiques de la part de Lessing (cf. sa *Dramaturgie de Hambourg*, 1767-69).
[3] C. Batteux, *Les Beaux-Arts réduits à un même principe*, op. cit., p. 227 (nous soulignons).
[4] On ne peut refaire ici l'histoire de la notion d'*expression* présente dès les débats de l'Académie parisienne : il s'agit alors seulement d'imitation, de représentation, et en ce sens même les moyens d'expression des arts sont empruntés à (imités de) la nature.

interdit par la norme du goût (l'universalité subjective) dans les limites de laquelle le génie doit se tenir[1]. C'est du champ de la *pensée* qu'il est ici question, et non du délire irrémédiablement privé. Ce qui revient à dire que les bornes sont celles du *sens*.

Que l'imagination créatrice du génie est libre veut dire qu'elle *joue*, et il est tout à fait clair que c'est elle qui mène le jeu, un jeu qui mêle subtilement imagination, entendement (dépassé) et raison. Elle est toute spontanée. La limite inhérente à l'imagination est qu'elle peut présenter un concept d'entendement, à des fins de connaissance, mais elle ne peut présenter de la même façon une idée de la raison, qui demeure dès lors un objet de pensée sans devenir jamais un objet de connaissance. Pourtant, dans sa créativité, le génie lève autant qu'il est possible cette limite. La description de l'esprit génial indique en effet comment l'imagination surmonte, par voie détournée : indirecte et symbolique, son impuissance par rapport à la raison[2]. L'enjeu est l'impossibilité irrémédiable d'une présentation objective (qui en permettrait une connaissance, une science) du suprasensible. L'imagination se fait suggestive, indicatrice, elle fait *signe* vers le champ *illimité* du sens (non de la « vérité » de la science), et ce dans les limites de la finitude. Dans l'impossibilité de procurer à l'idée son image, comme elle le fait pour un concept empirique, l'imagination n'est pas dépourvue de tout pouvoir à l'égard de ce qui se donne à penser seulement, mais son activité doit être conçue comme de signification : il s'agit de faire signe vers l'objet de pensée. Que l'imagination comme faculté des idées esthétiques ouvre le champ de la pensée, le texte le dit à de multiples reprises de façon expresse :

> Par idée esthétique, j'entends cette représentation de l'imagination qui *donne beaucoup à penser*, sans pourtant que toutefois aucune pensée déterminée, c'est-à-dire aucun *concept*, ne puisse lui être adéquate, et que par conséquent aucun langage (*Sprache*) n'atteint *complètement* ni ne peut rendre compréhensible[3].

Aucun concept ne l'atteint, n'en rend compte totalement, et l'entendement est dépassé. Dans le même sens, Kant évoque plus loin « une représentation de l'imagination qui appartient à sa présentation [la présentation d'un

---

[1] Il faut, en cas de conflit, dit Kant « [autoriser] qu'on lèse la liberté et la richesse de l'imagination, plutôt que de porter atteinte à l'entendement » (CFJ, § 50).
[2] Dans la « Dialectique du jugement de goût », Kant distingue deux manières de présenter (*darstellen*) un concept : l'une est connue, c'est le schème qui met en relation un concept avec l'objet d'intuition correspondant, dans le cadre cognitif. La seconde est indirecte : Kant a recours au langage de l'analogie pour parler de présentation symbolique. Ceci n'implique aucune ressemblance entre les termes : « entre un État despotique et un moulin à bras il n'y a assurément aucune ressemblance mais il y en a bel et bien une entre les règles de la réflexion sur eux et sur leur causalité » (CFJ, § 59, p. 352).
[3] CFJ, § 49, p. 314.

concept], mais qui, par elle-même, fournit l'occasion de *penser bien davantage que ce qui se peut jamais* comprendre *dans un concept déterminé*, et par conséquent *élargit* (*erweitert*) de manière esthétique le concept lui-même de manière *illimitée* » ; une telle représentation relève de l'imagination *créatrice*, laquelle « met en mouvement le pouvoir des idées intellectuelles (la raison) et cela d'une manière qui lui permet, à propos d'une représentation, de *penser* bien plus [...] que ce qui en elle peut être appréhendé et rendu clair[1] ».

Tout converge, dans la description des procédés de l'imagination créatrice, vers ceci qu'il y va d'« un élan de l'imagination en vue de penser davantage, même si c'est de manière non *explicitée*, que ce qui se peut comprendre dans un concept, et par conséquent dans une *expression linguistique* déterminée[2] ». L'idée esthétique « permet de penser [...] beaucoup d'*indicible*[3] » : ce champ de la pensée ouvert, investi et animé de la sorte par l'imagination créatrice, et s'étendant « à perte de vue[4] », comporte de l'indicible *en droit*. C'est en quoi l'idée esthétique n'est jamais que *suggestive*, sa richesse demeure dans l'implicite ; elle n'offre en aucune manière une mise en présence – sous les yeux – de quelque chose qui pourrait être dit par ailleurs : le génie ne pourra pas *expliquer* sa création ; l'imagination dit « à sa manière » tout ce qu'il y a à dire, et qui ne peut être dit autrement.

On est à mille lieues de Batteux indiquant que l'art ne fait que perfectionner les expressions de la nature (qui se comprennent « naturellement[5] »).

L'idée esthétique, loin d'avoir son site originel au plus près de la perception sensorielle, est bien plus apparentée aux idées intellectuelles. Bien sûr ces idées esthétiques sont des « intuitions », mais des intuitions « intérieures » auxquelles « aucun concept ne peut être complètement adéquat »[6]. L'idée esthétique est une instance sensible (non rationnelle ou intellectuelle) mais porteuse de sens, un sens qui ne saurait être dit en langage conceptuel, cognitif. C'est une intuition faite sens, un sens fait intuition.

Le classement et la hiérarchie des arts qui suivent l'exposé sur le génie plaident, sans référence à une quelconque imitation, pour un statut où n'entre aucune composante de « ressemblance » dans l'activité de l'imagination

---

[1] CFJ, § 49, p. 315.
[2] *Ibid.*
[3] *Ibid.*
[4] *Ibid.*
[5] C. Batteux, *Les Beaux-Arts réduits à un même principe, op. cit*, p. 240.
[6] CFJ, § 49, p. 314.

créatrice d'idées esthétiques. La hiérarchie se fonde sur *l'animation* des facultés suscitée par l'*expression* de telles idées à même l'œuvre.

3. Division des arts et médiums

L'*expression* d'idées esthétiques est le point de départ de la division des beaux-arts. En effet, parce que l'objet produit par les beaux-arts est expression, on est justifié à classer ces arts selon une « analogie [...] avec le mode d'expression dont se servent les êtres humains quand ils parlent, afin de communiquer entre eux aussi parfaitement que possible, non seulement selon leurs concepts, mais aussi à travers ce qu'ils éprouvent[1] ». On peut donc, non sans avoir indiqué que l'« esquisse » qui suit n'est pas à considérer comme « une théorie achevée », et qu'il s'agit « d'une des multiples tentatives possibles que l'on peut et doit encore effectuer[2] », rappeler, aux desseins de cette analogie, que le mode d'expression langagier est en fait composé d'une triade constituée « du *mot*, du *geste* et du *ton* (articulation, gesticulation et modulation) ».

> C'est, explique Kant, uniquement la combinaison de ces trois sortes d'expression qui définit la communication complète dont s'acquitte le locuteur. Car la pensée, l'intuition et la sensation se trouvent ainsi, en même temps et de manière unifiée, transmises à d'autres.

Par analogie, dès lors, il n'y a « que trois espèces de beaux-arts : l'art de la *parole*, l'art *plastique* (*die bildenden Künste*[3]) et l'art du *jeu des sensations* (en tant qu'impressions externes des sens) ».

Sans prétendre que ce classement des beaux-arts par Kant présente une très grande originalité ou qu'il soit sans précédent[4], il s'avère significatif

---

[1] CFJ § 51, p. 320. Sauf indication contraire, toutes les citations de Kant sont désormais issues de ce § 51 dont le développement est suivi de près.
[2] En note au § 51, p. 320, mise en garde réitérée par Kant en note, p. 323.
[3] Il vaut mieux, pour les raisons que l'on va voir, parler ici d'« art(s) plastique(s) » que d'art(s) « figuratif(s) » comme disent certaines traductions. Kant inclut dans la catégorie l'architecture qui n'est pas un art de l'image à proprement parler, même si on pourrait dire qu'il s'agit d'un art de figures si on veut bien ôter de ce terme les connotations de copie ou de représentation. Et on ne peut guère parler d'art des formes car le beau en tout art est forme ou formation, chez Kant.
[4] Voir chez Batteux l'ouverture du chap. 1 de la section 3ᵉ (sur la musique et la danse) de la troisième partie (La vérification du principe d'imitation par son application aux différents arts) : le chapitre est intitulé « On doit connaître la nature de la musique et de la danse par celle des tons et des gestes », et commence ainsi : « Les hommes ont trois moyens pour exprimer leurs idées et leurs sentiments, la parole, le ton de la voix et le geste ». La parole est l'organe de la raison, le ton et le geste vont au cœur sans détour. L'exposé conclut que la musique et la danse sont imitations de la nature et plus spécialement des sentiments et passions (tandis que la poésie est imitation des actions), la distinction se retrouve bien sûr chez Lessing. C. Batteux, *Les Beaux-Arts réduits à un même principe*, *op. cit.*, p. 231-233.

pour le présent propos de relever ce que son principe met en exergue autrement que chez les critiques dont les noms sont évoqués, et qui concerne la portée des différences entre médiums artistiques. Pour limiter l'entreprise aux dimensions ici imparties, le foyer de l'analyse sera constitué par les éléments essentiels relatifs à la poésie et à la peinture[1].

Si le mode d'expression qu'est la parole sert de référence avec ses trois éléments constitutifs (mot, geste, ton), ceux-ci renvoient, à l'évidence, aux analyses de l'usage du langage et aux traités de rhétorique qui servaient classiquement de repères aux théoriciens des arts, et de la peinture en particulier.

Il convient de noter que si le mot (l'énonciation ou l'élocution) est d'emblée attaché à la pensée, le geste l'est à l'intuition, c'est-à-dire à l'expérience perceptive, et le ton à la sensation (la donnée sensorielle). Plus élémentaire que l'intuition, la sensation est plus immédiatement porteuse d'affects : émotions, sentiments[2]. L'analogie avec ces éléments constitutifs du langage détermine dès lors trois classes de beaux-arts.

La classification se fait par la différence des *médiums* si l'on veut bien entendre par là des *moyens d'expression d'idées esthétiques*, ces moyens ou véhicules étant toujours des *formes*. En s'en tenant d'assez près à l'usage, Kant place dans la première classe (les arts de la parole ou du *mot*) l'éloquence et la poésie ; dans la seconde (les arts du *geste*), la plastique et la peinture ; enfin dans la troisième (les arts du *ton*), la musique et l'art des couleurs.

Dans les arts du mot, l'opposition entre l'éloquence et la poésie annonce déjà largement le paragraphe sur la hiérarchie entre les arts, en soulignant que l'orateur *manque à sa promesse* d'une tâche conceptuelle, en vue d'une fin déterminée, en ce sens qu'il y introduit « un jeu divertissant de l'imagination » (ce qui n'est pas digne du sérieux de la tâche annoncée), tandis que le poète, n'annonçant qu'un jeu avec des idées, « accomplit quelque chose qui est digne d'une tâche », car son jeu alimente l'entendement et « donne vie à ses concepts par l'intermédiaire de l'imagination ».

Les arts plastiques (au sens générique) sont ceux de « l'expression des idées dans l'intuition sensible (et non pas par des représentations de la simple imagination qui sont suscitées par des mots) ». On voit donc clairement que ce deuxième type d'art est présenté dans une mise à distance par rapport à la poésie. Si la plastique proprement dite est l'art de la *vérité*

---

[1] On reviendra brièvement sur le statut particulier de la musique à propos de la hiérarchie des arts, § 53.
[2] Comme l'indique le statut de l'espace et du temps comme formes *a priori* de la sensibilité dans la première *Critique*, l'intuition a une dimension *formelle* que n'a pas la sensation, simple *matière* de la connaissance sensible.

sensible, la peinture est celui de *l'apparence* sensible. Toutes deux sont des arts des figures dans l'espace, mais ces figures sont là pour « exprimer des idées » et si certaines figures issues de l'imagination sont accessibles à la vue et au toucher, ce n'est qu'à l'égard de la vue que la quête est celle de la beauté ; pour la plastique comme pour la peinture, « l'idée esthétique (archétype, modèle original) réside à titre de principe, [...] dans l'imagination ». En ce sens, il n'y a pas ici (comme dans le *Laocoon*), au départ, de dévaluation de la peinture par rapport à la poésie, au nom d'une imagination du spectateur qui serait sollicitée dans une moindre mesure, et laissée moins libre par les peintres que par les poètes, qui ouvriraient [au lecteur/auditeur], eux seuls, un champ illimité. L'illimitation chez Kant est dans la définition même du génie, elle n'est pas immédiatement un critère de la hiérarchie, même si la poésie en occupe toujours le sommet, comme on le verra.

Dans la plastique (au sens plus strict), la sculpture est définie comme « l'art qui présente physiquement les concepts de certaines choses telles qu'elles pourraient exister dans la nature (cependant, en tant qu'elle constitue un des beaux-arts, en tenant compte de la finalité esthétique) », c'est-à-dire sans assujettissement au concept. Quant à l'architecture, il est clair en revanche que sa recherche ne saurait être la seule expression d'idées esthétiques, puisque c'est « un certain usage de l'objet artistique qui constitue le point essentiel », ce qui vient « limiter » les idées esthétiques[1]. La sculpture, de son côté, a l'expression des idées esthétiques comme « but principal ». C'est dire que Kant, sans rejeter tout à fait le vocabulaire de l'imitation, prend toujours garde de restreindre la portée de cette façon de parler : une œuvre figurative est « faite uniquement pour être contemplée[2] », elle « doit plaire par elle-même » ; si elle est donc en un sens « une simple imitation de la nature », c'est en un sens qui « se réfère à des idées esthétiques », leur expression étant l'essentiel, ce qui veut dire en un sens qui dès lors comporte cette restriction intrinsèque de l'imitation déjà évoquée : l'œuvre ne peut cesser d'apparaître comme art.

Par ailleurs, et c'est un second point intéressant quant à ces arts du *geste*, la peinture reçoit elle aussi une subdivision (laquelle ne nous est pas familière), en tant qu'art qui « présente l'apparence sensible artistiquement

---

[1] Batteux imposait une règle aux arts à la fois utilitaires et faits pour le plaisir : ils ne méritent de rejoindre les autres beaux-arts qu'à condition de s'y soumettre : « dans les arts qui sont pour l'usage, l'agrément [doit prendre] le caractère de la nécessité même », comme « dans les arts qui sont destinés au plaisir, l'utilité n'a droit d'y entrer, que quand elle est de caractère à procurer le même plaisir, que ce qui aurait pu être imaginé uniquement pour plaire » (C. Batteux, *Les Beaux-Arts réduits à un même principe*, op. cit., p. 240).

[2] Il faut se souvenir que le jugement esthétique étant sans concept, la contemplation du beau ne saurait être faite d'une analyse qui s'efforcerait de vérifier la conformité du tableau ou de la statue à un concept ou à un récit quelconque.

liée avec des idées », puisqu'elle comprend d'une part les « arts de la belle description[1] de la nature » et d'autre part les « arts du bel agencement de ses produits » ; ce qu'il faut entendre comme la peinture proprement dite d'un côté : *Malerei*, et l'art des jardins de l'autre. La peinture proprement dite ne produit que « l'apparence de l'extension physique[2] », le jardin a une extension réelle mais « ne fournit que l'apparence de l'utilisation et de l'usage pour d'autres fins que celles du simple jeu de l'imagination dans la contemplation de ses formes ». Kant éprouve le besoin d'expliquer dans une note cette présence « étrange » de l'art des jardins comme espèce du genre pictural. Nous avons bien, rassemblés ici, deux arts de l'espace ou de l'extension, selon la distinction chère à Lessing. Mais l'agencement artistique des formes naturelles elles-mêmes est tout autre que celui de la nature et il est « adéquat à certaines idées », de sorte que, comme le produit de la peinture proprement dite, il « n'est lui aussi destiné qu'à la *vue* », et l'on retrouve de la sorte également la distinction des arts selon le *sens* auquel chacun d'eux s'adresse (comme chez Batteux). C'est donc du point de vue de cette seule destination à la contemplation qu'il faut distinguer le classement de l'architecture et celui de l'art des jardins : la première est comme une sculpture subordonnée à un concept, le second est comme une peinture qui se joue dans l'espace de la nature réelle, mais qui, comme la peinture proprement dite, vise exclusivement au « libre jeu de l'imagination dans la contemplation ».

Dans cette ligne, la peinture est élargie encore à tout ce qui a trait à la décoration et à l'ameublement, jusqu'à l'art de s'habiller, tant il est vrai qu'à l'occasion d'une fête « pleine d'éclat », explique Kant, tous ces éléments forment « une sorte de tableau qui, tout comme les tableaux proprement dits (qui n'ont pas pour intention d'enseigner par exemple l'histoire ou la connaissance de la nature), n'existe *que pour être vu et afin de soutenir l'imagination dans son libre jeu avec des idées et d'occuper sans fin déterminée la faculté de juger esthétique*[3] ». La parenthèse vaut dans cette citation son pesant d'or, car si l'art des jardins se trouve valorisé comme peinture, la peinture didactique, à l'inverse, est rabaissée au moins au rang de l'architecture qui ne peut être purement et simplement un bel art, trop liée qu'elle est à des fins déterminées et à une utilité qui lui est essentielle. Les arts « décoratifs » (au sens que l'on vient d'évoquer) sont quant à eux valorisés comme beaux-arts dans la mesure où l'on y peut juger des formes

---

[1] Le terme allemand « *Schilderung* » renvoie bien plus à l'acte de peindre que notre « description » ; « dépiction » éviterait mieux l'ambiguïté, si on le prend littéralement. L'allemand distingue *beschreiben* de *schildern*.
[2] La sculpture qui (comme l'architecture) occupe les trois dimensions de l'espace est *vérité* en ce sens et non *apparence*.
[3] Nous soulignons.

sans considération d'une fin, en fonction de l'effet produit sur l'imagination. Peu importe donc aux yeux de Kant le caractère très mécanique de certains de ces arts, et le caractère techniquement fort différent des uns et des autres. Le médium commun à tous ces arts est constitué par les formes offertes dans l'espace à la vue *en tant qu'exprimant des idées esthétiques*, c'est-à-dire analogiquement seulement évoquant des idées, au sens kantien strict cette fois. Tel est le médium. Selon quoi cette peinture élargie chez Kant est bien moins limitée au visible (elle renvoie à l'invisible) que celle que Lessing oppose à la poésie, et bien moins limitée à *l'imitation* de formes *naturelles visibles*[1].

Enfin, Kant n'omet pas de dire en quoi ces arts des figures peuvent être analogues aux gestes, sont des arts du geste, par-delà l'analogie évidente qui veut que le geste accompagnant la parole soit la part de la communication qui est saisie par la vue et qui déploie une dimension spatiale : « l'esprit de l'artiste, à travers ses figures, donne une expression physique de ce qu'il a pensé et de la façon dont il l'a pensé, et [...] il fait parler la chose elle-même, pour ainsi dire par une mimique : c'est là un jeu très habituel de notre imagination qui suppose une âme (*Geist*) aux objets inanimés d'après leur forme. » L'accent est mis à nouveau sur l'animation de l'imagination et sur les idées esthétiques[2]. En outre, Kant insiste sur le fait que ce n'est *que par analogie* que les arts dont il vient de parler se rapportent au rôle du geste dans la communication verbale. Il n'y a dans ces arts qu'une similitude au *rapport* qui est celui du geste à la parole. Autrement dit, la similitude se trouve entre le rapport des gestes du locuteur à sa parole (qui elle est porteuse de sens définis par des concepts déterminés), d'une part, et, d'autre part, le rapport des formes et configurations de la peinture au sens indéterminé vers lequel font signe les idées esthétiques qu'elles véhiculent ; avec ce résultat sans doute que le rapport animé des facultés que sont l'imagination et l'entendement dans un jeu libre suscité par la peinture est analogue au rapport de l'imagination à l'entendement correspondant au geste accompagnant la parole ; si c'est de sens qu'il s'agit dans les deux cas, aucun concept déterminé n'est en cause dans le bel-art. Quand on a affaire à un orateur, le sens de ses gestes ne peut être déterminé exactement que par référence à la parole (aux concepts qu'exprime la langue) qu'ils accompagnent : en lui-même le geste est porteur d'un sens qui n'est précisé que par les mots qu'il accompagne (sans eux son sens reste indéterminé).

Il est clair que, par-delà l'analogie des trois classes d'art à la triade parole, geste, ton, on s'écarte ici très largement d'un classement par matériaux, ou par types de techniques requises : il y a loin de l'art du

---
[1] On comprend mieux dans cette perspective les exemples non figuratifs que donne Kant dans l'Analytique du beau (décor de papier peint, rinceaux et grecques, au § 16).
[2] Ce sont ces dernières que le début du § 49 sur le génie a liées au *Geist*.

couturier à celui des jardins. Le médium, on peut l'appeler ainsi car il s'agit bien du moyen ou de la médiation de la communication universelle à opérer, le médium qui les rassemble est la forme, une forme vivifiée par un sens, une forme avec ce que le terme comporte (dans ce cas-ci) de spatialité et de rapport à la vue, mais avec la nécessité de donner à penser, d'animer les facultés et de transmettre des idées esthétiques (et non d'imiter). On est loin également ici des différenciations par la *matière première*.

Il y a bien une sorte de « transcendance » du matériau, et la logique des regroupements effectués par Kant peut sembler intéressante aujourd'hui, car cet élargissement de l'art de peinture pourrait être considéré comme annonçant, ou anticipant, en un sens l'extension moderne de ce que nous appelons (encore) les arts plastiques : Land Art, Body Art, performance même à certains égards – à ce sujet on relèvera que l'art des jardins (pourtant catalogué art pictural) exige aussi une prise en considération du *temps*[1]. Du reste, il faut aussi rapprocher la danse (avec sa dimension temporelle intrinsèque) de cette catégorie des arts du geste[2]. On s'éloigne nettement de la séparation tranchée de Lessing.

Mais une autre considération complète ces remarques sur les arts plastiques : si d'un côté la peinture s'est élargie, elle se trouve, d'un autre, privée de ce que certains comptent comme son médium essentiel : la couleur ou le coloris. C'est que l'art des couleurs se trouve placé par Kant dans la troisième catégorie, celle qui correspond au *ton*, ce qui signifie pour lui qu'il s'agit d'un jeu des *sensations*.

Dans « l'art du beau jeu des sensations », une part ne peut être l'objet d'une communication universelle (en tout cas on ne peut le garantir), ce sont les sensations elles-mêmes « qui sont produites de l'extérieur », c'est-à-dire qu'il s'agit d'un effet sur le sens interne qui est subi par l'individu et est tel que nous ne pouvons guère nous assurer de la manière dont un autre voit telles couleurs, dont il entend tels sons[3] ; mais « le jeu [de ces sensations] doit cependant se pouvoir communiquer universellement » ; sans quoi il n'y aurait ni beauté ni bel-art. Cet art ne peut pour ces raisons « concerner que la proportion des différents degrés de la disposition (tension) du sens dont relève la sensation, c'est-à-dire la tonalité de ce sens ». Autrement dit, une couleur seule, prise isolément, est difficilement belle à proprement parler,

---
[1] Car la nature a ses saisons, et le spectacle changeant du jardin devrait viser à animer l'imagination en toute saison, sans même parler du simple *temps* de la promenade indispensable à apprécier un jardin.
[2] Au § 52 Kant évoque l'association des beaux-arts, notamment au théâtre ; il est rappelé que la danse est « un jeu des figures ». Le § 14 avait donné la danse pour un jeu des figures « dans l'espace », mais il est évident que ce jeu, du reste accompagné de musique, sur la scène, se déroule dans le temps, car comme le remarquait Batteux, la figure de la danse est vivante, en mouvement.
[3] *Cf.*, CFJ, § 39.

elle n'est le plus souvent guère autre chose qu'agréable[1]. C'est le jeu des sensations qui est plaisant, qui anime l'imagination et l'entendement de concert, c'est lui qui procure une forme. On peut alors avoir affaire à un jeu artistique des sensations de l'ouïe dans le temps (dans la musique) ou à un jeu artistique des sensations de la vue dans l'espace (dans l'art des couleurs).

Sans entrer dans les considérations de science physique qui sont évoquées à cet endroit, si on admet que l'on n'a pas affaire seulement à des impressions sensorielles mais bien à « un effet d'un jugement d'appréciation porté sur la forme susceptible d'être appréhendée dans le jeu des sensations multiples », alors il s'agit bien de beaux-arts et non de simple art d'agrément (comme dans la réalisation d'un mets délicieux au palais). On peut regretter que Kant ne prenne la peine ni de préciser cette situation qu'il donne au jeu des couleurs, par analogie avec le jeu des sons dans la musique, ni de commenter plus avant cette dissociation de ce qui constitue classiquement deux parties de l'art de peinture, le dessin et le coloris. C'est en tout cas une autre façon d'insister sur la nature commune des beaux-arts : ce sont les arts de l'expression des idées esthétiques, et les techniques ne sont pas des critères essentiels de classement, pas davantage que la référence à un sens plutôt qu'à un autre. Ce qui importe est bien pour Kant la manière d'animer les facultés, de faire jouer imagination et entendement : les moyens sont soit des figures, soit des agencements, des configurations de sensations dans le temps ou dans l'espace, relevant de l'ouïe ou de la vue. En tout état de cause, la séparation tranchée de Lessing entre des arts de l'espace et des arts du temps est, une fois de plus, mise à mal par cette troisième classe d'arts, comme l'est aussi la division plus classique par techniques ou organes des sens.

On retiendra donc cette conclusion qui est exprimée à propos de l'association des beaux-arts en un seul et même produit :

> Dans tous les beaux-arts, l'essentiel réside dans la *forme*, laquelle, vis-à-vis de l'observation et du jugement d'appréciation, contient en elle une dimension de finalité, et où le plaisir est en même temps *culture* et dispose l'esprit à des *idées* en le rendant par conséquent capable d'éprouver bien davantage de plaisir et de divertissement de ce type ; l'essentiel ne réside pas dans la *matière* de la sensation (l'attrait ou l'émotion), où il s'agit uniquement de jouissance, laquelle n'apporte rien à l'idée, émousse l'esprit [...][2].

---

[1] À ce sujet, *cf.* § 14, où se trouvent déjà des possibilités qu'une forme soit offerte dans la perception d'une unique couleur à la réflexion (au jeu de l'imagination et de l'entendement), et non pas seulement un organe du sens mis en mouvement. Sur ce paragraphe cf. D. Lories, « Du cadre et de l'esthétique : Kant ou Derrida », dans Thierry Lenain et Rudy Steinmetz (dir.), *Cadre, seuil, limite*, Bruxelles, La lettre volée, 2010.
[2] CFJ, § 52, p. 326, nous soulignons.

Animer l'imagination et l'entendement de concert par des idées esthétiques, c'est donc contribuer à cultiver l'esprit : le disposer à trouver toujours plus de satisfaction de ce type, et ainsi le disposer aux idées proprement dites, rationnelles.

4. Hiérarchie kantienne et médiums actuels

Après la présentation de ce classement, on ne peut plus s'étonner de la hiérarchie proposée, et qui n'est guère originale en elle-même. Cette hiérarchie est guidée d'une part par la priorité donnée au jeu libre des facultés, ce qui signifie qu'une liberté plus grande de l'imagination donne la priorité à la poésie en un sens *grosso modo* déjà présent chez Lessing.

Si Kant souligne ainsi que la poésie doit son premier rang à sa liberté presque totale et à sa capacité d'*élargir* l'esprit et à *s'élever* jusqu'aux idées par la réflexion, il écarte pour cause de tromperie ou de supercherie l'éloquence comme art de persuader, c'est-à-dire, précise-t-il, comme art « d'abuser par la beauté de l'apparence, et non pas l'art de bien parler » : la poésie l'emporte encore une fois en loyauté et sincérité[1]. Ensuite viendrait la musique à condition que l'on considère *l'attrait et le mouvement* (l'émotion) de l'esprit, car alors la musique est l'art qui se rapproche le plus de la poésie et qui s'y associe naturellement, même si elle reste bien en deçà de celle-ci, puisque, contrairement à la poésie, elle ne laisse rien « derrière elle » *pour la réflexion*. Mais on regrette qu'elle soit davantage jouissance (plaisir sensoriel) que culture (élargissement de l'esprit). C'est pourquoi si l'on veut, en revanche, apprécier « la valeur des beaux-arts d'après la culture qu'ils procurent à l'esprit[2] », c'est la dernière place qui revient à la musique précisément en tant qu'elle charme plus qu'elle ne donne à penser. Il est intéressant de noter que Kant ne prend pas réellement la peine de situer les arts plastiques par rapport aux arts de la parole comme il vient de le faire pour la musique. Il se contente d'indiquer que dans cette dernière catégorie, il donne la préférence à la peinture : « en partie parce que, comme art du dessin, elle se trouve au principe de tous les autres arts plastiques ; en partie parce qu'elle peut pénétrer largement plus avant dans la région des idées, et aussi élargir davantage, en conformité avec celles-ci, le champ de l'intuition ». Mais de ce que Kant a dit de la musique il convient de conclure que du point de vue le plus strict des *beaux*-arts, donc de l'animation des facultés plutôt que de l'attrait et des émotions, tous les arts plastiques *derrière* la peinture prennent le pas sur la musique dans le classement ;

---

[1] On ne peut donc pas soutenir que chez Kant les arts du langage l'emportent sur toute la ligne, seule la poésie l'emporte. L'éloquence est dévaluée par sa fin déterminée (et peu morale) (CFJ, § 53, p. 326-327).
[2] CFJ, § 53, p. 329.

derrière la peinture, et en plaçant très certainement l'architecture derrière la sculpture en raison de son lien à une utilité déterminée.

Ce que l'on peut retenir de cette approche, c'est qu'à l'encontre de Batteux, Kant propose une vue transversale par rapport aux différents sens auxquels les arts peuvent faire appel ; à l'encontre de Lessing, il brouille la distinction entre les arts de l'espace et les arts du temps ; et contre la tradition, il met à mal une classification en termes de métiers ou de techniques mises en œuvre. Ce qui est commun aux arts, c'est que le sens l'emporte, un sens sensible (c'est la portée de l'expression d'idées esthétiques), mais un sens qui pointe par analogie et non pas par ressemblance ou par imitation vers du *hors* espace-temps, ou vers du non-audible, du non-visible. Le concept reste indéterminé, c'est le jeu des facultés qui l'emporte, donnant librement à penser de manière élargie. Le médium artistique est pour chaque art dans la *forme*, non pas en tant qu'elle peut être subsumée sous un concept déterminé, mais en tant qu'elle véhicule des idées esthétiques, c'est-à-dire une pensée libre et qui dépasse le monde sensible. Ce qui semble fournir une ouverture à une multitude quasi infinie de supports possibles de *formes*, ou de *jeux* de l'imagination et de l'entendement, puisque les formes et le jeu peuvent concerner la pensée, l'intuition ou la sensation, et bien entendu toutes sortes d'association entre ces dernières.

Cette ouverture possible à partir du classement et de la hiérarchie des beaux-arts chez Kant ne semble guère avoir été exploitée par les générations qui le suivirent immédiatement et s'inspirèrent pourtant largement de ses textes et en particulier de cette troisième *Critique*. La réflexion d'aujourd'hui pourrait avoir intérêt à y faire retour, pour aborder une gamme infinie de médiums qui dans le vocabulaire de Kant ne sont jamais néanmoins, dans leur infinie diversité, que formes et jeux, insistant plus ou moins sur les composantes de pensée, d'intuitions ou de sensations. La forme n'est nullement chez lui, « dessin » en un sens restrictif, elle est véhicule universel de significations, mais non de messages conceptuels. Le classement et la hiérarchie de Kant ne réduisent les arts (aucun d'eux) ou leurs médiums ni aux sens, aux impressions sensorielles, ni aux affects (individuels et impartageables, eux aussi), ni à l'intellectualité universelle du concept. Les médiums artistiques sont tout ce qui permet un jeu de l'intelligence et de la faculté sensible, et donne à penser (à se mouvoir dans un champ illimité de significations) et non à connaître. En insistant sur le partage universel, dans l'esprit des Lumières, il insiste beaucoup moins que ne le feront les romantiques sur une intériorité passionnée et émotive, et beaucoup moins que ne le fera l'Idéalisme allemand, chez un Hegel, sur le contenu rationnel, qui n'est chez ce dernier rien moins que l'Esprit absolu qui se dira finalement de manière satisfaisante seulement dans le savoir philosophique et par rapport auquel, par sa nature sensible, l'art demeurera toujours en défaut. L'Art au singulier n'est pas encore à l'ordre du jour chez Kant (mais bien une certaine autonomie de la sphère esthético-artistique). Sa pensée pourrait ainsi nourrir une réflexion soucieuse du respect des *différences* entre les médiums artistiques actuellement disponibles.

De sensibilité, Kant n'est (pour autant qu'on puisse donner un sens même très général à ces catégories) ni classique (il trouve la régularité vite pourvoyeuse d'ennui), ni romantique (la sensibilité exacerbée, l'expression des états d'âme individuels ne sont pas son affaire, pas plus que la passion pour un passé national). S'il a pu être jugé proche des romantiques, c'est dans son insistance sur la richesse d'imagination du génie, mais il met aussi anticipativement en garde contre tout débordement de cet ordre : le non-sens guette et doit être évité. Il reste attaché à l'appel à la raison universelle, et c'est ce qui fait sa parenté avec le classicisme. Il est un *Aufklärer* cosmopolitique, se réclamant de cet esprit des Lumières que les romantiques voudront balayer avec le classicisme. Hegel sera, de son côté, plus en phase avec le refus romantique des limites. Si Kant peut nous parler aujourd'hui, peut-être est-ce parce c'est d'une pensée des limites que nous avons le plus besoin aujourd'hui, de nos limites, en arts comme ailleurs. Cette pensée des limites libère bel et bien en un sens tous les médiums possibles.

Bibliographie

BATTEUX Charles, *Les Beaux-Arts réduits à un même principe*, Édition critique par Jean-Rémy Mantion, Paris, Aux amateurs de livres, coll. « Théorie et critique à l'âge classique », 1989

KANT Immanuel, *Critique de la faculté de juger*, traduction par Alain Renaut, Paris, GF Flammarion (Aubier), 1995

KRISTELLER Paul Oskar, *Le système moderne des arts. Étude d'histoire de l'esthétique*, traduit de l'anglais par Béatrice Han, Nîmes, Jacqueline Chambon, coll. Rayon Art, 1999

LENAIN Thierry et STEINMETZ Rudy (sld), *Cadre, seuil, limite*, Bruxelles, La lettre volée, 2010

LORIES Danielle, « *Du cadre et de l'esthétique : Kant ou Derrida* », in Thierry Lenain, Rudy Steinmetz (dir.), *Cadre, seuil, limite*, Bruxelles, La lettre volée, 2010

Qu'est-ce qu'un médium artistique ?
Intention et condition

Michel Guérin

Michel Guérin, philosophe, est professeur émérite de l'Université d'Aix-Marseille et membre honoraire de l'Institut universitaire de France. Parmi ses ouvrages récents, on citera la 2e édition de Philosophie du geste *(Actes Sud, 2011),* La Croyance de A à Z *(Les Belles Lettres, 2015) et un commentaire du poème de P. Valéry* Le Cimetière marin au boléro *(Les Belles Lettres, 2017).*

> *Mainte erreur, gâtant les jugements qui se portent sur les œuvres humaines, est due à un oubli singulier de leur génération.*
>
> Paul Valéry[1]

Le pourtour de l'interrogation doit être d'abord circonscrit : il s'agira ici du médium *artistique*, à l'exclusion de tous les autres usages du mot, particulièrement de la forme plurielle *media* ou *médias*. On réservera donc, du moins dans le cadre des présentes remarques, la question de savoir s'il existe une relation intérieure et comment elle fonctionne entre les domaines de la création et de la réception esthétiques et le système des médias de masse, tel, par exemple, qu'il a été analysé par Niklas Luhmann[2]. S'il est bien clair que ces sphères partagent entre elles et avec d'autres l'idée de *moyen(s)* et la mise en œuvre de *truchements* ou de *médiations* ; si, de surcroît, l'époque des appareils interconnectés n'a pu que multiplier, intensifier, imposer partout de tels *liens*, il n'en reste pas moins que les

---

[1] Paul Valéry, *Introduction à la méthode de Léonard de Vinci*, dans *Œuvres*, Paris, Gallimard, coll. « Bibliothèque de la Pléiade », 1957, p. 1157.
[2] Niklas Luhmann, *La réalité des médias de masse* [1996], traduit de l'allemand par Flavien Le Bouter, Diaphanes, 2012. Voir également mon article « Trois paradigmes de la réception de l'art », *Recherches en Esthétique, n° 21 (La Réception de l'art)*, 2015.

espèces de médiation sont innombrables : par la matière, le milieu, le transport, l'outil ou l'instrument, la machine, l'appareil, l'information, l'influence, la condition. En première approche, le médium artistique nous persuade que l'œuvre a dû *prendre corps*. Pareille incorporation suppose réunis plusieurs des conditionnements ci-dessus cités. L'œuvre est donc, de façon globale, médiée de part en part, co-produite pour ainsi dire, par son médium d'élection. Voyons ce que cela a signifié et, sous réserves sans doute, signifie encore.

La notion de *médium* est aujourd'hui à la fois confirmée et bousculée. Tout se passe en effet comme si, après que sa pertinence singulière a été reconnue (le nom de Clement Greenberg s'associe à ce moment, qu'on dira moderniste), la postmodernité s'appliquait à multiplier, croiser, voire hybrider les médiums. Les artistes actuels échappent d'autant moins au *multimédia*, à la transmédialité ou à l'intermédialité, que les y incitent, depuis l'invention de la photographie, les appareils, eux-mêmes aujourd'hui déterminés par les technologies de l'information et de la communication et, au-delà, par l'omniprésence des réseaux dans la réalité aussi bien que dans les têtes. À l'ère de la *network society*, une pratique artistique peut-elle se limiter à un seul médium ?

Par le terme *médium* on désignait d'abord une personne censée correspondre avec les esprits et détecter, pour éventuellement les communiquer, des phénomènes purement spirituels. En musique, le mot renvoie à la partie médiane des voix et instruments entre le grave et l'aigu, tandis que les peintres appelaient ainsi le liant (huiles siccatives employées seules ou mélangées avec certaines résines). Mais le *concept* de médium caractérisant spécifiquement l'art autonome n'est apparu qu'au XXe siècle, apparemment sans lien de dérivation par rapport aux précédents emplois du terme. Il a, comme on sait, servi de base à la formule du modernisme américain durant et après la Seconde Guerre mondiale.

Toutefois, ce n'est pas parce que l'art plus ancien ne recourait pas à ce terme que, dans ses pratiques et son idéologie, il n'avait pas son idée au sujet de la fonction médiatrice, parfois même médiumnique (ou démonique) de l'œuvre d'art. D'ailleurs, c'est en regardant en arrière, dans la préhistoire du *médium*, que l'on découvrira sans doute des couches de sens superposées, ainsi que la logique historique de leur substitution. Cet examen constituera la première partie de notre analyse. Nous tenterons de montrer, deuxièmement, que la conscience grandissante, chez les Modernes, de la *conditionnalité générative de l'œuvre* (chez un Paul Valéry, par exemple, chez Nietzsche avant lui) aboutit à une compréhension nouvelle de l'intentionnalité. Celle-ci, justement, n'a de sens que dans et par sa pondération, pour ne pas dire son amortissement par des facteurs qui pourraient paraître s'y opposer ou représenter pour elle un handicap. Enfin, en prenant en compte le fait contemporain, clairement sous le signe de l'*intermédialité*, nous sonderons le ressort le plus profond de la médiation opérale, non sans nous interroger sur l'ambiguïté dont nous sommes partis : l'efficace du médium, en tant qu'il régit son ordre de dicibles (ses *dicibilia*) et achève le renversement de l'hylémorphisme aristotélicien, ne risque-t-elle pas de se dilapider et de perdre le sens de l'art par l'extension sans limite des transpositions se croisant en des types d'œuvres qui ont d'abord renoncé à l'unité objectale, dramatique (sémantique) et spatio-temporelle ?

1. Une matière qui est par elle-même une forme

Autant on peut admettre que la fabrication d'un objet utile à la vie se coule sans trop de difficultés dans le schéma aristotélicien, autant ce dernier ne marche plus dès qu'il s'agit d'une création d'œuvre. Ce qu'on appelle l'hylémorphisme, c'est, pour le dire le plus simplement du monde, l'imposition d'une forme à une matière avec une distribution asymétrique des qualités : la vertu (la virilité) de la forme *(morphè)* fait d'elle le principe actif, tandis que la matière, *hylè*, a comme principale qualité sa passivité ou malléabilité : elle se prête à n'importe quelle forme qui voudra bien poser sur elle son sceau et sa marque. De l'insémination à l'imprimerie, les images naturelles et culturelles se pressent qui ont longtemps rendu crédible pareil modèle attrape-tout. La qualité de la matière c'est de n'en avoir pas, autrement dit de n'être qu'en puissance et de ne se charger de caractères attrayants qu'une fois revigorée et qualifiée par la forme. L'artisan, l'ouvrier ou même l'ingénieur cherchent à réaliser un objet qui sera une réplique de sa forme idéale. Même si le matériau réserve des surprises et se montre moins docile que prévu, on sait, avec du métier (du « doigté »), « comment le prendre » pour qu'il rentre dans le rang et se soumette à la forme voulue.

Or, comme le remarque le philosophe Alain, « si l'exécution ne dépassait pas l'idée, il n'y aurait pas d'artistes, il n'y aurait que des ingénieurs[1] ». Ce mot d'Alain contient une définition implicite du médium : « ce qui dépasse l'idée ». En quel sens doit-on l'entendre ? Où et à quel moment ce dépassement a-t-il lieu ? Est-il le fait de l'agent ou de la matière transformée ? En vérité, force est d'admettre qu'il accompagne la « génération » de l'œuvre du commencement à la fin et qu'il est dû à l'action conjointe de l'ensemble des facteurs et paramètres, internes comme externes, sensibles autant qu'intellectuels. Ce n'est donc pas un point du parcours, un événement qui modifie la donne selon qu'on est artiste ou ingénieur. La démarche de l'artiste est pleine de surprises, elle s'apparente à une aventure

---

[1] Alain, *Vingt Leçons sur les beaux-arts*, 15e Leçon, dans *Les arts et les dieux*, Paris, Gallimard (Bibliothèque de la Pléiade), 1961, p. 578.

et le sens du mot « idée » diffère grandement d'un emploi à l'autre : le *disegno* du plasticien classique, de même que l'Idée esthétique chez Kant ont une puissance d'engendrement qui est en raison inverse de leur déterminabilité. Symétriquement, une idée nettement circonscrite n'a pas d'autre avenir que sa réplique exacte dans la réalité. Elle est artistiquement stérile.

La conséquence directe de cet état de fait, pour l'œuvre, c'est, si l'on peut dire, que l'Idée est *au milieu d'elle*, affleurant peut-être (pour le récepteur) à travers tel trait ou indice, mais se refusant à toute sommation cognitive et à toute délinéation intellectuelle. Si l'Idée de Milton, dans *Paradise lost*, n'est pas accessible à la détermination, ce n'est pas parce qu'elle serait vague ou de faible densité, mais tout au contraire parce que, saturée, il lui faut se répandre dans ce que Kant appelle « une foule de sensations et de représentations secondaires, pour lesquelles il ne se trouve point d'expression[1] ». Nelson Goodman, dans son langage, ne dit guère autre chose : « La densité, la saturation et l'exemplificationalité sont alors des marques distinctives de l'esthétique ; une structure articulée, l'atténuation et la dénotationalité des marques distinctives du non-esthétique[2] ». L'expérience du médium, du coup, se confond avec l'expérience esthétique comme telle.

Qu'est-ce à dire ? Cela signifie d'abord, à mon sens, que la relation pertinente qui constitue l'expérience du médium n'est pas la relation forme/matière. L'esthétique philosophique du XVIIIe siècle est plus proche de la vérité avec Goethe, Diderot, Kant, Hegel en considérant l'œuvre, non pas comme le résultat froid d'un conflit ou d'un compromis (ou plutôt les deux tour à tour) entre deux entités distinctes et extérieures, la forme et la matière, mais plutôt comme le produit toujours chaud d'échanges incessants et difficilement repérables entre deux facultés, l'imagination et la raison au sens large. On aura beau dire que, justement, l'imagination est, comme l'illustrera Gaston Bachelard, tournée vers la matière, tandis que l'entendement est formel, la *matérialité de l'imagination* n'est en aucune façon la même chose que la *hylè*, cette attente nue et neutre du morphisme. Car cette matière se faisant image (ou, cela revient au même, cette image devenant matière) est égale au milieu d'immanence où la forme n'est rien que sa transformation.

Ce milieu plastique, c'est ce que nous appelons le *médium* et que les époques précédentes ont appréhendé sous d'autres vocables, plus mystiques, pour s'expliquer l'œuvre d'art comme véritable *carrefour*, point de rencontre

---

[1] Emmanuel Kant, *Critique de la faculté de juger*, § 49, traduction A. Philonenko, Paris, Vrin, 1965, p. 145.
[2] Nelson Goodman, *Langages de l'art. Une approche de la théorie des symboles*, traduction Jacques Morizot, Nîmes, Jacqueline Chambon, 1990, p. 297.

unique entre le sensible et l'intellectuel (sinon l'intelligible). Il n'y a pas de bon tableau, par exemple, sans une idée plastique forte ; cependant cette puissance illuminative initiale ne peut pas se dire directement, mais seulement dans l'obliquité d'une représentation sensible *(Darstellung)*. L'œuvre, donc, est milieu. Elle se confond, si l'on peut dire, avec son « bouillon de culture », avec son environnement nourricier ; sa matérialité est plastique et non solide, elle est à la limite une toile infiniment complexe de fils qui s'entrecroisent. Comme on sait, l'âge de l'esthétique a pensé en tant que génialité la dimension productrice et inspirée de la création. Si l'on tente, au prix d'un certain schématisme, de récapituler les caractéristiques du génie dans ses trois grandes déclinaisons, chez Diderot, Kant et Goethe, on risquera la formule suivante : en tant que nature, le génie est spontanéité productrice, matrice immédiate de toutes les médiations (autant dire imagination), interprète démonique de la part divine coextensive à la puissance génésique. Par son intermédiaire, l'œuvre d'art n'est pas seulement un milieu, elle est aussi *médiatrice* en tant qu'elle accouche et manifeste une beauté qui, comme déjà dans le *Banquet*, fait signe vers une vérité plus haute mais hors de portée. L'œuvre est deux fois médium : d'une part en tant qu'elle héberge en son milieu l'Idée agissante indéterminable, d'autre part en tant qu'elle communique un sens qui ne peut être que le pressentiment de l'énigme. Goethe, dans une sentence tardive (1827), écrit que « l'art est un médiateur de l'indicible – *eine Vermittlerin des Unausprechlichen*[1] ».

Telle est la conception de ce qu'on peut appeler avec Baudelaire l'*art romantique*, celui qui s'indexe sur le génie à travers sa vocation médiumnique ou démonique. Il implique un rapport fusionnel avec le médium : le génie *est* médium et sa production répercute ce caractère prophétique. Il en résulte que le médium est à la fois exalté et dissimulé par l'axiome mystique de la génialité.

L'art moderne le (re)découvre progressivement sous un visage à la fois plus technique (ou plutôt professionnel) et, lâchons le mot, plus logique, pour ne pas dire linguistique. Ma thèse est que l'*originalité* moderniste,

---

[1] Johann Wolfgang Goethe, *Maximen und Reflexionen*, Werke (oeuvres) en 4 tomes, Berlin-Darmstadt, Der Tempel-Verlag, 1962, tome 1, p. 1202. Goethe dit encore : «*Das Schöne ist eine Manifestation geheimer Naturgesetze, die uns ohne dessen Erscheinung ewig wären verborgen geblieben* – [nous traduisons] Le beau est une manifestation de lois secrètes de la nature qui, sans cet apparaître, nous seraient restées éternellement cachées », *op. cit.*, p. 1180. Sur l'autre versant, Goethe signifie la puissance et du médium et de la faculté (quasi au sens kantien) auxquels il réfère, lorsqu'il écrit, d'une part que la beauté ne peut jamais s'expliquer clairement (à) elle-même (« *die Schönheit kann nie über sich selbst deutlich werden* », p. 1187, d'autre part que la raison est indexée sur le devenir et l'entendement sur le devenu (« *Die Vernunft ist auf das Werdende, der Verstand auf das Gewordene angewiesen* », p. 1228).

héritière dissidente de la génialité romantique, transpose dans l'artifice (avec les conventions qui s'y attachent) tout ce que l'époque préindustrielle avait appréhendé en l'espèce en matière de création, selon le paradigme de la nature. Brièvement dit : l'originalité est une génialité artificielle. Or le nom et son épithète sont contradictoires, s'il est vrai que le génie est essentiellement nature. L'originalité est le produit d'un *linguistic turn* avant la lettre. La création, critique plus qu'enthousiaste, est attentive à ses conditions et à ses conventions ; elle prend conscience de sa syntaxe, des règles et des exceptions, bref du code qui préside à ses énoncés formels sans parler de la mode, devenue un paramètre de la réception esthétique. Depuis lors, il semble même qu'une *touche*, plus ou moins décelable, de dandysme imprègne le monde de l'art, scellant la connivence des « producteurs » et des « consommateurs », pour parler le langage de Valéry[1]. Au XVIIIe siècle, Diderot pensait que seul un génie pouvait comprendre un autre génie[2] ; à l'aube du XXe, l'originalité trie ses amateurs et ses bons entendeurs : revues et manifestes y concourent.

Toutefois, avant de s'ériger en idéologie ou en mythe (Rosalind Krauss), l'art moderne se caractérise par une critique serrée de ce qu'il regarde comme le « mensonge romantique » (René Girard) par excellence : la divinisation de l'inspiration. Cette démystification ne se contente pas de dissiper l'illusion, voire l'imposture ; elle promeut une autre idée de l'art, dans laquelle la « profession de foi » est remplacée par une éthique professionnelle. Parmi les nombreux fragments de Nietzsche qui témoignent de cette position simultanément critique et heuristique (Paul Valéry, lecteur de Nietzsche, s'inscrira dans cette voie), je ne citerai que trois d'entre eux :

> Nous sommes accoutumés, devant toute chose parfaite, à omettre la question de sa genèse, et à jouir de sa présence comme si elle avait surgi du sol d'un coup de baguette magique [...] L'artiste sait que son œuvre n'aura son plein effet que si elle suscite la croyance à quelque improvisation, à une naissance qui tient du miracle par sa soudaineté, etc.[3].

---

[1] Paul Valéry, « Première Leçon du Cours de Poétique » (au Collège de France), *Variété*, *Œuvres, vol. 1*, Paris, Gallimard (Bibliothèque de la Pléiade), 1957, p. 1346.
[2] Denis Diderot, *Essai sur la peinture*, dans *Œuvres complètes en 15 vol.*, CFL, Société encyclopédique française, Paris, 1970, t. 6, p. 317. Il vaut la peine de citer ces toutes dernières phrases de l'essai : « Il [le génie] est seul. On ne l'apprécie qu'en le rapportant *immédiatement* à la nature. Et qui est-ce qui sait remonter jusque-là ? Un autre homme de génie ». C'est moi qui souligne.
[3] Friedrich Nietzsche, *Menschliches, Allzumenschliches* I, § 145. « *Das Vollkommene soll nicht geworden sein. – Wir sind gewöhnt, bei allem Vollkommenen die Frage nach dem Werden zu unterlassen : sondern uns des Gegenwärtigen zu freuen, wie als ob es auf einen Zauberschlag aus dem Boden aufgestiegen sei [...] Der Künstler weiss, dass sein Werk nur voll wirkt, wenn es den Glauben an eine Improvisation, an eine wundergleiche Plötzlichkeit*

L'artiste, en somme, profite de l'aubaine et joue de la croyance répandue que la beauté échappe au devenir et aux vicissitudes des choses humaines. En son for intérieur cependant, complète Nietzsche, tout artiste véritablement grand sait ce que coûte l'art – quelle cruauté à l'égard de soi-même, quelle terrible lucidité, quels arrangements passés avec le hasard ou la simple force des choses il exige. Voici le texte :

> En vérité, l'imagination du bon artiste, ou penseur, ne cesse pas de produire du bon, du médiocre et du mauvais, mais son *jugement*, extrêmement aiguisé et exercé, rejette, choisit, combine ; on voit ainsi aujourd'hui, par les *Carnets* de Beethoven, qu'il a composé ses plus magnifiques mélodies petit à petit, les tirant pour ainsi dire d'esquisses multiples[1].

Mais voici maintenant la formulation qui, touchant la présente problématique, énonce vraiment l'essentiel. Le titre du § 171 d'*Humain, trop Humain* est : « La nécessité dans l'œuvre d'art » (*Das Notwendige am Kunstwerk*). Nietzsche écrit :

> Les formes d'une œuvre, qui permettent à ses idées de s'exprimer, qui sont donc sa façon de parler, ont toujours quelque chose de facultatif, comme toutes les sortes de langage[2].

Nous sommes au cœur de la question du médium. Celui-ci est véritablement identifié *comme tel* à partir du moment où l'envoûtement de la Nature et du Génie, ces deux espèces de la Spontanéité productrice, s'affaiblissant, ce qui vient au premier plan pour l'artiste et le critique (et pour l'artiste critique), c'est la conscience que la définition, d'inspiration hégélienne, de l'art comme traduction sensible *(Versinnlichung)* de l'Idée est abstraite et stérile et qu'il importe donc de substituer à ce nouvel avatar du dualisme platonicien une conception de l'art comme langage spécifique, ou plutôt *idiotique*. En échappant aussi peu à peu à l'emprise de l'Art poétique, à l'*ut pictura poesis*, à l'axiome traditionnel de « l'imitation de la nature » et à la hiérarchie des genres – quatre côtés qui enferment la doctrine classique

---

der Entstehung erregt usw. », SW in 12 Bänden, A. Kröner, Stuttgart, 1964, B. 3, Viertes Hauptstück – Aus der Seele der Künstler und Schriftsteller, p. 135. La traduction française est celle de R. Rovini, *Humain trop humain*, Paris, Gallimard, 1988, p. 119.

[1] Ibid. § 155. « *Glaube an Inspiration – [...] In Wahrheit produziert die Phantasie des guten Künstlers oder Denkers fortwährend, Gutes, Mittelmässiges und Schlechtes, aber seine Urteilskraft, höchst geschärft und geübt, verwirft, wählt aus, knüpft zusammen ; wie man jetzt aus den Notizbüchern Beethovens ersieht, dass er die herrlichsten Melodien allmählich zusammengetragen und aus vielfachen Ansätzen gewissermassen ausgelesen hat* ». p. 140. Texte français, op. cit., p. 123.

[2] Ibid. § 171. « *Die Formen eines Kunstwerks, welche seine Gedanken zum Reden bringen, also seine Art zu sprechen sind, haben immer etwas Lässliches, wie alle Art Sprache* », p. 153. Texte français, op. cit., p. 134.

de l'art –, non seulement chaque discipline artistique, mais aussi chaque geste créateur personnel assume de parler son langage *propre*. C'en est fini de l'idéalité et de l'universalité de la forme. Dans l'immanence (en) devenir (le *Werdende* goethéen), la forme est *dans* la matière parce que la matière nomme alors ce tissu complexe de transformations qui institue l'œuvre comme poïèse actuelle. Voilà précisément le médium. Le médium désubstantialise l'œuvre, autrement dit en arrache le préjugé de consistance et de suffisance par soi : ce qu'elle exprime n'est plus le mystère d'un intelligible transcendant, c'est l'énigme de l'immanence et de la finitude qui fait de l'œuvre l'humble réceptacle d'échanges innombrables et de toutes sortes entre le hasard et la nécessité.

2. La plasticité de l'intention

Ce qui fait œuvre, dès lors, ce n'est plus la marque déposée et la trace sublime du « spirituel », c'est au contraire le précipité (dans l'acception chimique du mot) d'indices et de micro-événements à l'intérieur d'un processus souverainement assumé par l'artiste, quoique celui-ci ne le gouverne pas *stricto sensu*. On a pu judicieusement ériger en critère que l'œuvre « *compromet* son auteur[1] ». Qu'est-ce à dire ? D'abord, elle est *à son nom* et il doit en *répondre* jusque dans des avatars qu'il n'avait ni prévus ni davantage délibérés. Symétriquement, cette caractéristique porte éloge de ce que j'appelle la *puissance du médium* et tout se passe comme si l'artiste s'était « mis au pouvoir de l'œuvre, pour en libérer la puissance imprévisible[2] », ce qui s'accomplit dans le jeu de l'*exposition* – au/en public, et simultanément à tous les dangers inhérents à la visibilité. L'artiste accepte que son intention soit relayée, glosée, rectifiée même, parce que, confiée à l'œuvre qui la gère, son auteur s'en voit d'une certaine façon exproprié. Le médium dynamise la proposition artistique en la soumettant à l'inflexion de ses tours à lui, à ses Figures indigènes ; il l'extrapole plutôt que de la rendre littéralement, la dote d'une réserve (d'un potentiel expressif et d'un thésaurus de grands exemples), lui confère, non la dignité d'un message articulé selon un code partagé, mais la valeur sans prix d'une chose-signe dans laquelle la choséité et la symbolicité sont indémêlables.

Il est temps de récapituler les traits significatifs du médium appréhendé en tant que *puissance particulière inhérente à un mode d'expression*. Un médium n'est pas plus expressif qu'un autre, il se distingue plutôt par des vertus singulières faisant de lui un *idiome*. Le corollaire, c'est qu'il n'y a

---

[1] René Passeron, *La naissance d'Icare (Éléments de poïétique générale)*, éditions ae2cg, Presses universitaires de Valenciennes, 1996, p. 32.
[2] Ibid., p. 32.

pas, en arts, de thème universel, indifférent au médium et qui pourrait recevoir des « illustrations » ou des transcriptions multiples. Les peintres, en substituant, à la fin du XIXᵉ siècle, l'idée de *motif* à celle de *sujet* ont franchi trois pas ensemble :

a) ils sont sortis de l'atelier et se sont rendus sur le motif, se sont à la lettre « mobilisés » ;

b) ils ont tourné le dos à la peinture d'histoire et aux « grands sujets » du « grand art » en faveur d' « objets » dépourvus d'emphase ;

c) ils ont appelé *motif*, enfin, ce qui les motivait à peindre, déclenchait le désir de parler (en) peinture[1] et, surtout, de se faire annoncer par la peinture elle-même ce qu'est par exemple un Clémenceau, un Mallarmé ou un Zola « selon la peinture[2] ».

Si nous nous attardons quelque temps sur le paradigme de la picturalité (on le ferait tout aussi bien, par exemple, avec le cinéma[3]), c'est qu'il est aisé d'y montrer le déplacement d'accent de la *storia* albertienne à la pâte picturale, comme si l'action s'était considérablement rapetissée pour laisser place à ces micro-événements plastiques que j'évoquais plus haut et qui constituent à la fois le relief, la trame et la finalité de l'œuvre.

On se tromperait beaucoup, de croire que pareil changement du tout au tout est superposable à la prétendue substitution de l'abstraction à la figuration, qui n'est qu'un épisode de surface de l'art : celui-ci est toujours une *figuration* (une mise en Figures), ce qui ne le condamne pas à représenter-dénoter servilement les aspects d'un univers perceptif peu ou prou consensuel[4]. La figuration excède de loin l'art dit « figuratif ». En vérité, le médium peinture désigne tout le programme – extensible – de la peinture, programme qui inclut son potentiel, en tant que, jusque dans la recherche ou la mise à l'épreuve de ses limites (intérieure et extérieure), celle-ci reste fidèle à son *êthos*. C'est en ce sens que, plus haut, j'évoquais la *profession* de l'artiste. L'éthique du médium induit une manière de déontologie artistique. Pour l'artiste le plus hardi, il y a des choses

---

[1] Paul Valéry, *Introduction à la méthode de Léonard de Vinci*, op. cit., p. 1259. « Léonard est peintre : *je dis qu'il a la peinture pour philosophie*. En vérité, c'est lui-même qui le dit ; et il parle peinture comme on parle philosophie : c'est qu'il y rapporte toute chose ».

[2] André Malraux, *Le Musée imaginaire*, Paris, Gallimard, 1965, p. 38.

[3] Dont Jean Epstein espérait vers 1920 qu'il parle une langue tellement émancipée qu'il n'aurait pas à emprunter ses « histoires » ailleurs (« Le cinéma est vrai. Une histoire est un mensonge », cité par Jacques Rancière, *La Fable cinématographique*, Paris, Seuil, 2001, p. 7). On pense aussi aux efforts d'un Siegfried Kracauer pour établir, par le biais du concept de « caméra-réalité », le certificat d'authenticité du médium, tel qu'on ne puisse confondre son expressivité propre avec aucune autre. Voir Siegfried Kracauer, *Theory of Film. The Redemption of Physical Reality* [New York, 1960], traduction par Daniel Blanchard et Claude Orsoni : *Théorie du film. La rédemption de la réalité matérielle*, Paris, Flammarion, 2010.

[4] Michel Guérin, *Origine de la peinture (Rembrandt, Cézanne et l'immémorial)*, Paris, Les Belles Lettres, coll. « encre marine »), 2013.

auxquelles il se refuse. Valéry (encore une fois sous une forme assez nietzschéenne) pointe ainsi cette exigence, tendue entre le possible et le nécessaire (Nietzsche aurait dit le fatal) : « l'artiste se propage dans le possible et se fait *agent de ce qui sera*[1] ». Ainsi parle l'homme qui professe « n'aimer dans les œuvres que leur génération[2] ». On remarquera l'alliance de la hardiesse de l'auteur, explorateur des possibles, avec ce que je ne craindrais pas d'appeler, poursuivant ma pensée, l'*obligation* qui s'élève de l'intérieur du médium et justifie la vocation de l'artiste, retrouvant ainsi solidaires les deux sens de *Beruf* analysés par Max Weber.

Si, maternelle ou bien idiotique, une langue inculque un attachement singulièrement profond qui se confond bientôt avec l'être même, elle transmet, à qui a la charge de la défendre et de l'illustrer, un respect de chaque instant et une attention pratique à ses nuances et chatoiements. La mission du poète dont s'autorisaient les romantiques devient l'obligation de l'artiste envers son médium. Celui-ci permet à l'artiste de s'accomplir en réalisant ce qu'il n'ose parfois pas appeler une « œuvre », lui fait don de ses dons, qui sont des particularités intéressantes ou exquises et fait en sorte qu'il s'en occupe ; réciproquement, l'artiste ne saurait laisser cet appareil ou cet équipement sensoriel et fonctionnel en jachère : il est commis, comme s'il s'agissait d'un orgue, à la tâche noble d'en tirer le meilleur et de l'entraîner dans des aventures expressives et esthétiques de bon aloi.

Dans un tout autre contexte, Walter Benjamin encourageait les artistes progressistes (écrivains au premier chef) à agir sur les moyens de production artistiques afin de changer la « technique » des médiums traditionnels, au lieu d'emprunter ceux-ci à une idéologie bourgeoise qui les avilissait en s'arrangeant pour maintenir le fossé entre l'écrivain et le lecteur, coupant celui-ci de la promesse d'une polytechnique où les rôles sont susceptibles de s'échanger. Je retiens cette proposition clef de Benjamin (soulignée par lui dans le texte) : « *Ein Autor, der die Schriftsteller nichts lehrt, lehrt niemanden* – un auteur qui n'apprend rien aux écrivains n'apprend rien non plus à personne[3] ». Bref, le médium oblige et fixe des devoirs.

C'est un tel sentiment de *dette* que la théorie dite formaliste de Clement Greenberg – mise au service de la promotion *exclusive* (conquérante) de l'art américain représenté dans les années quarante du siècle précédent par l'expressionnisme abstrait (dont Jackson Pollock est la figure emblématique) – transforme en doctrine assertorique. L'obligation demeure, mais elle est moins, désormais, le vécu et la décision d'un auteur singulier qu'une forme/norme qui s'inscrit dans une historicité structurelle à laquelle on

---

[1] Paul Valéry, *Introduction à la méthode de Léonard de Vinci, op. cit.*, p. 1243.
[2] *Ibid.*, p. 1230.
[3] Walter Benjamin, *Der Autor als Produzent* (L'auteur comme producteur), Gesammelte Schriften, Suhrkamp, Frankfurt am Main, 1977, Band II.2, p. 696.

n'échappe pas impunément. Cela se nomme *historicisme*. Celui qui se dérobe en effet à la commission, qui lui est explicitement adressée par l'époque, de poursuivre l'exploration du médium jusqu'à révéler ses constituants essentiels exclusifs (ce qui aura été fait n'étant plus à faire), celui-là se met hors de l'art vivant et de son histoire. La théorie moderniste façon Greenberg connaît en le méconnaissant le médium. Elle détecte bien la sorte d'*impératif* qui s'y loge, mais le formalisme historiciste qui la caractérise la rend aveugle à deux dimensions *autres*, mais non moins importantes : il s'agit d'une part des autres modernités (russe, allemande notamment) sous le signe de la *factographie*, dont le « matérialisme » impur se situe à l'opposé du formalisme[1] ; d'autre part des *appareils* qui, non seulement, commandent les nouveaux médiums, mais encore – comme l'avait compris Walter Benjamin – modifient sensiblement l'approche de toute[2] création artistique comme de sa réception, de quelque discipline qu'elle relève. Or, le factographique et la montée en puissance (puis en réseau) des appareils sont les rails qui feront passer l'art moderne à la postmodernité.

Quoi qu'il en soit, ce qu'apporte le sentiment moderne du médium, c'est une réforme de l'intentionnalité artistique : l'intention n'existe pas dans la tête, hors langage et *a priori*, cherchant dans un deuxième temps le rendu qui lui conviendra le mieux : ceci est littéralement une « vue de l'esprit ». L'intention est en recherche d'elle-même et c'est de prendre appui sur les conditions qui la contingentent, la contraignent ou même paraissent la combattre, qu'elle parvient à saisir empiriquement son *rhuthmos*, c'est-à-dire une allure générale, une silhouette créatrice capable d'entraîner le cortège d'éléments, anciens ou incidents, aléatoires ou bien calculés au plus juste, qui, coalisés, donneront l'œuvre réalisée. Il faut donc penser l'intention, non comme l'étincelle immédiate qui, d'abord, dégage d'un coup l'idée, mais à l'inverse comme l'ouvrage ultime de médiations conditionnées. Je sais ce que je veux dire *après* que je me suis exprimé ; et ce paradoxe est plus vrai encore dans l'intention plastique que dans celle qui relève du dire. En forçant, il est vrai, un peu le trait : l'intention, réalisant vite sa chimère d'*a priori*, fait alliance de raison avec l'*a posteriori*. Et quand même elle veut croire en cette nécessité que Kandinsky dira « intérieure », elle n'ignore pas combien de hasards, d'accidents et d'imprévus, croisés sur la route, ont été

---

[1] Victor Burgin, *The End of Art Theory (Criticism and Postmodernity)*, Macmillan, Londres, 1986.
[2] Dès la *Kleine Geschichte der Photographie* (Petite histoire de la photographie), Benjamin prend le parti du devenir contre le devenu : la photographie n'a pas à singer les médiums plus anciens (la peinture, la sculpture). Bien plus, il renverse la donne en affirmant que la question pertinente n'est pas celle de l'art qui se trouve censément dans une photographie, mais du photographique qui – désormais – gît dans *tout* art.

enrôlés aux fins d'un recyclage transfigurateur. Qu'est-ce donc que l'intention ? La métamorphose du désordre en idiome nonpareil. C'est ce qu'on valide à la fin, après qu'on a décidé du visage de cette fin. Dans quelque sphère que ce soit, toute intention est *plastique*, originairement déformable[1].

3. Du médium au multimédia et à l'intermédialité (brèves remarques en guise de conclusion)

L'écrivain qui extériorise sa pensée par l'intermédiaire de l'écriture, le peintre qui voit peu à peu surgir sur la toile la vision que traduisent et malaxent les avatars de la cuisine picturale, *s'en remettent* forcément, comme aussi le sculpteur, à un équipement (*Apparatur* dans la terminologie de Walter Benjamin). Celui-ci ne désigne pas seulement le matériel (les matériaux, les outils, l'atelier), mais également le métier et la culture où il s'enracine : en somme c'est l'appareillage mental qui conditionne la *mise en œuvre*. Il apparaît ainsi qu'un médium traditionnel, artisanal, possède déjà une caractéristique des appareils techniques : l'aptitude à *déléguer*. Que signifie précisément cette délégation ? Non pas une substitution, mais une transmission par relais impliquant l'acceptation d'avance d'un apport (et peut-être aussi d'une perte) du médium comme tel : sous la forme d'une répercussion – s'inscrivant dans le corps de l'œuvre – de l'ensemble des conditions et modes de production en tant qu'ils échappent, au moins partiellement, à la maîtrise parfaite du créateur. D'ailleurs, ce dernier a conscience de cet abandon qu'il consent sciemment aux prestations, avec lesquelles il s'est familiarisé, de son appareillage. L'appareil photo, premier appareil techno-scientifique de la modernité, producteur des premières « images techniques[2] », non seulement fonctionne sur le principe de la délégation d'opérations, mais il ajoute à la complexité des médiations (déjà présente, on l'a dit, dans un processus traditionnel de création), deux traits déterminants, d'ailleurs corrélatifs : l'interposition d'une discontinuité fonctionnelle et l'inaptitude de l'homme à réaliser ce dont l'appareil s'acquitte par l'effet de son programme de travail. Walter Benjamin avait déjà repéré ces deux caractéristiques en observant, d'une part que l'appareil photo ne va pas sans un temps de latence, un hiatus entre l'image et son enregistrement, d'autre part que le regard humain se trouve débordé et

---

[1] J'ai développé plus particulièrement ces points de vue dans « L'intention plastique », *La Part de l'Œil, n° 29 (Le dessin dans un champ élargi)*, Bruxelles, 2015.
[2] Vilém Flusser, *Pour une philosophie de la photographie*, Circé, Belval, 1996. « La liberté du photographe reste une liberté programmée. L'appareil fonctionne en fonction de l'intention du photographe ; mais cette intention fonctionne elle-même en fonction du programme de l'appareil », p. 37.

subverti par ce que « voit » la caméra. Tout se passe comme si l'aperception se trouvait brisée en deux, partagée entre un regard qui manque le voir et un voir qui ne se haussera jamais au regard. C'est à l'intérieur de cette oscillation ou plutôt de ce chiasme que bat le rythme de l'image technique. Un Siegfried Kracauer croit que le « photographe idéal » est tel le « miroir qui ne choisit pas ce qu'il réfléchit », « il est identique à l'objectif de son appareil[1] ». À la différence de Benjamin, Kracauer cherche ainsi à résorber un peu naïvement la césure visuelle qui caractérise l'articulation de l'œil et de l'objectif. Selon lui l'aspiration à rétablir la continuité entre l'individu et la réalité, entre le sujet et ses objets, est réalisée par l'image-mouvement, dans la mesure où, même si le cinéma, comme montage, repose sur la discontinuité, le mouvement et la multiplicité des images rendent avec intérêt la vivacité de la vie. Telle serait la nature de la « caméra-réalité », qu'« elle se porte spontanément vers la réalité sans artifice[2] ».

On voit bien que l'attitude des deux théoriciens (par certains aspects proches, d'abord dans le temps ensuite par l'expérience historique) diffère à partir d'une même reconnaissance de la situation inédite entraînée par l'apparition de la photographie et du cinéma. Alors que Benjamin valorise l'*interruption* et la charge de nouvelles significations, Kracauer tente une conciliation humaniste de l'homme et de ses techniques et, tant qu'à faire, appelle le premier à s'« identifier » avec les secondes. Ai-je besoin d'ajouter que c'est Walter Benjamin qui est dans le vrai, en étayant de surcroît son analyse du médium par une problématique générale de la reproductibilité technique et de l'environnement social-mental qui l'accompagne – le tout sur fond d'une incertitude politique majeure ? Il est devenu clair, en effet, qu'avec ce que Benjamin appelle « la seconde technique », dont la devise est « une fois n'est rien[3] », la reproductibilité technique n'est pas une propriété adjacente de la production, mais qu'elle en régit intégralement le processus.

Avec le fonctionnement des appareils techniques et, plus encore, avec les incontournables technologies numériques contemporaines, les nouveaux médiums ont vu s'épaissir les couches de médialité, s'accroître la part déléguée à des programmes qui « marchent tout seuls », s'imposer les rapprochements induits par l'arborescence des outils numériques et la prolifération des *écrans*. Ce dernier mot, d'ailleurs, symboliserait assez bien l'univers technologique contemporain, strié de machines à voir et à

---

[1] Siegfried Kracauer, Théorie du film. La rédemption de la réalité matérielle, op. cit., p. 43.
[2] Ibid., p. 108.
[3] Cette opposition entre la « première technique », dont la devise sacrificielle est « une fois pour toutes », et la « seconde technique », dont l'esprit est au contraire de multiplier les tests et de varier l'expérience, se trouve dans la version française de L'œuvre d'art à l'époque de sa reproduction mécanisée, § VI. Voir Walter Benjamin, Écrits français, Gallimard, coll. « Folio/Essais », Paris, 1991, p. 148.

enregistrer, à calculer et à stocker, à communiquer en temps réel. L'activité artistique est seulement l'une des branches de ce nouvel arbre de la connaissance d'un genre particulier, et, au-delà du multimédia (c'est-à-dire d'une hybridation de techniques) et de l'inter- ou transmédialité (c'est-à-dire de passages de médiums les uns dans les autres, interactions ou transpositions), c'est le modèle d'une société en réseau qui s'impose partout.

Le médium traditionnel, lié à la matière et au régime analogique de la création, désigne une certaine alliance de la transparence et de l'opacité[1]. Ce n'est pas la matière qui est opaque comme le voulaient Plotin et ses disciples byzantins, c'est la genèse de l'œuvre. C'est le devenir-œuvre à travers l'ensemble incernable de ses couches renvoyant à des données sensorielles, formelles, émotionnelles, verbales, à des automatismes et à des habitudes (des plis), des bonheurs et des passages à vide, des traces, des durées diversement senties, etc. – toutes choses hétérogènes.

Or, quand le médium rationalise ces fonctionnalités dispersées et quelque peu aléatoires pour les transférer à des programmes (d'appareils), que reste-t-il de l'intention plastique ? On ne peut plus vraiment la voir (se) débattre pour émerger du chaud bouillonnement de ses travaux d'approche, tout imprégnés d'humeurs et libérant un bouquet de sensations. La question ultime que pose un « art technologique » n'est-elle pas, dès lors, la suivante : un médium qui diminue les interventions directes, physiques (qu'elles viennent du matériau, des outils, des sens, du vécu spatio-temporel) sur l'œuvre en cours, qui remplace leurs impacts par des enchaînements programmatiques dématérialisés, ne paye-t-il pas son efficacité processuelle d'un renoncement à la vertu artistique du médium : de savoir garder entier l'énigme de l'acte créateur ?

Le dilemme est, pour finir, le suivant : quelle propriété du médium choisir (au détriment de l'autre), la médiatisation ou le secret ? Est-il possible de marier les froides contraintes du programme aux sources archaïques (le corps, l'émotion, la pulsion, la sensorialité) où les hommes ont jusqu'ici cru trouver l'origine et la fin de l'art – et si oui comment ?

---

[1] Philippe Junod, *Transparence et opacité [1976]*, Nîmes, Jacqueline Chambon, 2004.

Bibliographie

ALAIN, *Vingt Leçons sur les beaux-arts*, 15ᵉ Leçon, dans *Les arts et les dieux*, Paris, Gallimard, 1961

BENJAMIN Walter, *Der Autor als Produzent* (L'auteur comme producteur), Gesammelte Schriften, Suhrkamp, Frankfurt am Main, 1977, Band II.2, p. 696

BENJAMIN Walter, *Écrits français*, introduction et notices de Jean-Maurice Monnoyer, Gallimard, coll. « Folio/Essais », 1991

BURGIN Victor, *The End of Art Theory (Criticism and Postmodernity)*, Macmillan, 1986

DIDEROT Denis, *Essai sur la peinture*, dans *Œuvres complètes en 15 vol.*, CFL, Société encyclopédique française, Paris, 1970, t. 6

FLUSSER Vilém, *Pour une philosophie de la photographie*, Circé, Belval, 1996

GOETHE Johann Wolfgang von, *Maximen und Reflexionen*, Werke (oeuvres) en 4 tomes, tome 1, Berlin-Darmstadt, Der Tempel-Verlag, 1962.

GOODMAN Nelson, *Langages de l'art. Une approche de la théorie des symboles*, Nîmes, Jacqueline Chambon, 1990

GUÉRIN Michel, « L'intention plastique », *La Part de l'Œil*, n° 29 *(Le dessin dans un champ élargi)*, Bruxelles, 2015

GUÉRIN Michel, « Trois paradigmes de la réception de l'art », *Recherches en Esthétique, n° 21 (La Réception de l'art)*, 2015

GUÉRIN Michel, *Origine de la peinture (Rembrandt, Cézanne et l'immémorial)*, Paris, Les Belles Lettres, coll. « encre marine »), 2013

JUNOD Philippe, *Transparence et opacité [1976]*, Nîmes, Jacqueline Chambon, 2004

KANT Emmanuel, *Critique de la faculté de juger*, traduit par A. Philonenko, Paris, Vrin, 1965

KRACAUER Siegfried, *Théorie du film. La rédemption de la réalité matérielle*, Paris, Flammarion, 2010

LUHMANN Niklas, *La réalité des médias de masse* [1996], traduit de l'allemand par Flavien Le Bouter, Diaphanes, 2012

MALRAUX André, *Le Musée imaginaire*, Paris, Gallimard, 1965

NIETZSCHE Friedrich, *Humain trop humain*, tome 1, Paris, Gallimard, 1988

PASSERON René, *La naissance d'Icare (Éléments de poïétique générale)*, éditions ae2cg, Presses universitaires de Valenciennes, 1996

VALÉRY Paul, « Première Leçon du Cours de Poétique » (au Collège de France), dans *Variété*, dans *Œuvres, vol. 1*, Paris, Gallimard, 1957

VALÉRY Paul, *Introduction à la méthode de Léonard de Vinci*, dans *Œuvres, vol. 1*, Paris, Gallimard, 1957

L'impropriété du dessin

Lucien Massaert

Lucien Massaert, né en 1952, a étudié le dessin et la peinture murale à l'Académie royale des Beaux-Arts de Bruxelles et a été le titulaire de l'option dessin dans cet établissement jusqu'en 2015. Il est cofondateur avec Luc Richir de la revue d'esthétique La Part de l'Œil.

> *[...]   rompant avec une épargne de ce qui subsiste des signes*
> *[...]*
> *porté à la limite extrême de soi, il peut apparaître admissible qu'elle se réduise à rien, presque...*
> André du Bouchet[1]

Depuis nombre d'années, l'on ne peut que s'étonner de voir les expositions d'art contemporain annoncer la présence d'installations, d'art numérique, de performances et de dessin alors qu'apparaissent bien moins souvent les termes peinture et sculpture. Le dessin aurait-il certaines caractéristiques communes avec lesdits nouveaux média alors que la peinture et la sculpture seraient devenues choses du passé sauf à se transformer, s'élargir, se fondre dans l'installation ? Le dessin résisterait-il comme médium autonome, ou au contraire subsisterait-il du fait de sa résistance à la logique conceptuelle du médium ? Voici la question que nous souhaitons soulever au fil des réflexions qui suivent.

Que l'on nous permette de nous tenir à l'écart de tout ce qui se réclame du propre et de l'essence, fût-ce de l'essence du médium, non qu'il s'agisse de nous réclamer de l'idéologie largement partagée actuellement de l'hybride, du mélange des disciplines, de l'effacement des différences. Pour élucider la relation de la multiplicité des arts à la multiplicité des sens, il ne faut pas en passer nécessairement par le *Gesamtkunstwerk* ou par les

---
[1] André du Bouchet, « Tournant au plus vite le dos au fatras de l'art », dans *Qui n'est pas tourné vers nous*, Paris, éd. Mercure de France, 1972, p. 101.

pratiques multi- (ou inter-) média, parce que, comme le précise Nancy, « chaque œuvre est à sa façon une synesthésie »[1]. Il s'agit pour nous de penser les différences, la non-identité selon une dynamique de rapprochement et d'éloignement, de voisinage et d'extension.

S'agissant du dessin, serait-il possible de soutenir qu'il échappe tant à la définition dite essentialiste du médium qu'à la propension aujourd'hui fort répandue à le penser comme un champ en extension, colonisant tant les formes et surfaces que les espaces concrets ou virtuels ? S'il ne s'agit pas plus de réduire le dessin au rien d'un trait que d'emprunter une logique totalisatrice ou expansionniste par laquelle il ne pourrait que se dissoudre, peut-on alors imaginer une logique de marge, une place à la fois dans et hors champ de la plasticité, une sorte de degré zéro qui ne doit son existence qu'à être ce qui déjoue les logiques diverses du médium ? Voilà ce que nous voudrions tenter de penser.

Le subjectile

Sans doute serait-il envisageable de placer aux deux extrémités d'une ligne, d'un spectre, d'une part la peinture la moins dessinée et d'autre part le dessin le moins peint. Le milieu de l'éventail ainsi couvert serait occupé par des œuvres dont le dessin serait souligné de peinture ou dont la peinture serait fortement tributaire du dessin. Mais tout cela n'aurait que peu d'intérêt, le dessin et la peinture se définissant alors mutuellement, l'un comme non-peinture et l'autre comme non-dessin.

Un travail non négligeable a été accompli par Françoise Viatte et Lizzie Boubli[2] en abordant le dessin sous l'angle de la réserve, de l'épargne, du blanc. Pour le dessin, le blanc de la feuille est premier. Le trait et la touche vont lentement voiler, puis creuser cette surface. Le blanc sera gardé en suspens, préservé tout au long de l'opération. Le dessin commence dans le blanc de son support alors que la peinture se termine, s'achève dans l'éclat, dans l'accent lumineux de sa dernière touche de blanc. Il faut noter qu'en pensant le dessin comme une pratique qui fonctionne à rebours de la peinture, ménage des blancs, épargne le blanc initial de la feuille, tant pour découper une silhouette que pour faire respirer un espace, l'on maintient néanmoins la logique de représentation.

Jean Clay – dans un texte de 1978, souvent cité et commenté depuis, de la revue de théorie de l'art *Macula* – fait un pas de plus lorsqu'il attire notre attention sur le moment où les lacunes des dernières œuvres de Cézanne

---

[1] Jean-Luc Nancy, « Pourquoi y a-t-il plusieurs arts, et non pas un seul ? », dans *Les Muses*, Paris, éd. Galilée, 1994, p. 58.
[2] Françoise Viatte et Lizzie Boubli, *Réserves, les suspens du dessin*, Paris, Éditions de la Réunion des Musées nationaux, 1995.

produisent une rupture du mode représentatif, un basculement « sur le versant du manque ». Hors l'économie représentative, la réserve, écrit Jean Clay, fait « à la fois tache et trou » ; elle ouvre un « lieu aporétique » d'où son effet médusant. La réserve n'arrive finalement jamais à jouer simplement le jeu de l'accent lumineux du blanc en peinture. Elle n'arrive jamais à atteindre ce plus de lumière parce qu'elle serait plutôt un « rien »[1].

Le médium du dessin n'est pas la charge pigmentaire et son excipient cosmétique, mais le papier dans sa façon d'accueillir et transformer le dépôt plastique. Nous sommes amenés à penser que l'appareil du dessin est situé dans son support, son subjectile[2] en tant que – au contraire du panneau, du mur ou de la toile tendue – il n'est pas stable mais transformable : pliable, pouvant s'arracher, prompt à se détendre par vagues lorsqu'il n'est pas humidifié de façon uniforme. Voila ce qu'il nous faut penser et dont il faut envisager les conséquences. Il ne s'agit pas de réduire le dessin à son support comme Greenberg a pu le faire pour la peinture. Le subjectile n'est pas un « espace idéal [d'] appropriation »[3]. Comme l'écrit Jean-Louis Déotte, le papier échappe « à la condition de simple matériau »[4].

C'est une réécriture de l'histoire de l'art du XXe siècle que Jean Clay propose en démontrant que la modernité s'énonce « de Cézanne à Ryman, art de transposer dans le champ de la peinture les propriétés du dessin » (PEC 168). La modernité quitterait la surface *projective* de la peinture pour la surface *inductive* du dessin. L'on peut interpréter le projectif comme instance de l'image et l'inductif comme remontée d'indices et effets de « contexture » du support. Le dessin pourrait ainsi être compris comme « le retour critique qui s'opère […] du champ d'inscription sur l'inscrit » (PEC 168), ou, dit autrement, comme le retour des virtualités du subjectile sur la délinéation des figures. Nous assisterions ainsi au renversement d'une convention du dessin comme outil préparatoire, et donc marginal, en cela même qui devient le moteur de transformation de la pratique plasticienne.

Comment rendre compte de cette logique des dessins de Seurat qui ne sont pas les rendus ou modelés de la lumière et de l'ombre par le crayon Conté sur la feuille, mais la montée de l'excès du grain du papier qui, par sa trop forte prégnance, vient défaire la représentation ? Jean Clay note, dès le dernier tiers du XIXe siècle, les indices d'un « soulèvement du "fond" » dans

---

[1] Jean Clay, « La peinture en charpie », *Macula* 3-4, 1978, pp. 168 et 181. Cet article sera par la suite mentionné (PEC) dans le corps même du texte.
[2] Pour ce qui précède la fin du XIXe siècle, nous suivrons Jean-Louis Déotte lorsqu'il affirme que « le dessin a été appareillé par l'imposition destinale de la perspective ». Jean-Louis Déotte, *Qu'est-ce qu'un appareil ? Benjamin, Lyotard, Rancière*, Paris, L'Harmattan, 2007, p. 15.
[3] Jacques Rancière, *Le destin des images*, Paris, La Fabrique éditions, 2003, p. 83.
[4] Jean-Louis Déotte, *Qu'est-ce qu'un appareil ? Benjamin, Lyotard, Rancière*, op. cit., p. 17.

les œuvres de Degas et Manet ou au tournant du siècle chez Vuillard ou Matisse. Il parle du dessin comme « retour critique […] du champ d'inscription sur l'inscrit et sur le scripteur » (PEC 168). Il faudra suivre ces effets sur l'inscrit – ce qui s'inscrit n'est plus de la même teneur –, tout en ne perdant pas de vue les conséquences quant à notre conception du sujet peintre (et/ou spectateur) qui n'est reste pas indemne.

Depuis les productions du minimalisme, plus rien n'irait de soi : support, nature des instruments, format, pigment… ce qui pouvait sembler donné, appareillé est dorénavant envisagé comme décision de l'artiste et fait partie du projet, du programme de l'œuvre, de ce qui va remonter, faire retour au fil des gestes ultérieurs. C'est un corps non interrogé, un en-deçà de l'œuvre qui « est soumis à l'épreuve d'une excorporation » (PEC 167), d'une mise à découvert et d'une mise en œuvre ou d'une mise à l'épreuve. La séquence de l'œuvre est à approcher depuis cet en-deçà que constituent les formants jusqu'à cet au-delà que sont les « instances culturelles, économiques, institutionnelles, politiques » (PEC 177).

Clay ne vise pas « une couche originelle, humus où se localiserait la vérité substantielle de l'art, d'un art dont on aurait à la fin touché le fond, le *gesso* » (PEC 170) mais se propose de construire une alternative tant à l'analyse "moderniste", au modèle déductif de Clement Greenberg qu'aux acteurs et thuriféraires de Support-Surface. Il ne s'agit pourtant pas de substituer un essentialisme à un autre ou de proposer une téléologie de remplacement.

L'on peut concevoir cette approche du dessin par le subjectile comme une approche technique à condition de voir que l'opération de l'œuvre, sa technicité « c'est, comme l'écrit Nancy, aussi bien le "désœuvrement" de l'œuvre »[1]. Le passage de la série parallèle de la forme à la série perpendiculaire de l'épaisseur a pour conséquence, comme vient de le montrer ci-dessus Jean Clay, qu'il n'y a plus ni actif, ni passif : le support lui aussi est agissant et le sujet peintre à son tour pâtit de ses effets.

Si tout comme l'écran, la toile est lieu de projection et d'assurance pour le sujet, en revanche, le papier en sa fragilité devient lieu par excellence de l'accident, lieu d'« ébranlement du sujet peignant qui perd, dans le procès où il s'investit, sa position de maîtrise » (PEC 184). De la Renaissance au XVIIe siècle s'est construit le paradigme d'un sujet plein du fait de l'identification imaginaire où l'image de peinture a tenu son rôle (voir Port-Royal). Cette assurance, aussitôt acquise, vacille. L'« avènement interstitiel du blanc » défait la confiance et les certitudes offertes par l'image et « fait du subjectile l'instance où le sujet plein se déprend et s'ajoure » (PEC 167)[2]. Le statut de

---

[1] Jean-Luc Nancy, « Pourquoi y a-t-il plusieurs arts, et non pas un seul ? », *op. cit.*, p. 66.
[2] Pour ce qui concerne ce statut du subjectile, on se reportera également au dossier « Ouvrir le support » du volume 20 de *La Part de l'Œil*, 2004-2005.

neutralité de la toile pour la peinture n'est pas de mise en dessin pour le papier. Le support du dessin n'est pas une surface d'inscription. L'« assomption du subjectile », l'émergence des dessous de l'œuvre, ce dessous constitue assurément un tout autre fond que celui qui donne consistance à la perspective. L'événement vient de l'autre, l'autre non-appropriable en tant qu'il me surprend par-dessous.

Le fond

Le tracé vise, écrit Derrida, à prendre un statut de contour, entre le dedans et le dehors d'une figure, il se rapporte à lui-même en se divisant. Si le trait distingue la figure du fond ou d'une autre figure, il n'appartient ni à l'un, ni à l'autre, soit à l'un et à l'autre pour faire apparaître « ce qu'il espace » et qui « ne lui appartient pas », interrompant toute identification. Le dessin fait signe vers cette limite, ce seuil. « *Rien n'appartient au trait*, donc au dessin et à la pensée du dessin, pas même sa propre "trace". »[1] Eliane Escoubas, lisant en parallèle *Mémoire d'aveugle* et *La voix et le phénomène*, note que « l'aveugle est celui qui va avancer et nous faire avancer dans la critique de la philosophie de la présence »[2].

Notre intérêt pour l'art doit, selon Nancy, s'arrêter à son opération, c'est-à-dire à sa technique. La technicité « ce n'est pas d'abord les procédés, les instruments et les calculs », mais, comme rappelé plus haut, « c'est aussi bien le "désœuvrement" de l'œuvre, ce qui la met hors de soi ». Comme le dit Nancy de la technique elle-même, le dessin met en évidence « la déshérence de l'origine […], l'exposition à un manque de sol et de fondement »[3].

Mais il ne suffit pas de noter le redoublement de la ligne – contour de l'objet ou limite d'avec l'espace, espacement, ou encore ligne comprise, absorbée dans ce qui fait fond –, le retrait du trait ou encore l'effacement de la trace. Tout comme la logique de la réserve mentionnée plus haut, ceci ne nous garantit en rien que ne soit laissée en place une certaine économie de la représentation si le dessin n'opérait pas dans un même mouvement la déstabilisation des instances par ailleurs réglées du support et du fond.

Le subjectile, pas plus que la trace, n'est donné, n'est premier. Le dessin, écrit Philippe-Alain Michaud, « porte toujours la trace de la construction de

---

[1] Jacques Derrida, *Mémoire d'aveugle. L'autoportrait et autres ruines*, Louvre, Paris, Réunion des musées nationaux, 1990, p. 58.
[2] Eliane Escoubas, « Derrida et la vérité du dessin : une autre révolution copernicienne ? », *Revue de métaphysique et de morale, Derrida*, Paris, Puf, janvier 2007, pp. 52 et 49.
[3] Jean-Luc Nancy, « Pourquoi y a-t-il plusieurs arts, et non pas un seul ? », *op. cit*, pp. 66, 50.

sa surface », il « construit un lieu »[1]. Il n'y a pas d'espace préexistant du dessin, sa surface n'est pas préexistante, elle est à construire. La matérialité de la feuille de papier ne dit rien de cette surface, de cet espace ou de ce lieu si ce n'est dans le cadre des présupposés euclidiens qui gouvernent nos modes de pensée, dans l'espace des coordonnées et de la mesure qui nous semblent constituer l'espace "naturel".

Didier Vaudène, qui interroge la question de la trace dans la perspective de l'élaboration théorique, nous permet d'entrevoir la question des rapports trace/fond autrement qu'en termes de simple *Gestalt*. Il introduit un dédoublement par ce qu'il nomme le "glissement fond/fond" dans une étroite proximité avec l'élaboration derridienne. Interroger la question de la trace demande que l'on interroge dans le même mouvement celle du fond.

Selon notre perception la plus immédiate, une trace est ce « qui vient perturber, modifier, transformer ou occulter plus ou moins complètement un fond » ; elle est ce qui se détache sur un fond[2]. Le fond est identifiable par sa régularité, sa texture, etc. que la trace vient rompre. À mieux considérer la situation, le *fond* peut être regardé comme l'« alentour de la trace », mais également « comme le fond qu'il y aurait eu, au même endroit, si la trace n'avait pas eu lieu » (ŒS 81). Habituellement, ces deux acceptions sont superposées : il y a confusion « entre le fond comme alentour et le fond sans trace ». Ce qu'il y aurait de fond *sous* la trace, ou ce qu'il y aurait comme fond si la trace n'avait pas eu lieu, cela n'est par définition pas visible, mais de surcroit jamais interrogé. En toute logique, "fond" et "trace" sont supposés donnés, simplement perceptibles en leur régularité, présents en leurs identités et leurs différences, chacun identifiable comme tel et c'est ainsi que le fond est conçu comme support et enfin que les concepts de fond et de support restent confondus.

Le support serait ainsi la « différence supplémentaire »[3] qui vient vicarier, suppléer la présence de la représentation en tant que celle-ci est toujours travaillée par un manque, par un manque de support, ou par le support comme manque ou comme absent. L'on pourrait dire alors qu'il n'y a pas dessin lorsque le tracé se détache comme signe sur le blanc de la page,

---

[1] Philippe-Alain Michaud, *Comme le rêve le dessin*, Musée du Louvre, Centre Pompidou, 2005, p. 12.
[2] Didier Vaudène, « L'œil de la structure », dans Jean-Pierre Marcos (dir), *La lettre et le lieu. Présence du modèle et action de la structure en psychanalyse (Freud et Lacan)*, Paris, éd. Kimé, 2006, p. 80. Cet article sera par la suite mentionné (ŒS) dans le corps même du texte. Du même auteur et dans le droit fil de ces questions on lira « Ineffa[ça]ble, in[aper]çu », dans *Psychanalyse et réforme de l'entendement*, Actes du colloque d'Ivry (janvier 1995) organisé avec le Collège international de philosophie, Paris, Lysimaque, 1997, pp. 281-299 ainsi que « La tache blanche », *Césure n° 7, L'Impensé, la trace*, 1994. Voir également http://perso.numericable.fr/vaudene/.
[3] Jacques Derrida, *La voix et le phénomène* (1967), Paris, Puf, coll. Quadrige, 1993, p. 98.

de même qu'il n'y a pas cette consistance/inconsistance de dessin lorsque la complémentarité se joue pour produire une complétude vide/plein, noir/blanc. Seul ce moment d'indécidabilité du support quant à son statut ni fond ni blanc peut indiquer que le dessin a lieu. Méduse n'est pas représentation mais effroi dans l'éfondement[1].

Pour Derrida, le subjectile « ne saurait se laisser représenter », « il reste étranger à l'espace de représentation », il n'a « d'autre consistance que celle de l'entre-deux ». Etant donné qu'il y a « toujours une couche de plus », le subjectile sera conçu comme couches de couches qui « ne se laissent pas totaliser dans l'unité systématique d'un terrain, elles n'ont pas de support final sur lequel reposer en ordre. Elles ne forment pas un sens »[2].

L'on retrouve cette teneur philosophique dans la poésie d'André du Bouchet, par exemple lorsque, tout comme Derrida, il pointe la différance qui travaille le support :

«   le support qui ne se laissera pas représenter.
[…]
deux fois pour ce support traduit par le vide
[…]
                  un espacement,
découvrant le support nu, a pu combler.
            l'espacement comme papier.
[…]
                un dédoublement du support
dans l'attente de l'intervalle figure »[3].

Entrevoir, comme le fait Didier Vaudène, « l'incompossibilité du "fond avec trace" et du "fond sans trace" » (phénoménalement inaccessible) fait que la trace – tout comme le fond – n'est plus « perceptible comme telle ». Un seul des termes est perceptible à la fois ; l'autre demande à être reconstruit. La trace, tout comme le fond, deviennent donc objets de pensée et non plus seulement objets de perception. À présent, pour qu'il y ait « trace

---

[1] Sans doute ne faut-il pas plus insister sur ce passage bien connu de Gilles Deleuze dans *Différence et répétition* : « On dirait que le fond monte à la surface, sans cesser d'être fond. Il y a du cruel, et même du monstrueux, de part et d'autre dans cette lutte […] Pour produire un monstre, c'est une pauvre recette d'entasser des déterminations hétéroclites ou de surdéterminer l'animal. Il vaut mieux faire monter le fond, et dissoudre la forme », Paris, puf, 1981, pp. 43-44.
[2] Jacques Derrida, « Forcener le subjectile », dans Paule Thevenin, Jacques Derrida, *Artaud. Dessins et portraits*, Paris, Gallimard, 1986, pp. 60 et 105.
[3] André du Bouchet, « Aveuglément peinture », dans *Une tache*, Fontfroide le Haut, éd. Fata Morgana, 1988, non paginé. Il s'agit de l'édition légèrement modifiée du texte publié en 1987 dans *La Part de l'Œil* n° 3, dossier "Arts plastiques : questions au langage" sous le titre « Matière de l'interlocuteur » (titre qui sera repris par l'auteur pour un ensemble de textes différents parus aux éditions Fata Morgana en 1992), ces extraits aux pages 68, 84 et 87.

phénoménale », il faut qu'elle soit « toujours déjà *trace* de la trace non phénoménale » (ŒS 84). La trace se conçoit alors comme différence ; différence non phénoménale. Il n'y a plus de présence de la trace, d'accès direct, de manifestation, de trace *unaire* prise dans le jeu présence/absence, de donation spontanée, d'accomplissement. L'on voit ainsi que la définition commune du dessin par le constat du non-recouvrement total du support est remise en cause, vu que ce qui se joue n'est plus la réserve du fond, mais son dédoublement. Et tout comme Didier Vaudène a mis au jour un « glissement fond/fond », il faut à présent penser un « glissement trace/trace » comme béance, cicatrice de l'inscription (ŒS 85).

L'on peut alors, en lieu et place de l'opposition binaire trace/fond, tenter de penser « des objets composites » (ŒS 85), un dessin du retrait, de l'effacement, du rien d'un trait, du blanc, d'un signe le « plus "pauvre" possible » (ŒS 80), d'une tache, d'une marque, d'une éraflure pour autant que ceux-ci ne soient pas conçus comme fin en soi, comme autojustification, leur simplicité constituant le gage le plus certain de leur ouverture, de leur pluralité[1]. Comment penser le trait suivant l'hypothèse qu'il postule dans le même temps que son tracé, son retrait, son effacement ? Le dessin refuse ainsi, ce que l'art semble ne plus pouvoir être aujourd'hui : célébration, commémoration, mausolée, monumentalité, assurance et Derrida d'ajouter que ce trait « en tant que soustrait ou en retrait » non seulement résiste à l'espace public, à la publicité du politique, mais constitue, produit « un déplacement du politique »[2].

Le trait à la fois joint, attire, « rapporte (*bezieht*) », avoisine, approche, est « traction d'un geste » (*Bezug*) et à la fois comme « *Riss*, tracement de frayage qui incise, déchire, marque l'écart [...] est une coupe », il « entame », « trace en ouvrant »[3]. Cette double disposition du trait fait que dans le même mouvement il coupe, écarte et rapproche, rassemble. Toute identité d'un dessus, d'un dessous ou d'un "entre" se trouve subvertie. Nous ne distinguerons plus « un trait qui les attire [les contraires] vers la provenance de leur unité à partir d'un fond uni [...] plan fondamental, projet, dessein, esquisse »[4] ou encore « profil essentiel, schéma, projection ». « Le

---

[1] Ceci ne concerne pas exclusivement « l'extrême contemporain » de la pensée du dessin. Françoise Viatte attire encore notre attention sur les courbes grattées à la pointe de métal dans le papier qui constituent, outre trois minuscules figures, l'essentiel de l'illustration de Botticelli pour le chant XXXII, « L'Empyrée », du *Paradis* de *La Divine comédie*. Voir Françoise Viatte et Lizzie Boubli, *Réserves, les suspens du dessin, op. cit.*, pp. 26-27.
[2] Jacques Derrida, « Penser à ne pas voir », *Annali* 2005/1, Fondazione europea del disegno, Bruno Mondadori, p. 72, repris dans Jacques Derrida, *Penser à ne pas voir. Écrits sur les arts du visible 1979-2004*, Paris, éd. de La Différence, 2013, pp. 78.
[3] Jacques Derrida, « Le retrait de la métaphore », dans *Psyché*, éd. Galilée, 1987, pp. 86-90.
[4] *Ibid.*, p. 91.

trait de l'entame [son inscription] *n'arrive qu'à s'effacer* »[1]. Le refus, la défaite du support, du fond, de l'assise, de l'origine ont comme corolaire leur remontée de couche en couche, leur insistance jusqu'à saillir comme des temps de déplacement dans le processus.

Peut-on séparer la question du médium de celle du signe, de la traduction, du caractère médiatisé ou transitif ? Le médium serait nécessairement second, support de quelque chose, canal de transmission. Cela vaut également pour le médium compris comme milieu environnant et façon de percevoir. Alors, si le dessin n'est que le fond qui remonte, qui remonte pour lui-même, en tant que lui-même, il ne peut être le médium de rien, le médium pour rien. C'est pourquoi le dessin comme tel n'est pas assignable. N'entreraient donc pas dans ce domaine du dessin les opérations plastiques au service d'une cause, celle de l'image, de la représentation ou même au service d'elles-mêmes lorsque le tracé par exemple se veut la justification de sa propre opération. Nul au-delà ni en-deçà, nulle place privilégiée pour le dessin ; seulement une place autre à partir de laquelle l'on pourrait toujours interroger tout système de places.

Paraphrasant Jean-François Courtine qui parle du propre de l'homme, nous pourrions écrire que le propre du dessin serait son « impropriété irréductible et radicale qui le rapporte toujours à ce qui n'est pas lui »[2], cette impropriété du dessin renvoyant à l'impropriété de son auteur et de son spectateur. Concevoir le dessin comme lieu sans lieu propre, comme ce qui ne s'identifie pas ou comme ce qui échapperait à l'identification doit nous mener à voir ce que le dessin implique pour une pensée du médium et pour une pensée des appareils et des dispositifs. S'agit-il d'élargir la pensée du médium, ou bien le dessin, depuis sa position de marge, viendrait-il questionner la possibilité même d'une pensée du médium ?

Le détour que fait Nancy par l'analyse phénoménologique du toucher pour ensuite penser la touche et l'interruption nous semble particulièrement fertile. Ce toucher qui « se sent sentir » se doit de recourir à l'interruption, à l'intervalle pour « sentir ce qui fait sentir »[3] tout comme le subjectile se doit d'interrompre son toucher d'avec le trait, la trace, l'empreinte pour produire ce que Nancy appelle « la différence singulière d'une touche »[4].

---

[1] *Ibid.*, pp. 88-89.
[2] Jean-François Courtine, « Relève et répétition », dans *Heidegger et la phénoménologie*, éd. Vrin, 1990, pp. 101.
[3] Jean-Luc Nancy, « Pourquoi y a-t-il plusieurs arts, et non pas un seul ? », *op. cit*, p. 35.
[4] *Ibid.*, p. 38.

Blanc silence

On ne peut que noter, si pas déplorer, que ce qui se présente comme nouveauté fait, bien souvent, l'impasse sur des avancées critiques qui semblaient avoir transformé définitivement le champ de la pensée et constituer des avancées sans retour en arrière possible. Le retour du thématique dans la pensée de l'art fait l'impasse sur les questions du "pli" et du "blanc" dont Derrida a relevé les effets dans le texte de Mallarmé, impasse sur « cet excès de la syntaxe sur le sens » qu'il avait démontré être soustrait à la saisie, à la maîtrise « comme thèmes ou comme sens »[1]. De même l'absence de fond, d'origine relève de l'ordre de la syntaxe. Un retour en arrière serait rendu possible, pour une pensée dite postmoderne, en affirmant que, la chose une fois dite, l'on peut tourner la page. La position moderniste demande que l'on tente, malgré les difficultés que cela pose, d'avancer. Elle implique la nécessité de poursuivre l'exploration, d'en tirer les conséquences.

Le géométral qui se dérobe, ce nouveau paradigme initié dès la fin du XIXe siècle, réclame que l'on ne vienne pas glisser dans le dispositif un praticable de remplacement. Rien ne vient à proprement parler remplacer l'assise perspectiviste ; il nous faut travailler sur un sol qui définitivement manque :

> « La première leçon que retient Kracauer de son observation lucide et passionnée du monde moderne, c'est que nous vivons dans la déliaison, et que le premier geste d'une perception juste de ce monde consiste à accepter cet état de fait, désormais inéluctable. »[2]

De manière donc à pousser plus avant la réflexion, il faut noter que, dans le dessin, la procédure de la réserve ne se limite pas à l'opération technique de l'épargne des blancs. C'est le dessin lui-même qui se réserve au travers de la réserve de son support/fond. L'approche que nous propose Pierre Fédida prend son départ dans l'analyse « de l'*image* telle qu'elle se donne dans le *rêve* » : « éléments de contenu qui se comportent comme des images » et qui sont considérés par Freud comme seuls « caractéristiques du rêve »[3]. Cette approche est également celle de Philippe-Alain Michaud dans le catalogue et

---

[1] Jacques Derrida, « La double séance », dans *La dissémination*, éd. du Seuil, 1972, pp. 261 et 276.
[2] Daniel Payot, « Construction et vérité : les raisons du montage », dans *Le collage et après*, dir. Jean-Louis Flecniaska, éd. L'Harmattan, 2000, p. 121.
[3] Sigmund Freud, *Die Traumdeutung*, G.W.B., p. 52, cité par Pierre Fédida, « Le souffle indistinct de l'image », La Part de l'Œil n° 9 - 1993, p. 29 (repris dans Pierre Fédida, *Le site de l'étranger*, PUF, 1995). Cet article sera par la suite mentionné (SII) dans le corps même du texte. Les termes soulignés le sont dans le texte de Fédida. L'on peut trouver des échos à cette approche de Fédida dans l'article de Seiji Marukawa, « Philippe Jaccottet : le souffle et le chant de l'absence », *Etudes françaises*, vol. 43, n° 3, 2007, Presses de l'Université de Montréal, pp. 91-109

l'exposition *Comme le rêve le dessin*. Au « travail du rêve » répond une réflexion sur le « travail du dessin » et sa « puissance de transformation »[1] :

> « Le dessin est témoignage de l'acte de dessiner comme le rêve de celui de rêver : le sujet agissant qui se profile dans ce témoignage ressemble au sujet contrarié dont Descartes avait fait l'expérience nocturne, un sujet soumis à la toute-puissance de l'ailleurs et de l'Autre, et à qui s'imposent dans la formation des représentations, au lieu des idéaux de clarté et de distinction, les contre-valeurs négatives de l'obscurité et de la confusion. »[2]

Faut-il voir plus qu'une variation parmi d'autres sur les possibilités d'aborder les arts par les voies de la psychanalyse dans l'article de Pierre Fédida et dans l'ouvrage/catalogue de Philippe-Alain Michaud publié douze ans plus tard ? Y aurait-il plus qu'une affinité de circonstance entre la possibilité d'aborder les logiques du dessin et la compréhension du statut des images de rêve ? Pourrions-nous espérer trouver dans ce croisement une possibilité d'élucidation quelque peu consistante, si pas décisive ?

L'on sait, depuis Freud, que l'inconscient ne connaît pas les principes d'identité et de non-contradiction. Ce serait même la caractéristique la plus marquante de son fonctionnement. Du fait de cette mise à l'écart des relations logiques, la « figurabilité sensible a-logique et a-grammaticale » (SII 31) permet à l'image, écrit Fédida, d'« effectuer une surface du fond » (SII 30). À l'opposé de l'image forme, de l'image *Gestalt* se situerait « un état où les images ne sont pas encore fixées – un champ de transformations généralisées »[3] écrit Philippe-Alain Michaud.

La « figuration du travail du rêve » (SII 30) nous propose une théorie de l'image, non pas une théorie préconstituée, mais un processus de formation (*Bildung*), processus « en tant qu'il engendre ses objets '"conceptuels" » (SII 33). La « *condensation* subie par le matériel des pensées durant le travail du rêve » recoupe « la plastique de l'image du rêve [qui obéit en retour] à des lois phonologiques » (SII 31).Chiasme que nous pouvons écrire :

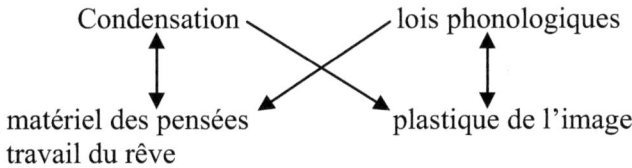

---

[1] Philippe-Alain Michaud, *Comme le rêve le dessin*, op. cit., p. 10.
[2] *Ibid.*, p. 15. Pour ces rapprochements entre histoire de l'art et psychanalyse Philippe-Alain Michaud s'autorise des voies tracées précédemment parmi d'autres par Daniel Arasse et Louis Marin. Voir *ibid.* notes 24 et 34, pp. 16 et 18. En ce qui concerne Descartes et le rêve, voir également Luc Richir, « Lire Descartes comme un cauchemar... », *La Part de l'Œil* n° 5, 1989, pp. 201-216.
[3] Philippe-Alain Michaud, *Comme le rêve le dessin*, op. cit., p. 16.

Si le rêve ouvre l'accès à une théorie de l'image, c'est dans la mesure où il y a une « plastique de l'image du rêve » et une équivoque « a-grammaticale » (SII 31) du langage des images, ainsi le rêve peut se supporter du fond des images comme l'image est traversée par l'a-logicité du rêve. Nous devons ce chiasme à ce « genre image » mouvant, évanescent, qui « interdit toute assignation » (SII 36), toute identification, traductibilité ou transparence : une image au premier abord indéchiffrable, « comme un souffle indistinct » qui vient « trouble[r] le représentable » (SII 30) et ce non pas du fait d'un obscur hermétisme, mais par une équivoque, une étrangeté, une trop « évidente clarté » (SII 31).

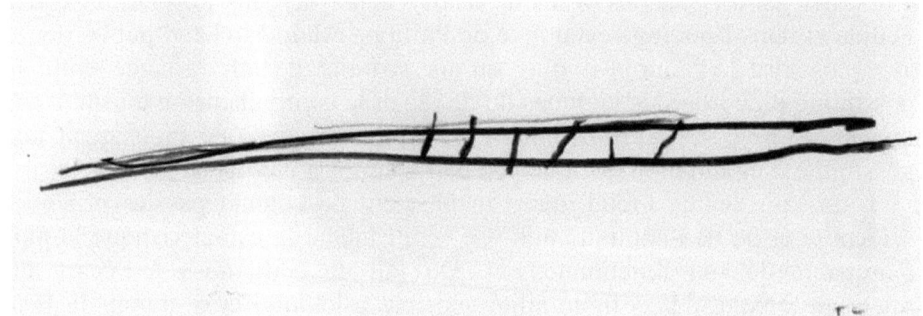

Pierre Tal-Coat, *crayon sur papier,* **1977, 12 x 37 cm., D.R., Galerie Clivages, photographie Jean-Louis Losi. © SABAM Belgium 2017.**

Nous avons choisi les dessins de Tal-Coat pour leur donner une valeur de paradigme tout comme Derrida avait fait le choix des « dessins d'aveugle ». Nous ne séparerons pas cette valeur paradigmatique de celle que nous voulons attribuer à l'écriture de du Bouchet[1]. L'on ne peut séparer les deux œuvres tant s'y jouent la complicité et le compagnonnage. Si les dessins de Tal-Coat peuvent jouer ce rôle, c'est dû, selon nous, à la retenue qui est la leur, à l'exigence qu'ils démontrent[2] et qui permet de les placer comme à la pointe d'un faisceau de déclinaisons qui conduiraient vers plus de systématicité chez Pierrette Bloch et la filiation minimaliste ou vers

---

[1] Pierre Fédida cite très longuement André du Bouchet (*Qui n'est pas tourné vers nous*, Paris, Mercure de France, 1972 et *Peinture*, Fontfroide-le-Haut, Fata Morgana, 1983) pour « cet étai réciproque de la blancheur, du support, de l'aire, de la figure » (SII 40). Il faudrait préciser tout ce que ce texte de Fédida doit à l'œuvre de du Bouchet.

[2] Dans son texte « Présence et absence dans l'art de Tal-Coat » du catalogue de l'exposition consacrée à l'artiste au Grand Palais en 1976, Henry Maldiney écrit : « Le style de ces dessins n'a pas d'analogue. Il serait temps de commencer à s'apercevoir que Tal-Coat compte parmi les *quelques* très grands dessinateurs de l'histoire – desquels ne sont pas des artistes plus célèbres, dont le geste complaisant à sa propre trace est d'avance habitué à soi » (p. 10). Texte repris dans l'ouvrage qui reprend l'ensemble de ses études consacrées à Tal-Coat : *Aux déserts que l'histoire accable*, Montolieu, Deyrolle Editeur, 1996, citation p. 117.

Degottex et Marfaing et leurs emprunts orientalistes ou gestuels ou encore vers Wols et l'effervescence surréaliste. Tout l'éventail des déclinaisons du dessin pourrait ainsi se déployer, les dessins de Tal-Coat gardant toujours une singularité qui ne permet que difficilement de voir ce qui pourrait venir se placer en amont de leur irréductibilité.

L'on aura trop vite conclu que l'articulation de la vue et de la langue se ferait de manière telle que les mots prendraient en charge ce que l'image ne pourrait exhiber et à l'inverse que l'image présenterait ce que les mots ne peuvent énoncer. En rester à cette simple opposition ou complémentarité laisserait échapper la chose même de l'art et produirait en quelque sorte une forclusion autistique ou tautologique de l'image. Il ne convient pas plus de simplement tenir « la parole pour partie prenante de l'image » (SII 36). Fédida propose d'entendre que le *silence* n'est pas le *mutisme* de l'image (SII 32). L'exclusion mutuelle de l'image et du langage, « l'obscurité de l'ombre de l'image sur sa parole [ne peut] se résoudre que par [le] silence du *blanc* » (SII 34). Recoupant l'aire du voir et l'aire du dire, on pourra avancer que le vide est à la spatialisation ce que le souffle est à la parole, mais également que le vide accueille la parole comme le silence permet ce qui donne lieu.

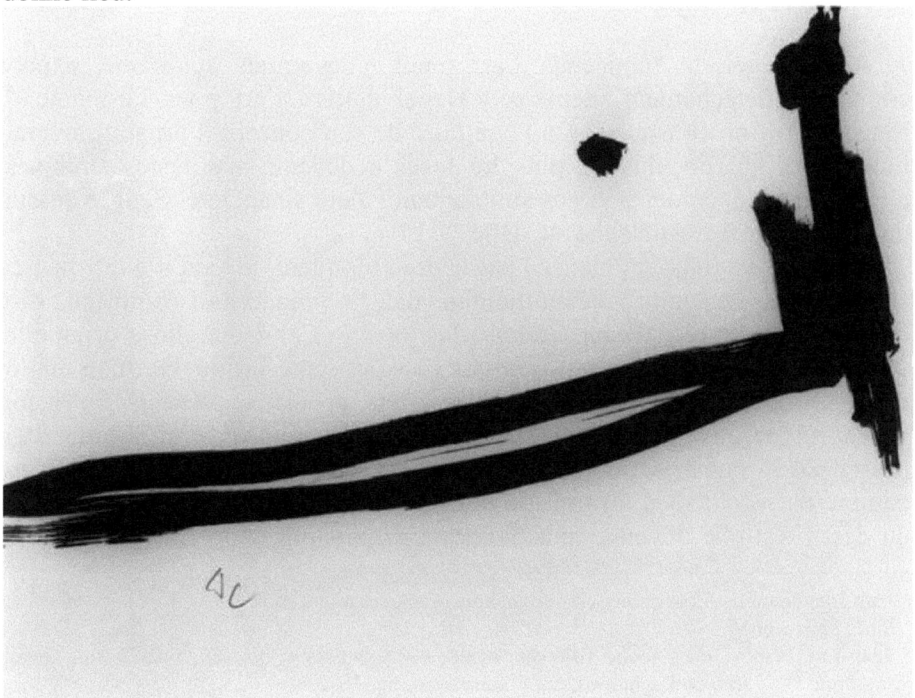

Pierre Tal-Coat, *lavis sur papier*, 1982-83, 50 x 65 cm., D.R., Galerie Clivages, photographie Jean-Louis Losi. © SABAM Belgium 2017.

Cet être poétique du dessin analysé par Fédida n'est-il qu'un cas particulier de ce que Nancy présente comme la « subsomption permanente des arts sous la "poésie" »[1] ? Cette dépendance reste tributaire d'une interprétation philosophique de l'art alors que le dessin (redoublement de la trace et du subjectile) où la trace s'enlève sur un non-fond constitue pour Fédida la marque de la poésie elle-même tout comme, à l'inverse, la configuration poétique s'énonce et se dessine.

La poésie c'est le langage porté à la limite. « Il n'y a pas une poésie qui ne se porte sur l'extrémité de sa propre interruption [...] où le sens se demande à lui-même sa propre condition de production [...], tendu vers sa propre activité »[2]. La poésie ne se contente pas de présenter un Sens aux sens ou de donner un sens au monde. Elle désarticule bien plutôt notre outil d'accès au monde : le langage, pour y ménager un accès différent[3]. Réduire le devenir poésie de l'art au moment historique du romantisme tente de réduire la portée de ce moment, tente d'en faire une chose du passé alors que le romantisme nous a ainsi légué une tâche dont la dimension éthique interdit de la penser comme simple chose acquise ou achevée une fois pour toute.

*

Avec Hegel, le "concept" d'art serait « désormais autonome, exposé comme le détachement même », « Hegel délivre l'art pour lui-même »[4]. Mais ne doit-on constater qu'au contraire de son concept, l'art se trouverait lui aujourd'hui de plus en plus lié jusqu'à devenir manifestes, archives, témoignages, documents si pas simplement valeur financière. Seul le dessin, un certain dessin, se détache, se délie.

L'infime est toujours menacé par le grandiloquent, le ténu n'a que peu de chances d'être entendu face au monumental, l'« unique trait de pinceau » se doit pourtant de résister au *Gesamtkunstwerk*. « Car toute chose originelle, écrit Hölderlin, [...] apparaît non pas dans sa force originelle, mais plutôt dans sa faiblesse »[5]. Au temps des effets spéciaux présents de façon synchronique aux quatre coins de la toile, au temps où tout se doit d'en passer par la numérisation, quel est le statut d'un subjectile fragile effleuré comme par accident d'un trait de pinceau habité par le doute ? La pratique du dessin est-elle devenue anachronique, si pas tout simplement sans objet

---

[1] Jean-Luc Nancy, « Pourquoi y a-t-il plusieurs arts, et non pas un seul ? », *op. cit*, p. 55.
[2] *Ibid.*, pp. 53 et 55.
[3] Jean-Luc Nancy, « La jeune fille qui succède aux Muses », *op. cit.*, pp. 76 sq., Hegel, *Esthétique* IV, Paris, coll. Champs, éd. Flammarion, pp. 18-19.
[4] Jean-Luc Nancy, « L'art, fragment », dans *Le sens du monde*, Paris, Galilée, 1993, pp. 199 et 198.
[5] Hölderlin, « La signification des tragédies », dans *Œuvres*, Paris, Gallimard, Bibliothèque de la Pléiade, 1967, p. 644.

ou désuète ? Peut-on encore vouloir accorder quelque valeur à cette trace par délégation, à la marque singulière d'une main d'aujourd'hui, identique à celle qui nous émeut lorsqu'elle nous parvient comme témoignage des temps premiers sur une paroi de grotte ?

Le blanc que Fédida interroge ne concerne pas la donnée prosaïque du fond blanc du support, mais « l'arrière fond du silence de l'indistinct » (SII 36), cela qui se tient « à l'orée de la parole en son imprononçable » (SII 31), « détachement – sur fond de rien »[1] écrit Nancy. Cette pauvreté ne se veut pas sublime. Elle ne transgresse pas ce que la peinture aurait de prosaïque. Son obstination à refuser la grandeur n'a rien d'héroïque. Simplement, elle est prête à payer le prix de son dénuement. C'est là sa dimension éthique ou si l'on préfère, politique. La résistance de son peu à dire, sa retenue lui fait espérer échapper à la nécessité d'occuper une place, un terrain qui n'est pas le sien. Le dessin étant déjà défini comme autre que soi, il n'y a, comme on sait, rien à espérer d'un appel à un autre de l'autre.

Pour avoir accès au dessin comme réserve « en son fond blanc », il faut échapper à l'enfermement dans l'image, à sa capture ou son effet hypnotique (SII 47). Pour que le fond se manifeste, il faut que le signe soit insignifiant[2]. Le dessin demande à être abordé « comme en un rêve », pour que lui soient ainsi accordées sa logique de transposition, sa fantasmatique, sa figurabilité. L'« assomption du subjectile » de Jean Clay ou son « insurrection » chez Fédida constituent la possibilité de sa « puissance de figuration » et son « essentielle altérité ». Le support est « support de l'autre » (SII 44). N'importe plus mon activité intentionnelle projetée sur un support neutre, mais, écrit Philippe-Alain Michaud, le retour vers une « zone indistincte », le dessin « ne renvoie pas à un sujet constitué qui s'exprimerait ouvertement en lui et le conduirait vers un point de réalisation préalablement assigné »[3]. Mon action ne porte plus au jour un trait ou une figure dans un face à face, mais fait se lever une « géologie de la surface » (SII 46), une tectonique des couches à partir d'un support d'altérité. La surface *inductive* du dessin laisse venir au jour les potentialités de figuration du support lui-même. Au carrefour de l'insurrection du subjectile, de la montée du fond et du silence du *blanc*, le dessin serait-il ce lieu du système des arts, des disciplines, de la pensée du médium qui induit leur ouverture, comme une case vide qui vient introduire du jeu dans le système, où à la fois le système se défait mais dans le même temps se reconstitue et permet son évolution ? Didier Vaudène écrira que nous assistons à l'« éclatement constitutif du champ médiateur –

---

[1] Jean-Luc Nancy, « Compter avec la poésie », *Demande. Littérature et philosophie*, Paris, éd. Galilée, 2015, p. 159.
[2] « Si le signe en soi est posé comme insignifiant = 0, l'originel, le fond [...] peut également se manifester ». Hölderlin, « La signification des tragédies », *op. cit.*, p.644.
[3] Philippe-Alain Michaud, *Comme le rêve le dessin, op. cit.*, p. 16.

hypokeimenon – où chaque objet apparent particulier est comme une sorte d'*éclat* de ce "référent ultime *qu'il n'y a pas*" » (ŒS 80).

Bibliographie

CLAY Jean, « La peinture en charpie », *Macula* 3-4, 1978, pp. 167-185
COURTINE Jean-François, « Relève et répétition », dans *Heidegger et la phénoménologie*, éd. Vrin, 1990, pp. 89-106
DÉOTTE Jean-Louis, *Qu'est-ce qu'un appareil ? Benjamin, Lyotard, Rancière*, Paris, L'Harmattan, 2007
DERRIDA Jacques, *La voix et le phénomène* (1967), Paris, Puf, coll. Quadrige, 1993
DERRIDA Jacques, « La double séance », dans *La dissémination*, éd. du Seuil, 1972, pp. 198-318
DERRIDA Jacques, « Forcener le subjectile », dans Paule Thevenin, Jacques Derrida, *Artaud. Dessins et portraits*, Paris, Gallimard, 1986, pp. 55-108
DERRIDA Jacques, « Le retrait de la métaphore », dans *Psyché. Inventions de l'autre*, éd. Galilée, 1987, pp. 63-93
DERRIDA Jacques, *Mémoire d'aveugle. L'autoportrait et autres ruines*, Louvre, Paris, Réunion des musées nationaux, 1990
DERRIDA Jacques, *Penser à ne pas voir. Écrits sur les arts du visible 1979-2004*, Paris, éd. de La Différence, 2013
DU BOUCHET André, « Aveuglément peinture », dans *Une tache*, Fontfroide le Haut, éd. Fata Morgana, 1988
DU BOUCHET André, *Qui n'est pas tourné vers nous*, Paris, éd. Mercure de France, 1972
ESCOUBAS Eliane, « Derrida et la vérité du dessin : une autre révolution copernicienne ? », *Revue de métaphysique et de morale*, "Derrida", Paris, Puf, janvier 2007, pp. 47-59
FÉDIDA Pierre, « Le souffle indistinct de l'image », *La Part de l'Œil* n° 9 - 1993, pp. 29-50
HÖLDERLIN, « La signification des tragédies », dans *Œuvres*, Paris, Gallimard, Bibliothèque de la Pléiade, 1967, p. 644
MICHAUD Philippe-Alain, *Comme le rêve le dessin*, Musée du Louvre, Centre Pompidou, 2005
NANCY Jean-Luc, « L'art, fragment », dans *Le sens du monde*, Paris, Galilée, 1993, pp. 189-212
NANCY Jean-Luc, *Les Muses*, Paris, éd. Galilée, 1994
NANCY Jean-Luc, « Compter avec la poésie », dans *Demande. Littérature et philosophie*, Paris, éd. Galilée, 2015, pp. 151-163
PAYOT Daniel, « Construction et vérité: les raisons du montage », dans Jean-Louis Flecniaska (dir), *Le collage et après*, éd. L'Harmattan, 2000
RANCIÈRE Jacques, *Le destin des images*, Paris, La Fabrique éditions, 2003

VAUDÈNE Didier, « L'œil de la structure », dans Jean-Pierre Marcos (dir), *La lettre et le lieu. Présence du modèle et action de la structure en psychanalyse (Freud et Lacan)*, Paris, éd. Kimé, 2006, pp. 63-100

VIATTE Françoise et BOUBLI Lizzie, *Réserves, les suspens du dessin*, Paris, Éditions de la Réunion des Musées nationaux, 1995

La quadrature de la bande dessinée

Pascal Krajewski

Pascal Krajewski est docteur en Sciences de l'art, chercheur associé à l'Université de Lisbonne, collaborateur de la revue en ligne Neuvième art 2.0. *Il est l'auteur de* L'art au risque de la technologie *(L'harmattan, 2013) et de* L'enquête : Sur l'art de Marc-Antoine Mathieu *(PLG, 2016).*

La BD comme art est déjà forte d'un panthéon solide : McCay (1869-1934), Hergé (1907-1983), Tezuka (1928-1989)[1]. Elle est aussi largement théorisée. La recherche a fourni les premiers outils pour décrire et analyser ce médium ; les définitions satisfaisantes abondent. Celle d'Eisner, lapidaire donc marquante, d'« art séquentiel » ou, plus prolixe, de « média visuel composé de séquences d'images[2] » ; celle de McCloud, plus explicite, d'« images picturales (et autres), volontairement juxtaposées en séquences, destinées à transmettre des informations et/ou à provoquer une réaction esthétique chez le lecteur[3] » ; celle de Peeters, qui est davantage un éloge qu'une définition : « forme complexe, capable de tresser d'une manière qui n'appartient qu'à elle le mouvement et la fixité, la planche et la vignette, le texte et les images[4] ». Groensteen retrouve l'efficacité de la formule dense en se gardant de définir l'objet, pour préférer exhumer son fondement : le « principe de la solidarité iconique[5] ».

Nous chercherons ici à quadriller le territoire de la bande dessinée, sans espérer réussir à le contenir en une quelconque clôture…

---

[1] Qui incarnent d'ailleurs trois genres assez culturellement marqués : le *comic strip*, l'album en série, le manga fleuve.
[2] Will Eisner, *Le récit graphique : narration et bande dessinée*, Paris, Vertige Graphic, 1998, p. 4.
[3] Scott McCloud, *L'art invisible : comprendre la bande dessinée*, Paris, Vertige Graphic, 1999, p. 20.
[4] Benoît Peeters, *Lire la bande dessinée*, Paris, Flammarion, 2003, p. 6.
[5] Thierry Groensteen, *Système de la bande dessinée*, Paris, PUF, 1999, p. 21.

1. La bande dessinée, un art séquentiel en liberté

À celui qui veut corseter la bande dessinée dans un faisceau de critères qui la sanglerait – les déconvenues sont assurées. Car à observer son histoire et ses expérimentations, à tenter de la discriminer d'avec d'autres arts connexes (livres d'estampes, albums jeunesse, romans-photos, etc.), l'analyste rencontrera maints contre-exemples susceptibles de mettre à bas son système trop bien bâti. L'opération de dé-définition d'un art, volontaire ou consécutive à une invention, n'est ni nouvelle ni propre à la BD. Aussi tenterons-nous de portraiturer celle-ci de façon un peu lâche, en insistant sur ses principes les plus robustes. Si *ab ovo* la BD est l'art séquentiel par excellence, il lui arrive de prendre des libertés avec elle-même.

Alberto Breccia,
Rapport sur les aveugles,
©Vertige graphic, 1993,
p.10

L'image plurielle

En BD, il y a un primat de l'image sur le texte. Il faut avant tout un *dessinateur* à la manœuvre. Si tout un chacun se met à griffonner sur un bout de papier, il peut rêver qu'il commence une BD ; tandis que s'il couche quelques phrases sur une feuille vierge, il se sentira romancier, non scénariste de BD. On peut aisément trouver des BDs sans parole, on trouvera plus rarement des BDs sans image[1].

---

[1] Certaines séquences monochromes (plus souvent noires ou blanches) que l'on peut parfois trouver en BD continuent de faire image, car la couleur y est souvent mimétique.

Concernant les images de BD, il y a un primat du dessin sur tout autre mode de représentation, mais ce n'est pas là un critère nécessaire. L'image produite peut être tout aussi bien peinte (Mattotti, *Feux*, 1997 ; Evens, *Les noceurs*, 2009), encrée et collée (Breccia, *Rapport sur les aveugles*, 1993), engendrée par des papiers découpés (Jourdan, *Silhouettes*, 2015), gravée, etc. L'image peut d'ailleurs ne pas être vraiment produite, mais récupérée, usant de techniques de montage, de collage ou d'hybridation (Peeters & Schuiten, *L'enfant penchée*, 1996).

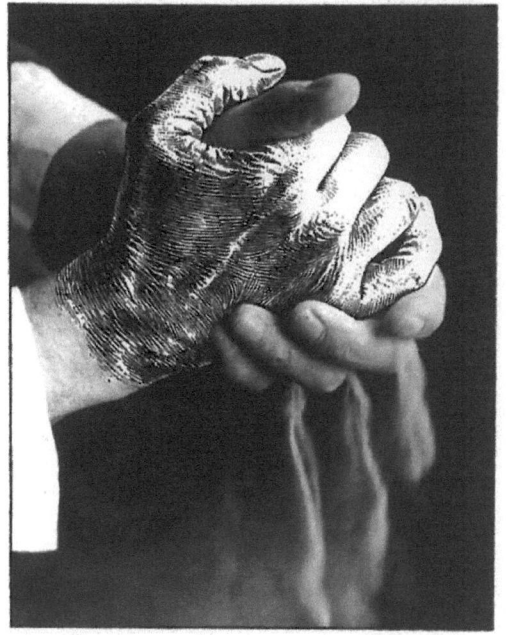

Peeters&Schuiten,
L'enfant penchée,
Casterman, 1996, p.149

© **Editions Casterman
S.A./Peeters&Schuiten**

Ce qui compte, c'est que plusieurs images soient réunies dans une même séquence signifiante. Les unités principales de cette séquentialité seront alors dans l'ordre : la bande, telle que les *comics strips* américains l'ont imposée (Watterson, *Calvin & Hobbes*, 1985-1995 ; Geluck, *Le Chat*, 1983-...) ; la page, unité standard de maintes séquences humoristiques diffusées dans les journaux ou en album (Roba, *Boule et Bill*, 1958-2001 ; Franquin, *Gaston Lagaffe*, 1960-1996) ; l'album, où un projet graphique et narratif plus conséquent peut trouver un digne espace d'expansion ; enfin la série, plus ambitieuse voire interminable, qu'elle déroule une unique trame (Le Tendre et Loisel, *La quête de l'oiseau du temps*, 1983-1987) ou qu'elle explore un monde à travers diverses aventures (Arleston et Tarquin, *Lanfeust de Troy*, 1994-2000).

Ce dégrossissage fait, posons quelques-uns des éléments nodaux de l'image en BD.

Elle est plurielle. Une image seule n'est pas une bande dessinée.

Elle est croquée. Quels que soient le travail fourni et la qualité du résultat, une image de bande dessinée n'a pas la tenue hiératique d'une peinture. Elle ne doit pas l'avoir ; elle en perdrait sa vitalité. Imaginer une séquence d'images hyper-léchées en guise de BD sonnerait faux. Cela l'engoncerait, lui ferait perdre son caractère « moderne ». Il n'est pas anodin que Baudelaire, dans *Le peintre de la vie moderne*, tresse les lauriers de l'oublié Constantin Guys, moins peintre qu'illustrateur, en louant le caractère échevelé, vivace, pris sur le vif de ses « croquis de mœurs[1] ». Cet art résolument moderne que Baudelaire pressentait s'est épanoui dans la bande dessinée, qui est peut-être (nulle place ici malheureusement pour défendre cette thèse) l'art moderne *par excellence*.

Will Eisner,
New-York trilogie. 1, La ville,
Delcourt, 2008, p.105

**© 2006 by the Estate of Will Eisner,
© 2008 Éditions Delcourt pour l'édition française, traduction : Anne Capuron**

Elle est encadrée (sauf exception). La technique première de la BD isole l'image dans une case (vignette), qui marque sa finitude en même temps qu'elle l'identifie dans son individualité. Mais d'autres techniques sont envisageables : l'isolement dans des marges de blancs (Eisner), le collage d'images sur images, voire carrément l'utilisation d'une image globale

---

[1] Charles Baudelaire, *Le peintre de la vie moderne*, Paris, Mille et une nuits, 2010.

comme structure architectonique d'une distribution d'images secondaires, intriquées dans sa trame (Fred).

Elle est (d'abord) bivalente. Elle est prise entre la vignette qui la précède et celle qui la suit, dans un rapport signifiant (causalité, temporalité, topographie, etc.). L'espace inter-iconique, ou « gouttière », a une valeur positive *per se*.

Fred,
Philémon.
T6, Simbabbad de Batbad,
1974, Dargaud, p.31

Fred © DARGAUD, 2016

Elle est donc aussi absente. L'économie de la BD fonctionne en s'arque-boutant sur des images absentes, qui en font tout le sel : le hors-cadre et le hors-séquence. En introduisant le hors-cadre, nous voulons évoquer ce qui est externe à chaque image, ce qui en fut exclu par le cadrage, mais qui y rode cependant. Des plans serrés ; des personnages emprisonnés dans des pièces exiguës qui débordent leur cadre, ou écrasés par des bâtiments si imposants qu'ils n'y peuvent loger ; des personnages hors-champ présents par leur parole, etc. Il y a toute une vie hors-cadre, tout un pan de la signification qui s'y terre. Quant au hors-séquence, on pourrait y voir une quasi-signature de cet art : il s'agit de l'absence d'images entre deux vignettes, *i.e.* des images absentes néantisées par la gouttière. Ne s'y trouvent pas les images intermédiaires, que le lecteur devrait reconstruire dans son imagination, mais des fantômes d'images qui ne prendront jamais forme. La gouttière est le lieu où les images enflent et respirent, un dispositif qui permet à l'œil du lecteur de passer le relais à son imaginaire. Un temps s'ouvre où l'ambiance générale s'échafaude, comme imaginaire fortement coloré par la dernière image. La gouttière est l'équivalent des silences en musique : on n'y cherche pas la note absente, on rêve de la mélodie qui se joue. L'art de la BD est un art de l'ellipse (McCloud parle de « *closure* ») particulièrement consommé.

Elle est sur-déterminée par la séquence. Les images sont prises dans ce que Groensteen appelle un dispositif « spatio-topique[1] », où ce n'est pas seulement l'espace de l'image seule qu'il faut considérer (dans son format, ses traits, sa forme, son hors-champ), mais encore l'espace de la planche où elle s'insère. La page est un polyptyque. L'image de BD est *mise en page*.

Le récit conducteur

Cette séquence d'images solidaires raconte quelque chose. Il faut donc un *scénariste* à la barre.

Dans la plupart des cas, elle raconte une histoire. Elle a dans son arsenal toutes les techniques narratives répertoriées (ellipse, analepse, prolepse, rêve, enchâssement), ainsi que des techniques purement visuelles (expressionnisme, saturation des couleurs, caricature, etc.). Comment dessiner en quelques images un passage narratif ? Que veut dire « séquencer » un épisode ?

Il faut retenir de l'événement quelques images clés et leur liaison de covalence. Tout épisode, même le plus simple, peut donner lieu à plusieurs choix d'instants représentés selon la connexion que l'on cherche à construire entre eux. Ainsi se découpe la trame temporelle du récit, dans un art du *montage*.

Chacun de ces instants peut être représenté selon divers points de vue (en plan large ou en gros plan ; d'un point de vue objectif ou subjectif). Ainsi prend forme la trame visuelle du récit, dans un art du *cadrage*.

Chaque plan peut être illustré par des ambiances différentes qui feront sens. Pour le cinéma, on sait l'importance de la « photographie » pour l'esthétique générale du film comme pour sa cohérence globale. On a un peu l'équivalent dans la BD : le dessinateur peut définir une teinte générale pour son récit, en l'agrémentant d'effets locaux de renforcement ou de contraste. Ainsi transparaît le ton du récit, dans un art de la *photographie*.

L'ensemble des plans s'intègrent selon un agencement particulier au sein de la séquence qui prend ainsi corps sur la page. Une dialectique s'ouvre entre la taille et le positionnement de chaque image, et la forme structurante globale de la planche. La taille respective des images, leur positionnement, les échos graphiques de chaque image, etc. – tels sont les éléments à prendre

---

[1] La page est un système multicadre. L'image est à resituer en fonction de trois paramètres : la « forme » de son cadre (vignette), sa « superficie » (relative à ses voisines), et son « site » (sa place dans la page). Thierry Groensteen, *Système de la bande dessinée*, Paris, PUF, 1999, p. 35-37.

en compte dans cet art du *collage*, au sein d'une planche devenue grille d'accueil, pleine d'échos et de sens, véritable matrice de fonctionnement du récit.

Mais il arrive à la BD de ne pas vraiment raconter d'histoire. Disons qu'elle chercherait plutôt à tenir des discours (c'est le cas notamment des BDs didactiques telles *La planète des sages* de Jul en 2011). La voie est ainsi ouverte vers d'autres types de contenus et d'expériences, et la BD n'est plus assujettie à sa fibre narrative.

Et c'est ainsi que nous pouvons relever quelques expérimentations de BDs abstraites (Andreï Molotiu). Les propositions de Vaughn-James (*La Cage* en 1975, *Chambres noires* en 2007) sont fondamentalement inclassables (n'était l'indice de l'éditeur), exemplaires d'une Nouvelle BD (comme on parlait du Nouveau Roman) : une BD défragmentée, sans héros, sans histoire, concrète. Le dernier prix du Festival d'Angoulême (2016) met en pleine lumière cette tendance en primant un auteur très minimaliste, McGuire, pour un album muet, *Ici*. Le récit est accidentel pour ces BDs plus libres, chargées de transmettre une *Stimmung*, une poésie[1].

Le texte s'il en faut

Parce que cette séquence d'images veut tenir un discours unifié, elle a très souvent recours au texte, à l'écrit. Il faut donc un *écrivain* dans l'entreprise.

Dans une BD, image et texte sont plus que cohérents, ils sont coextensifs, ils seraient bancals l'un sans l'autre (tandis que dans un album Jeunesse, l'image n'est qu'illustratrice, le texte se tient tout seul, il est même premier). Deux problèmes se posent alors : écrire quoi et écrire où ?

Ces deux questions ont fini par trouver des réponses corrélées. Au fil de son histoire, la bande dessinée a testé plusieurs lieux pour apposer les mots qu'elle s'était choisis. On peut en fait séparer trois jeux textuels, selon que le texte est écrit à côté de l'image, sur l'image, ou dans l'image.

Le texte a commencé par s'écrire *à côté* de l'image, et même à côté de sa case. Il commentait l'image selon diverses modalités. Avec l'affirmation de la case comme unité sémiotique, le texte d'accompagnement s'est scindé en deux, d'un côté les dialogues (qui partent s'écrire sur l'image), de l'autre les récitatifs (qui restent en marge de l'image). Ce sont ces derniers qui constituent la majorité du texte à côté de l'image. Mais il y a encore tout un matériau para-iconique qui précise parfois les choses ou oriente la lecture : ce sont des titres de chapitre ou des pages humoristiques. Récitatifs et titres, écrits à côté de l'image, portent la parole du créateur, celle d'un narrateur

---

[1] Thierry Groensteen, *Système de la bande dessinée. 2 : Bande dessinée et narration*, Paris, PUF, 2011, p. 7-41.

abstrait ou d'une voix intérieure. C'est la *voix du texte*, extérieure au monde dessiné, en surplomb, qui trouve ici son canal de transmission.

Avec les dialogues, le texte s'est mis à s'écrire *sur* l'image, dans des bulles. C'est ainsi qu'est codifiée la parole prononcée ou la pensée d'un personnage. Bien sûr, par jeu et par anthropomorphisme, on peut par ce biais donner la parole à tout individu du monde en question : animal, plante, objet, etc. C'est peut-être là l'une de ses fonctions premières : individualiser par la profération. C'est donc ici la *voix des individus du monde* qui s'exprime pour tenter de peser sur l'environnement.

Et le texte a fini par s'inscrire *dans* l'image. L'onomatopée est le grand pourvoyeur de ce type de signal exploité aussi pour ses valeurs graphiques. Si ce sont d'abord les sons du monde qui se communiquent ainsi au lecteur, le procédé s'est étendu. Les mangas ont cette spécificité d'inscrire souvent la parole vociférée dans le corps de l'image, et comme élément constitutif de cette image. Tout se passe comme si ces sons, primaux, débordaient de leur cadre textuel pour contaminer l'espace de l'image – preuve encore, s'il en était besoin, que c'est l'image qui est considérée comme la grande porteuse de sens ! L'autre grand mode d'apparition du texte inscrit *dans* l'image relève de la citation : il s'agit des signes endogènes du monde. Le texte vu par le lecteur est celui-là même qui est lu/vu par les personnages. Placards publicitaires, une de journal, panneau signalétique, journal intime, etc. L'effet recherché peut varier du simple « effet de réel » (Barthes) à la délivrance d'une information cruciale. C'est la *voix du monde* qui ici s'exprime, dénonçant la présence d'un Esprit rationnel caché dans son tissu.

Un problème va alors venir se poser dans l'économie et la communication du médium : celui de la traduction. Tant que le texte est *à côté* ou *sur* l'image, isolé de celle-ci, une traduction ne pose pas de problème particulier. Par contre, pour le texte *inscrit dans* l'image, la difficulté pointe, car toucher le texte, c'est toucher l'image. Le texte original vaut aussi pour ses qualités graphiques, et il est irremplaçable. La tradition asiatique est à cet égard cruelle. L'idéogramme est substantiellement une lettre-image – quand notre alphabet n'est qu'un symbolisme de pure convention. Il n'y a aucun moyen d'espérer rendre dans notre alphabet un cri passé dans un idéogramme japonais. L'image se voit souillée par une traduction qui devient altération. Pour ce qui est des signes endogènes, un problème de qualité va s'ajouter, car la transposition d'un texte-image en une traduction est rarement réussie : il sera impossible de retrouver l'encrage, le style, les traits de l'original et les nouveaux signes posés en remplacement détonneront dans l'image globale. Reste la solution de traduire ces signes par ailleurs, en note de bas de page, mais c'est là écorner la dimension plastique de l'espace topoïétique et altérer la planche pour sauver l'image.

Parce que l'écrit est lui-même intégré dans une économie iconique, des effets graphiques peuvent être associés à ces textes. Les textes écrits peuvent faire usage de diverses polices pour faciliter la reconnaissance des interlocuteurs, signifier la force d'une interjection, ou marquer des accents phonétiques ; pareillement les bulles peuvent acquérir une charge picturale porteuse de sens, comme dans cette séquence d'*Astérios Polyp* (Mazzucchelli, 2009) où deux ex-amoureux assis sur un canapé parlent de tout et de rien tandis que leurs phylactères s'enlacent et multiplient les enlacements.

2. La bande dessinée, une langue graphique

Dans la *Pensée formelle*, l'épistémologue Gilles-Gaston Granger montre comment un discours scientifique est dépendant des moyens qu'il trouve pour s'écrire et se déployer. Ainsi, dans le domaine de la chimie, on sait que Lavoisier a permis une avancée importante quand il modélisa les molécules dans un syntagme qui disait un peu l'interrelation de leurs composants atomiques (*e.g.* H2O) ; puis Kekulé, qui utilisa la surface de la page pour dessiner les liaisons de covalence de ces atomes[1]. C'est en inventant un symbolisme *sui generis*, une langue épistémique propre, que le discours scientifique progresse. Et cette invention consiste à mâtiner l'écrit traditionnel de symboles et d'une spatialisation de ces symboles. De sorte qu'*in fine*, le discours s'écrit dans une langue, mélange de textes et de signes graphiques, qui seule permet sa bonne compréhension.

Nous voudrions dire ici que la BD est un peu de la sorte une « langue graphique ». Écrire dans cette langue impose de respecter certaines grammaires. L'utiliser pour communiquer un message implique de la considérer comme riche d'une sémantique. Pour la comprendre, il faut en connaître certains codes. Cette propriété – d'être une langue – provient nous semble-t-il du caractère picto-séquentiel de sa nature. La séquence d'une part et le graphisme de l'autre, nécessitent une syntaxe qui élabore une langue.

Nous ne voulons pas dire que la BD tient (ou pourrait tenir) des discours scientifiques, mais que toute BD, parce qu'elle déroule son récit, élabore aussi un discours fonctionnant selon diverses régulations : syntaxique, informationnelle et stylistique[2]. La trilogie de Jens Harder suffirait seule à montrer les capacités de la BD à rivaliser avec l'« essai[3] ».

---

[1] Gilles-Gaston Granger, « 3. Langues scientifiques et formalisations », dans *Pensée formelle et sciences de l'homme*, Paris, Aubier, 1967, p. 42-61.
[2] La langue est un système triplement régulé par : 1/ l'organisation du thème évoqué (régulation informationnelle) ; 2/ l'organisation des règles langagières (régulation syntaxique) ; 3/ l'organisation des marqueurs spécifiques (régulation stylistique). Gilles-Gaston Granger, *Langages et épistémologie*, Paris, Klincksieck, 1979, p. 118-137.
[3] Jens Harder, *Beta… Civilisations.1*, Arles, Actes Sud, 2014, p. 351.

François Ayroles, *Les parleurs*, L'association, 2003
© 2003, François Ayroles & L'Association

Grammaire de signification

La langue de la BD, principalement d'images, doit se décoder. La BD s'intéresse moins au naturalisme mimétique de l'art du dessin (à la Dürer) qu'à la recherche d'un codage singulier et efficace (les bulles, les traits de vitesse). En peinture, il faut au regardeur une culture (pour comprendre, c'est-à-dire interpréter) ; en BD, il lui faut connaître des conventions (pour décoder, c'est-à-dire lire). Et cette connaissance conventionnelle ne concerne pas l'image en soi (e.g. perspectives et ombrages par crayonnés), mais la BD en tant que telle, avec ses signes para-picturaux (séquentialité, stylisation). Une séquence graphique est surcodée par rapport à une image peinte.

Nous voulons dire que comprendre une image de BD comme représentative d'une scène n'est *pas* naturel ; comprendre que les textes se lient *ainsi* à la scène ne l'est pas non plus ; pas plus que lire l'enchaînement des vignettes dans le bon ordre.

À son répertoire syntaxique, cette langue possède un certain nombre de signes qui ont la propriété d'être graphiques. En bref, les signes de la syntaxe sont aussi des idéogrammes : ils posent la syntaxe *et* ils ont des qualités plastiques. Les premiers signes méta-picturaux ont déjà été listés : c'est le cadre de la case et les contours isolant les textes écrits. Ces signes sont graphiques de ce qu'ils sont aussi travaillés pour leur valeur plastique porteuse de sens. Ce sens a une coloration singulière – et chaque artiste peut s'en emparer pour faire des expériences ou les actualiser tel qu'il l'entend (des traits gras ou blancs, un tracé vague ou au cordeau) – mais un codage partagé s'est aussi imposé : les phylactères reliés à l'interlocuteur par des petits ronds indiquent une pensée ; une case aux contours flous indique un rêve ; etc.

L'image est elle aussi une image codée, dont on peut isoler deux signes idiomatiques : les traits de mouvement et ceux de vitesse. Les premiers sont censés reprendre la silhouette de l'objet en mouvement dans les positions juste antérieures. La technique est celle d'un Duchamp dessinant un *Nu descendant l'escalier* (1912) – l'effet est celui des photographies « bougées ». Les seconds doivent figurer la direction d'un mouvement ou simplement d'un élan. C'est ainsi que certaines traditions abusent de ces traits pour marquer la puissance développée par un personnage haut en couleur qui littéralement sort de ses gonds en s'extirpant de sa case.

Enfin, le texte lui aussi possède un certain degré de codification. Pour n'en citer qu'un : les « ... » d'un dialogue qui se poursuit de bulles en bulles ou de cases en cases. Les points de suspension sont peut-être les signes typographiques les plus chargés de sens pour une BD : s'y nichent le suspense, la peur, l'incompréhension, etc.

Ce codage sert principalement à la *transduction dans le registre visuel des autres régimes sensibles*. L'image de BD cherche ainsi à transcender l'opticalité figée de son médium. *A priori*, il n'y a aucun moyen pour un dessin de dénoter un battement, un bruit, une odeur, une température, etc. Et pourtant la BD a inventé les onomatopées, les volutes de fumée sur les plats odoriférants, les « brrrr » sonores d'un individu frigorifié, etc. Elle montre ou dit – et souvent les deux en même temps – ce qui n'est pas visuel.

Pour reprendre naïvement une dichotomie bien connue, le langage peut soit dire, soit montrer des faits. Il nous semble qu'une BD possède trois modes pour communiquer le sens : le dire (dans ses mots), le montrer (dans ses images), et le manifester (dans ce qui s'échappe des images et de leur mise en page). Un effet de choc, par exemple, peut être montré (un visage blanc sans décor) ou être manifesté : la vignette en pleine page, en rupture avec le reste de la séquence.

Walker&Dumas, *Sam's strip [10/01/1963]*, © Actes Sud / L'an 2, 2009

Dans cette approche, la BD se définit essentiellement comme le meilleur moyen graphique (*i.e.* texto-iconique) de transmettre un message, de mettre en forme un discours particulier. Par rapport à la peinture, l'accent s'est déplacé, de la représentation (d'un fait) vers la communication (d'un message[1]). Disons que la BD sait ou a su intégrer des moyens « pictogrammatiques » pour élaborer une syntaxe propre, et en a profité pour la changer sémantiquement.

Topique et stylistique

Aristote analyse l'usage de lieux communs, topoï, dans l'argumentation rhétorique et dialectique. La BD recourt également à certains *clichés*. Nous en voulons pour preuve : le trait de fumée au-dessus de la cigarette ; le

---

[1] Il y a peut-être un type de BD bien particulier qui abuse de cette qualité de langue graphique, chargée de transmettre un message clair et efficace : c'est le *storyboard*. Le cinéma s'en sert pour préparer ses tournages. Formellement, ce sont des BD, au format de vignettes plutôt fixe, aux dessins très frustes, mais déployant une série de signes graphiques explicitant les mouvements et les effets cinématographiques attendus. Telle flèche pleine représente un *travelling* avant, telle autre marque un mouvement du personnage, et la taille de ces signes peut rendre l'intensité de l'effet recherché (focus rapide ou lent).

tourbillon au-dessus de la tête d'un étourdi/éméché/évanoui ; les divers *emanata* entourant les visages expressifs[1]. Les images ne sont pas toutes singulières : tout gros plan sur une main ou sur un œil ne fait pas toujours ressortir son particularisme, mais au contraire pourrait être utilisé dans d'autres ouvrages de BD ; les combats des séries populaires chez Marvel présentent systématiquement le même type de combinaisons graphiques et scénaristiques ; le nez grossièrement ovoïde est un cliché connu de tout apprenti dessinateur (au début des années 1960, le travail de Walker & Dumas, *Sam's strip*, parodiait déjà ces codes).

Walker&Dumas, *Sam's strip [07/02/1962]*, © Actes Sud / L'an 2, 2009

On pourrait croire que l'usage de ces clichés est plus tributaire de la culture populaire (roman de gare, téléfilm, *blockbuster*, *hit* musical) que de la BD spécifiquement – mais il nous semble qu'il révèle un aspect propre à la technique de la BD. Car l'artiste de BD, dans son album, aura esquissé des centaines d'humains, tout comme il aura dessiné des dizaines de fois ses personnages principaux et ses décors centraux. Sa technique est donc pour une part fondée sur le principe de la *reprise*, de la ré-utilisation, du recyclage. L'artiste de BD, en mettant en scène les mêmes individus dans divers contextes, tend à créer des figures qui seront des stéréotypes, faciles à refaire et à reconnaître, soit encore des modèles. La technique de la peinture, elle, est bien plus fondée sur le principe du *rattrapage*, d'une forme qui passe d'un état d'esquisse à celui de perfection. Le peintre crée des figures qui seront des archétypes, uniques, soit encore des idéaux. Même les BDs les plus élitistes usent de la même vignette, à peine retouchée, pour illustrer un dialogue qui se prolonge. Tout se passe comme si le dessinateur de BD avait plus ou moins sous la main un *pool* d'images ou d'effets graphiques déjà préconçus (par d'autres ou par lui) ou en cours de précision (par son travail même) dans lequel il peut piocher à l'envi. La peinture n'a pas ignoré l'avantage de posséder un *pool* de gestes stéréotypés (c'est le sens des

---

[1] Ces signes graphiques posés à côté du visage d'un personnage doivent signifier ses sentiments. Terme introduit en 1980 par Mort Walker dans le *Lexicon of comicana*. Thierry Groensteen, *Système de la bande dessinée. 2 : Bande dessinée et narration*, *op. cit.*, p. 136.

« études » et aussi celui d'une certaine tradition iconologique qui recycle certains gestes symboliques très codifiés), mais le résultat avait vocation à être unique, et non intégré dans une séquence. Dans une œuvre peinte donnée, il n'y a pas de répétition de figures – dans une BD, c'est bien souvent le cas. Et ce n'est pas seulement une faiblesse du médium. La langue s'apprend, mais une fois apprise, elle permet de décoder très rapidement toute nouvelle proposition. Ainsi en a-t-il été pour les mangas : BDs d'abord très exotiques, charriant un certain nombre de clichés nouveaux peu compréhensibles au lecteur occidental (le mâle sexuellement excité pris d'une hémorragie nasale, le personnage réduit à une taille et une expression de poupée, etc.), elles sont aujourd'hui devenues claires et banales.

L'usage des clichés n'est pas seulement pictural. On en trouve un certain nombre d'ordre textuel. Le plus connu est peut-être le fameux « Pendant ce temps… », mais toutes les onomatopées peuvent être considérées comme tels.

Le recours aux *diagrammes* participe du même esprit. Qu'on le trouve dans la mise en page, dans les postures des personnages, ou dans leurs traits mêmes, le diagramme – *i.e.* ce qu'il y a sous la chair des choses, ce qui fait passer la signification non-équivoque de la situation au-dessus de sa densité sémantique ou picturale[1] – est un outil précieux de la BD. La dimension diagrammatique, dans toute son ampleur, résume bien cette force/faiblesse de la BD : elle permet d'accompagner la lecture, de la rendre fluide et claire – et en même temps, elle corsète le sens, l'appauvrit en l'assignant à une lecture univoque. Mais le diagramme est lui-même purement symbolique et peut culminer dans une paradoxale obscurité, par sa complexité ou son abus : et le diagramme se retourne alors, obnubilant le sens mais fertilisant l'image.

Muni de ces quelques éléments, l'artiste de BD a ensuite toute latitude créative pour en user plus ou moins abondamment et imposer son *style* (si le style surréel d'un Boucq dans *Les aventures de Jérôme Moucherot*, 1994-2012, est si impressionnant, c'est peut-être justement parce qu'il dynamite nombre des clichés et repères traditionnels). Il est encore notable de constater comment ce style engendre souvent des *poncifs* immédiatement reconnaissables. En élaborant son style, l'artiste de BD trouve sa « formule » et fournit à son art des poncifs récupérables. En ces matières, la ligne claire d'Hergé est l'une des plus grandes réussites (toujours vivace chez le néerlandais Swarte) ; comme le style narratif, très disert, d'un Jacobs est devenu emblématique. Baudelaire voyait dans la création de poncifs l'une des marques du génie, et Leibniz, en inventant le symbole intégrale « $\int$ », a produit un poncif qui a permis à la langue mathématique de progresser…

---

[1] Le diagramme, dépouillé, léger, peut traduire l'inaccessible, les aspects les plus enfouis de la réalité. François Dagognet, *Écriture et iconographie*, Paris, Vrin, 1973, p. 88.

Sommes-nous en train de dire que la langue de la BD « progresse » ? Sans doute : en terme de rendu du mouvement, par exemple, les BDs du XIXe siècle sont nulles.

Ibn al Rabin, *Lentement aplati par la consternation*, © Atrabile, 2013

Une tension *langagière* traverse toute la bande dessinée : entre le caché et le visible, entre le lisible et le signifié, entre le statique et le dynamique, entre le codifié et l'idiotique – et son art consiste à résoudre chaque fois cette tension en trouvant des solutions propres, tempérant son être-diagrammatique par son être-inventif.

C'est que la BD a le pouvoir d'amalgamer différents régimes de fonctionnement des arts graphiques : celui du pictogramme, tout symbolique et conventionnel ; celui de l'idéogramme, plus graphique et poétique ; celui du calligramme, qui envahit la page et la traite comme un terrain d'expression générateur de sens ; celui du diagramme, univoque et ordonnateur ; celui de la peinture, très réaliste ou plus abstraite ; celui des couleurs, fauves ou pastel ; celui de la typographie des affiches ; celui du croquis, à peine ébauché ; celui de l'écriture linéaire, tant dans sa définition stricte (la phrase) que métaphorique (la séquence). Et l'écriture en images est un mode spécifique de pensée…

Poétique

« Cézanne pense en peinture », résume Merleau-Ponty[1]. L'artiste de BD « pense en bande dessinée ». Quand il doit faire face à un sujet, qu'il aspire à *mettre en forme*, il pense en BD. Pour définir les principaux aspects de cette pensée graphique, comparons le traitement distinct de la même histoire dans trois médiums différents. Soit *La chute de la maison Usher*. Considérons la nouvelle originelle de Poe (1839), ses reprises en bande dessinée (celle très condensée de Battaglia de 1969 ; celles, peu fidèles, illustrées en couleurs par Corben en 1984, puis en 2013 ; ou celle en noir et blanc de Guillaume en 2007) et ses adaptations cinématographiques très libres (Epstein, en 1928 ; Corman, en 1982). L'analyse complète devra se faire ailleurs[2], nous pouvons ici pointer certaines caractéristiques de cette « pensée graphique » en les illustrant d'un panel de moyens adéquats.

Elle est *dramatisée*. La BD peut focaliser sur des descriptions qui passent inaperçues dans le texte : en les détaillant ou en les agrandissant. L'image peut aisément recourir à un expressionnisme exagéré ou à une perspective outrée pour présenter un visage ou une situation. Elle n'a d'ailleurs pas à respecter un réalisme rétinien ou optique, mais seulement sa logique graphique. En outre, par le choix des paroles qu'elle retient et surtout par la façon dont elle les accompagne, elle peut les charger d'une puissance sans commune mesure. L'usage des dialogues, par opposition au récitatif, a par exemple un lourd effet de présence sur le texte dit, que le roman ne saurait rendre.

Elle est *économe*. Elle va à l'essentiel, n'étant qu'une suite d'instantanés. Le cinéma, lui, inflige de longs plans nécessaires à la compréhension, aux raccords, aux transitions – dont la BD n'a cure. Elle est nerveuse, sans gras. Si l'on considère qu'une case est l'équivalent d'un plan de cinéma – alors elle les enchaîne à toute vitesse et en requiert beaucoup moins. Elle est doublement concise[3], parce qu'elle use d'un trait abréviateur (cher à Baudelaire) et parce qu'elle condense en un minimum d'images.

Elle est *architecturée*. La case est mimétique de l'image et de sa signification, et quand Poe écrit « la chambre dans laquelle je me trouvais était très grande et très haute », le dessinateur use d'une pleine page pour marquer ces qualités. L'image peut elle-même donner lieu à un découpage, lui donnant une force hybride de planche et d'image. Bref, la page d'une BD est d'abord un espace d'accueil d'images co-présentes (le cinéma use très

---

[1] Maurice Merleau-Ponty, *L'œil et l'esprit*, dans *Œuvres,* Paris, Gallimard, 2010, p. 1599.
[2] Pascal Krajewski, « Ce qui se trame dans la maison Usher », *Neuvième art 2.0, Bande dessinée et littérature*, Juin 2016, en ligne.
[3] La concision est l'une des trois qualités de tout système représentatif selon Rousseau. François Dagognet, *Écriture et iconographie, op. cit.*, p. 19 et p. 60.

rarement de cette option dans le *multi-screen*). En tant qu'architecture, elle in-forme le discours qu'elle accueille et peut très bien changer de style pour marquer un changement de registre (ainsi le souvenir narré est distingué architecturalement du reste du récit).

Nicolas Guillaume,
La chute de la Maison Usher,
Emmanuel Proust Éditions,
2007

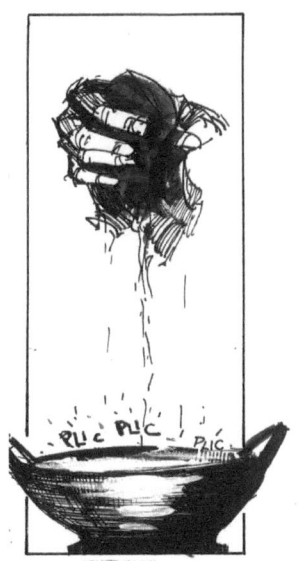

Elle est *rythmique*. Il y a visuellement dans une BD un rythme tout de suite mis en place. Grâce à la mise en page globale puis avec le système de transitions, d'échos des images entre elles, et à l'intérieur même des images – un rythme se déploie. C'est ainsi que la BD supporte très bien les dialogues en face à face entre deux personnages, chaque vignette ne représentant que le locuteur – chose que le cinéma ne se permet qu'exceptionnellement. L'usage des pleines pages et surtout du « tour de page » permet de créer un sentiment très particulier, celui de « l'instant dramatique suspendu », que le ralenti ou le plan-séquence du cinéma ne rendent pas du tout (preuve que la BD est un art de l'espace quand le cinéma est un art du temps). Ce rythme est encore donné par les effets très libres du montage, du cadrage ou de la profondeur de champ. Il y a au cinéma des règles de montage (que la Nouvelle Vague a temporairement mises à bas) dont la BD se joue : et elle peut très aisément alterner les gros plans et les points de vue impossibles sans dommage pour la lecture avertie. Les effets stychomitique ou au contraire vertigineux sont très faciles à réaliser en BD par le hachage de la séquence visuelle ; de même qu'un rythme ralenti peut s'imposer par la répétition d'une même vignette. C'est par le rythme, que le médium BD donne à sa séquentialité concrètement spatiale, une résonance affectivement temporelle.

Nicolas Guillaume, *La chute de la Maison Usher***, Emmanuel Proust Éditions, 2007**

Elle est *ambiguisante*. Dernier trait qu'on pourrait relever : sa naturelle équivocité. Parce qu'elle n'est pas assujettie au réalisme, parce qu'elle n'a qu'un respect approximatif des traits des personnages, parce qu'elle peut préférer être fantaisiste – elle n'est pas toujours compréhensible. Nous notions que sa dimension conventionnelle la rendait plus lisible que d'autres types d'images, nous révélons ici son contraire : un caractère ambigu. Il arrive souvent que le lecteur ignore qui parle, qui agit, qui fait quoi dans une image laissée expressément floue. Pour créer du suspense, pour laisser le sens errer avant de le ramener à un contenu (ou sans le ramener d'ailleurs). C'est particulièrement flagrant dans les dialogues où, parce que le locuteur est hors-champ ou parce que la bulle est mal assignée, on ne sait qui parle...

Nicolas Guillaume,
La chute de la Maison Usher,
Emmanuel Proust Éditions, 2007

Il ne faudrait pas voir dans ces quelques pages une charge contre la BD, caricaturée en un sabir de clichés et d'images brouillonnes, enferrées dans des structures diagrammatiques. Ce que nous avons voulu mettre au clair, c'est l'usage d'une certaine langue graphique, évolutive, en progrès, qui assure à l'image et au récit imagé leur lisibilité. Dire que ses artistes usent souvent de certains ingrédients communs ne revient pas à dire qu'ils sont condamnés à produire les mêmes plats sans saveur. Tout leur talent, leur génie, leur art, consisterait au contraire à mettre en forme et en images leur discours, leur univers, leur vision, leur style – bien au-delà des quelques conventions identifiées ici. La pensée graphique est une sorte de « déraison graphique » (Christin), plastique et suggestive, où le sens déborde ses signes « texte-iconiques » mis en page.

3. La bande dessinée, l'objet d'une lecture sur canapé

Une BD n'est pas qu'une technique ou un discours, c'est aussi un objet. Et plus précisément, un objet multiple, diffusé en nombreux exemplaires, qui prend préférentiellement la forme d'un album de papier.

Une BD n'est ni l'agrégat des planches illustrées par l'artiste, ni la maquette de l'éditeur – elle est *cet* album que je tiens dans ma main, après l'avoir acheté dans une librairie, et que je conserverai longtemps dans ma bibliothèque personnelle. On pourrait encore préciser qu'en Occident du moins, la réception d'une BD est essentiellement une *lecture sur canapé*. Le lecteur de BD a un côté dilettante, et sa lecture est souvent trop rapide : une BD se lit vite, se dévore, car elle est organisée comme une séquence « dromatique » (du grec *dromos*, la course) : l'histoire est haletante et sa forme adéquate tire l'œil et l'esprit vers l'avant. Ce qui a comme corollaire, qu'une BD *se relit*. Parce que le format est court, parce qu'on sait qu'on n'a pas tout vu à la première lecture excitée que l'on en fit, parce qu'on peut la survoler et n'y picorer qu'une scène forte – la BD est l'un des rares objets culturels qu'on ré-actualise après sa première consommation (seul le CD et le jeu vidéo sont plus souvent réactualisés).

En tant qu'objet domestique, elle consiste préférentiellement en un album colligeant des feuilles de papier, dans un certain format, enrobé dans une couverture.

Rêver sur la grande image

La *couverture* en est peut-être l'un des éléments les plus remarquables. Dans l'industrie du cinéma, les affiches publicitaires du film ne font pas partie du projet du réalisateur, mais sont plutôt commandées par la logique de production. Dans le cas de la BD, la plupart des artistes pensent la couverture comme effigie de leur album et participent activement à sa définition. La couverture est particulièrement importante puisqu'elle servira d'accroche au lecteur-client potentiel[1]. Une couverture est plus qu'un supplément d'âme de l'œuvre, ressortissant au « paratexte » (Genette), comme le sont une quatrième de couverture dans l'édition ou une affiche de film – elle est bien plutôt un élément constitutif et même crucial, car

---

[1] Gallimard propose sur son site web de télécharger en haute définition, les couvertures de ses Bds. *Le livre des Livres* de Marc-Antoine Mathieu (2017) est un hymne aux couvertures.

introductif de l'œuvre, comme le sont l'ouverture d'un opéra ou l'*incipit* d'un livre. À la fois espace d'exposition et lieu de présentation, elle répond à deux problématiques : grande image, elle témoigne des qualités graphiques du dessinateur – enseigne liminaire, elle synthétise les thèmes de l'histoire à lire. L'image de couverture est aux dessins ce que le titre de l'album est à l'histoire : un condensé, un reflet, une prise.

On ne peut alors que s'étonner de certaines entourloupes éditoriales touchant à la couverture : telles ces BDs américaines de super-héros, où la couverture, extrêmement léchée, ne reflète d'évidence en rien le trait grossier de l'album lui-même ; ou encore les albums proposés sous différentes couvertures. Ce sont là sans doute des dérives consuméristes plus que des exigences artistiques ou des traits propres au médium.

Sans doute faudrait-il faire une étude fine de cet art des couvertures pour découvrir ce qu'elles disent en général, spécifiquement de leur éditeur, particulièrement de leur auteur (comme on a pu le faire pour les génériques de cinéma). En BD, la couverture est un tour de force graphique où l'identité de l'univers transparaît en même temps que le sel du récit. La couverture des aventures de Tintin est un formidable embrayeur de l'imaginaire du lecteur qui n'a pas encore ouvert le livre. Qui ne se souvient du « O » très graphique des *Cigares du pharaon* (1955), ou des *Bijoux de la Castafiore* (1963) ? Un manga japonais comme *Saint Seiya* (1986-1990) se présente chaque fois sous une couverture sur-chargée, toute pimpante, où les armures des personnages brillent de mille feux. Cette forte identité est justement ce qui fait qu'elles peuvent être parodiées ou détournées.

L'usage, interne à l'album, de la *pleine page* en est un peu l'écho et comme une seconde signature. La BD a su y trouver des ressources narratives précieuses, au-delà de la pure dimension plastique de l'exercice. C'est un tableau. C'est peut-être le seul site d'une BD où dessinateur et lecteur nouent un pacte d'exigence picturale. C'est un morceau de bravoure où l'œil du lecteur s'aiguise, où le temps se suspend, où les éléments du monde prennent l'ampleur d'une apocalypse. La pleine page rend un effet loupe saisissant. D'où ce paradoxe admirable : la pleine page magnifie la BD à l'endroit où elle annihile son principe (séquentialité).

La pleine page n'est plus un dispositif spatio-topique, mais un tableau sans valence graphique. Elle n'est plus là pour organiser des négociations entre les images et dans leur mise en chaîne – mais pour accueillir une unique image qui viendra la couvrir (presque sexuellement). L'œil de la lecture s'arrête comme frappé lui aussi par un coup et par l'obligation d'aller fouiller l'image dans ses détails, ne serait-ce que par respect pour son auteur, plus volontiers par gourmandise d'un plaisir espéré. Site où l'image domine sans partage, où le dessinateur se rêve peintre, ou le scénariste a terré son plus bel effet – la grande image est médusante, elle est, pour la BD, l'embrayeur du rêve par excellence.

La résistance aux déformations

De prime abord, le format se présente comme une contrainte forte. Il est pourtant très divers (si le format grossièrement A4 s'est imposé pour les BDs de masse, tous les formats sont en fait possibles). Se pose alors la question de la résistance de l'œuvre à la transposition de son format.

Les difficultés liées à l'importation des mangas sur le marché européen sont exemplaires. Le premier écueil consiste dans l'impossible « remise en ordre de lecture » de l'album. Impossible car il ne s'agit pas de colliger l'album à l'envers, mais de changer l'ordre des images sur la planche, comme celui des bulles. Il faudrait retourner chaque planche, mais certaines images dès lors ne fonctionneraient plus (ce n'est pas pareil d'être tourné vers la droite ou vers la gauche). L'autre pierre d'achoppement concerne la traduction de tous les textes inscrits dans l'image (et les mangas sont très gourmands de ce procédé) ; il n'est pas rare de trouver, dans nos albums traduits, des idéogrammes originels conservés dans l'image. Dernière préoccupation : la conversion des dimensions. Les mangas sont au format poche, quand nos albums sont en format A4. La question du redimensionnement est en fait double : dans le sens de l'agrandissement, on risque de rendre fruste voire grossière une image tout à fait valable en petit format ; dans le sens de la réduction, on pourrait se retrouver avec des images trop « denses », trop détaillées.

Prenons l'exemple d'un manga phare : *Akira* d'Otomo. Il sort au Japon en magazine, en noir et blanc, dans un petit format, avant d'être relié en volumes à partir de 1984. Ensuite, il s'exporte. Aux États-Unis, Epic Comic l'adapte en le colorisant à partir de 1988 : le coloriste Steve Oliff travaille sous le contrôle d'Otomo et respecte les couleurs que l'on trouve dans l'*anime* (film d'animation) qui sort la même année au Japon. En France, Glénat reprend la version colorisée américaine et sort 31 fascicules de 64 pages en kiosque à partir de 1990 ; puis 14 volumes cartonnés de 30 cm de haut et 180 pages ; enfin en 2000, Glénat revient aux sources en republiant l'œuvre au plus près de l'original : en noir et blanc, avec une hauteur de 26 cm, en six volumes de 280 pages. L'image bien sûr est au premier chef secouée dans ces transpositions étonnantes, mais aussi le rythme et le découpage de l'œuvre. La question tombe, fatalement : s'agit-il bien toujours de la même œuvre ? Si oui, la BD peut-elle survivre *comme art* à ce type de maltraitances[1] ?

---

[1] Un autre cas intéressant pourrait être trouvé dans la BD franco-belge avec *La théorie du grain de sable* de Peeters & Schuiten. Casterman sort ce travail en 2007 en deux tomes, dans un format à l'italienne (21*30) – puis en 2009, en un seul volume, dans un format géant

La littérature a en partie montré la voie : une traduction de l'œuvre est bien une nouvelle instance de l'œuvre. Elle n'en est pas plus une caricature qu'elle n'invalide l'œuvre originelle comme art. Simplement, il y a de bonnes et de mauvaises traductions. Ce qui choque davantage dans le cas de la BD, c'est que l'image aussi est soudain concernée alors que justement les arts plastiques étaient réputés pour livrer des images uniques se donnant toujours dans une forme une et intraduisible. La BD montre donc que ses images ne sont pas du même genre, i.e. intouchables. Au contraire, on peut y ajouter de la couleur, changer leur format, les corriger pour traduire du texte-inscrit – tout en conservant l'identité et la valeur de l'ensemble. Ce qui se maintient, c'est le dess(e)in général, l'espace de la planche et son séquençage. Ce sont donc là les éléments constituants du médium, le reste pouvant appointer au statut « d'ornement ».

Mais que se passe-t-il quand le récit lui-même, au-delà des images séquencées, est touché ? Ne faut-il pas respecter le rythme original de livraison endossé par l'auteur ? Dans le cas d'*Akira*, on peut estimer que les différentes tomaisons retenues pour publier l'œuvre en français sont moins affaire d'auteur ou de discours opéral, que d'enjeux économiques et éditoriaux. Coup de grâce, les tomes français ont un titre dans l'édition des années 1990 ! Qui l'a choisi ? En vertu de quoi ? Dans l'édition de 2000, plus respectueuse, les six tomes ne présentent plus de titres individuels. Ces découpages sont donc totalement étrangers à l'œuvre et à l'artiste, et pourraient à nouveau tendre à dénaturer l'œuvre originelle…

Et pourtant l'œuvre se maintient. Parce que là encore ce qui compte, c'est son unité architectonique et non sa présentation factuelle et contingente. Son apparaître global prime ; non sa parution parcellarisée. Ainsi l'œuvre de BD résiste à toutes ces déformations. C'est à bien y réfléchir une qualité peu partagée parmi les arts. Cela tient du fait qu'un album de BD est, comme tout art de masse, une *occurrence d'un type*[1], et que cette occurrence est particulièrement robuste à la distorsion. Elle peut se contenter d'être une

---

(42*33) – puis en 2013, en un seul volume, dans un format standard (30*24). Entre la deuxième et la troisième édition, on passe d'un format géant à une version plus commune. Cela nous rappelle que la notion d'édition de poche n'est pas exclusive à la littérature : elle a de longue date existé dans le monde de la BD (les éditions *J'ai lu* et plus récemment *Casterman* avec la collection « Haute densité »). Le passage de la première à la deuxième édition est beaucoup plus intéressant. Passant d'une pagination allant du double au simple, l'album se voit totalement reconfiguré et les doubles pages d'hier se retrouvent sur une même page grand format. Le nouveau face à face en grand format correspond donc au tour-de-page de la première édition. Le papier légèrement glacé du premier, se transforme en un papier plus cartonné, brut.

[1] « *L'œuvre d'art de masse est systématiquement une occurrence du type produit à des fins de diffusion universelle* ». Roger Pouivet, *L'œuvre d'art à l'âge de sa mondialisation : essai d'ontologie de l'art de masse*, Bruxelles, Lettre volée, 2003, p. 29.

occurrence approximative. Comment alors se place la limite de l'inacceptable ? Quelles contraintes doivent être respectées coûte que coûte ? Toute déformation est à notre avis tolérable tant qu'elle est *homothétique* : qu'elle conserve la forme, la structure, la mise en page, le séquençage, le cadrage de l'œuvre initiale – *à un rapport analogique près*, clairement identifiable.

Le papier consubstantiel ?

Insistons sur un dernier aspect de l'incarnation matérielle d'une BD : son support papier. L'album de BD est fait de pages de papier qui se tournent, avec un grain, une matité, un poids, autant d'éléments qui jouent sur sa perception – et lire une BD dans un journal à 3 sous, ce n'est pas la même chose que de tourner les pages d'une version de luxe. Invisible, sous-jacente, dort la surface lourde du papier.

Marc-Antoine Mathieu,
Julius Corentus Acquefacques, volume 3 : Le processus, **Delcourt, 1993**
© Editions Delcourt, 1993

L'une des grandes inventions de Marc-Antoine Mathieu sera de montrer ce support. Dans les aventures de *Julius Corentin Acquefacques* (1990-…), il joue sur son médium comme peu l'ont fait avant et depuis lui. Et plus particulièrement, comme défi lancé à son éditeur, il vient démontrer l'importance du substrat papier en le chahutant par petites touches. Car le monde d'une BD, monde visible, n'apparaît que si du papier existe pour en porter la représentation, pour le révéler (au sens photographique). Le papier joue donc comme condition de possibilité de l'apparition de l'image et donc aussi comme condition esthétique transcendantale pour les mondes qui s'y déploient. Or le papier peut très bien être remis en question comme d'autres constituants. Et Mathieu de percer une page pour faire disparaître une case, d'en déchirer d'autres pour rattraper une histoire partie sans son héros, de taillader celle-là en spirale pour la relier à la suivante, etc. L'artiste nous montre qu'une BD dépend d'abord de ses conditions d'existence, au premier chef desquelles se tient la page de papier.

La BD s'imprime avec des techniques de reproduction sur papier qui rendent une image lisse. Greenberg évoquait la « planéité de la surface » comme propre de la peinture, il nous semble que la BD offrirait, quant à elle, une « lisseté » de sa surface souple de présentation. L'image de BD n'a pas d'épaisseur. Cela a un effet très nivelant sur les images et, peut-être, concourt à leur donner cet « air de famille » ; car derrière des techniques variées de création, la technique de leur diffusion les fait se ranger uniment sous cette bannière de « Bande Dessinée ». La surface lisse de la page de BD est incapable de rendre les légères aspérités d'une planche griffée, collée, malmenée, hybridée, hachurée, texturée – qui fut celle du dessinateur. La planche est autographique, elle sert en quelque sorte de moule à ce qui est un art essentiellement allographique et massif[1]

Pascal Rabaté, *Fenêtres sur rue*, Soleil, 2013
Pascal Rabaté, *Fenêtres sur rue*, Soleil, 2013
© Editions SOLEIL, 2013

Le brochage régulier d'un album est lui aussi négociable. Ce brochage (qui est celui du *codex* ou cahier, remplaçant le *volumen* ou rouleau) induit une « lecture par double-page » : l'attention est focalisée mais l'œil erre et anticipe certains effets narratifs. L'image graphique organise donc ses effets au sein d'une double-page, qui ensuite se tourne en provoquant un temps de suspens dans la lecture. Mais c'est là une contrainte matérielle, du monde de l'édition – et comme telle, elle peut elle aussi se faire chahuter (les éditions du Soleil proposent dans la collection Noctambule des BDs qui se déplient comme un paravent). Et pourquoi ne pas imaginer tourner l'album ? En

---

[1] Nelson Goodman, *Langages de l'art : une approche de la théorie des symboles* [1968, 1976], trad. de l'anglais (États-Unis) par Jacques Morizot, Paris, Pluriel, 2011.

1903, Gustave Verbeck publie une série de planches qui se lisent dans les deux sens : *The Upside-Downs of Little Lady Lovekins and Old Man Muffaroo*.

Bref, la BD est un objet, et les travaux de Chris Ware nous le rappellent ô combien. Son dernier opus (*Buildings*, 2012) ressemble à une boîte de jeux, dans laquelle sont mêlés de nombreux fascicules de tout format, qui narrent la vie de différents personnages évoluant dans l'orbite d'un immeuble qui vaut aussi ici pour ses qualités de métaphore graphique de la BD.

Mais si la BD est un objet, de consommation, dont on se rend *propriétaire*, qu'advient-il avec l'arrivée cataclysmique du numérique ?

4. La bande dessinée numérique : nouvelle donne

Les arrivées des écrans pour la lecture, du web pour la diffusion, de l'ordinateur pour la création, de la souris pour la manipulation – ont fait souffler sur le médium BD un vent tumultueux de mutations, d'expérimentations et de réinventions. Et il n'est sans doute pas une seule contrainte classique du médium qui ne puisse être levée et annulée par le numérique tout en maintenant la filiation. Seule peut-être la modification complète de tous ses éléments réussirait à transformer la BD en un autre médium, jeu vidéo ou cinéma d'animation au premier chef.

Trois types hybrides de BD peuvent sortir de ce bain numérique : la « BD classique numérisée », et les grands éditeurs développent les outils techniques, esthétiques et juridiques pour permettre cette remédiation ; la « BD web », diffusée en ligne mais soluble dans l'édition papier car elle en respecte les principales contraintes éditoriales et plastiques ; et la « BD numérique *sui generis* », qui ne saurait apparaître qu'en sa consistance technologique et *via* un écran. C'est bien sûr ce dernier cas qui révolutionne le plus le médium, mais force est de constater qu'il reste minoritaire, éminemment expérimental et dominé par des propositions singulières d'artistes.

Appelons « BD numérique » celle qui sera *conçue pour* être lue derrière un écran. Dès lors, elle est lue *via* un appareil qui présente une interface d'une certaine taille (de 15 à 22 pouces), d'une certaine résolution, avec certaines fonctionnalités (les haut-parleurs, le clic, des *plug-ins* flash ou autres).

L'eldorado de la BD numérique

Les propositions en matière de BD numérique sont déjà légion. Les typologies abondent pour distinguer Webcomic, Hypercomic, Turbomedia, blogBD, BD en ligne, BD interactive, Motion Comic, Motion Book, etc. Ce qui reste prégnant dans ces propositions, c'est *l'apparaître séquentiel des images*. Ceci étant tenu, pour le reste…

L'image peut être animée : par éléments, en jouant sur les couleurs, ou globalement (Zivadinovic, Lobo, le Clodo d'Hamelin, 2011-2014).

L'image n'est plus forcément muette : on peut y ajouter du son (musique d'ambiance), des sons (onomatopées), des *voix off* voire des dialogues (Watchmen Motion Comic, 2008).

La transition entre images est réinventée. On a alors deux cas principaux. Dans le premier, toutes les images/vignettes sont présentes sur une même page web, le lecteur aperçoit plusieurs images en même temps et peut, *en défilant*, lire l'ensemble de la séquence. L'artiste peut alors jouer sur les différentes façons de délinéariser les images et d'indiquer leur enchaînement. Le phénomène des blogs-BDs est de cet ordre, tout comme, plus intéressantes, les expérimentations de McCloud, faites dans le cadre de ses « Mornings Improv[1] » (2001-2004). Pour les œuvres longues, se pose toujours la question d'une organisation du contenu sur une surface virtuellement illimitée mais en pratique contrainte par son *défilement* (au sein d'une page web) et sa *fenêtre d'apparition* (*via* l'écran). Ainsi, des séquences trop longues, qui réduiraient à peau de chagrin l'ascenseur du navigateur web, seront en fait découpées en plusieurs chapitres (McCloud, #22, But no one ever noticed the walrus). La transition entre deux séquences d'images se fait alors bien souvent par le *clic*. C'est là le second cas de transition inter-iconique. On peut alors concevoir différents systèmes de transition par clic : par le biais d'un symbole extra-graphique (une flèche, un numéro de page) ou en pointant sur un élément de l'image (tel objet du décor déclenche la suite. Voir : Bergeron & Côté, L'oreille coupée, 2000). La séquence n'est plus seulement défilante, affichée sur une page, mais *navigable*, distribuée sur plusieurs pages web. La navigation se fera alors, selon les cas, à côté de l'image (dans ses marges, l'interactivité requise n'est que de presse-bouton) ; ou dans l'image (donnant lieu à une interactivité sémantisée ou pragmatisée ou narrativisée).

Le temps de lecture de l'image peut lui aussi être manipulé : la fonction « passer à l'image suivante » peut n'être pas activable tout de suite ou au contraire donnera lieu à un compte à rebours menaçant (Hoogerbrugge, Hotel, 2004).

La narration n'est plus forcément linéaire. Au-delà de la réinvention de ces éléments artistiques, la principale innovation que la technologie apporte à la BD numérique est la prise en compte d'un facteur *d'interaction* entre le lecteur et l'œuvre. L'histoire peut donc se dérouler selon différents parcours,

---

[1] Voir particulièrement : *#17, Monkey Town*, 21/06/2002 ; ou *#14, The parallelogram's revenge*, 6/4/2002. Avant cette série, un autre travail avait étudié la question de l'espace de l'image par rapport à la taille d'un écran : My obsession with chess, 1998-1999.

dans une trame non unilinéaire (Rageul, Prise de tête, 2009). Cette interaction peut constituer un élément clé de la poïétique de l'œuvre cherchant à explorer les possibilités syntaxiques d'une narration réinventée. Et la séquentialité préservée prouve ici qu'elle ne se confond pas avec la linéarité du récit ou de la lecture.

Dans les cas les plus aboutis, un nouvel acteur entre alors en lice : le *programmeur*. Que le dessinateur développe cette facette de son travail ou le délègue à plus expert, il faut parfois savoir utiliser des langages informatiques pour créer les effets graphiques ou narratifs recherchés, ou pour mettre en place des plates-formes de diffusion adaptées.

Les contraintes de l'édition numérique : l'écran

Telle qu'elle apparaît aujourd'hui, la BD numérique semble aux prises avec une problématique périlleuse : les contraintes liées au support écran[1]. Et plus précisément la portabilité d'une BD sur une pléiade de supports très différents en taille (du *smartphone* à l'écran 32 pouces), en résolution, en fonctionnalités. La BD, toute numérique qu'elle est, doit apparaître à son récepteur, au travers d'une surface plane d'aire limitée qui n'est plus maîtrisée par les producteurs du contenu, mais variable selon les regardeurs.

Le jeu est alors rebattu de la sorte :

– Si vous êtes un éditeur de BD numérique, vous voulez diffuser votre contenu au plus grand nombre, en faisant des gains substantiels, selon une logique multicanale (c'est-à-dire compatible avec tous les nouveaux appareils nomades).

Aujourd'hui, une BD numérique soit est un site web, soit est intégrée dans une plate-forme web générique (e.g. Submarinechannel.com ou webcomics.fr). Par conséquent, elle rencontre les mêmes problèmes que n'importe quel site web. Pour être multicanaux, ceux-ci ont deux stratégies : concevoir des sites web adaptés à tous les appareils et tous les navigateurs (feuilles de style dédiées ou, mieux, *responsive design* qui s'adapte en temps réel à la taille de la fenêtre) et/ou développer des applications spécifiques pour *smartphone* et/ou tablette (applis différentes selon la plate-forme de diffusion, *AndroidMarket* ou *Applestore*). Or, la BD numérique ne sera pas forcément apte à suivre la première stratégie, car une image fixe (jpg), conçue pour être lue sur grand écran, ne saurait rentrer au chausse-pied dans un écran de *smartphone*. Quant à la seconde stratégie – créer une application spécifique – elle reste complexe. Et la donne est loin d'être entièrement distribuée : *quid* des *kinects*, des liseuses, des consoles de jeux, des IHM exotiques, etc. ?

---

[1] Qui n'est qu'un avatar moderne de l'écran archaïque, condition à toute écriture graphique si lointaine soit-elle. Anne-Marie Christin, *L'Image écrite ou la déraison graphique*, Paris Flammarion, 2009, p. 9 *sq*.

Certains éditeurs de BD numérique ont commencé à proposer des applis avec une certaine technologie, offrant un type de lecture spécifique, adapté aux seuls contenus formatés pour cette diffusion. Par exemple, la page entière se tourne de façon « traditionnelle » sur iznéo, tandis que Trondheim, en partenariat avec Bludzee, propose un unique dessin format portrait, pour les *smartphones*. Si un éditeur développe un outil générique, alors tous ses contenus futurs devront respecter ses normes : format et mode de manipulation. Il n'y aura plus forcément de contraintes sur le nombre de pages ou sur les couleurs, mais peut-être sur le caractère dynamique des images ou leur gamme d'interactivité (sauf à transformer chaque BD en une appli unique[1], mais c'est là faire face à des coûts non négligeables).

La liberté offerte par l'écran d'ordinateur se voit drastiquement garrottée par l'arrivée des appareils nomades, divers, changeants. Un créateur peut faire fi de cela, mais la BD numérique, comme secteur d'activité viable, ne le peut pas.

– Si vous êtes un créateur de BD numérique, vous pouvez faire usage du numérique à bien des égards.

Tout un chacun peut très rapidement créer un site pour diffuser ses productions. Le site sert de tremplin, et l'édition papier classique reste l'horizon d'attente.

Pour les auteurs reconnus, cette technologie permet de créer un site web personnel où seront diffusés croquis, idées, etc. Tout un matériau pré- ou para-créatif, arrivera en contact direct avec leur lectorat.

Enfin, pour les défricheurs des nouvelles fonctionnalités offertes par le numérique, le site est un *prototype*, un laboratoire et une vitrine (Daniel Merlin Goodbrey, E-merl). Le créateur y développe son petit écosystème de bout en bout (les bons *plug-ins*, résolution, etc.) ; mais l'expérience a peu de chance d'être répétable ou industrialisable.

Ce que le numérique va peut-être apporter à la BD, c'est la possibilité d'une BD hyper-expérimentale. Un créateur de « BD classique » faisant un travail trop exotique, totalement invendable, n'a aucune chance de se faire connaître – de sorte que les plus expérimentales des bandes dessinées sont non-communicables car non-publiables. Avec le web, de tels créateurs peuvent mettre en ligne leurs travaux et expérimenter à loisir.

– Si vous êtes un lecteur de BD numérique, il faut que votre ordinateur soit lui aussi opérationnel et à jour, et que le fournisseur n'ait pas utilisé une technologie trop avancée, ou au contraire trop ancienne (les problèmes de

---

[1] Ce que font les grands musées qui ont une appli générale et développent ensuite des applis pour chaque grosse exposition.

compatibilité se trouvant redoublés par ceux de maintenance d'une part et de *vintage* de l'autre[1]).

Les contraintes du médium ont alors ceci d'inédit qu'elles touchent le créateur, le diffuseur et le lecteur.

Au-delà du numérique pur : technologie et transmédia

Le web a permis à la BD de devenir extra-graphique, de se départir de son caractère uniquement dessiné, en devenant multimédia. Mais dans ce que nous venons de brosser trop vite, la relation esthétique reste de la forme « système fermé » : l'œuvre est créée en amont, finie, puis livrée à une réception individualisée bien qu'appareillée.

Jusque-là, nous avons vu en quelque sorte ce que la BD peut faire avec le numérique, quand elle ingère les schèmes numériques de l'ordinateur et du web. Mais elle peut aller plus avant encore en se demandant ce qu'elle peut faire avec la technologie numérique au sens large, qui est un hyper-médium, un liant permettant d'hybrider plusieurs médiums entre eux, et de faire exploser cette relation autarcique entre le lecteur et son objet. Et c'est ainsi que la « BD technologique » sort de ses murs.

Elle peut être vécue sous le mode de la performance, comme dans les concerts animés qui prennent toute leur ampleur quand le travail du dessinateur, projeté en direct sur un écran géant, se montre à une assemblée (Été 2010, Avignon, *Concert dessiné* : dans la Cour d'honneur du palais des papes, Berberian & Dupuy dessinent tandis que Burger joue de la guitare).

Elle peut se prolonger dans d'autres média. La tendance récente de la narration transmédia trouve dans la BD l'un de ses affluents légitimes, comme le démontre l'œuvre « mediaentity » d'Emilie&Simon (2013-…). L'histoire et ses personnages évoluent aussi en dehors de l'espace de la BD, en multipliant les bourgeons numériques.

Et ce ne sont là que les premières pistes qui ont pu être défrichées. Une telle greffe, technologique et plus seulement numérique, jetterait l'art de la BD vers des horizons encore insoupçonnés. La BD numérique continue d'être une BD parce qu'elle conserve un certain nombre de ses caractéristiques essentielles : la réception individualisée, par un sujet immobile, d'un récit séquencé, à travers des images plates s'affichant sur un écran. Une BD technologique serait capable de dépasser ses éléments cruciaux : l'objectité est flottante quand l'œuvre n'a plus de limites spatiales ni temporelles, quand elle ne peut plus se donner une et entière, mais qu'elle est en perpétuelle croissance ou déploiement ; la réception esthétique est à redéfinir, quand il ne s'agit plus d'appréhender un contenu imagé derrière un

---

[1] L'effet *vintage* en BD décrit le fait qu'une BD numérique, fortement ancrée dans sa technologie, vieillit beaucoup plus vite qu'une BD classique.

écran, mais de (faire) vivre ou relancer une histoire qui s'actualise sans égard pour un lieu d'apparition fixé.

Et il n'est pas du tout sûr que ce type d'expériences sera encore celui de l'art de la bande dessinée.

Bibliographie

ARISTOTE, *Rhétorique*, Paris, Flammarion, 2007
BAUDELAIRE Charles, *Le peintre de la vie moderne [1863]*, Paris, Mille et une nuits, 2010
CHRISTIN Anne-Marie, *L'Image écrite ou la déraison graphique*, Paris, Flammarion, 2009
DAGOGNET François, *Écriture et iconographie*, Paris, Vrin, 1973
EISNER Will, *Le récit graphique : narration et bande dessinée*, Paris, Vertige Graphic, 1998
GENETTE Gérard, *Seuils*, Paris, Seuil, 1987
GOODMAN Nelson, *Langages de l'art : une approche de la théorie des symboles*, [1968, 1976], Paris, Pluriel, 2011
GRANGER Gilles-Gaston, *Pensée formelle et sciences de l'homme*, Paris, Aubier, 1967
GROENSTEEN Thierry, *Système de la bande dessinée [2 tomes]*, Paris, PUF, 1999 et 2011
MCCLOUD Scott, *L'art invisible : comprendre la bande dessinée*, Paris, Vertige Graphic, 1999
MERLEAU-PONTY Maurice, *L'œil et l'esprit*, dans *Œuvres*, Paris, Gallimard, 2010
PANOFSKY Erwin, *L'œuvre d'art et ses significations : essai sur les arts visuels* [1955], Paris, Gallimard, 1969
PEETERS Benoît, *Lire la bande dessinée*, Paris, Flammarion, 2003
POUIVET Roger, *L'œuvre d'art à l'âge de sa mondialisation : essai d'ontologie de l'art de masse*, Bruxelles, Lettre volée, 2003
SMOLDEREN Thierry, *Naissances de la bande dessinée : de William Hogarth à Winsor McCay*, Bruxelles, Les impressions nouvelles, 2009

Webographie

BAUDRY Julien, « Histoire de la bande dessinée numérique française », *Neuvième art 2.0, Histoire éditoriale,* Avril-Juin 2012, en ligne : http://neuviemeart.citebd.org/spip.php?rubrique72
Cité Internationale de la Bande Dessinée et de l'Image, *Neuvième art 2.0 [revue en ligne]*, http://neuviemeart.citebd.org/
FALGAS Julien, *Raconter à l'ère numérique : auteurs et lecteurs héritiers de la bande dessinée face aux nouveaux dispositifs de publication [thèse]*, Metz, université de Lorraine, 2014, en ligne : http://www.theses.fr/2014LORR0112

KRAJEWSKI Pascal, « Ce qui se trame dans la maison *Usher* », *Neuvième art 2.0, Bande dessinée et littérature,* Juin 2016, en ligne : http://neuviemeart.citebd.org/spip.php?article1079

MCCLOUD Scott, *Journal*, http://scottmccloud.com/

RAGEUL Antony, *La bande dessinée saisie par le numérique : formes et enjeux du récit configuré par l'interactivité [thèse]*, Rennes, Université européenne de Bretagne, 2014, en ligne : http://www.theses.fr/2014REN20024

Technique, genre ou médium ?
Pour une réévaluation de l'expression « dessin animé »

Jean-Baptiste Massuet

Jean-Baptiste Massuet est maître de conférences à l'université Rennes 2, auteur de l'ouvrage Le Dessin animé au pays du film *(PUR, 2017), et codirecteur de l'ouvrage* La Capture de mouvement ou le modelage de l'invisible *(PUR, 2014). Il a également publié plusieurs articles dans des revues telles que* Trafic, 1895, Intermédialités *ou* Les Cahiers du Circav.

Aux côtés des notions de « cinéma d'animation » ou de « film d'animation », dont l'usage s'est très largement répandu dans le discours des cinéastes, des critiques et des universitaires depuis les années 1950[1], trône une autre notion, d'égale importance en termes historiques et pourtant largement reléguée au second plan par tous les commentateurs précités : celle de « dessin animé ». Si le dessin animé appartient bel et bien à la sphère du cinéma d'animation – qui englobe toutes les productions faisant usage de la technique de l'image par image[2] – le fait que le premier préexiste au second, et qu'il continue à être employé après les années 1950 prouve non seulement l'importance de son héritage, mais également le fait qu'il désigne quelque chose de différent. Sans chercher ici à amoindrir la complexité de la relation qui lie ces deux notions à travers l'Histoire du cinéma, notons

---

[1] C'est dans le courant des années 1950 que la notion de « cinéma d'animation » s'institutionnalise en France, sous l'impulsion du critique André Martin, ainsi que d'une communauté internationale de cinéastes usant de la technique de l'image par image, tels Norman McLaren ou Alexandre Alexeïeff, se réunissant autour des JICA (Journées Internationales du Cinéma d'Animation, dont les premières manifestations remontent à 1956), et donnant naissance à l'ASIFA (Association Internationale du Film d'Animation). Sur ce point, voir Hervé Joubert-Laurencin, *La lettre volante – Quatre essais sur le cinéma d'animation*, Paris, Presses de la Sorbonne Nouvelle, coll. « L'œil vivant », 1997, p. 35-42.

[2] La technique de l'image par image consiste à conférer un mouvement artificiel à une forme inanimée (dessin, marionnette, objet, etc.) à l'aide d'une caméra spéciale n'enregistrant qu'un photogramme à la fois sur la pellicule. À chaque prise, l'animateur déplace légèrement l'objet destiné à être animé, et à la diffusion, ce dernier paraît dès lors doté de mouvement.

simplement que l'existence de l'expression « dessin animé » souligne l'insuffisance du paradigme technique de l'animation à permettre d'identifier ce type de productions, et qu'il est nécessaire de prendre également en considération le support visuel qui le détermine.

Ainsi, là où le « film d'animation » réunit des supports ou substrats aussi différents que le dessin, la marionnette, la pâte à modeler, la glaise, la poupée, le papier découpé, etc., le « dessin animé », de son côté, réunit plutôt des styles et des écoles eux aussi distincts, allant des productions de James Stuart Blackton et Émile Cohl dans le cinéma des premiers temps aux longs métrages des studios Disney, en passant par les films expérimentaux de Viking Eggeling, les « mangas[1] » d'Isao Takahata et Hayao Miyazaki, les *cartoons* de la Warner Bros ou de la MGM, les « animés » d'Osamu Tezuka, etc. On le comprend, ces œuvres n'ont que peu de choses en commun, si ce n'est qu'elles appartiennent toutes à la fois au cinéma d'animation en général et au domaine du dessin animé en particulier, étant composées de dessins successifs produisant l'illusion de mouvement par le biais de la technique de l'image par image. Mais les choses se compliquent davantage lorsque l'on sait que certaines formes paraissant s'extraire des déterminations techniques du dessin animé (films en images de synthèse, films de marionnettes, films en *clay-motion*) ont été – ou sont encore – désignées sous cette appellation[2]. Ce constat permet de remarquer que, à l'instar de la notion surplombante de « film d'animation », la notion de « dessin animé », apparemment plus précise, révèle en définitive un véritable flou identitaire à plusieurs niveaux : il est non seulement compliqué de savoir ce qu'elle contient concrètement (les films de silhouettes, comme *Les Aventures du prince Ahmed* de Lotte Reiniger, sorti en 1926, par exemple, sont-ils à considérer comme du dessin animé ?), ce qu'elle veut dire (insiste-t-on sur le dessin, sur l'animation, sur la conjonction des deux ?), ce qu'elle n'est pas (pourquoi les films de synthèse sont-ils parfois encore appelés des dessins animés ?), et même ce que sa forme syntaxique révèle concrètement

---

[1] Si le terme « manga » renvoie traditionnellement aux « bandes dessinées » japonaises, le terme a rapidement été déplacé dans le langage courant pour désigner également les dessins animés japonais, dans la mesure où ces derniers étaient bien souvent des adaptations de ces œuvres sur papier. Ainsi, l'un des premiers films de Miyazaki, *Nausicaä de la vallée du vent* (1984), par exemple, est une adaptation de sa bande dessinée parue deux ans plus tôt dans le magazine japonais *Animage Monthly*.

[2] L'illustration la plus flagrante de cette idée est sans doute l'ouvrage de Lo Duca intitulé sobrement *Le Dessin animé* (Paris, Prisma, 1948) et s'intéressant à toutes formes d'animation, y compris à plusieurs films de Ladislas Starevitch, de Jean Painlevé ou de Georg Pál mettant en scène des poupées animées ou des marionnettes. Soulignons également le fait qu'un critique comme Vincent Ostria a pu, lors d'une critique de *Toy Story 2*, qualifier John Lasseter de « technicien de pointe du dessin animé en 3D ».

au sein de ses usages (l'expression est parfois utilisée au singulier, parfois au pluriel[1]).

Ce que l'on pourrait considérer comme une forme de syntagme – composé de deux lexèmes non reliés par un trait d'union, ce qui n'en fait pas vraiment un « mot composé » – nécessiterait sans doute une recontextualisation pour mieux saisir les conditions de son apparition historique au sein de la sphère cinématographique. Si la question terminologique nous paraît d'importance, c'est qu'elle met en jeu un évident problème : comment une expression unique et généralisante peut-elle rendre compte avec précision de la complexité et de la diversité du domaine auquel elle est censée renvoyer ? L'utilisation toujours aussi fréquente, à l'heure actuelle, de la notion de « dessin animé » ne constitue bien sûr pas la preuve du bien-fondé de certains usages, mais elle invite à interroger leurs présupposés épistémologiques. Au-delà des différences qui distinguent concrètement les objets englobés par cette notion surplombante, c'est surtout ce que cette diversité révèle de ses usages qui nous paraît intrigant. La question qui se pose n'est donc pas tant « qu'est-ce que le dessin animé ? », mais bien plutôt « d'où vient cette notion de "dessin animé" ? »

Il est nécessaire de rappeler ici que cette expression peut être envisagée sous plusieurs angles, en fonction de la manière dont on choisit de la percevoir. Distinguons d'entrée de jeu deux approches : le dessin animé peut être considéré à la fois comme un syntagme, fonctionnant comme la somme des deux termes, mais aussi comme une locution, s'apparentant dès lors à un ensemble indivisible. La première option permet de l'entendre de deux manières : comme un syntagme adjectival – l'adjectif « animé » venant qualifier le nom « dessin » – ce qui relèverait d'un sens purement *technique* ; ou comme un syntagme nominal, cas dans lequel ce qui primerait serait alors le dessin, c'est-à-dire le mode visuel servant d'interface entre l'animation et le regard spectatoriel – en un mot, un *médium*. Mais envisagé comme locution nominale, l'ensemble « dessin animé » pourrait également être perçu comme un « bloc prêt à l'emploi » porteur d'une seule fonction, ou encore d'une seule signification. De ce point de vue, la locution renvoie davantage à une catégorie, ou encore à un *genre*, c'est-à-dire, dans ce cas précis, une sous-branche de la production cinématographique (et plus particulièrement hollywoodienne) reposant sur certains codes (absence

---

[1] Sur ce point, voir Jean-Baptiste Massuet, « L'invention française du dessin animé – Réflexions historiographiques autour de la figure d'Émile Cohl », dans Sébastien Denis, Chantal Duchet, Lucie Mérijeau, Marie Pruvost-Delaspre, Sébastien Roffat (dir.), *Archives et acteurs des cinémas d'animation en France*, Paris, L'Harmattan, 2014.

d'acteurs vivants, omniprésence du gag, édulcoration du contenu) de plus en plus assimilés, au cours du siècle, à un cinéma dévolu aux enfants[1].

De nombreux dictionnaires ont acté cette double, voire triple conception ; en témoigne par exemple l'édition de 1985 du *Petit Robert*, définissant le dessin animé en deux points :

> 1. Film cinématographique réalisé en partant d'une suite de dessins représentant les phases successives du mouvement d'un corps. [Le médium graphique et la technique d'animation sont ici tous deux sollicités] 2. Branche de l'art, de l'industrie cinématographique relative à ce genre de films[2] [la notion de « genre » est ici directement employée].

Cette ambiguïté n'a rien d'ontologique ; elle puise ses racines au sein de l'histoire du dessin animé, qui ne peut être envisagée autrement que comme une histoire discursive. Les premiers usages de la locution « dessin animé » sont ainsi empreints d'un trouble sémantique toujours à cheval entre les trois acceptions, ce qui est à l'origine de certaines querelles idéologiques, en particulier celles afférentes à l'invention de cette forme esthétique.

Nous nous sommes déjà, au sein d'autres travaux, interrogés sur la possibilité même de l'invention du dessin animé, en particulier à l'aune de sa double définition problématique[3]. Mais au-delà du conflit technique/genre dont nous avions alors cherché à cerner les modalités, il convient de saisir que cette double caractérisation du « dessin animé » n'est en réalité compréhensible qu'à la lumière de la troisième voie définitionnelle que nous abordons au sein de cet article, et qui viendrait entériner l'irrésolvabilité du problème. Entendu comme *médium*, c'est-à-dire comme un intermédiaire entre un émetteur et un récepteur, le dessin animé reposerait – c'est là tout le problème – tout autant sur sa dimension technique que sur sa spécificité graphique le différenciant d'autres modalités représentationnelles liées à l'image en mouvement. Il serait important de s'interroger sur les origines de cette appréhension, sur ce qui a pu la justifier, et surtout sur le fait de savoir dans quelle mesure elle pourrait s'avérer être à l'origine du problème que nous souhaitons ici mettre en évidence. En fusionnant le syntagme et la locution, l'approche du dessin animé comme médium brouille la frontière

---

[1] On sait dans quelle mesure cette image « négative » du dessin animé a été construite par le modèle industriel disneyen, et à quel point elle s'avère limitée et intenable pour peu que l'on s'intéresse à l'ensemble de la production de films usant de l'animation de dessins.
[2] *Le Petit Robert – Dictionnaire alphabétique et analogique de la langue française* [1977], Paris, 1985, p. 520.
[3] Voir Jean-Baptiste Massuet, « L'invention française du dessin animé – Réflexions historiographiques autour de la figure d'Émile Cohl », *op. cit.* ; ou encore, du même auteur, « Le dessin animé est-il une technique ? », communication réalisée pour les journées d'études de l'AFRHC des 28 et 29 novembre 2014, à l'INHA, Paris.

entre technique et genre, mais elle met surtout en évidence le fait que cette incertitude identitaire est à la source de la perception du dessin animé comme un objet « autre », qu'il convient de distinguer d'autres formes médiatiques. Or, c'est peut-être avant tout parce qu'il est un objet étrange, entre-deux, que le dessin animé nécessite de se voir conférer une identité dont on cherche à fixer le sens, mais qui se heurte à la variabilité sémantique ainsi qu'à l'inscription de l'expression choisie pour le désigner dans un contexte de pensée précis. Si l'altérité du dessin animé est ainsi à l'origine de la nécessité théorique de le penser et de le définir comme un médium, nous nous demanderons ce que cette appréhension produit en retour sur cet objet, et dans quelle mesure elle peut contribuer à le complexifier, alors même qu'elle serait censée en simplifier l'approche.

1. De la technique au substrat

Les premières querelles entourant l'objet « dessin animé » ont été presque intégralement causées par le flou sémantique entourant l'expression nouvelle, aussi déterminée que relativement imprécise. La juxtaposition des deux termes « dessin » et « animé » remonte au début des années 1910, la première occurrence que nous ayons pu trouver, en l'état actuel de nos recherches, datant de 1911 et étant liée à la sortie en France de *Little Nemo* de Winsor McCay, adaptation cinématographique de sa fameuse bande dessinée créée en 1905[1] : *Le Dernier cri des dessins animés*. Mais à l'époque, on s'en doute, il n'est nullement question de définir un genre. L'expression désigne bien une forme déterminée par la technique réalisant un effet d'animation sur des dessins, et non plus sur des photographies. Comme Sébastien Roffat a pu le mettre en évidence, « le terme "dessin animé" [...] s'est imposé directement après 1908, en s'inspirant de celui de "vues animées" qu'on employait au début du XXe siècle[2] ». En dehors de cette succession immédiate relevée par l'auteur, sans doute discutable, il est intéressant qu'il poursuive ainsi : « ces dessins animés [...] créent l'effet phénoménologique de mouvement consubstantiel de l'expérience cinématographique[3] ». Décrire la création d'un « effet phénoménologique », c'est symptomatiquement appréhender, de manière sous-jacente, le dessin animé comme étant le facteur principal de production de cet effet – il est en ce sens davantage entendu comme « animation de dessins » que comme « dessins dotés de mouvement ». C'est l'animation qui prime sur le dessin,

---

[1] L'importance de McCay dans l'histoire de la bande dessinée ne saurait éclipser son rôle, essentiel également, dans l'émergence du dessin animé aux États-Unis.
[2] Sébastien Roffat, *Histoire du dessin animé français entre 1936 et 1940 : une politique culturelle d'État ?*, Paris, L'Harmattan, coll. « Cinémas d'animation », 2014, p. 19.
[3] *Idem.*

c'est-à-dire la phase technique de mise en mouvement en elle-même – si c'était le dessin qui primait, les spectateurs auraient pu se contenter des productions dessinées dans les journaux de l'époque.

Il paraît important de signaler cette différence dans un contexte où la caractéristique graphique de ces expériences n'avait pas autant d'importance que leur inscription dans une logique de sidération produite par l'animation. Ces films étaient en l'occurrence considérés comme des films à trucs et nullement comme des « dessins animés » à l'époque[1], preuve de l'importance toute secondaire attribuée à l'identité graphique de ces images. Ainsi, même lors des premières occurrences de l'expression, l'important était sans doute que ces dessins *s'animent*, et non pas qu'il s'agisse de *dessins* animés. C'est ce qui explique que l'on puisse entendre l'expression, lors de ses premiers usages, davantage sous un angle technique[2], faisant de l'adjectif « animé » la composante essentielle du syntagme. Comment pourrait-il d'ailleurs en être autrement alors même qu'il n'existe pas encore, à ce moment, de forme suffisamment installée et stabilisée esthétiquement pour donner naissance à un « genre » de films dont la spécificité serait de faire du dessin l'unité de base de la représentation ? Il convient en effet de souligner que les premières expériences réalisées par les pionniers de l'animation de dessins que sont James Stuart Blackton et Émile Cohl, débutent régulièrement par la présence du dessinateur dans le cadre – souvent uniquement par le biais de sa main – c'est-à-dire par une introduction en prises de vues réelles. Sans compter que ces premières productions côtoient également à plusieurs reprises des expériences d'animation truquistes basées sur la mise en mouvement d'objets inertes captés photographiquement (*The Haunted Hotel* de Blackton en 1907, ou encore *Rêves enfantins* de Cohl en 1910, pour ne citer que les plus connus).

En raison de cette diversité stylistique, difficile d'arguer que le dessin animé ait pu être appréhendé différemment de ces autres productions, puisqu'il s'agissait dans tous les cas de films « attractionnels[3] » reposant presque uniquement sur la sidération du spectateur face à des images ou des objets qui, comme les photographies en leur temps, n'étaient pas destinées à s'animer de prime abord. Les premiers usages de l'expression « dessin

---

[1] Pour s'en convaincre, il suffit de se référer aux descriptifs des films d'Émile Cohl dans les catalogues Gaumont de l'époque, privilégiant les appellations « Films à trucs », « Truquage », « Fééries », etc., pour les désigner. Voir Valérie Vignaux, « Les carnets filmographiques d'Émile Cohl ou le mouvement d'une œuvre : l'image par image de Gaumont à Éclair », dans Valérie Vignaux (dir.), *1895*, n° 53, « Émile Cohl », AFRHC, décembre 2007, p. 155-167.
[2] Si le dessin constitue lui-même une « technique » à proprement parler (des traits tracés sur un support), il ne s'agit pas d'une technique cinématographique en soi. C'est dans ce sens spécifiquement lié au cinéma que nous entendons ici le terme « technique ».
[3] Pour reprendre le terme d'André Gaudreault. Voir. *Cinéma et Attraction – Pour une nouvelle histoire du cinématographe*, Paris, CNRS Éditions, 2008.

animé » ne peuvent se départir de cette approche, et renvoient donc nécessairement à la dimension technique qui les sous-tend : l'animation. Or, il convient de relever que c'est justement sur ce point que se sont par exemple appuyés les historiens et critiques défenseurs d'Émile Cohl pour le sacrer, dès les années 1930, « père du dessin animé ». Le premier paradoxe, on le voit, réside dans le fait que l'approche technique est à la base d'un processus rétroactif de consécration d'un inventeur, mais qu'envisagée uniquement sous un angle technique, cette invention perd ce qui est censé constituer sa « spécificité » définitionnelle, à savoir le dessin. L'animation est en effet une pratique partagée par bien d'autres œuvres qui n'usent pas nécessairement de formes graphiques.

Pourtant, cette question de la technique paraît absolument essentielle dans les premiers textes et les premiers échanges consacrés au dessin animé. En témoigne par exemple la querelle, datant de mars 1938, entre René Jeanne, fervent défenseur de Cohl, et un certain Paul Reynaud, attribuant pour sa part à son père l'invention des dessins animés. On devine qu'il s'agit ici du célèbre Émile Reynaud, et que la discussion par lettres interposées concerne ses fameuses Pantomimes Lumineuses, spectacles publics datant de la fin du XIXe siècle composés de dessins mis en mouvement par le biais d'une machinerie manipulée par l'artiste. Ces petites saynètes à base de personnages dessinés durant quelques minutes et nécessitant plusieurs centaines de dessins successifs ont été considérées par certains chercheurs comme un ancêtre du cinématographe ou du dessin animé, la chose étant compréhensible car ces petits spectacles, diffusés sur un écran, avaient bel et bien l'apparence de dessins animés « modernes ». Cependant, les dessins n'étaient pas photographiés – ils étaient réalisés directement sur une bande de celluloïd – ce qui excluait la reproductibilité, et d'autre part, la diffusion des dessins, orchestrée par l'artiste, n'était nullement mécanisée. Ces deux faits suffisaient à des auteurs comme Jeanne pour estimer que les travaux de Reynaud n'étaient pas du dessin animé « cinématographique » et qu'en ce sens, c'était Cohl le véritable inventeur du « dessin animé moderne ».

Cependant, comme Paul Reynaud l'écrit à Jeanne :

> Pour moi, ce qui constitue avant tout ce genre de travail, c'est l'exécution par l'artiste des différentes attitudes destinées à produire l'illusion du mouvement, c'est, en somme, *l'analyse du mouvement par l'œil sans le secours d'aucun appareil reproducteur*. C'est dans cet art qu'E. Reynaud était passé maître. [...] Quant au procédé de *synthèse*, que les dessins exécutés soient projetés directement ou qu'ils soient d'abord photographiés un par un et projetés ensuite, cela me paraît n'avoir qu'une importance tout à fait secondaire, et si j'ai signalé dès longtemps la différence dans le procédé d'exécution, c'est

uniquement par souci d'exactitude, mais, à mon sens, cela n'infirme en rien l'antériorité de Reynaud[1].

Il est aisé de constater ici, dans le discours de Reynaud, le paradoxe que nous venons de relever. Alors même que la question technique paraît d'importance – l'idée de l'analyse du mouvement par le créateur des dessins et la synthèse du mouvement par l'œil du spectateur, c'est-à-dire par extension, de l'animation des images dans la salle de projection –, elle met totalement à mal la possibilité même d'attribuer à Émile Reynaud la paternité du « dessin animé ». Si le procédé de synthèse en lui-même a peu d'importance, encore une fois, n'importe quelle unité de base pourrait être animée pour produire, finalement, le même effet « d'illusion du mouvement ». René Jeanne se confronte en définitive au même problème puisque, selon lui, c'est l'usage de l'appareil cinématographique qui fait de Cohl un inventeur : mais dans ce cas, la dimension graphique ne paraît-elle pas presque secondaire ?

Ce long détour historiographique et terminologique est essentiel pour comprendre que les premiers discours faisant usage de l'expression « dessin animé » jonglent entre deux perceptions : d'une part, le dessin animé doit être envisagé comme une technique d'animation, quasiment brevetable – ne serait-ce que pour pouvoir conférer à tel ou tel artiste le privilège de son *invention* ; d'autre part, il s'agit bien de mettre en valeur le dessin comme unité de base, engageant par exemple Paul Reynaud à envisager les Pantomimes Lumineuses comme du « dessin animé », pour la simple raison que l'appareil de son père permettait d'animer des dessins[2]. Ce qui apparaît ici, c'est l'idée d'un syntagme désignant tout à la fois une technique et un substrat[3], conciliant l'instance permettant le relais vers un récepteur – le dessin (mu) – et la technique informant cette instance – l'animation. Cependant, s'il est encore compliqué, selon nous, de parler d'un « médium » à part entière, c'est parce que cette expression bifide ne désigne pas seulement une technique et un substrat : elle renvoie également à un genre.

---

[1] Paul Reynaud, lettre à René Jeanne datant du 29 mars 1938. Consultable dans le fonds René Jeanne de la Bibliothèque Nationale de France.
[2] Alors même que le brevet de l'appareil de Reynaud envisageait la possibilité d'animer des photographies. L'usage des dessins était à la base une facilitation logistique.
[3] Entendu que nous envisageons ici le dessin comme un intermédiaire entre émetteur et récepteur, et non pas comme une technique à part entière, même s'il pourrait tout à fait être envisagé ainsi (il nécessite bien une certaine technique de réalisation pour être produit). Par ce terme, nous souhaitons différencier le principe technique de l'animation du support visuel ou plastique sur lequel cette technique repose.

2. Du substrat au genre

Il n'y a pas de « règle » historique concernant la manière dont le dessin animé a été perçu à telle ou telle époque. Nous ne cherchons donc nullement à dépeindre une évolution, mais plutôt des circulations entre ces diverses perceptions, ce qui explique que parfois, l'expression puisse signifier plusieurs choses à la fois. Lorsqu'Émile Cohl affirme, en 1925, qu'avec *Fantasmagorie* (1908), *Le Cauchemar du Fantoche* (1908) ou encore *Un Drame chez les Fantoche* (1908), « le genre des dessins animés [est] lancé[1] », sa relecture historique se double d'une interprétation multiple de son énoncé. Non seulement le syntagme « dessin animé » n'avait pas encore vu le jour en 1908 pour qualifier ces productions, mais l'idée même d'un « genre » paraît clairement anachronique, si l'on entend le genre à la manière de Jacques Aumont et Michel Marie, comme une notion « liée à la structure économique et institutionnelle de la production[2] ». Il serait cependant possible que Cohl envisageât le terme de « genre » dans une perspective plus générale, renvoyant simplement à « une catégorie d'œuvres ayant des caractères communs[3] ». Dans tous les cas, l'affirmation s'avère certes anachronique – comment des caractères communs auraient-ils pu exister alors qu'il n'y avait pas d'autres films du même type à l'époque ? – mais sa phrase n'a pas forcément la même signification selon la manière dont on entend le terme.

D'une part, Cohl voudrait dire que ses premiers films animés répondaient à des déterminations techniques singulières différentes de celles du cinéma en prises de vues réelles, reposant sur l'illusion de mouvement procurée par la succession de dessins légèrement différents. En ce sens, n'importe quel film faisant usage de cette technique serait à considérer comme appartenant à cette catégorie que Cohl choisit d'appeler « dessin animé ». C'est sans doute en ce premier sens que l'on peut comprendre l'hésitation continuelle qu'il est possible de percevoir dans les textes des années 1920-1930 entre l'usage du pluriel et l'usage du singulier pour désigner ce type de films. Dès sa célèbre conférence de 1920, « Les dessins animés et à trucs[4] », Cohl jongle avec l'un et l'autre, débutant en affirmant que « *les dessins animés* font partie des bandes de cinéma constituées au moyen de trucs », avant de se demander « mais tout d'abord… qu'est-ce que *le dessin animé* ?[5] ». Cette distinction

---

[1] J. B. de Tronquières [Émile Cohl], « Dessins Animés », *Larousse mensuel* n° 222, août 1925, Paris, Larousse, réédité dans Valérie Vignaux (dir.), *1895*, n° 53, *op. cit.* p. 308.
[2] Jacques Aumont et Michel Marie, *Dictionnaire théorique et critique du cinéma* [1re éd. 2008], Paris, Armand Colin, 2012, p. 110.
[3] *Idem.*
[4] Émile Cohl, « Les dessins animés et à trucs », *Le Journal du Ciné-club,* 18 juin 1920. Le texte est réédité dans *1895*, n° 53, « Émile Cohl », *op. cit.*, p. 301-305.
[5] *Ibid.*, p. 301 (je souligne).

n'a rien d'anodin puisqu'elle paraît constituer le signe grammatical d'une hésitation entre l'appréhension de l'objet comme une technique d'animation (plusieurs dessins se succèdent pour créer l'illusion de mouvement, d'où le pluriel), ou comme une catégorie, ou plus précisément un substrat (on désigne alors *une* forme d'expression, d'où le singulier).

D'autre part, on devine une tout autre motivation, beaucoup plus revendicatrice, dans le discours de Cohl. Comme Pascal Vimenet a pu le souligner :

> l'argumentation [que Cohl] développe, en réponse à un article paru en mai 1919, sous la plume de Bert Green, dessinateur d'animation pour Pathé-New York, dans *Motion Picture Magazine*, où Winsor McCay était présenté comme le fondateur du genre, vise à installer sa propre primauté et à catégoriser autrement ce que les Américains nomment "*animated cartoon*", en revendiquant le terme de « dessin animé »[1].

Selon Vimenet, si Cohl s'avère être un pionnier ou un précurseur de la production de films réalisés à l'aide de dessins, il n'a nullement donné naissance, à l'époque, à une industrialisation ou à une institutionnalisation qui auraient permis d'établir le dessin animé comme une catégorie cinématographique à part entière, différente de la catégorie des films à trucs. C'est néanmoins ce qui se passe aux États-Unis. Le travail de Cohl diffère ainsi fondamentalement de celui, par exemple, de John Randolph Bray, l'un des grands représentants de l'industrialisation de l'*animated cartoon* outre-Atlantique. Pierre Chemartin et Dominique Noujeim l'ont bien écrit :

> […] d'un côté, Émile Cohl se présente comme un artiste indépendant dont les créations demeurent marginales par rapport aux grandes productions de l'industrie ; de l'autre, John Randolph Bray […] a voulu intégrer l'institution cinématographique en créant de toutes pièces une véritable industrie du dessin animé[2].

Ainsi, pour nombre de théoriciens, les œuvres de Cohl ressortissent plutôt à ce que l'on nommera, à partir des années 1950, le « film d'animation », plus à la marge. Il est donc possible de constater, pour reprendre les deux auteurs, que « le dessin animé se range plutôt du côté de l'institution alors que le film d'animation se présente davantage comme un objet culturellement marginal[3] ». Or, militant en faveur de sa position pionnière[4],

---

[1] Pascal Vimenet, *Un Abécédaire de la fantasmagorie – Prélude*, Paris, L'Harmattan, coll. « Cinémas d'animation », 2015, p. 324.
[2] Pierre Chemartin et Dominique Noujeim, « De Fantoche à Bobby Bumps : l'émergence du dessin animé », *Cinéma & Cie*, vol. X, n° 14-15, été-automne 2010, p. 40.
[3] *Idem*.
[4] Cohl a travaillé aux États-Unis sur la série de *cartoons* tirée de la bande dessinée des Newlyweds de George McManus, et a plusieurs fois affirmé que les Américains auraient

Cohl tend à amalgamer terminologiquement les deux approches, ce qui n'est pas sans poser problème en termes, non seulement historiques, mais également sémantiques. S'il semble en effet que l'expression « dessin animé » puisse être entendue comme une traduction littérale du syntagme anglais « animated cartoon » – il paraît en effet compliqué de traduire « cartoon » autrement que par « dessin » –, on comprend dans quelle mesure une telle traduction tend à conférer au syntagme français une dimension généralisante bien plus prégnante qu'aux États-Unis, où le *cartoon* désigne une forme très spécifique de dessin[1].

Or, Sébastien Denis l'a bien remarqué :

> [...] le *cartoon* apparaît, avec le western ou le film noir, comme un genre spécifiquement américain – car si le cinéma d'animation n'est pas un genre, le *cartoon* en est un. [...] C'est un imaginaire gaguesque qui se met en place dès les années 1910, qui doit autant à la mythologie ou aux contes d'origine européenne qu'aux *comic strips* de la presse américaine et au *slapstick* de Chaplin, Keaton, Lloyd ou des Marx Brothers[2].

Il cite à ce titre Henri Langlois qui précise son propos :

> [...] la guerre de 1914 révéla le dessin animé américain qui devait, durant trente ans, dominer l'art cinématographique. Ses réalisateurs furent si grands, leur personnalité si forte, que toutes les tentatives de résurrection du film animé européen étaient écrasées par l'impossibilité de se dégager des données du genre imposées par le cinéma américain[3].

On comprend à quel point cette machine industrielle américaine de l'animation de dessins a pu phagocyter la production animée dans d'autres pays, mais on remarque surtout la dimension générique de l'*animated cartoon*, comme forme animée spécifique répondant à certains codes esthétiques. Ces derniers sont en effet une conséquence historique des *cartoons* dans le domaine de l'illustration, liée aux usages de la caricature dans la presse humoristique de l'époque en Angleterre et aux États-Unis. En effet, pour reprendre une définition donnée par Lo Duca :

> [...] le *cartoon* (du français carton, venu de l'italien cartone, augmentatif de carta, papier), désigne l'esquisse exécutée par l'artiste en vue de l'exécution définitive de l'œuvre. Par extension, ce mot

---

« volé » son invention pour produire leurs propres dessins animés en série. Voir « Les dessins animés et à trucs », *op. cit.,* p. 303.
[1] Le terme de *cartoon* est d'abord lié à la presse illustrée anglaise, l'une des premières occurrences connues de l'expression se trouvant au sein du magazine *Punch*, fondé en 1842. Le *cartoon* désigne alors un dessin à valeur humoristique ou caricaturale.
[2] Sébastien Denis, *Le Cinéma d'animation*, Paris, Armand Colin, 2011.
[3] Henri Langlois, *Trois cents ans de cinéma*, Paris, Cahiers du Cinéma, 1986, p. 294.

désigne aussi, en anglais, le dessin original exécuté par un caricaturiste sur papier fort, et cette caricature elle-même, une fois reproduite[1].

Rien ici ne renvoie, par exemple, au contenu de ces dessins, si ce n'est le terme de « caricature ». C'est surtout l'histoire du terme et de ses usages qui vont lui conférer cette dimension esthétique véhiculée par les *comic strips* et reprise par les *animated cartoons* qui transposent justement ces œuvres fixes pour en faire des œuvres en mouvement destinées au grand écran. Lorsque Cohl évoque le « genre » des dessins animés, il met ainsi en évidence – peut-être involontairement – l'hégémonie économique des *cartoons animés*, tout en les destituant de la spécificité thématique que leur confère l'expression anglo-saxonne. De fait, c'est peut-être ce rapport ambigu au genre qui est à l'origine d'une volonté de penser autrement le dessin animé, en le détachant justement de cet héritage terminologique aussi bien que culturel.

3. Du genre au médium

Au-delà de leur complexité historique et sociologique, les genres cinématographiques renvoient généralement, comme a pu le mettre en évidence Raphaëlle Moine, à un « système rationnel de production et d'exploitation d'images », qui use, « dans un jeu de répétitions et variations », d'un « ensemble de conventions narratives, iconographiques et stylistiques[2] ». Or, si cet aspect fonctionne bel et bien pour l'*animated cartoon*, reposant, comme André Martin a pu le remarquer en 1957, sur « un jeu perpétuel de variation sur des principes immuables[3] », il paraît beaucoup moins adéquat pour désigner d'autres formes d'animation de dessins. Le dessin animé ne se limite pas, en effet, à l'*animated cartoon*, puisqu'au-delà d'autres formes dont il ne sera pas question ici du fait de leur dimension photographique (*clay-motion*, films de marionnettes, etc.), la pratique de l'animation s'est manifestée de plusieurs autres manières dans le cadre même du dessin. L'exemple de Cohl suffirait à lui seul à illustrer cet état de fait, d'où l'importance, pour ce dernier, de militer en faveur d'une appréhension de l'animation de dessins qui ne soit pas limitée à ses occurrences américaines ; mais nous pourrions également évoquer plusieurs autres cinéastes œuvrant par exemple dans le domaine du cinéma abstrait, comme Hans Richter, Walter Ruttmann, Oskar Fischinger, Viking Eggeling, etc., dont les œuvres ont parfois pu être qualifiées de dessins animés. En témoigne, par exemple, le compte-rendu de l'exposition « Sons

---

[1] Joseph Lo Duca, « La technique du dessin animé, trente ans après son invention », *La Nature*, n° 3034, 1er octobre 1938, p. 201.
[2] Raphaëlle Moine, *Les genres du cinéma* [1re éd. 2002], Paris, Armand Colin, 2008, p. 5.
[3] André Martin, « Pourquoi votre critique est muette », *Cinéma 57*, n° 14, janvier 1957, p. 5.

et Lumière – Une histoire du son dans l'art du 20^(ème) siècle » au Centre Pompidou, présentant l'*Étude n° 8* de Fischinger (1931) comme un « dessin animé[1] », ou encore l'entrée du *Dictionnaire de la Peinture* publié chez Larousse et consacrée à Eggeling évoquant ses « films abstraits réalisés sur le principe du dessin animé[2] ». Nous pourrions aussi relever la présence de Norman McLaren dans l'ouvrage de Robert Benayoun, *Le dessin animé après Walt Disney*, sous-entendant que l'œuvre du cinéaste canadien fait partie de cette catégorie[3]. Ces exemples sont évidemment plus rares, ces œuvres étant la plupart du temps davantage rattachées au cinéma d'avant-garde ou encore au cinéma d'animation, mais la possibilité même de les qualifier de la sorte ne fait que confirmer la confusion pouvant naître d'une expression aussi indéterminée et générale que celle de « dessin animé ». La confusion a peut-être d'ailleurs été perpétuée par le discours de certains praticiens/théoriciens, comme McLaren justement, lequel proposait à la fin des années 1950 l'une des définitions les plus célèbres de l'animation débutant ainsi : « L'animation n'est pas l'art des *dessins qui bougent*, mais l'art des *mouvements qui sont dessinés*[4] ». On le voit, ici, malgré l'universalité définitionnelle sous-entendue par la nomination de l'objet défini (l'animation), McLaren ne renvoie en apparence qu'à un type d'animation précis, lié au dessin. L'auteur nuance néanmoins immédiatement le propos en précisant que « ce qui se passe *entre* chaque image est plus important que ce qui existe *sur* chaque image[5] », amoindrissant ainsi l'importance de l'unité de base de la représentation, au profit du principe de l'animation. Il n'en reste pas moins qu'un amalgame paraît encore possible entre l'animation et le dessin animé, chacun renvoyant pourtant à des considérations historiques et notionnelles extrêmement différentes.

Un constat paraît donc ici déterminant : il semble nécessaire, pour les productions animées de type « marginal », de dépasser l'aspect générique – les œuvres « expérimentales » d'un Ruttman ou d'un McLaren étant loin des canons esthétiques et industriels revendiqués par Hollywood, par exemple –

---

[1] Valentine Creuse, Parcours de l'exposition « Sons et Lumière – Une histoire du son dans l'art du 20^(ème) siècle », Centre Pompidou, organisée du 22 septembre 2004 au 3 janvier 2005. Consultable en ligne.

[2] Michel Laclotte et Jean-Pierre Cuzin (dir.), *Dictionnaire de la Peinture*, Paris, Larousse, 2003, p. 375.

[3] Voir Robert Benayoun, *Le dessin animé après Walt Disney*, Paris, Jean-Jacques Pauvert Éditeur, 1961, p. 24-28.

[4] Norman McLaren, « Pour une définition », *Cinéma 57*, n° 14, *op. cit.*, p. 12 (traduction personnelle de l'anglais. Texte original : « Animation is not the art of *drawing-that-move* but the art of *movements-that-are-drawn* »).

[5] *Idem*. Texte original : « What happens *between* each frame is much more important than what exists *on* each frame ».

mais également, et peut-être surtout, l'*aspect technique* du dessin animé. Il n'y a en effet rien de commun entre la technique d'animation de Cohl, celle de Richter, celle de McLaren, et celle d'un Walt Disney, pour ne citer que les plus connus. Si la dimension technique du dessin animé a historiquement été rattachée à la question de la succession des images dessinées, ce choix ne résiste pas à l'histoire de la pratique de l'animation, comme a pu le démontrer la querelle entourant Reynaud et Cohl : des dessins ont bel et bien été animés bien avant l'émergence du cinématographe. De fait, le dessin animé va répondre à d'autres déterminations techniques dans le cadre de son modèle industriel – rationalisation des modes de production, adoption des codes visuels du cinéma en prises de vues réelles – ainsi que dans le cadre de ses occurrences les plus diverses : dessin sur pellicule chez Len Lye ou McLaren, écran d'épingles chez Alexandre Alexeïeff, animation de dessins assistée par ordinateur chez Peter Foldès, images de synthèse chez John Whitney, etc. En conséquence, que reste-t-il du dessin animé, si les dimensions générique, matérielle (graphique) et technique (animation) ne tiennent plus pour le définir ?

Avec un regard quelque peu rétroactif, et tout en étant conscient des limites téléologiques d'une telle hypothèse, il semblerait que, dès ses premiers usages, le syntagme « dessin animé » ait englobé ces trois dimensions et ait tendu à les dépasser pour désigner ce qui s'apparentait déjà à un médium. Lorsque Cohl explique, dans sa conférence de 1920, le fonctionnement du phénakistiscope, deux conclusions tout à fait symptomatiques sont successivement tirées de son propos :

> [...] le cinématographe est là, en principe [...] mais, vous le voyez, les voilà bien les dessins animés ; c'est par eux que tout a commencé, ce sont ces dessins qui ont ouvert la voie aux chercheurs, aux perfectionneurs et enfin aux inventeurs du cinématographe[1].

Le glissement qu'opère ici Cohl n'est pas dénué d'intérêt dans le cadre de ce qui nous occupe : s'il commence par adopter une démarche d'historien du cinéma, cherchant dans les jouets d'optique du XIXe siècle les occurrences de ce que de nombreux chercheurs ont nommé le « pré-cinéma », son point de vue se déplace par la suite pour se positionner du côté, non plus du dispositif de mise en mouvement des images, mais plutôt du support des images en elles-mêmes. Ce pas de côté rhétorique a un effet singulier : il engage à lier l'animation avec ce qui est animé, en faisant implicitement la différence entre les photographies et les dessins. On le voit, il s'agit bien ici de dépasser l'image en mouvement pour mettre en valeur une forme d'expression spécifique, reposant *à la fois* sur la technique d'animation et sur le substrat de l'image en question.

---

[1] Émile Cohl, « Les dessins animés et à trucs », *op. cit.*, p. 301-302.

Cette position historienne apparaît en l'occurrence comme une mise en lumière de la perception effective des films de dessins animés, très nombreux aux États-Unis dans les années 1910, et pourtant très mésestimés. Comme Cohl le précise, ces films « ne peuvent raisonnablement lutter avec la photographie... Ce sont les parents pauvres, ceux qui bouchent les coins d'un salon... ou d'un programme[1] ». Encore une fois, on le voit, le parallèle avec la photographie est posé, signe d'une volonté d'envisager le dessin animé comme une forme différente, unique, singulière, « à part », qu'il convient de distinguer du reste de la production. Or cette attitude – qui n'aurait pas pu faire sens dans les années 1900, lorsque dessins et photographies animés étaient indifférenciés au profit du processus d'animation – peut s'entendre comme une conséquence de la première période d'institutionnalisation du dessin animé outre-Atlantique.

Comme nous l'avons déjà spécifié, les premières productions industrielles constituées de dessins animés sont héritées des *comic strips* paraissant à l'époque dans les journaux américains. En réalité, les premières séries de dessins animés ne sont autres que des adaptations – ou plutôt des transpositions – de bandes dessinées à succès simplement dotées de mouvements sommaires permettant de rationaliser le travail à la chaîne des dessinateurs et des animateurs[2]. Ils sont à ce titre produits directement par les studios de presse, comme en témoigne l'exemple de William Randolph Hearst, magnat de la presse, lançant en 1915 son *International Film Service*, destiné à la production de dessins animés issus des séries publiées dans ses divers journaux, comme le *New York American*. En d'autres termes, le dessin animé ne trouve pas son origine dans le domaine du cinéma, mais bien dans celui de la presse illustrée. Or, ce décalage institutionnel est bien à l'origine d'un décalage esthétique, puisque c'est sur le papier que vont « prendre vie » les personnages de dessin animé, à la différence des personnages de films, incarnés par des acteurs dans la réalité, et enregistrés par le dispositif cinématographique qui a fondé son hégémonie sur sa dimension photographique, et donc sur un rapport prégnant au « réel », ou tout du moins sur l'impression de réalité se dégageant de ses productions. D'où, sans doute, la marginalité du dessin animé, tout autant économique qu'esthétique, menant à la nécessité de le penser à part, comme un médium différent, spécifique, valant pour son dispositif représentationnel davantage que pour son contenu.

On pourrait penser, en guise de conclusion, que cette appréhension du dessin animé comme médium – c'est-à-dire comme moyen d'expression combinant l'expressivité graphique *et* l'animation, sans que l'un ou l'autre

---

[1] *Ibid.*, p. 302.
[2] Sur ce point, voir Olivier Cotte, *Il était une fois le dessin animé... et le cinéma d'animation*, Paris, Dreamland Éditeur, 2001, p. 48.

ne puisse être pensé indépendamment – a pu contribuer à sa mise à l'écart au sein des études consacrées au cinéma. Apparaissant toujours comme une exception, un cas « à part », le dessin animé a – peut-être plus encore que l'animation en règle générale – souvent été relégué au second plan, la plupart du temps limité à l'évocation des films de Walt Disney ou, plus régulièrement encore, considéré comme une forme réservée aux enfants. Le support du dessin en lui-même pourrait être à l'origine de cette perception : outre les usages liés à la caricature et au récit en images, le dessin a pendant longtemps conservé une image particulière dans le domaine artistique, n'étant envisagé que comme une étape intermédiaire dans le processus de création – d'où l'origine du terme « cartoon » évoquée plus tôt – lui conférant une image relativement insignifiante au regard de l'importance que revêtent les formes d'art dites « nobles »[1]. De fait, s'il existe bien en peinture une longue tradition considérant que le dessin est la partie la plus noble de l'art de peindre, le dessin a, dans le domaine de la presse notamment, très largement été rattaché à la culture populaire, du fait de sa rapidité d'exécution et de sa « légèreté » de trait. Le fait de constamment envisager le dessin animé sous l'angle de sa forme industrielle n'est peut-être autre chose que le signe lointain de cette perception.

En témoigne en un sens le processus d'institutionnalisation du cinéma d'animation dans les années 1950, principalement fondé sur le rejet de la forme « disneyenne » et du *cartoon*, afin de privilégier une approche plus « auteuriste » de l'animation[2] – comme si le dessin animé industriel ne pouvait être considéré comme appartenant pleinement à ce domaine institutionnel, culturel et esthétique. André Martin, l'un des principaux acteurs du processus de reconnaissance artistique du cinéma d'animation dans les années 1950, l'a exprimé d'une manière très claire : « Pendant ses vingt premières années, le Dessin animé a esquivé les voies essentielles et peu commodes qu'avaient montrées les précurseurs et préféré des situations plus sûres et moelleuses. Mais maintenant la Cocagne est pillée, et le Dessin animé sauvé. Et plus que le Dessin animé, l'art immense du FILM D'ANIMATION, et de la PRISE DE VUE IMAGE PAR IMAGE qui sauvent le meilleur du cinéma et dont le CARTOON tel qu'on le connaît n'est qu'une minuscule et étroite application[3] ». Le discours peut paraître radical, mais il témoigne bien en définitive de l'altérité du dessin animé,

---

[1] Voir Emma Dexter, Introduction à l'ouvrage *Vitamine D2 – Nouvelles Perspectives en Dessin,* Paris, Phaidon, 2006, p. 6-10. L'auteur met en évidence le fait que le dessin a pu être considéré comme quelque chose d'insignifiant dans l'histoire de l'art (p. 8).
[2] Par le biais des films de Len Lye, Norman McLaren, Zbigniew Rybczyński, Ladislas Starevitch, Alexandre Alexeïeff, etc.
[3] André Martin et Michel Boschet, « Dessin animé et profondeur », *L'âge du cinéma*, n° 6, mars 1952, rééd. dans Bernard Clarens, *André Martin, écrits sur l'animation 1*, Paris, Dreamland éditeur, 2000, p. 27.

conséquence directe de sa médiumnité, l'éloignant non seulement de la prise de vues réelles mais également d'autres formes d'animation en lui conférant une identité marquée et donc, par conséquent, un mode de fonctionnement singulier. De fait, si le dessin animé désigne bien, en tant que médium, une forme d'animation, sa spécificité lui octroie sans doute une place à part dans le concert des formes cinématographiques qu'il conviendrait d'analyser en tant que telle. Ne reste donc plus qu'à lui redonner cette place dans le domaine des études de cinéma, à l'image des très belles études récentes de Sébastien Roffat sur le dessin animé français[1] ou de Marie Pruvost-Delaspre sur le dessin animé japonais[2]. À l'image de l'animation, le médium du dessin animé connaît à l'heure actuelle une réévaluation théorique et historique qu'il convient d'accompagner, tant elle paraît essentielle et nécessaire à la compréhension des images qui nous sont contemporaines.

Bibliographie

AUMONT Jacques et MARIE Michel, *Dictionnaire théorique et critique du cinéma* [1re éd. 2008], Paris, Armand Colin, 2012

BENAYOUN Robert, *Le dessin animé après Walt Disney*, Paris, Jean-Jacques Pauvert Éditeur, 1961

CHEMARTIN Pierre et NOUJEIM Dominique, « De Fantoche à Bobby Bumps : l'émergence du dessin animé », *Cinéma & Cie,* vol. X, n° 14-15, été-aut. 2010

COHL Émile, « Les dessins animés et à trucs », *Le Journal du Ciné-club*, 18 juin 1920

COTTE Olivier, *Il était une fois le dessin animé... et le cinéma d'animation*, Paris, Dreamland Éditeur, 2001

DENIS Sébastien & al (dir.), *Archives et acteurs des cinémas d'animation en France*, Paris, L'Harmattan, 2014

DENIS Sébastien, *Le Cinéma d'animation*, Paris, Armand Colin, 2011

DEXTER Emma, Introduction à Emma Dexter (dir.), *Vitamine D2 – Nouvelles Perspectives en Dessin,* Paris, Phaidon, 2006

GAUDREAULT André, *Cinéma et Attraction – Pour une nouvelle histoire du cinématographe*, Paris, CNRS Éditions, 2008

JOUBERT-LAURENCIN Hervé, « Le cinéma d'animation n'existe plus », *Acmé – Revue de cinéma numérique*, n° 1, octobre 2008

---

[1] Sébastien Roffat, *L'émergence d'une école française du dessin animé sous l'Occupation (1940-1944) ?*, thèse de cinéma soutenue le 15 février 2012, en cours de publication en quatre volumes chez L'Harmattan, dans la collection « Cinémas d'animation ».

[2] Marie Pruvost-Delaspre, *Pour une histoire esthétique et technique de la production animée – Le cas de la Toei Doga (1956-1972)*, thèse de cinéma soutenue le 19 novembre 2014.

JOUBERT-LAURENCIN Hervé, *La lettre volante – Quatre essais sur le cinéma d'animation*, Paris, Presses de la Sorbonne Nouvelle, 1997

LACLOTTE Michel et CUZIN Jean-Pierre (dir.), *Dictionnaire de la Peinture*, Paris, Larousse, 2003

LANGLOIS Henri, *Trois cents ans de cinéma*, Paris, Cahiers du Cinéma, 1986

LO DUCA Joseph, « La technique du dessin animé, trente ans après son invention », *La Nature*, n° 3034, 1er octobre 1938

MARTIN André et BOSCHET Michel, « Dessin animé et profondeur », *L'âge du cinéma*, n° 6, mars 1952, rééd. dans Bernard Clarens, *André Martin, écrits sur l'animation 1*, Paris, Dreamland éditeur, 2000

MARTIN André, « Pourquoi votre critique est muette », *Cinéma 57*, n° 14, janvier 1957

MOINE Raphaëlle, *Les genres du cinéma* [1re éd. 2002], Paris, Armand Colin, 2008

PRUVOST-DELASPRE Marie, *Pour une histoire esthétique et technique de la production animée – Le cas de la Toei Doga (1956-1972)*, thèse de cinéma soutenue le 19 novembre 2014

ROFFAT Sébastien, *Histoire du dessin animé français entre 1936 et 1940 : une politique culturelle d'État ?* Paris, L'Harmattan, 2014

ROFFAT Sébastien, *L'émergence d'une école française du dessin animé sous l'Occupation (1940-1944) ?*, thèse de cinéma soutenue le 15 février 2012

VIGNAUX Valérie (dir.), *1895*, n° 53, *« Émile Cohl »*, AFRHC, décembre 2007

VIMENET Pascal, *Un Abécédaire de la fantasmagorie – Prélude*, Paris, L'Harmattan, 2015

Intermède

Remédiation

Jay David Bolter et Richard Grusin

Traduction : Pascal Krajewski[1]

Jay David Bolter est professeur au Georgia Institute of Technology, l'auteur d'essais sur les nouveaux média et collaborateur dans la création de nouvelles formes d'art numériques.

Richard Grusin est professeur d'anglais à l'Université de Milwaukee, directeur du Centre d'études du XXIe siècle et l'auteur de quatre essais.

La double logique de *Strange days*

« Ce n'est pas juste de la télé en mieux », insiste Lenny Nero dans le film futuriste *Strange Days*. « C'est la vie. C'est un morceau de la vie de quelqu'un. Pure et non censurée, directement depuis son cortex cérébral. Vous y êtes. Vous le faites, le voyez, l'entendez… le sentez ». Nero fait de la réclame à un client potentiel pour un appareil vendu au marché noir, appelé « le Câble » (*the wire*). Le Câble est une merveille de technologie qui mérite bien les éloges de Lenny. S'enfilant sur une tête comme un casque, ses senseurs parviennent d'une façon ou d'une autre à rentrer en contact avec les centres de la perception du cerveau de son porteur. En mode « enregistrement », le Câble capte les perceptions sensitives du porteur ; en mode « relecture », l'appareil restitue à son porteur les perceptions enregistrées. Si nous suivons l'avis général tenant que le rôle des média est d'enregistrer et de transférer des expériences sensitives d'une personne à une autre, alors le Câble menace de rendre obsolètes toutes les technologies de la représentation. Lenny évoque la télévision, mais on pourrait étendre sa

---

[1] Le texte est paru initialement dans *Configurations. Vol 4, Nr 3*, Fall 1996, pp. 311-358. Le système de notes a été grandement allégé pour ne pas surcharger le lecteur français de références strictement anglo-saxonnes.

remarque aux livres, peintures, photographies, films, etc. L'atout du Câble est qu'il *shunte* toute forme de médiation en transmettant directement le contenu d'une conscience à une autre.

Le film lui-même est plus mitigé à propos du Câble que ne le sont Lenny et ses clients. Bien que le Câble incarne le désir de dépasser la médiation, *Strange days* nous donne à voir un monde fasciné par le pouvoir et l'ubiquité des technologies médiatiques. Ce Los Angeles à la veille du passage à l'an 2000, est saturé de téléphones portables, de répondeurs vocaux et textuels, de radios, d'écrans de télévision ultra-larges qui constituent les espaces médiatiques publics. Et dans ce monde saturé de média, le Câble est l'ultime technologie médiatisante, malgré ou plutôt parce qu'il est fait pour s'effacer, pour disparaître de la conscience de son utilisateur. Deux scènes dans lesquelles Lenny recrute les « acteurs » d'un futur enregistrement porno, illustrent bien le fait que l'expérience offerte par le Câble est tout aussi médiée que dans n'importe quel film classique. Et tout comme le Câble lui-même est cinématographique, le film *Strange days* dans son ensemble est conscient de s'inscrire dans toute une tradition filmique, reconnaissant ses dettes allant de *Vertigo* à *Blade runner*. Bien que Lenny insiste sur le fait que le Câble « n'est pas juste de la télé en mieux », le film s'achève en représentant le Câble comme « juste un film en mieux ».

Strange days est un film capital pour notre propos parce qu'il met en scène les moyens ambivalents et contradictoires par lesquels nos nouveaux média numériques fonctionnent dans notre culture actuelle. Le film projette notre moment culturel quelques années plus avant, afin de l'examiner dans une lumière plus vive. Le Câble, avec son objectif d'offrir une expérience visuelle et sonore non-médiée, est une extrapolation fantaisiste de notre réalité virtuelle contemporaine ; et la prolifération des média dans ce Los Angeles des années 2000 n'est qu'une version à peine exagérée de notre environnement déjà très riche de média, dans lequel les technologies numériques prolifèrent trop vite pour que nos institutions culturelles, juridiques et éducatives ne réussissent à s'adapter. En s'attaquant à nos besoins culturels contradictoires d'immédiateté (*immediacy*) et d'hypermédiateté (*hypermediacy*), le film met en scène ce que nous comprenons comme une double logique de la « re-médiation ». Notre culture veut à la fois multiplier ses média et effacer toutes traces de médiations : elle veut supprimer ses média par le fait même de multiplier les technologies de médiation.

Dans cette dernière décennie du vingtième siècle, nous occupons une position inhabituelle nous permettant d'apprécier cette double logique de la remédiation, non seulement parce que nous sommes bombardés d'images (imprimées, télévisées, cinématographiques, et maintenant en ligne et *via* divers média numériques), mais aussi au vu de l'intensité avec laquelle ces deux logiques sont recherchées dans tous ces média. Des programmes télé tournés en direct nous permettent d'accompagner au plus près une descente de police ou la course d'un parachutiste ou d'un pilote de F1. Des cinéastes dépensent couramment des dizaines de millions de dollars pour filmer « sur place » ou pour recréer des costumes ou des décors d'époque afin que les spectateurs aient l'impression d'y être « vraiment ». Les sites internet offrent des histoires, des images et maintenant de la vidéo, toutes fraîches, tout cela au nom de l'immédiateté perceptuelle. Pourtant dans le même mouvement, ces média produisent une autre logique : les sites web sont souvent des champs de bataille où s'affrontent plusieurs formes médiatiques, incluant des graphiques, des photos numérisées, de l'animation, de la vidéo – tout cela agencé dans des pages dont les principes de *design* graphique rappellent nos années 1960 psychédéliques ou le Dada des années 1920. Les films hollywoodiens comme *Tueurs nés* ou *Strange Days*, mélangent couramment les média et les styles. Les programmes d'actualités télévisées présentent aujourd'hui plusieurs flux vidéos, s'affichant dans plusieurs écrans, ainsi que des compositions à base de textes et de graphiques – tout un fatras de média qui est censé nous rendre les nouvelles plus digestes.

Ce qui est remarquable, c'est que ces deux logiques apparemment contradictoires, non seulement coexistent dans les média numériques actuels, mais sont en outre inter-dépendants. L'immédiateté dépend de l'hypermédiateté. Pour créer un flux d'images animées fluide, les cinéastes combinent des séquences d'action réelle, des *compositings* numériques et des graphiques 2D ou 3D générés par ordinateur. Afin de toujours coller au plus récent et de ne surtout rien laisser passer, les producteurs d'informations télévisées amalgament à l'écran des bandeaux de textes, de photos, de graphiques, voire, au besoin, un signal purement sonore (comme ce fut le cas durant la Guerre du Golfe). Parallèlement, même les productions les plus hypermédiées aspirent à une sorte d'immédiateté. Ainsi, par exemple, les vidéos musicales misent sur une pluralité de média, tout en concevant leurs processus d'édition comme un moyen de créer un style immédiat et apparemment spontané. Le désir d'immédiateté mène à un processus d'appropriation et de critique dans lequel les média numériques se reconforment ou se « remédiatisent » les uns les autres, comme ils le font de leurs prédécesseurs analogiques que sont le film, la télévision ou la photographie.

Une fois que l'on remarque ce processus à l'œuvre dans nos média, on peut identifier des processus similaires un peu partout dans l'histoire de la représentation visuelle occidentale. Ainsi, un manuscrit médiéval illuminé, une toile du XVIIe siècle de David Bailly et le site web de CNN sont les expressions analogues, bien que disparates, d'une même fascination vis-à-vis des média. Une peinture de Canaletto, une photographie d'Edward Weston, une retransmission télé en direct des JO et un programme informatique de réalité virtuelle sont des tentatives différentes mais cousines pour atteindre à l'immédiateté, en ignorant ou en déniant l'acte de médiation. Loin de nous l'idée que l'immédiateté ou l'hypermédiateté seraient toutes deux à l'œuvre à chaque période historique, mais il nous semble que le jeu s'établissant entre les deux pourrait révéler une généalogie remontant au moins jusqu'à l'invention de la perspective linéaire à la Renaissance. Nous employons le mot « généalogie » dans le sens de Foucault : nous recherchons nous aussi des affiliations historiques ou des résonances plus que des origines. Foucault définit la généalogie comme l'examen de la « provenance », qui « permet aussi de retrouver sous l'aspect unique d'un caractère, ou d'un concept, la prolifération des événements, à travers lesquels (grâce auxquels, contre lesquels) ils se sont formés »[1]. Nos traits généalogiques seront l'immédiateté, l'hypermédiateté et la remédiation ; nous les examinerons historiquement, en portant une attention particulière au média numériques contemporains.

Nous commencerons par montrer comment les images numériques adaptent des stratégies anciennes empruntées à la peinture en perspective linéaire, à la photographie, aux films et à la télévision pour assouvir leur désir d'immédiateté. L'examen de l'hypermédiateté montrera comment les multimédia numériques adaptent les stratégies issues de la peinture moderniste et d'autres formes antérieures. Nous serons alors en position d'explorer plus pleinement l'étonnante logique réciproque de notre troisième trait, la remédiation. Nous conclurons avec quelques propositions élargissant la remédiation à une théorie générale des média.

La logique de l'immédiateté

La réalité virtuelle est « immersive » ; cela signifie que c'est une technologie de médiation visant à disparaître. Cependant cette disparition est empêchée par le dispositif requis par la réalité virtuelle. Dans *Strange days*, les utilisateurs du Câble n'avaient qu'à enfiler une mince calotte crânienne ; dans nos systèmes de réalité virtuelle actuels, le spectateur doit porter un encombrant « visio-casque » (*head-mounted display*), muni de traqueurs optiques pour chaque œil. Dans d'autres systèmes appelés « caves », les murs (et parfois le sol et le plafond) sont eux-mêmes des écrans d'ordinateur géants. Même s'ils sont moins subtils que le Câble, les systèmes actuels de réalité virtuelle visent le même dessein en encerclant le spectateur dans une image générée par ordinateur. Avec le visio-casque en particulier, la réalité virtuelle est littéralement « dans la face du spectateur ». Le spectateur adopte

---

[1] Michel Foucault, « Nietzsche, la généalogie, l'histoire », dans *Hommage à Jean Hyppolite*, Paris, PUF, 1971, p. 152.

un point de vue à la première personne, tandis qu'il observe un monde graphique de l'intérieur même de ce monde, depuis un point d'observation qui en est toujours le centre visuel. Comme les informaticiens le disent eux-mêmes, le but de la réalité virtuelle est de renforcer l'effet de présence ressenti par le spectateur : celui-ci doit oublier qu'il porte une interface informatique et accepter l'image fournie comme son propre monde visuel.

Afin de créer cet effet de présence, la réalité virtuelle devra se rapprocher autant que possible du monde visuel extérieur. Son espace graphique sera continu, plein d'objets et devra remplir sans rupture le champ visuel du spectateur. Malheureusement, la technologie actuelle contient encore beaucoup de ruptures : un taux de rafraîchissement trop faible, des graphiques sautant, des couleurs crues, des éclairages fades et des plantages. Les images statiques n'en sont pas non plus dénuées. Pourtant, les enthousiastes de la réalité virtuelle ne perçoivent de nos limites technologiques que leur énorme potentiel, qui devrait se révéler dans un futur guère plus éloigné que celui de *Strange days*. D'ailleurs, les paroles de Lenny Nero auraient pu être sortir de la bouche de ces enthousiastes. Le vulgarisateur Howard Rheingold a écrit que « le cœur de la réalité virtuelle est une expérience – l'expérience d'être dans un monde virtuel ou un lieu éloigné ». Jaron Lanier, développeur de l'un des premiers systèmes commerciaux de réalité virtuelle, suggère que dans une réalité virtuelle, « vous pouvez visiter le monde des dinosaures, et devenir un tyrannosaure. Vous pouvez non seulement voir ce qu'est l'ADN, mais vous pouvez encore ressentir ce que c'est que d'être une molécule ». Meredith Bricken, *designer* d'interface, écrit que dans un environnement de réalité virtuelle, « vous pouvez être le chapelier fou ou le service à thé, vous pouvez bouger d'arrière en avant au rythme d'une chanson. Vous pouvez être une infime goutte d'eau dans une averse ou dans une rivière ». Tous ces enthousiastes nous promettent une immédiateté perceptive, une expérience sans médiation. Ils s'attendent à ce que la réalité virtuelle réduise et finalement abolisse la présence médiatrice de l'ordinateur et de son interface. D'ailleurs, un article de Bricken s'intitule : « Mondes virtuels : pas d'interface à *designer* ».[1]

Cette logique de l'immédiateté est aussi à l'œuvre dans des images numériques non immersives – c'est-à-dire des images 2D ou 3D projetées sur des écrans traditionnels (ordinateur, télévision, cinéma). Les images numériques sont devenues extrêmement populaires et lucratives et de fait, elles conduisent à une redéfinition culturelle de l'ordinateur. Il y a à peine dix ans, on ne voyait dans l'ordinateur qu'une machine de calcul et de

---

[1] Howard Rheingold, *Virtual Reality,* New York, Simon & Schuster, 1991, p. 46. Jaron Lanier, cité dans Steve Ditlea, « Another World: Inside Artificial Reality », *PC Computing 2:11,* 1989, p. 97. Meredith Bricken, « Virtual Worlds: No Interface to Design », dans Michael Benedikt (sld), *Cyberspace: First Steps*, Cambridge, Mass., MIT Press, 1991, p. 372.

traitement de texte ; à présent, nous l'envisageons aussi comme un appareil apte à générer des images, à retravailler des photographies, à permettre des vidéoconférences, à créer des animations et des effets spéciaux pour le cinéma ou la télévision. Dans ces nouveaux cas, le désir d'immédiateté se niche dans la revendication de ces images numériques à être plus excitantes, plus vivantes et plus réalistes que du simple texte lisible sur un écran, ou par celle de la vidéoconférence d'autoriser une communication plus efficace qu'une conversation téléphonique. Il n'est qu'à voir la popularité galopante du montage numérique des films et l'intérêt d'Hollywood pour le remplacement des cascadeurs voire des acteurs par des animations informatiques, pour se convaincre de ce désir d'immédiateté. Regardez encore le triomphe des interfaces graphiques (GUI) dans les ordinateurs personnels. La métaphore du « bureau », qui a remplacé l'interface entièrement en lignes de commande, est censée assimiler l'ordinateur au bureau concret et aux fournitures des employés de bureau (dossier, feuilles, boîte aux lettres, poubelle, etc). La souris (et le crayon optique) procure à l'utilisateur l'immédiateté du toucher, du glisser, et de la manipulation d'idéogrammes visuellement séduisants. C'est l'immédiateté supposée de cette interface qui la rend « naturelle » et non arbitraire. Bien que l'interface de bureau traditionnelle soit bidimensionnelle, des *designers* expérimentent des versions tri-dimensionnelles – des espaces virtuels dans lesquels l'utilisateur peut naviguer vers, autour et à travers l'information. Ces vues en 3D sont faites pour apporter un degré d'immédiateté encore plus grand à l'expérience de l'ordinateur. Ce que les *designers* disent souvent rechercher, c'est un interfaçage « sans interface », dans lequel il n'y aurait aucun outil électronique reconnaissable, pas de boutons, de fenêtres, d'ascenseurs, ni même d'icones. Au lieu de cela, l'utilisateur évoluerait à travers l'espace, interagissant « naturellement » avec des objets, c'est-à-dire de la même façon que dans le monde physique. En fait, la réalité virtuelle, les images 3D et le *design* des interfaces graphiques cherchent tous à rendre la technologie numérique « transparente ». A ce compte, une interface transparente s'effacerait elle-même, de sorte que l'utilisateur ne serait plus conscient qu'il se confronte à un médium : à la place, il se tiendrait dans une relation immédiate avec les contenus de ce médium.

L'interface transparente est une manifestation supplémentaire du désir de refuser catégoriquement le caractère médié de la technologie numérique. Croire qu'avec la technologie numérique nous sommes allés au-delà de la médiation, c'est continuer d'affirmer l'unicité de notre moment technologique présent. Pour de nombreux enthousiastes de la réalité virtuelle, l'ordinateur actuel surpasse les autres technologies de par sa capacité à rendre le monde présent, de sorte que l'histoire des média antérieurs n'aurait que peu d'intérêt. Même chez ceux comme Rheingold qui, tout en reconnaissant leurs dettes envers des précurseurs (surtout la télévision et le cinéma), insistent fortement sur la nouveauté de la réalité virtuelle. De leur point de vue, la réalité virtuelle (ou la technologie numérique dans son ensemble) parachève et abroge l'histoire des média. Dans *Strange days*, le Câble se donne pour l'ultime technologie, la plus en pointe, créée avant la fin du millénaire. Cependant, le désir d'immédiateté lui-même s'inscrit dans une histoire longue qui ne se laisse pas si facilement balayer. Au moins depuis la Renaissance, il a été un trait définitionnel de la représentation visuelle occidentale (et donc aussi verbale), et pour comprendre l'immédiateté liée aux images d'ordinateur, il n'est pas inutile de se rappeler comment la peinture, la photographie, le film et la télévision ont cherché à satisfaire le même désir. Ces anciens média cherchaient l'immédiateté dans le jeu entre la valeur esthétique de la transparence d'un côté et de l'autre, les techniques de mathématisation (perspective linéaire), d'effacement, d'automaticité – autant de moyens toujours utilisés par la technologique numérique.

Comme Albrecht Dürer le notait, et comme le rappelait Panofsky, « perspective » veut dire « voir à travers », et, tout comme nos *designers* d'interface, les étudiants en perspective linéaire promettaient l'immédiateté par la transparence. Ils se fiaient à la perspective linéaire pour atteindre à la transparence parce qu'elle usait de la « bonne » technique pour mesurer le monde – puisqu'elle mathématisait l'espace. Martin Jay et d'autres soutiennent qu'il existe un fort lien entre la perspective albertienne et les mathématiques spatiales de Descartes. Pour Jay, « le perspectivisme cartésien » constitue une façon particulière de voir, dominant la culture occidentale depuis le XVIIe siècle jusqu'au début du XXe, consistant à permettre au sujet cartésien de surplomber et de contrôler l'espace à partir d'un unique point de vue privilégié. Bruno Latour propose une autre interprétation de la mathématisation de l'espace par le perspectivisme. Argumentant à partir de l'importante étude de William Ivin, *On the Rationalization of Sight,* Latour soutient qu'en mathématisant l'espace, la perspective linéaire permet aux représentations visuelles d'être transportées d'un contexte vers un autre sans être altérées ni distordues. En manipulant ces « mobiles immuables », les praticiens de la perspective linéaire pouvaient bien en effet être en train de manipuler le monde lui-même ; la mathématisation de l'espace rend le contexte ou le médium transparents en fournissant un accès immédiat au monde.[1]

---

[1] Erwin Panofsky, *La Perspective comme forme symbolique : et autres essais*, Paris, Minuit, 1975. Martin Jay, « Scopic Regimes of Modernity », dans Hal Foster (sld), *Vision and Visuality*, Seattle, Wash., Bay Press, 1988, pp. 3-23. Bruno Latour, « Drawing Things Together », dans Michael Lynch et Steve Woolgar (sld), *Representation in Scientific Practice*, Cambridge, Mass., MIT Press, 1990, pp. 19-68.

En usant de la géométrie projective pour représenter l'espace par delà la toile, la perspective linéaire s'apparente à une technique qui s'efface comme technique. Comme Alberti l'exprimait dans son traité *De la peinture*, « D'abord j'inscris sur la surface à peindre un quadrilatère à angles droits aussi grand qu'il me plaît, qui est pour moi en vérité comme une fenêtre ouverte à partir de laquelle l'histoire représentée pourra être considérée »[1]. Si elle est bien peinte, la surface du tableau se dissout en présentant au spectateur la scène éloignée. Pour atteindre à la transparence dans une peinture traditionnelle, on considérait la construction en perspective linéaire comme nécessaire mais non suffisante, puisque l'artiste devait encore travailler la surface pour y supprimer les traces de son pinceau. Norman Bryson soutient que « pour une large part de la tradition occidentale, la peinture à l'huile est considérée d'abord et avant tout comme un médium de *l'effacement*. Elle doit d'abord effacer la surface de la toile »[2]. Effacer de la sorte la surface, couvre et dénie le processus même du peindre au profit du produit fini. Bien que l'effacement ne soit nullement universel dans la peinture occidentale, même avant le XIXe siècle, il fut l'une des principales techniques pour rendre l'espace de l'image continu avec celui du regardeur. Cette continuité entre l'espace peint et l'espace « réel » était particulièrement apparent dans l'art du trompe-l'œil : par exemple, sur ces plafonds où la peinture continue l'architecture du bâtiment. L'ironie vient du fait qu'il faut beaucoup de travail pour faire ainsi disparaître la surface, et dès lors le succès de l'artiste à effacer son processus, et partant lui-même, devint pour les regardeurs éclairés un signe de la technique et donc de la présence de l'artiste.

Une troisième stratégie pour atteindre à la transparence fut d'automatiser la technique de la perspective linéaire. Cette automatisation fut confiée à la technologie de la *camera obscura* et par la suite à la photographie, au cinéma et à la télévision. Habituellement dans les histoires relatant le développement de la représentation occidentale, l'invention de la photographie est tenue pour l'aboutissement parfait de la perspective linéaire. Une photo peut être regardée comme une fenêtre albertienne idéale. Dans « Ontologie de l'image photographique », André Bazin s'est exprimé sans l'ombre d'un doute : « l'événement décisif fut sans doute l'invention du premier système scientifique et, en quelque sorte, déjà mécanique : la perspective (la chambre noire de Vinci préfigurait celle de Niepce). Il permettait à l'artiste de donner l'illusion d'un espace à trois dimensions où les objets pussent se situer comme dans notre perception directe »[3]. Pour

---

[1] Leon Battista Alberti, *La peinture,* Paris, Seuil, 2004, p. 83.
[2] Norman Bryson, *Vision and Painting: The Logic of the Gaze*, New Haven, Conn., Yale University Press, 1983, p. 92.
[3] Hervé Bazin, *Qu'est-ce que le cinéma ? [1945-1953]*, Paris, Cerf, 2011, p. 10.

beaucoup, la photographie est un procédé mécanico-chimique, dont le caractère automatique parachève la tendance ancienne de masquer artiste et procédé. Stanley Cavell viendra plus tard prolonger et amender Bazin en se demandant comment la reproduction automatique a pu remettre en cause la place de l'artiste comme agent créateur : « la photographie a triomphé de la subjectivité d'une manière dont la peinture n'avait jamais rêvée, d'une manière qui ne pouvait satisfaire la peinture, qui est moins une victoire sur l'acte de peindre qu'elle ne s'y dérobe absolument : *par l'automatisme*, en éliminant l'agent humain de la tâche de la reproduction »[1]. Pour Bazin comme pour Cavell, la photographie suit sa propre voie vers l'immédiateté : la photo était transparente et suivait les règles de la perspective linéaire ; elle parvint à la transparence *via* la reproduction automatique ; et apparemment elle se débarrassa de l'artiste comme agent médiateur entre le regardeur et la réalité de l'image.

Bien que Bazin observât que « la photographie et le cinéma sont des découvertes qui satisfont définitivement et dans son essence même l'obsession du réalisme »[2], nul doute qu'il se trompait en prédisant que ces deux technologies visuelles satisferaient le désir de notre culture pour l'immédiateté. L'image d'ordinateur est la dernière expression de ce désir, et sa stratégie pour atteindre à l'immédiateté est débitrice de plusieurs traditions antérieures. William J Mitchell affirme : « La fable de la synthèse d'images des années 1970 et 1980 (…) renoue de façon frappante avec l'histoire de la peinture européenne depuis le *Miracle de la Trinité* de Masaccio jusqu'à la naissance de la photographie… Les images de synthèse peuvent à présent être virtuellement des décalques point à point de photo de scènes réelles, et il a été prouvé expérimentalement que, pour certaines sortes de scènes, des observateurs ne peuvent distinguer ces images de photographies »[3]. Mais même si nous ne pouvons pas toujours distinguer les images de synthèse des photographies, nous pouvons discerner les stratégies distinctes que peinture et photographie ont adoptées dans leur quête pour l'immédiateté, et nous pouvons examiner comment les images numériques empruntent et adaptent chacune de ces stratégies.

L'image d'ordinateur étend la tradition de la fenêtre albertienne : elle crée des images en perspective linéaire en lui appliquant la rigueur de l'algèbre linéaire contemporaine et celle de la géométrie projective. Les images projectives générées par ordinateur sont mathématiquement parfaites, au moins à l'intérieur des limites de l'erreur computationnelle et de la résolution

---

[1] Stanley Cavell, « Choses vues, choses entendues », dans *La projection du monde*, Paris, Belin, 1999, p. 50.
[2] Hervé Bazin, *Qu'est-ce que le cinéma ? [1945-1953]*, Paris, Cerf, 2011, p. 12.
[3] William J. Mitchell, *The Reconfigured Eye: Visual Truth in the Post-Photographic Era*, Cambridge, Mass., MIT Press, 1994, p. 161.

de l'écran pixelisé. La perspective de la Renaissance n'a jamais été aussi parfaite, non seulement parce que les méthodes étaient manuelles, mais aussi parce que les artistes manipulaient la perspective pour obtenir des effets dramatiques ou allégoriques. (Bien sûr la perspective graphique numérique peut elle aussi être distordue, mais même ces distorsions sont générées mathématiquement). L'image d'ordinateur exprime encore les couleurs, l'éclairage et les ombres en termes mathématiques, bien qu'avec un succès provisoirement moindre que pour la perspective. Donc, comme le faisait l'image peinte en perspective, quand l'image d'ordinateur veut revendiquer le réel ou la nature, elle semble faire appel à la proposition galiléenne ou cartésienne affirmant que les mathématiques sont appropriées pour décrire la nature.

De plus, à la géométrie cartésienne, l'image d'ordinateur ajoute les mathématiques algorithmiques de Von Neumann et d'Alan Turing. Les programmes informatiques peuvent bien *in fine* être des produits humains dans le sens où ils transcrivent des algorithmes inventés par des programmeurs humains, pour autant, une fois le programme écrit et lancé, la machine sait opérer sans intervention humaine. La programmation, donc, a recours à l'effacement et au gommage, tout comme la peinture occidentale selon Bryson, ou comme la reproduction photographique selon Cavell et Bryson. Les programmeurs cherchent à supprimer toutes traces de leur présence afin de donner au programme la plus grande autonomie possible. Dans l'image d'ordinateur, les programmeurs humains peuvent être impliqués à différents niveaux : les systèmes d'exploitation sont écrits par un groupe de spécialistes, les langages graphiques (comme openGL) sont écrits par d'autres, enfin les applications sont des programmes qui exploitent les ressources offertes par les langages et les systèmes d'exploitation. Toutes ces équipes de programmeurs sont simultanément effacés au moment où l'ordinateur génère effectivement une image en exécutant les instructions qu'ils ont collectivement écrits.

Le fait que l'image d'ordinateur soit automatique, suggère son affinité avec la photographie. Dans les deux cas, l'agent humain s'efface, mais les techniques d'effacement sont assez différentes. Avec la photographie, le procédé automatique est mécanico-chimique : l'obturateur s'ouvre, le rayon lumineux pénètre à travers la lentille et est focalisé sur le film chimique. Le procédé d'enregistrement est lui-même un tout : il n'y a pas de parties ou d'étapes séparables. C'est pour cette raison que nombreux furent ceux, au XIXe siècle, qui considérèrent la lumière ou la nature comme un peintre. Avec l'image d'ordinateur, cependant, il serait ardu de considérer le programme comme un produit naturel, sauf dans le sens où la nature gouvernerait des électrons à l'intérieur de la puce informatique. Les images informatiques sont un travail d'hommes, dont l'action cependant est souvent tellement éloignée de l'acte de dessiner qu'elle semble s'être volatilisée. Cet éloignement est particulièrement flagrant dans le cinéma d'animation temps-réel et dans la réalité virtuelle, où l'ordinateur dessine dix ou vingt images par seconde, toutes sans intervention humaine. Cette qualité de la programmation informatique – d'automatisation ou d'éloignement – induit sur le spectateur l'illusion d'un contact immédiat avec l'image.

Les experts de l'image d'ordinateur disent souvent qu'ils cherchent à atteindre le « photoréalisme » – en d'autres mots à rendre leur image de synthèse indistinguable des photos. Cette comparaison peut prendre la forme explicite d'une mise côte à côte d'une photographie et d'une image de synthèse. Dans ces cas, l'ordinateur imite non pas une réalité extérieure, mais plutôt un autre médium. (Nous argumenterons ultérieurement sur le fait que c'est bien là tout ce qu'une nouvelle technologie peut faire : se définir par rapport aux autres technologies de la représentation). Pour parfaire son photoréalisme, l'image numérique de synthèse adoptera les critères de la photographie. Elle offrira un unique lieu de prise de vue, un point de vue monoculaire, et ce que la photographie considère comme une composition idéale. En général, les experts en image d'ordinateur n'imitent pas les photographies « pauvres » ou « distordues » (par des angles exotiques de caméra ou des effets de lumière), parce que manifestement, de telles photos distordues ne peuvent elles-mêmes être considérées comme réalistes ou immédiates. Elles auraient bien plutôt tendance à rendre l'observateur conscient du processus photographique. Par ailleurs, les photos et les images de synthèse obtiennent un même effet d'effacement par des moyens différents. La photographie efface le sujet humain par la mécanique et la chimie des lentilles, obturateurs et film. L'image d'ordinateur efface le sujet algorithmiquement par une mathématique de la perspective et des ombres transcrite dans un programme. (La photographie numérique, du coup, est un hybride qui combine et reconfigure ces deux sortes d'automaticité).

Évidemment, le test du photoréalisme ne peut s'appliquer qu'aux images statiques. L'équivalent pour l'animation numérique serait le réalisme « filmique » : une séquence d'images d'ordinateur indistinguables de celles d'un film traditionnel, autant dire un exploit technique encore plus virtuose que l'était le photoréalisme. D'un autre côté, le fait même que les images soient en mouvement (dans l'animation numérique et dans la réalité virtuelle) suggère de nouvelles stratégies pour atteindre l'immédiateté. Car si l'immédiateté est poursuivie par la suppression du programmeur/créateur de l'image, elle peut aussi être poursuivie en impliquant plus intimement le spectateur dans l'image. La production de l'animation numérique peut être automatique, mais sa réception peut aussi être interactive, même si l'interaction se limite à un simple changement de point de vue. Dans la peinture et la photographie, le point de vue du spectateur était fixe. Dans le cinéma et la télévision le point de vue était en mouvement, mais le réalisateur contrôlait ce mouvement. Or l'animation numérique peut certes fonctionner comme un film, puisqu'elle aussi peut représenter une séquence de plans prédéterminés filmés par des caméras. Cependant, la séquence pourra tout aussi bien être placée sous le contrôle du spectateur, comme c'est le cas dans les jeux vidéo ou la réalité virtuelle.

Dans la réalité virtuelle, le casque qui contient les oculaires, comporte généralement des dispositifs de traque. Quand le spectateur tourne la tête, le traceur prend acte de son changement d'orientation et l'ordinateur redessine l'image dans chaque oculaire pour coïncider avec son nouvel angle de vue. Parce qu'il peut bouger la tête, le spectateur se sentira immergé – ayant le sentiment d'avoir sauté à travers la fenêtre albertienne et d'être à présent à l'intérieur de l'espace peint. Pour les fans du virtuel, la fenêtre albertienne est la surface constituée par l'écran vidéo de nos vieux ordinateurs de bureau, et c'est cette surface que la réalité virtuelle fait aujourd'hui voler en éclats. Rheingold avance que « dans les années 1990, la technologie de la réalité virtuelle emmènera les gens au-delà et au travers des écrans d'affichage jusque dans des mondes virtuels ». Comme Rheingold le sous-entend, dans le cas d'images délivrées par un écran d'affichage traditionnel (par exemple, celui des jeux vidéo), l'interface reste envahissante : l'utilisateur doit faire usage d'une souris ou d'un clavier pour contrôler ce qu'il voit. Mais même là, le spectateur peut jouer sur son point de vue et peut quand même avoir une sensation d'immersion, surtout s'il peut tourner sur lui-même. Il est tout à fait remarquable de voir à quel point un spectateur peut facilement se projeter dans un jeu vidéo comme *Myst* ou *Doom*, malgré la faible résolution et le champ visuel restreint fourni par l'écran. Les *designers* d'interfaces croient que l'interactivité augmente le réalisme et l'efficience d'une interface graphique. Les icones seront bien plus présentes à l'utilisateur s'il peut les repositionner ou les activer d'un clic.

Nos théoriciens culturels et littéraires auraient bien du mal à réfuter les prétentions de présentation non-médiée que la peinture, la photographie, le cinéma, la télévision et l'image d'ordinateur usant de perspective linéaire revendiquent. A leurs yeux, la quête d'immédiateté par la représentation visuelle relève d'une tradition embarrassante (parce que sous-théorisée). Cela dit, en dehors du cercle des théoriciens, la revendication de l'immédiat fut et reste culturellement indéniable. Et même dans la communauté universitaire, parmi les historiens de l'art et les psychologues de la perception, la perspective linéaire est toujours considérée comme pouvant prétendre à une naturalité. Pendant ce temps, les experts en imagerie numérique, les utilisateurs d'ordinateur et le vaste public des films et de la télévision continuent d'affirmer que la présentation non-médiée est le but ultime de la représentation visuelle et de croire que le progrès technologique permet d'en approcher. Quand l'interactivité est combinée à l'automaticité et à la méthode pluriséculaire de la perspective, le résultat est un produit de médiation que des millions de spectateurs trouvent particulièrement convaincant. En soutenant cela, nous nous gardons de prendre pour argent comptant aussi bien les opinions critiques des théoriciens que les avis plus « naïfs ». Nous nous contentons de suggérer que l'opinion naïve est l'expression d'un très ancien désir, qui est une des moitiés nécessaires de la double logique de la remédiation.

La logique de l'hypermédiateté

Tout comme le désir d'immédiateté, la fascination pour l'hypermédiateté a une histoire, d'une part comme pratique de la représentation et d'autre part comme logique culturelle. Dans les média numériques, la pratique de l'hypermédiateté s'affiche d'évidence dans le style hétérogène et multi-fenêtres des pages web, dans l'interface qu'est le bureau, dans les programmes multimédia ou dans les jeux vidéo. C'est un style visuel qui, pour le dire dans les mots de William Mitchell, « privilégie la fragmentation, l'indétermination et l'hétérogénéité, et qui insiste sur les processus et les performances plutôt que sur l'objet d'art abouti ». De telles applications interactives sont souvent regroupées sous la rubrique d'« hypermédia ». On pourrait trouver une description typique de cette « combinaison d'accès aléatoires à des média multiples » qu'est l'hypermédia, dans une hyperbole proposée par Bob Cotten et Richard Oliver : c'est « un type d'expérience médiatique entièrement nouveau, né du mariage de la télévision et des technologies informatiques. Ses matériaux de base sont les images, le son, le texte, l'animation et la vidéo, dans leur libre combinaison. C'est un médium qui offre un 'accès aléatoire' ; il n'a pas de début, de milieu ni de fin »[1]. Cette définition suggère que la logique de l'hypermédiateté dut attendre l'invention du tube cathodique et du transistor. Il nous semble pourtant que la même logique est déjà à l'œuvre dans le *design* graphiquement frénétique de magazines de la cyberculture tels *Wired* ou *Mondo 2000*, dans la mise en page fragmentée de journaux imprimés grand public tels *USA today*, et même dans les anciens espaces « multimédiés » de la peinture hollandaise, des cathédrales médiévales et des manuscrits enluminés.

Quand, dans les années 1960 et 1970, Douglas Englebart, Lana Kay et leur collègue du Xerox Park et d'ailleurs, inventèrent les interfaces graphiques (GUI) et appelèrent leurs rectangles repositionnables et navigables des « fenêtres », ils se rattachaient implicitement à la métaphore

---

[1] William Mitchell, *Reconfigured Eye, op. cit.*, p. 8. Bob Cotten et Richard Oliver, *Understanding Hypermedia*, London, Phaidon Press, 1992, p. 8.

albertienne. Leurs fenêtres ouvraient sur un monde de l'information rendue visible, et quasi tangible, à l'utilisateur ; leur but était de rendre transparentes les surfaces de ces fenêtres, qui constituaient l'interface même. Cependant, alors que le style à fenêtres évoluait dans les années 1980 et 1990, la transparence et l'immédiateté durent composer avec d'auteurs valeurs. Dans nos interfaces actuelles, les fenêtres se multiplient à l'écran : il n'est pas inhabituel de voir des utilisateurs aguerris jouer avec une dizaine ou une vingtaine de fenêtres ouvertes simultanément et enchevêtrées les unes à côté ou sous les autres. Les diverses représentations à l'intérieur des fenêtres (texte, graphique, vidéo) créent un espace hétérogène dans lequel chacune cherche à attirer l'attention du regardeur. Les icones, les menus, les barres d'outils ajoutent des couches supplémentaires de signification verbale et visuelle. Cette interface graphique remplaça l'interface en lignes de commande, qui était entièrement textuelle. En introduisant des objets graphiques dans le schème de la représentation, les *designers* croyaient qu'ils élaboraient des interfaces plus « naturelles », mais en fait ils créaient un système plus complexe dans lequel interagissent des formes iconiques arbitraires de représentation.

Contrairement aux peintures en perspective ou à l'image d'ordinateur 3D, l'interface multi-fenêtres n'essaye pas d'unifier l'espace autour d'un quelconque point de vue. Au lieu de cela, chaque fenêtre, graphique ou textuelle, définit son propre point de vue, visuel ou lexical. Les fenêtres peuvent changer rapidement et radicalement de taille, s'étendant jusqu'à remplir tout l'écran ou se réduisant aux dimensions d'une icone. Contrairement à la peinture ou à l'image d'ordinateur, l'interface de bureau ne s'efface pas elle-même. La multiplicité des fenêtres et l'hétérogénéité des contenus font que l'utilisateur est constamment ramené au contact de l'interface. L'utilisateur apprend à lire l'interface comme il le ferait d'un hypertexte. Il alterne entre la manipulation de fenêtres et l'examen de leurs contenus, de même qu'il oscille entre regarder un hypertexte comme un tissu de liens et regarder à travers les liens les unités textuelles comme langage.

Chaque fois que l'interface reparaît, l'utilisateur se confronte au fait que l'ordinateur multi-fenêtres est à la fois et simultanément automatique et interactif. Nous avons défendu que le caractère automatique de la photographie contribuait au sentiment d'immédiateté qui l'accompagne. Mais la situation est plus compliquée avec l'ordinateur multi-fenêtres. Son interface est automatique dans la mesure où elle consiste en couches de programmation qui s'exécutent à chaque clic de souris. L'interface est interactive dans le sens où ces couches de programmation finissent toujours par rendre le contrôle à l'utilisateur, qui initie alors une nouvelle action automatique. Même si le programmeur reste invisible dans l'interface, l'utilisateur lui, comme sujet, est constamment présent, cliquant sur des boutons, choisissant des champs dans des menus, faisant glisser des icones et des fenêtres. L'autonomie apparente de la machine autant que l'intervention de l'utilisateur peuvent être interprétées comme contribuant à la transparence de la technologie. D'un autre côté, les boutons et menus porteurs d'interaction avec l'utilisateur peuvent aussi être vus comme s'opposant à la transparence de l'image numérique. Si aujourd'hui certains *designers* de logiciels qualifient l'interface du bureau en 2D de non-naturelle, ils veulent dire par là qu'elle est trop nettement médiée. Ils préfèrent imaginer un ordinateur « sans interface », au goût de réalité virtuelle. Pourtant, les possibilités du style à fenêtres n'ont sans doute pas encore été entièrement explorées ni élaborées.

Nous en voulons pour preuve le fait qu'il fonctionne comme un contrepoids culturel au désir d'immédiateté. Si la logique de l'immédiateté nous conduit à effacer et à automatiser l'acte de représentation, la logique de l'hypermédiateté reconnaît avoir recours à de multiples actes de représentation et les rend visibles. Là où la logique de l'immédiateté suggère un espace visuel unifié, l'hypermédiateté offre un espace hétérogène dans lequel la représentation est conçue non pas comme une fenêtre ouverte sur un monde, mais plutôt comme « fenêtré » lui-même – avec des fenêtres qui ouvrent sur d'autres représentations et d'autres média. La logique de l'hypermédiateté en appelle à des représentations du réel qui démultiplient les signes de médiation et ainsi tentent de reproduire le riche spectre de sensibilité de l'expérience humaine.

Contrepartie au désir d'immédiateté, la fascination pour la multiplicité se trouve déjà dans des formes et des média aussi divers que les manuscrits enluminés du Moyen Age, les retables décorés de la Renaissance, la peinture hollandaise, les cabinets baroques, ou le collage et photomontage modernistes. La logique de l'immédiateté a sans doute été dominante dans la représentation occidentale, au moins depuis la Renaissance jusqu'au Modernisme, tandis que l'hypermédiateté a souvent dû se contenter d'un statut secondaire quoique important. Parfois, l'hypermédiateté adoptait une approche joueuse ou subversive, avouant, tout en le sapant, le désir d'immédiateté. A d'autres moments, les deux logiques coexistèrent, même si les lectures dominantes de l'histoire de l'art rendaient cette coexistence difficile à voir. A la fin du XXe siècle, nous sommes en position de comprendre l'hypermédiateté comme le revers de l'immédiateté, son alter ego qui n'a jamais été totalement ni bien longtemps supprimé.

Nous ne pouvons espérer explorer en détails la généalogie complexe de l'hypermédiateté à travers les siècles de la représentation visuelle occidentale : nous nous contenterons d'offrir quelques exemples qui nous semblent les plus proches de l'hypermédiateté numérique actuelle. Certaines résonances semblent évidentes : la cathédrale européenne, avec ses vitraux, ses statues et ses inscriptions constitue une collection d'espaces hypermédiés, tant physiques que représentatifs. A l'intérieur de l'immense espace de la cathédrale, les retables offrent une forme particulièrement sophistiquée d'hypermédiateté, parce qu'ils ne se contentent pas de juxtaposer des média mais incarnent des logiques spatiales contradictoires. Au moment où la peinture s'ouvre à la représentation perspective, il est intéressant de voir par exemple le retable d'Arnt van Kalker, aujourd'hui conservé au Musée de Cluny à Paris, réunissant : en son centre, une représentation de la Passion, sculptée dans le bois, et de part et d'autres, sur les portes du cabinet, des scènes peintes en perspective. Dans ce retable, les portes fermées font apparaître à leur surface un espace représentatif tout en profondeur, mais quand elles sont ouvertes, elles révèlent une scène de la Passion en trois dimensions qui vient s'écraser sur le fond du cabinet. C'est par cet entrejeu de la profondeur réelle avec sa représentation en perspective, que le retable de Kalker relie l'ancienne tradition sculpturale avec la nouvelle tradition de la représentation en perspective.

Des espaces tridimensionnels réels ou seulement représentés sont aussi combinés dans d'innombrables cabinets des XVIe et XVIIe siècles, qui pouvaient contenir jusqu'à cinquante tiroirs, portes et panneaux, tous illustrés d'une peinture de genre ou d'un paysage en perspective. Ironiquement, les images sur ces portes et tiroirs dupliquent l'espace en trois dimensions qu'ils occultent. Ainsi, les peintures en deux dimensions sur les portes ouvrent-elles sur un espace fictionnel, pendant que les portes peintes s'ouvrent sur un espace physique. Quelque chose de semblable est en cours aujourd'hui avec le cyberespace : le style multi-fenêtré invite au même jeu de cache cache puisque les fenêtres de texte en 2D et les icones suppriment puis relancent des images graphiques 3D ou des vidéos numérisées. Même les icones et les dossiers de la métaphore classique du bureau fonctionnent dans deux espaces : l'espace pictural du bureau et le cyberespace « informationnel » de l'ordinateur et d'Internet.

Nous pouvons encore identifier la logique de l'hypermédiateté dans la peinture à l'huile, par exemple dans ce que Svetlana Alpers a appelé « l'art de dépeindre » des Hollandais. Avec leur fascination pour les miroirs, les fenêtres, les cartes, les tableaux dans les tableaux, les lettres lues ou écrites, les artistes tels Metsu, Bailly, et bien sûr Vermeer avaient l'habitude de représenter le monde comme une multiplicité de représentations. A strictement parler, leurs peintures n'étaient pas multimédia ; mais nous pouvons dire qu'elles absorbaient et capturaient la multiplicité des média et des formes par l'huile du tableau. Cet art hollandais contrastait souvent avec le modèle de la peinture de la Renaissance italienne et sa représentation unifiée de l'espace visuel, dans laquelle tout signe de médiation était méticuleusement effacé. Nous pouvons aussi identifier de l'hypermédiateté dans certains travaux et chez certains peintres à l'époque où la perspective linéaire et le paradigme de la transparence primaient : par exemple, dans *Les Ménines* de Velasquez, étudié par Alpers, Foucault, et donc bien d'autres à leur suite. De fait, on pourrait argumenter que – et ce ne serait là qu'une version d'un argument post-structuraliste classique – l'hypermédiateté était la contre-partie à la transparence dans le peinture occidentale, une prise de conscience de la médiation dont le refoulement même garantit le retour régulier.[1]

Cependant, à en croire l'influente leçon de Greenberg, ce fut seulement avec le Modernisme que cet ordre de choses pût être violemment renversé et le paradigme de la transparence effectivement affronté. Avec l'art moderniste, la logique de l'hypermédiateté put s'exprimer à la fois comme la fracturation de l'espace du tableau et comme une reconnaissance et une prise en compte hyper consciente du médium. Le collage et le photomontage en particulier fournissent des preuves de la fascination moderniste envers les média. Tout comme le collage défie l'immédiateté de la peinture en perspective, le photomontage défie l'immédiateté de la photographie. Quand des photo-monteurs découpent et recombinent des photographies « normales », ils discréditent l'idée selon laquelle la photo serait dessinée par « le crayon de la nature », selon la suggestion de Talbot. Au lieu de cela, les photos deviennent des éléments eux-mêmes sélectionnés et arrangés par l'intervention humaine pour des raisons artistiques. Les photos collées les unes à côté ou sur les autres, intégrées à d'autres média comme l'imprimé, la peinture, le dessin, créent un effet de couches que nous retrouvons dans les média électroniques. Observant l'œuvre de Richard Hamilton, *Just What Is It That Makes Today's Homes So Different, So Appealing? [Qu'est-ce donc exactement qui rend la maison moderne si différente, si attirante ?]*, nous prenons conscience de l'aspect encombré de son espace et du processus de sa réalisation. Nous devenons hyper-conscients du médium du photomontage, précisément parce que la photo normale est un médium qui n'a eu de cesse de clamer sa transparence.[2]

Richard Lanham note à quel point l'œuvre d'Hamilton des années 1950 s'accorde avec notre « rhétorique numérique » actuelle, avant de s'interroger : « Ne pourrait-on appeler également ceci – le collage d'images *clip art* et d'icones publicitaires : *Qu'est-ce donc exactement qui rend le bureau moderne si différent, si attirant ?* ». Hamilton montre que le collage et le photomontage sont déjà des hypertextes dans le sens où créer, c'est

---

[1] Svetlana Alpers, *L'art de dépeindre : La peinture hollandaise au XVIIe siècle*, Paris, Gallimard, 1990. Michel Foucault, *Les mots et les choses*, Paris, Gallimard, 1966.

[2] Clement Greenberg, « La peinture moderniste », dans Pascal Krajewski (sld), *Appareil. N°17 : Art et médium 1 : le médium de l'art*, MSH-Paris Nord, Juillet 2016, en ligne. William Henry Fox Talbot, *Le crayon de la nature [1844]*, ?, Casimiro, 2014.

réarranger des formes existantes. Dans le photomontage, ces formes préexistantes sont des photos ; dans l'hypertexte littéraire, ce sont des paragraphes de prose ; et dans les hypermédia, ce peut être de la prose, des graphiques, des animations, des vidéos, et des sons. Dans tous les cas, l'artiste définit un espace par l'agencement et le jeu de formes extraites de leur contexte d'origine puis recombinées. Comme Greenberg, Lanham considère le collage comme « la technique centrale de l'art visuel du XXe siècle », et cette affirmation lui permet d'inclure le *design* numérique dans ce courant majeur du XXe siècle, qui a souvent créé des espaces hétérogènes et rendu le regardeur conscient de l'acte de la représentation.[1]

Au XXe siècle et même avant, le Grand Art ne fut pas le seul à vouloir combiner les espaces hétérogènes. Le *design* graphique de l'imprimé, spécialement des magazines et des journaux, est devenu extrêmement hypermédié. Des magazines tels que *Wired* ou *Mondo 2000* doivent moins leur conception de l'hypermédiateté au web qu'à la tradition de *design* graphique issu du *pop art* et avant du lettrisme, du photomontage et de Dada. Les influences d'un journal comme *USA today* sont plus contemporaines. Le journal fut critiqué pour rabaisser le journalisme papier au niveau des actualités télévisées. Cependant, visuellement, *USA today* ne s'inspire pas directement de la télévision : sa mise en page ressemble plus à une application informatique multimédia qu'à une émission de télé. Ici, le papier cherche à émuler l'interface graphique dans l'imprimé. De même, la télévision, surtout les actualités, reconnaît clairement l'influence des interfaces graphiques quand elle divise l'écran en deux ou trois cadres et place des textes et des nombres sur et autour d'images vidéos encadrées.

En toutes ces formes variées, la logique de l'hypermédiateté exprime la tension entre regarder un espace visuel comme médié et le regarder comme un espace « réel » se tenant par-delà la médiation. Lanham appelle cela la tension entre regarder quelque chose et regarder à travers quelque chose (*looking* at, *looking* through), et il la considère comme un trait caractéristique de l'art du XXe siècle en général et de la représentation numérique en particulier. Par exemple, quand un spectateur se confronte à un collage, il oscille entre regarder les morceaux de papier et de peinture sur la surface de l'œuvre et regarder à travers eux les objets dépeints comme s'ils occupaient une place réelle par delà la surface. Ce qui caractérise l'art moderne est l'insistance à ramener le spectateur à la surface, ou dans des cas extrêmes, la tentative de le maintenir indéfiniment à la surface. Nous retrouvons un discours proche de celui de Lanham : dans la logique de l'hypermédiateté, l'artiste (ou le programmeur multimédia ou le web

---

[1] Richard Lanham, *The Electronic Word: Democracy, Technology, and the Arts,* Chicago, University of Chicago Press, 1993, p. 40.

designer) cherche à ce que le spectateur reconnaisse le médium comme tel et prenne un plaisir réel à cette reconnaissance. Il y parvient en multipliant les espaces et les média et en redéfinissant sans cesse les liens visuels et conceptuels au sein de ces espaces médiés – liens qui peuvent aller d'une simple juxtaposition à une absorption complète.

Nous avons analysé précédemment la logique d'immédiateté à l'œuvre dans les jeux vidéo tels que *Myst* ou *Doom* ; mais d'autres cd-roms au contraire vont fonctionner selon la seconde logique en célébrant leur nature d'artefacts médiés. Cela ne surprendra personne que certains des meilleurs exemples de l'hypermédiateté numérique (*Freak Show* des Résidents, *Xplora 1* de Peter Gabriel, *Telecommunication Breakdown* de Emergency Broadcast Network) soient issus (bien qu'indirectement) du monde du Rock. A ses débuts, la musique rock s'inscrivait dans la logique de l'immédiateté. Pourtant, dès les années 1960 et 1970, alors que les instruments électriques et électroniques se sophistiquaient à l'instar des systèmes d'enregistrement, les artistes-performeurs tels Alice Cooper, David Bowie et Kiss commencèrent à monter des productions élaborées et volontairement artificielles. Les qualités « musicales » traditionnelles de ces *shows*, jamais très complexes, devinrent peu à peu moins importantes que le spectacle visuel et sonore. Aujourd'hui, les concerts de rock de musiciens comme U2 sont souvent des célébrations des média et de l'acte de médiation, tandis que les artistes « d'avant garde » comme Laurie Anderson, Les Résidents, et Emergency Broadcast Network (EBN) créent des cd-roms qui reflètent et commentent chaque représentation scénique, par leur répétition infinie à l'intérieur du médium et par leur démultiplication sur d'autres média. Par exemple, dans le morceau « Electronic Behavior Control System » d'EBN, l'écran se fragmente en nombreuses petites fenêtres aux images changeantes, tandis que la fenêtre centrale affiche des extraits numérisés d'anciens films et émissions de télé. Cette multiplicité visuelle est synchronisée à une bande son rap répétitive. A tout moment, l'un ou l'autre des personnages numérisés semble énoncer la phrase correspondante à la bande son, comme si tous les vestiges de ces anciens média étaient rassemblés pour interpréter cette pièce musicale. Dans un esprit proche, *Freak Show* des Résidents à la fois juxtapose et remplace les média les uns par les autres, tandis qu'il mêle la musique à des dessins et des animations rappelant les bandes dessinés et d'autres formes de culture populaire.

Comme Michael Joyce nous le rappelait informellement, le remplacement est l'essence de l'hypertexte, et en un sens, tout le web est un exercice de remplacement. Quand l'utilisateur clique sur un groupe de mots soulignés ou une « ancre » visuelle sur une page web, un lien s'active qui appelle une autre page. Le nouveau contenu apparaît généralement dans la fenêtre originale et efface le texte ou l'image précédente, à moins que le clic ne crée un autre cadre dans la même fenêtre ou ouvre une nouvelle fenêtre se superposant à la première. La nouvelle page gagne notre attention en effaçant (par interpénétration), en découpant (par juxtaposition), ou en se superposant sur (par multiplication) la page précédente. Au delà du web, le remplacement est la stratégie de tout style multi-fenêtré. Quand nous utilisons un bureau d'ordinateur standard, nous étirons des menus, cliquons sur des icones, faisons descendre des ascenseurs – tout ceci ne consistant qu'en un vaste dispositif de remplacement d'un espace visuel actuel par un autre.

Le remplacement est poussé à son comble quand le nouvel espace est constitué par un autre médium – par exemple quand l'utilisateur clique sur une locution soulignée et qu'une image apparaît. Les cd-roms d'hypermédiateté et les programmes à fenêtres multiples passent leur temps à remplacer un médium par un autre, confrontant l'utilisateur au problème de la représentation multiple et le défiant de trouver en quoi un medium offre une représentation plus ou moins appropriée qu'un autre. Ce faisant, ils réalisent ce que nous aimerions appeler des actes de « remédiation ».

Remédiation

Au début des années 1990, avec une ampleur rivalisant avec celle des années 1930, Hollywood produisit un nombre exorbitant d'adaptations de romans classiques – incluant des œuvres de Hawthorne, Wharton, et même Henry James. Il y eut notamment une vogue étonnante des romans de Jane Austen. Certaines de ces adaptations sont très libres, mais les films d'après Austen (si nous oublions *Clueless*, inspiré *d'Emma*), dont la popularité est sans équivalent, sont des films historiques, en costume et tournés sur place, très respectueux du roman. Pourtant aucun de ces films ne contient de référence explicite au roman qui le fonde : ils ne se présentent pas comme des adaptations. Mentionner le roman dans le film romprait la continuité et l'illusion d'immédiateté que les lecteurs d'Austen attendent, puisqu'ils désirent voir le film de la même manière ininterrompue qu'ils ont lu le livre. Le contenu a été emprunté, sans que le médium ne soit réapproprié. Ce genre d'emprunt, très commun dans la culture populaire d'aujourd'hui, est bien sûr très ancien. Pour ne prendre qu'un exemple immémorial, songeons à toute la peinture illustrant les histoires tirées de la Bible ou d'autres sources littéraires, où visiblement seul le contenu de l'histoire est emprunté. Notre industrie du divertissement appelle de tels emprunts des « ré-affectations » (*repurposing*) : capter une « propriété » d'un médium et la réemployer dans un autre. Le réemploi appelle une redéfinition, sans pour autant forcément établir un jeu conscient entre les média. Le jeu ne peut survenir que pour le lecteur ou le spectateur connaissant les deux versions et pouvant les comparer.

McLuhan remarquait que « le 'contenu' d'un médium, quel qu'il soit, est toujours un autre médium. Le contenu de l'écriture, c'est la parole, tout comme le mot écrit est le contenu de l'imprimé, et l'imprimé, celui du télégraphe ». Comme le suggère les exemples donnés, McLuhan ne pensait pas à de simples ré-affectations, mais peut-être à une sorte d'emprunts plus complexe, dans lequel un médium est lui-même incorporé ou représenté dans un autre médium. Les peintres hollandais ont incorporé des cartes, des globes, des inscriptions, des lettres et des miroirs dans leurs œuvres. Tous nos exemples d'hypermédiateté se caractérisent par ce genre d'emprunts, auquel ressortit aussi *l'ekhprasis*, ancienne ou moderne, cette description littéraire d'œuvres d'art visuel, que WJT Mitchell définit comme « la représentation verbale de la représentation visuelle ». Redisons-le, nous appelons « remédiation » la représentation d'un médium dans un autre, et nous défendrons que cette remédiation est un critère définitionnel des nouveaux média numériques. Ce qui pourrait être considéré de prime abord comme une pratique ésotérique, est en fait si largement partagé que nous pouvons identifier tout un spectre de moyens par lesquels les média numériques remédient leurs prédécesseurs – spectre dépendant du degré de compétition ou de concurrence perceptible entre les nouveaux et les anciens média.[1]

A une extrémité du spectre, on trouvera le médium ancien mis en relief et re-présenté sous une forme numérique, sans ironie ni critique apparente. Ainsi en va-t-il avec les cd-roms regroupant des galeries d'images ou des collections de textes. De même, le web offre de nombreux sites permettant de télécharger des images ou des textes. Dans ces cas, le médium électronique ne s'oppose pas à la peinture, à la photographie ou à l'imprimé ; au contraire, l'ordinateur s'offre comme un nouveau moyen d'accéder à des matériaux appartenant à des média plus anciens, comme si le contenu de ces média anciens pouvait simplement être versé dans le nouveau. Étant donné que la version électronique ne se justifie que parce qu'elle rend accessibles les média plus anciens, elle se doit d'être transparente. Le médium numérique cherche ici à s'effacer, afin que le regardeur se trouve dans la même relation avec son contenu que celle qu'il aurait eu en se confrontant au médium originel. Idéalement, il ne devrait y avoir aucune différence entre l'expérience de voir un tableau de visu et le voir sur un écran d'ordinateur, mais bien sûr ce n'est jamais parfaitement le cas. L'ordinateur intervient toujours et d'une façon ou d'une autre, il fait ressentir sa présence, soit que le

---

[1] Marshall McLuhan, *Pour comprendre les média : les prolongements technologiques de l'homme [1968]*, Paris, Seuil, 1977, pp. 37-38. W. J. T. Mitchell, *Picture Theory*, Chicago, University of Chicago Press, 1994, pp. 151-152.

regardeur doive cliquer sur un bouton ou faire glisser une barre pour voir toute l'image ou soit que l'image numérique ait du grain ou des couleurs faussées. La transparence, toutefois, reste l'objectif.

Des créateurs d'autres types de remédiations électroniques préféreront insister sur leur différence plutôt que de tenter de l'effacer. Dans ces cas, la version électronique s'offre comme une amélioration de l'ancienne version, même si la nouvelle continue de se justifier par l'ancienne et cherche à rester proche du charme de l'ancien médium. Notons cependant qu'il existe des degrés variables de fidélité. Les encyclopédies sur cd-rom se donnent comme des améliorations des encyclopédies papier. En effet, elles ne fournissent pas seulement des textes et des images, mais encore des sons et de la vidéo et des fonctionnalités électroniques de recherche et de connexion. Pourtant, comme elles présentent des articles séparés, écrits sur des sujets techniques, on peut toujours les reconnaître comme appartenant à la tradition des encyclopédies papier remontant à *L'Encyclopédie* de Diderot et d'Alembert ou à l'*Encyclopedia Britannica*. La maison d'édition Voyager Company a publié une série de « livres étendus » sur cd-rom, donnant accès à un corpus électronique de livres initialement écrits pour une publication papier, dont *Jurassik park* et *Le meilleur des mondes*. L'interface de Voyager remédie le livre imprimé sans changer grand-chose aux présupposés de linéarité et de fermeture de l'imprimé. Le seul nom de « livre étendu » indique le primat de l'ancien médium. De même, la plus grande partie du Web actuel remédie d'anciennes formes sans s'y affronter. Son interface au style pointer-et-cliquer permet au développeur de réorganiser les textes et les images extraites de livres, magazines, films, télévision, mais cette réorganisation ne remet pas en cause le caractère sémantique du texte ou le statut ontologique de l'image. Dans tous ces cas, le nouveau médium ne veut pas s'effacer entièrement. Microsoft veut que l'acheteur comprenne qu'il n'est pas seulement en train d'acheter une encyclopédie, mais bien une encyclopédie électronique donc améliorée. On pourrait dire de cet emprunt qu'il est plus translucide que transparent.

Le médium numérique peut enfin réaliser une remédiation plus radicale. Il peut essayer de remodeler entièrement l'ancien médium, tout en continuant de marquer sa présence et donc en maintenant un sentiment de multiplicité, autrement dit d'hypermédiateté. C'est tout à fait flagrant dans les cd-roms dont nous venons de parler plus haut, tels que *Telecommunication Breakdown* d'EBN dans lequel deux média ont été particulièrement remodelés : l'enregistrement de la musique sur CD et les performances *live* sur scène. Cette forme de remédiation radicale jette la lumière tant sur les média sources que cibles. Dans le morceau intitulé « Electronic Behavior Control System » que nous avons évoqué, la vieille télévision et les clips vidéo sont sortis de leur contexte (et par conséquent de leur échelle) et insérés de façon absurde dans une chanson de rap. Cette extrusion du contexte nous rend pleinement conscient de l'artificialité à la fois de la version numérique et de celle du clip original. L'œuvre se fait mosaïque ; nous sommes simultanément conscients de chaque pièce individuelle et de leur nouvel agencement biscornu. Dans cette sorte de remédiation, les anciens média sont présentés dans un espace dont les discontinuités sont clairement visibles (comme le sont celles du collage et du photomontage). Dans un cd-rom multimédia, les discontinuités sont indiquées par les cadres-fenêtres et les boutons, curseurs, et autres outils de contrôle qui lancent ou stoppent les différents segments multimédia. Le style multi-fenêtré de l'interface graphique favorise ce genre de remédiations : différents programmes, représentant différents média, peuvent apparaître dans chaque fenêtre – un document texte ici, une photo numérique là, une vidéo numérisée ailleurs – pendant que des outils cliquables activent et contrôlent les différents programmes et média. L'interface graphique standard fait de la remédiation en laissant apparentes et en contrôlant les discontinuités, tandis que l'utilisateur passe d'un médium à l'autre.

Enfin, la remédiation par le nouveau médium peut prendre la forme d'une absorption pleine et entière de l'ancien, minimisant les discontinuités entre les deux. Pour autant, le fait même de la remédiation implique que l'ancien médium ne peut pas être entièrement effacé. Le nouveau reste dépendant de l'ancien, de façons avouées ou non. Par exemple, le genre entier des jeux de type *Myst* ou *Doom* remédie le cinéma, et on appelle parfois ces jeux des « films interactifs ». L'idée est que le joueur devienne le personnage d'une narration cinématographique. Il peut contrôler partiellement le fil de l'histoire et la forme de son déroulement, dans la mesure où il peut décider où aller et que faire afin de dynamiter les méchants (dans *Doom*) ou de résoudre les énigmes (dans *Myst*). Il peut aussi choisir où regarder, comment mettre en scène ses points de vue qui sont des constructions graphiques, de sorte que dans un tel film interactif, le joueur est à la fois acteur et metteur en scène. Sur le web, c'est plutôt la télévision qui est remédiée. Il y a de nombreux sites web qui remédient les fonctions de contrôle de la diffusion télévisée. Certains sites présentent un flux d'images issues de caméras numériques dirigées vers différentes parties du monde : des animaux en cage, des poissons dans des aquariums, un distributeur de sodas, le bureau de quelqu'un, une autoroute, etc. Bien que ces sites à point de vue observent le monde pour le web, en général ils refusent de reconnaître que la télévision est le médium qu'ils remodèlent. En fait, la télévision et le WWW sont engagés dans une compétition inavouée où chacun tente de remédier l'autre. (La compétition est économique aussi bien qu'esthétique ; c'est une lutte pour déterminer qui, de la télévision de diffusion ou d'Internet, dominera les marchés américains et mondiaux).

Comme la télévision, le cinéma lui aussi essaye d'absorber et de réaffecter la technologie numérique. Nous l'avons dit, le montage numérique et les effets spéciaux sont aujourd'hui des traits standards des films hollywoodiens, particulièrement des films d'aventure. Et dans la plupart des cas, l'objectif consiste à rendre transparentes ces interventions électroniques. La cascade ou l'effet spécial devra sembler aussi « naturel » que possible, comme si la caméra avait simplement capté une chose réellement advenue à la lumière. L'animation graphique par ordinateur prend elle aussi rapidement le pas sur le dessin animé traditionnel ; de fait, le pas a été totalement franchi avec *Toy Story*. Et là encore, le but est de faire disparaître l'ordinateur : de présenter des décors, des jouets et des personnages humains comme s'ils sortaient d'un film à acteurs. Hollywood a incorporé des images d'ordinateur dans ses films, au moins en partie pour tenter de conjurer la menace que font peser les média numériques sur le film traditionnel linéaire. Cette tentative montre que la remédiation opère dans les deux sens : les utilisateurs des anciens média comme le cinéma ou la télévision peuvent tenter de s'approprier les images d'ordinateur en les remodelant, tout comme les artistes d'images informatiques cherchent à remodeler le cinéma et la télévision.

Contrairement à nos autres exemples d'hypermédiateté, cette forme de remédiation radicale crée un espace apparemment sans couture. Elle voile la relation aux média antérieurs au nom de l'immédiateté ; elle promet une expérience non-médiée, dont le paradigme est la réalité virtuelle. Comme nous le notions tout à l'heure, les jeux tels *Myst* ou *Doom* sont des applications de réalité virtuelle de bureau et, tout comme la réalité virtuelle immersive, ils visent à instiller un sentiment de présence chez le joueur. En regard de ces jeux vidéo, la réalité virtuelle immersive elle aussi remédie la télévision et le cinéma ; elle dépend des conventions associées au point de vue à la première personne (ou caméra subjective). Arthur C Clarke a prédit que : « la réalité virtuelle ne va pas remplacer la télévision. Elle va la manger tout crue »[1]. Certes Clarke s'est sans doute fourvoyé en prédisant le succès de cette technologie, et l'avenir proche ne lui semble pas favorable, mais il avait raison dans le sens où la réalité virtuelle remédie la télévision (et le cinéma) grâce à une stratégie d'incorporation. Cette stratégie ne signifie pas que la réalité virtuelle va oblitérer les anciennes technologies visuelles à point de vue ; elle va au contraire s'assurer que ces technologies survivent comme points de référence à l'aune desquelles se mesurera l'immédiateté de la réalité virtuelle. Paradoxalement, la remédiation est aussi importante pour la logique de l'immédiateté que pour celle de l'hypermédiateté.

---

[1] Cité dans : Howard Rheingold, *Virtual Reality,* New York, Simon & Schuster, 1991, quatrième de couverture.

Médiation et remédiation

Il est facile de voir que les applications hypermédia sont toujours des actions explicites de remédiation : elles importent des média antérieurs dans l'espace numérique afin de les critiquer ou de les remodeler. Par ailleurs, les média numériques qui sont en quête de transparence et d'immédiateté (tels que la réalité virtuelle immersive et les jeux virtuels) sont aussi des actes de remédiation. Les média transparents et les hypermédia sont les manifestations antagonistes d'un même désir : le désir de dépasser les limites de la représentation et d'atteindre le réel. Ils ne recherchent pas le réel dans un sens métaphysique. Bien plutôt, le réel se définit en fonction de l'expérience du regardeur : il est ce qui suscite une réponse émotionnelle immédiate (et par conséquent authentique). Les applications numériques transparentes cherchent à atteindre le réel en déniant résolument le fait de la médiation. Les hypermédia numériques cherchent le réel en multipliant la médiation afin de créer une sensation de plénitude, une satiété de l'expérience, qui peut être prise pour la réalité. Ces deux mouvements sont tous les deux des stratégies de remédiation.

Deux paradoxes sont à l'œuvre ici. Le premier est que l'hypermédia peut toujours être pensé comme culminant dans le non-médié. Reprenons l'exemple d'un cd-rom musical comme celui d'EBN, avec sa surabondance d'images et de sons bombardant le spectateur. La notion d'excès fait partie intégrante de la culture musicale populaire depuis des décennies. D'abord l'excès était atteint simplement en montant le volume jusqu'à ressentir physiquement le son ; mais plus récemment, comme nous l'avons montré, les concerts des musiciens populaires comme U2 sont venus insister sur le spectacle visuel et ont bien souvent fait un usage avoué de nombreux média. Le style vidéo de MTV, excessif et hautement conscient de soi, en résulte et, de toute évidence, les cd-rom musicaux remédient MTV. L'excès de média devient une expérience authentique, non pas parce qu'il correspond à une réalité extérieure, mais parce que justement, il ne se soucie pas de se référer à quoi que ce soit hors de lui. Tout comme sur MTV le spectateur fait l'expérience de ces hypermédia en délaissant le regard long et uni, pour diriger son attention de brefs instants sur des zones circonscrites. L'expérience est celle du coup d'œil plutôt que celle du regard, distinction déjà analysé par Bryson dans *Vision and Painting: The Logic of the Gaze* à propos de la sémiotique de la peinture occidentale. De plus, l'esthétique du coup d'œil rend le spectateur conscient du processus plutôt que du produit, que ce soit celui de la création ou celui de la réception. Par exemple, le Cd-rom d'EBN charrie le sentiment que nous sommes témoins de, et en un sens participons au processus de sa propre construction. En insistant sur le procès, l'hypermédia s'autojustifie. Avec ses références constantes aux autres média et à leurs contenus, l'hypermédia finit par polariser toute notre attention sur lui-même vécu comme pure expérience. En cela, et peut-être seulement en cela, l'hypermédia nous rappelle l'art du haut modernisme (*high modern art*).

En effet, dans le domaine visuel, l'art du haut modernisme était lui aussi auto-justificateur, puisqu'il prodiguait au regardeur une expérience visuelle qui ne devait pas être validée en référence au monde extérieur. L'art moderne promettait lui aussi une expérience authentique et lui aussi insistait sur le procès, par exemple celui de peindre la toile. Comme Greenberg le décrivit dans « Vers un Laocoon plus neuf » : « La peinture et la sculpture [modernes] peuvent, plus complètement que d'autres [arts], ne devenir rien d'autre que ce qu'elles font ; comme l'architecture fonctionnelle et les machines, elles *ressemblent* à ce qu'elles *font* »[1]. L'hypermédia numérique lui aussi ressemble à ce qu'il fait. Par contre, l'art moderne fonctionne souvent par réduction et simplification plutôt que par excès. En ce sens, les hypermédia numériques (et MTV) ressemblent plus à la rhétorique excessive du premier modernisme qu'à la pratique visuelle du haut modernisme. On peut trouver dans la rhétorique du cyberespace des réminiscences des manifestes de Marinetti et des Futuristes. D'ailleurs, les enthousiastes du cyberespace ont une relation aux technologies de la représentation assez semblable à celles que Marinetti et les Futuristes avaient avec celles du moteur à explosion.

Le second paradoxe est que, tout comme l'hypermédia recherche l'immédiateté, les technologies numériques de l'immédiateté finissent toujours pas se révéler être des remédiations, même si, et en fait précisément parce que, elles semblent dénier toute médiation. Les technologies de l'immédiateté essayent d'améliorer les média en les effaçant, mais elles sont obligées de se définir en fonction des standards des média qu'elles cherchent à faire disparaître. A en croire Lenny, le Câble « n'est pas juste de la télé en mieux » ; en disant cela, il affirme de toute évidence la comparaison qu'il nie. Le Câble améliore la télé, parce qu'il fournit une expérience « vécue », ce que la télévision promet et pourtant échoue à fournir. De la même façon, les jeux d'ordinateur tels que *Myst* et *Doom* définissent leur réalité par les traditions du film et de la photographie. *Doom* est considéré comme authentique parce qu'il place l'utilisateur dans un film d'action ; *Myst* à cause de ses graphiques quasi photo-réalistes et son usage cinématographique du son et de la musique d'ambiance. En règle générale, le photoréalisme numérique définit la réalité comme une photographie parfaite, et la réalité virtuelle la définit comme du cinéma filmé à la première personne.

---

[1] Clement Greenberg, « Vers un Laocoon plus neuf », dans Pascal Krajewski (dir.), *Appareil. N°17 : Art et médium 1 : le médium de l'art,* MSH-Paris Nord, Juillet 2016, en ligne.

Il semblerait donc que *toute* médiation soit une remédiation. Nous ne disons pas cela en guise de vérité *a priori*, mais plutôt en arguant du fait que nous sommes à un moment historique où tous nos média fonctionnent comme des remédiateurs et où la remédiation fournit aussi un moyen d'interprétation d'œuvres issues d'anciens média. Notre culture conçoit chaque médium ou chaque constellation de média comme ce qui répond, redéploie, concurrence, et réforme les autres média. A première vue, nous pourrions distinguer quelque chose comme une progression historique dans le fait que de nouveaux média, et particulièrement les média numériques, remédient les anciens. Mais nous nous intéressons à la généalogie et aux affiliations, non à l'histoire linéaire, et dans cette généalogie, d'anciens média peuvent aussi remédier de plus récents. La télévision peut se remodeler à l'image du web – et elle le fait – et le cinéma peut incorporer et tenter de contenir des images d'ordinateur à l'intérieur de sa propre forme linéaire – et il le fait. Ce que nous nous garderons de défendre, c'est l'idée selon laquelle un médium unique pourrait fonctionner indépendamment des autres média et établir son propre espace de signification culturelle, pur et isolé.

Dès lors, nous ferons nôtre le principe d'après lequel, à cet instant historique et dans ce moment culturel, toute médiation est remédiation. Cela ne suggère cependant pas que toutes nos revendications culturelles à la remédiation soient également pressantes. Cela ne suggère pas non plus que nous soyons forcément conscients de (ou que nous pourrions identifier) toutes les manières par lesquelles les média numériques remédient et sont remédiés par leurs prédécesseurs. La double logique de la remédiation peut fonctionner explicitement et implicitement, et elle peut être reformulée de nombreuses façons. Dans le reste de cet article, nous élaborerons cette double logique dans les directions suivantes :

1. *La remédiation comme médiation de la médiation* : toute médiation est remédiation parce que chaque acte de médiation dépend d'autres actes de médiation. Continuellement, les média se commentent, se reproduisent, se remplacent entre eux, et ce processus est inhérent aux média. Les média ont avant tout besoin les uns des autres.

2. *La remédiation comme in-séparation de la médiation et de la réalité* : bien que les enthousiastes du cyberespace et la logique baudrillarienne du simulacre et de la simulation pourraient laisser penser le contraire, toutes les médiations sont réelles. Elles sont réelles en tant qu'artefacts (et non comme agents autonomes) dans notre culture médiée. Bien que tous les média soient dépendants d'autres média à travers des cycles de remédiation, notre culture ne s'est pas encore bien rendu compte que tout médium reproduit le réel. On ne peut pas plus se débarrasser de la médiation que l'on peut se débarrasser du réel.

3. La remédiation comme réforme : le but implicite et parfois explicite de la remédiation est de remodeler ou de réhabiliter les autres média. En outre, étant donné que toute médiation est à la fois le réel et une médiation du réel, la remédiation peut aussi être comprise comme un processus de réforme de la réalité elle-même.

La remédiation comme médiation de la médiation

L'idée d'une remédiation ubiquitaire suggère une analogie entre médiation et interprétation ainsi qu'entre notre analyse des média et la théorie littéraire post-structuraliste des quatre dernières décennies. Derrida et les autres post-structuralistes ont argumenté que toute interprétation est une réinterprétation. De même que pour eux, il n'y a rien avant l'écriture, de même pour notre culture visuelle, il n'y a rien avant la médiation. Tout acte de médiation dépend d'un autre, et en fait de nombreux autres actes de médiation, et est par conséquent un acte de remédiation. Dans son travail sur le post-modernisme, Fredric Jameson a exhumé un lien puissant entre « le tournant linguistique » et ce qu'il préfère appeler la « médiatisation ». Dans « L'utopisme après la fin de l'utopie », Jameson décrit la spatialisation de la culture post-moderne comme « le procès par lequel les beaux-arts traditionnels sont *médiatisés* : c'est-à-dire qu'ils prennent maintenant conscience d'eux-mêmes en tant qu'ensemble de médiums (*media*) différents inscrits dans un système médiatique où leur propre production interne constitue aussi un message symbolique et une prise de position sur le statut du médium en question »[1]. En d'autres termes, la « médiatisation » des beaux-arts traditionnels est un processus de remédiation par lequel les média (et particulièrement les nouveaux média) deviennent systématiquement dépendants les uns des autres et des média antérieurs quant à leur signification culturelle. Nous voudrions suggérer que ce que Jameson décrit comme médiatisation pourrait être vrai non seulement des nouveaux média post-modernes, mais aussi des média visuels antérieurs. Ce que Jameson identifie comme vraiment nouveau et post-moderne pourrait prendre place dans une généalogie de la remédiation, comme le reflet d'une attitude envers la médiation qui certes domine aujourd'hui mais qui s'exprima régulièrement tout au long de l'histoire de la représentation occidentale.

Jameson lui-même semble reconnaître cette généalogie dans « Le surréalisme sans l'inconscient » : « c'est parce que nous avons dû apprendre qu'aujourd'hui la culture est une question de médias (*media*) que nous avons enfin commencé à nous mettre en tête que la culture l'a toujours été et que les anciennes formes, les anciens genres ou, d'ailleurs, les anciens exercices

---

[1] Fredric Jameson, *Le postmodernisme, ou la logique culturelle du capitalisme tardif*, Paris, ENSBA 2011, p. 240.

spirituels, méditations, pensées et expressions, étaient également, chacun de manières très différentes, des produits médiatiques (*media products*). Partout, maintenant, l'intervention de la machine, la mécanisation et la médiation de la culture par l'Industrie de la Conscience se vérifient, et il serait peut-être intéressant d'explorer la possibilité qu'il en ait toujours été ainsi au cours de l'histoire des hommes, et même au sein des anciens modes de production précapitalistes dans leur radicale différence »[1]. Jameson insiste sur le caractère spécial de la médiatisation de notre culture actuelle. A son avis, le paradoxe vient de ce que la médiatisation advient au moment précis où l'interprétation a affirmé une sorte de domination. Les média visuels viennent aujourd'hui défier cette domination : la forme la plus puissante de ce « défi critique et disruptif » est la vidéo, dont le « flux total » menace les différences physiques et temporelles que constitue la signification linguistique – même quand les « concepts disponibles pour analyser » les média comme la vidéo « sont devenus quasi exclusivement linguistiques ». Proclamée par Jameson « médium dominant de notre époque post-moderne », la vidéo se nourrit de la théorie littéraire et linguistique tout en la débordant. Ce que Jameson suggère, c'est que la théorie littéraire, et par extension toute l'entreprise humaniste actuelle, est défiée par la culture populaire des média visuels. On pourrait dire que la télévision, le cinéma et aujourd'hui l'ordinateur graphique menacent de remédier le texte verbal à la fois papier et sur écran – et donc de les remédier si radicalement qu'ils en perdraient le plus gros de leur sens historique.

Dans *Nous n'avons jamais été modernes*, Bruno Latour apporte de nouveaux éléments pour notre compréhension de la relation existant entre le tournant linguistique de la théorie littéraire et notre culture obsédée par les média, et il le fait en mettant en question le post-modernisme dont Jameson est le héraut. En expliquant en quoi la théorie littéraire participe au développement des technosciences post-modernes, Latour nous montre que la leçon de la théorie est précisément celle de la médiation : « Qu'on les appelle 'sémiotique', 'sémiologie' ou 'tournant linguistique', toutes ces philosophies ont pour objet de faire du discours non pas cet intermédiaire transparent qui mettrait le sujet humain en contact avec le monde naturel, mais un médiateur indépendant de la nature aussi bien que de la société »[2]. Latour prétend que la théorie contemporaine transforme les « intermédiaires » en « médiateurs » : à cause de la théorie, il devient difficile de croire au langage comme intermédiaire, comme convoyeur neutre et invisible d'un sens pleinement présent que ce soit entre le locuteur/scripteur et l'auditeur/lecteur qu'entre les sujets et les objets, les

---

[1] *Ibid.*, p. 122.
[2] Bruno Latour, *Nous n'avons jamais été modernes*, Paris, La découverte, 1997, p. 84.

gens et le monde. A la place, le langage est considéré comme un médiateur actif et visible qui remplit l'espace entre les sujets signifiants et la nature. En devenant un médiateur et non plus un intermédiaire, le langage opère exactement comme les média opèrent dans la remédiation. Les média visuels eux aussi sont des médiateurs actifs, et non de simples convoyeurs de sens. Pour Latour, les phénomènes de la technoscience contemporaine consistent en des intersections ou des « hybridations » du sujet humain, du langage et du monde des choses, et ces hybrides sont aussi réels que leurs constituants – en fait, en un sens, ils sont plus réels parce qu'aucun constituant (sujet, langage, objet) n'apparaît jamais sous une forme pure, séparée des autres constituants. Les événements de notre culture médiée sont constitués par des combinaisons de sujets, de média et d'objets, qui là encore n'existent pas sous forme séparée. Dès lors, il n'y a rien avant ou en dehors de l'acte de médiation.

La remédiation comme in-séparation de la réalité et de la médiation

Les média fonctionnent comme des objets insérés dans le monde – intégrés à des systèmes d'échanges linguistiques, culturels, sociaux et économiques. Les média sont des hybrides au sens de Latour et donc ils sont réels pour les cultures qui les créent et les utilisent. La photographie est réelle, ne fonctionnant pas seulement comme un morceau de papier résultant du processus photographique, mais comme un réseau d'artefacts, d'images, et d'accords culturels à propos de ce que ces images spécifiques veulent dire et font. Le cinéma est réel, et ici aussi, sa réalité est la combinaison d'un celluloïd, d'une signification sociale liée à la célébrité, de l'économie de l'industrie du divertissement, et des technologies de capture d'images, de montage et de composition. La réalité des images numériques et du web est attestée par les relations économiques et culturelles qui se sont rapidement développées autour des produits de Netscape ou de Microsoft.

L'art moderne a joué un rôle clé pour convaincre notre culture de la réalité de la médiation. Dans bien des cas, la peinture moderne a délaissé le monde pour parler d'elle-même. Paradoxalement, en éliminant « le réel » et « le monde » comme référents, le modernisme souligna la réalité de l'acte de peindre et de ses produits. Les peintres nous offraient leurs œuvres comme des objets du monde et non comme des représentations d'un monde extérieur. En réduisant voire en refusant la fonction représentative de la peinture, ils cherchèrent à atteindre une immédiateté de la présentation inconnue de la peinture traditionnelle qui elle atteignait l'immédiateté par le voilement de tout signe de médiation. L'art moderne était souvent réel, précisément parce qu'il refusait d'être réaliste, et l'exemple de l'art moderne nous rappelle la nécessité de distinguer la médiation et la remédiation de la représentation. Bien que l'art moderne sépare le réel et le représentatif, il n'en est pas pour autant non-médié. La peinture moderne atteint l'immédiateté non en déniant sa médiation, mais en l'assumant. En effet, comme l'avait noté Cavell, s'autorisant du travail de Greenberg et de Fried, l'un des traits caractéristiques de la peinture moderniste est son insistance à faire connaître les conditions de son propre médium.

La réalité de la peinture moderniste déborde l'œuvre elle-même pour toucher l'espace du réel. Philip Fisher défend que « la colonisation de cet espace entre la surface de la toile et le spectateur a été l'un des traits les plus marquants du XXe siècle »[1]. Une visite dans un musée traditionnel nous apprend que l'espace entre le regardeur et la toile est contrôlé, institutionnalisé et gardé comme un genre spécial d'espace réel, autour duquel les gens marchent ou devant lequel ils patientent avant de pénétrer. Nous avons vu cette colonisation de l'espace muséal s'étendre à l'espace s'ouvrant entre le photographe ou le cinéaste et l'objet de sa technologie médiante. Par exemple, quand un touriste prend une photo ou fait une vidéo, nous traitons la ligne de visée qui s'étend entre l'objectif et l'objet comme un obstacle réel : nous faisons un détour, nous nous penchons ou nous attendons que ce soit fini. Nous faisons ces gestes non seulement par politesse mais aussi parce que nous reconnaissons la réalité de l'acte de médiation dont nous sommes témoins. Dans ce cas, l'acte de médiation s'insère dans un système de régulation du trafic piéton, au même titre qu'un arbre, un câble ou un feu de circulation (qui est bel et bien un acte de médiation dont nous reconnaissons la réalité). Les médiations sont réelles non seulement parce que les objets produits (photos, vidéos, films, tableaux, cd-roms, etc) circulent dans le monde réel, mais aussi parce que l'acte de médiation lui-même fonctionne comme un hybride et est quasiment traité comme un objet physique.

Finalement, bien qu'il n'y ait rien avant l'acte de médiation, on peut aussi dire qu'en un certain sens, toute médiation reproduit le réel. La remédiation est la médiation de la réalité parce que les média eux-mêmes sont réels et parce que l'expérience des média est le sujet de la remédiation.

La remédiation comme réforme

De nos jours, les éducateurs utilisent le terme de « remédiation » comme euphémisme pour parler de la tâche consistant à ramener des étudiants en retard au niveau de connaissance attendu. Le mot vient du latin *remederi* – soigner, rendre la santé – et nous avons adopté le même mot pour exprimer la façon dont un médium est vu par notre culture comme réformant ou

---

[1] Philip Fisher, *Making and Effacing Art: Modern American Art in a Culture of Museums*, New York, Oxford University Press, 1991, p. 37.

améliorant un autre médium[1]. Cette croyance en une réforme est particulièrement forte chez ceux qui aujourd'hui ré-affectent les anciens média dans un format numérique. Ils nous disent par exemple que la transformation de la télévision de diffusion en une télévision numérique interactive va motiver et libérer les spectateurs comme jamais ; que la réalité virtuelle améliore le cinéma en plaçant le spectateur au centre d'un point de vue mobile ; que le courriel est plus pratique et fiable que le courrier postal ; que les hypertextes amènent de l'interactivité au roman ; et que les sons et films numériques améliorent leurs équivalents analogues. Le principe de réforme est si puissant que tout nouveau médium doit à présent se justifier en améliorant un prédécesseur : d'où le besoin qu'ont les images d'ordinateur d'atteindre un plein photoréalisme. D'ailleurs, cette vocation réformatrice ne se limite pas aux média numériques. La photographie était vue comme la réforme de la peinture illusionniste ; le cinéma comme la réforme du théâtre (au sens où les premiers films étaient appelés des « *photoplays* »).

Certes il serait possible de montrer qu'un nouveau médium rend meilleure une chose déjà bonne, mais la rhétorique de la remédiation a rarement consisté en cela et ce n'est certainement pas ce qui se joue avec les média numériques. Chaque nouveau médium se justifie en remplissant un manque ou en réparant une faute de son prédécesseur, en comblant la promesse non tenue d'un médium plus ancien. (Généralement, bien sûr, les utilisateurs ne se rendaient pas compte que l'ancien médium échouait à tenir sa promesse, jusqu'à ce que le nouveau médium paraisse). Le discours sur la réalité virtuelle, la vidéoconférence, la télévision interactive et le web place leur vertu dans le fait que chacune de ces technologies corrige l'inadéquation du médium ou des média qu'elle supplante. Dans tous les cas, cette inadéquation est représentée comme un manque d'immédiateté. Du moins est-ce généralement ainsi que se présente la rhétorique de la remédiation. La photographie était plus immédiate que la peinture ; le film plus que la photo ; la télévision plus que le film ; et à présent la réalité virtuelle accomplit la promesse d'immédiateté et met apparemment un terme à cette course. Le discours de la remédiation privilégie l'immédiateté, tandis que plus le médium mûrit, plus il offre d'occasions inédites d'hypermédiateté.

La remédiation peut aussi impliquer une réforme au sens politique ou social, et là encore, l'arrivée des média numériques le fit apparaître clairement. Certaines figures politiques américaines ont même suggéré que

---

[1] [NdT] Cette étymologie semble fort discutable. Le terme *remediation* existe bien en anglais dans le sens de « remédier à, soigner », issu du latin « remediare », composée sur « mederi », *soigner*. Le terme de *re-mediation*, forgé par les auteurs, doit aller chercher son étymologie dans la racine de « médiation », donnée par le latin « mediare », *partager en deux*. Il nous semble que les auteurs ont été trompés et éblouis par le fait que le terme dont ils avaient besoin, *re-mediation*, possédait déjà un homonyme dans la langue anglaise, *remediation*.

le web et Internet pouvaient réformer la démocratie en insufflant de l'immédiateté dans les procédures de prise de décision. Quand les citoyens peuvent participer aux débats voire voter électroniquement, une démocratie directe (immédiate) peut se substituer à notre système représentatif. Là encore, tels qu'ils adviennent, les média numériques promettent de triompher de la représentation. Derrière les revendications déclarées de réforme politique, beaucoup de cyber-enthousiastes suggèrent que le web et les applications informatiques sont en train de créer une culture numérique qui va révolutionner le commerce, l'éducation et les relations sociales. Par exemple, la télévision diffusée est associée au vieux système du contrôle hiérarchique, tandis que les média interactifs renvoie le centre de contrôle chez l'individu. Que les média numériques puissent réformer et même sauver la société, nous rappelle la promesse faite par toutes les technologies du XXe siècle : il s'agit d'une promesse singulièrement, voire exclusivement, américaine. La culture américaine semble croire en la technologie d'une façon inconnue de la culture européenne par exemple. A travers tout le XXe siècle, ou plus sûrement depuis la Révolution Française, le salut a été défini en Europe en termes politiques – en dénichant la formule politique appropriée (radical gauche ou radical droite). Même les marxistes traditionalistes, qui croyaient dans le progrès technique, subordonnaient ce progrès au changement politique. En Amérique, pourtant, le salut collectif (et peut-être même personnel) a été pensé comme provenant de la technologie plutôt que d'actions politiques ou même religieuses. La culture américaine contemporaine assure avoir perdu une grande part de sa foi naïve dans la technologie. (Évidemment, la théorie post-moderne est ambivalente si ce n'est hostile à l'égard de la technologie, mais bien sûr cette théorie est d'origine et d'obédience européennes (largement française)). D'un autre côté, les enthousiastes prolixes du cyberespace et toute la frange de leurs partisans diserts ayant grandi autour de l'informatique, se définissent par leur attachement au salut technologique. Ce qui reste ancré dans notre culture actuelle est la conviction que la technologie elle-même progresse en se réformant : que la technologie se réforme elle-même. Nous dirions : les nouvelles technologies de la représentation procèdent en réformant ou en remédiant les plus anciennes, pendant que les anciennes technologies luttent pour conserver leur légitimité en remédiant les nouvelles. Les fans du cyberespace assurent qu'en remédiant les anciens média, les nouveaux média accomplissent un changement social. Le geste réformateur est enraciné dans la culture américaine, et c'est pourquoi il s'entiche si facilement des stratégies de remédiation.

Finalement, la remédiation est une réforme dans le sens où les média réforment la réalité elle-même. Nous l'avons expliqué plus haut, cela ne veut pas seulement dire que les média réforment l'apparence de la réalité. Les hybrides-média (affiliations d'artefacts techniques, de justifications rhétoriques et de relations sociales) sont aussi réels que les objets des sciences. Les média rénovent la réalité de la même manière que toutes les technologies occidentales ont cherché à la réformer. Ainsi, la réalité virtuelle réforme la réalité en nous fournissant un monde visuel alternatif et en insistant pour faire de ce monde notre lieu de présence et notre matrice de sens. Les propositions récentes d'informatique « ubiquitaire » ou « distribuée » auraient tendance à faire tout le contraire, mais toujours au service du même désir de réforme. Au lieu de nous plonger dans l'univers graphique de l'ordinateur, la stratégie de l'informatique ubiquitaire consiste à éclater les ordinateurs et les appareils de computation à travers le monde : d'« augmenter la réalité » avec des appareils numériques et ainsi de créer un « cyberespace distribué ». Ses avocats considèrent qu'une telle stratégie « est une façon d'améliorer le *design* 'défectueux' de notre réalité ordinaire », dans lequel « les objets sont largement 'morts' au vu des signes distinctifs qui nous préoccupent. Les postes de télévision et les chaînes stéréo nous sont indifférents : ils ne s'éteignent pas tout seuls quand nous parlons au téléphone ». Latour soutient que pendant des siècles, nous avons construit nos technologies précisément pour prendre conscience de nos distinctions culturelles. Bien qu'il tomberait sans doute d'accord avec les fans de l'informatique distribuée sur le fait que « les 'distinctions' qui intéressent les gens sont les mondes virtuels ou… les réseaux d'information », ces enthousiastes s'égarent quand ils pointent une démarcation catégorique entre le cyberespace distribué et d'autres technologies actuelles ou passées.[1] D'après Latour, l'idée que les technologies incarnent nos valeurs et nos distinctions culturelles, fut une caractéristique non seulement des sociétés modernes mais aussi des sociétés « amodernes » ou « prémodernes ».

Les partisans de l'informatique ubiquitaire expriment de façon grandiloquente le but implicite de tous les partisans et tous les acteurs des média numériques : ré-imaginer et donc réformer le monde comme un espace médié (et remédié). Encore une fois, rien de neuf. Pendant des centaines d'années, la remédiation de la réalité a été intégrée à nos technologies de la représentation. La photo, le cinéma, et certainement la télévision, ont été élaborés par notre culture pour matérialiser nos distinctions culturelles et pour ancrer ces distinctions dans notre réalité, et les média numériques n'ont fait que suivre cette tradition. L'informatique ubiquitaire ne sera pas non plus l'ultime expression de cette remédiation comprise comme réforme – comme nous le laisse déjà présager le matraquage naissant autour des « média poussés » (*push media*).

---

[1] Wendy A. Kellogg, John M. Carroll, et John T. Richards, « Making Reality a Cyberspace », dans Michael Benedikt (sld), *Cyberspace: First Steps*, Cambridge, Mass., MIT Press, 1991, pp. 411-433.

La remédiation de Soi

Les deux logiques identifiées – le désir d'immédiateté et la fascination pour l'hypermédiateté – ont une dimension psychologique que nous n'avons pas encore explorée (et que nous laisserons à d'autres le soin d'analyser pleinement). Bien que nous nous soyons concentrés sur la relation entre l'objet et l'acte de la représentation, nos deux logiques peuvent aussi se détectées dans l'attitude du sujet vis-à-vis de l'acte de la représentation. Les deux derniers siècles ont vu croître le désir du sujet pour l'immédiateté, tant dans l'expression que dans la réception artistiques. Cavell note que ce désir venait d'un besoin d'autovalidation : « ce que voulait la peinture [traditionnelle], en voulant la liaison avec la réalité, c'était un sentiment d'être présent (*presentness*) – non pas exactement la conviction de la présence à nous du monde mais de notre présence au monde. A un moment donné, le décalage de notre conscience par rapport au monde a interposé entre nous et notre être-présent au monde notre subjectivité. Notre subjectivité est alors devenue ce qui nous est présent, l'individualité est devenue de l'isolement. Le chemin vers la conviction de la réalité passait par la reconnaissance de cette présence sans fin du moi ». Comme Cavell le souligne en suivant, le romantisme changea de stratégie pour conquérir cette relation non-médiée en portant l'accent non sur le monde comme objet (*mimesis*) mais sur le regardeur comme sujet (expression) : « parler de notre subjectivité comme chemin de retour à notre conviction de la réalité, c'est parler du romantisme »[1]. Si le sujet des Lumières se contentait de se tenir debout et de regarder à travers le cadre de la fenêtre, le sujet romantique voulut se rapprocher. Et quand à son tour, le romantisme fut convaincu qu'une quête active de la réalité relevait de la responsabilité et du pouvoir du Soi, le modernisme alla un cran plus loin en s'appliquant pour lui-même cette « présence sans fin du moi ».

Dans leurs efforts pour conquérir cette présence, les créateurs des média numériques ont adopté les deux stratégies, romantique et moderniste. Quand un sujet examine un tableau en perspective linéaire, il subsiste une distance visuelle critique : le cadre de la fenêtre sépare le sujet des objets de la représentation. Il y a alors deux façons de réduire cette distance critique et d'ainsi rehausser le sentiment d'immédiateté : soit le sujet peut passer à travers la fenêtre dans le monde représenté, soit les objets de la représentation peuvent remonter vers la fenêtre voire la traverser et venir encercler le sujet. Ces deux stratégies ont toutes deux été adoptées par les média numériques. La réalité virtuelle opte pour le romantisme de la première, en permettant au regardeur de passer à travers la fenêtre

---

[1] Stanley Cavell, « Choses vues, choses entendues », dans *La projection du monde*, Paris, Belin, 1999, p. 49, p. 50.

albertienne dans une recherche active de la réalité pour examiner et parfois manipuler les objets de la représentation. Bien que ce mouvement ait pu être implicite dans la peinture illusionniste, la photographie normale, le cinéma et la télévision, les cyber-enthousiastes insistent sur le fait que quelque chose de nouveau eut lieu quand ce mouvement de traversée de la fenêtre albertienne fut devenu explicite et opératoire. La seconde stratégie plus moderniste a été adoptée par l'informatique ubiquitaire et par les hypermédia en général. Le sujet reste où il est, et ce sont les objets de la représentation qui viennent à lui pour être appréciés individuellement. Dans les applications hypermédia, les objets se pressent contre la fenêtre albertienne et se divisent dans autant de panneaux ou de cadres qui se concurrencent pour capter l'attention du sujet. Avec l'informatique ubiquitaire, les applications se matérialisent dans autant de machines et d'appareillages séparés et distribués dans tout l'environnement. L'objectif est toujours l'immédiateté par le contact, mais elle est à présent atteinte quand le sujet reconnaît le caractère multiple et médié des objets devant lui.

D'ailleurs, la définition du sujet est la même dans les deux cas. Dans la réalité virtuelle, le sujet se définit par les perspectives qu'il occupe dans l'espace virtuel. A cet égard, il est comme le sujet des Lumières qui se définissait par la position qu'il occupait devant le tableau, ou plus généralement par le point de vue visuel et verbal qu'il adoptait dans sa relation au monde. Mais dans sa quête d'immédiateté, le sujet de l'espace virtuel ne se satisfait pas d'un seul point de vue ; il préfère occuper les points de vue des autres participants et des objets de cet espace. Il ne se conçoit plus comme un unique et inébranlable point de vue, mais comme une potentielle succession très rapide de points de vue, et comme la série d'expériences immédiates dérivées de ces points de vue. De la même manière, avec les hypermédia, le sujet se définit comme une succession de relations avec des applications et des média variés. Oscillant entre les média (allant de fenêtre en fenêtre, d'application en application), sa subjectivité est déterminée par ces applications. Dans le premier cas, le sujet s'assure de son existence par sa capacité à occuper différents points de vue, tandis que dans le second, il s'assure de son existence par le fait de pouvoir entrer dans une relation immédiate avec les média ou les formes de média divers qui l'entourent.

La double nature de l'immédiateté et de l'hypermédiateté a aussi une dimension psychologique. Dans un premier temps, le désir d'immédiateté s'avéra être rempli par les technologies qui dénient la médiation : la photographie normale, la télévision en direct, l'image d'ordinateur 3D et immersive, etc. Pourtant ces technologies ne purent satisfaire pleinement ce désir car, nous l'avons vu, elles ne parviennent jamais à renier toute médiation. Chacune d'elles finit toujours par se définir en référence à d'autres technologies, de sorte que le regardeur n'atteint jamais cet état béat dans lequel les objets de la représentation eux-mêmes seraient ressentis comme étant présents à soi (*self-present*). Quasiment à chaque nouvelle technologie (et périodiquement avec les anciennes), notre culture se lance frontalement à l'assaut du problème de la représentation. Comme cette stratégie n'a de cesse d'échouer, une stratégie contraire émerge : celle où le sujet se laisse fasciner par l'acte même de la médiation.

L'échec à voir satisfait notre désir d'immédiateté et conséquemment notre fascination pour le processus de médiation, constituent notre Moi comme partie de ce processus. Quand nous regardons une photographie traditionnelle ou une peinture en perspective, nous nous identifions au point focal occupé par l'artiste ou le photographe. Quand nous regardons un film ou une émission télé, nous nous identifions au point de vue changeant de la caméra. Quand nous enfilons un casque de réalité virtuelle, nous nous identifions au point focal d'une technologie temps-réel, alliant graphiques 3D et détection de mouvements. Et dans la mesure où nous sommes médiés, nous sommes aussi remédiés, parce que chaque fois, nous apprécions un médium particulier en lien avec les autres média passés ou présents. Quand nous regardons un film adapté d'un roman, nous importons dans le film un sentiment du moi plein de la voix du texte. Quand nous vivons de la réalité virtuelle, nous y importons les médiations du sujet apprises de la télévision et du cinéma. Quand nous lançons un programme multimédia sur notre ordinateur personnel, chaque fenêtre, qu'elle contienne du texte, des images ou de la vidéo, fournit une médiation différente du sujet de sorte que notre expérience globale est celle d'une remédiation de ces différences.

Cette fascination des média, à son tour, explique pourquoi le Soi est aujourd'hui à la fois médié et remédié. Si l'immédiateté était possible, si le soi pouvait être laissé seul avec les objets de la médiation, alors les média ne rentreraient pas dans sa définition. Nous pourrions n'être que des sujets dans le monde. Mais même si cet état utopique était possible, hypothèse que nous nous garderons d'essayer de réfuter, il est à coup sûr inaccessible dans notre quotidien saturé de média. Les média font partie de notre monde au même titre que tous les objets naturels et artificiels. Chaque fois que nous nous engageons dans des média visuels (ou verbaux), nous prenons conscience non seulement des objets représentés, mais aussi des média eux-mêmes. Au lieu d'essayer d'être-présent aux objets de la représentation, le sujet définit aujourd'hui l'immédiateté comme le fait d'être-présent aux média. Dans cette remédiation du soi, la fascination vis-à-vis des média fonctionne comme une sublimation du désir initial d'immédiateté, désir d'être présent à soi-même.

Les réseaux de la remédiation

Bien que notre analyse de la remédiation puisse paraître largement formelle, nous avons constamment rappelé les bases matérielles de la remédiation. Quand les artistes et les techniciens modèlent le dispositif d'un nouveau médium, ils le font en se référant aux média antérieurs, empruntant et adaptant autant de matériaux et de techniques que possible. Ainsi, Gutenberg et les premiers imprimeurs empruntèrent les formes des lettres et la mise en page de la technologie des manuscrits et ils fabriquèrent le livre imprimé comme « un manuscrit en mieux ». Après avoir gagné leur bataille de la remédiation, les imprimeurs de la fin du XVe siècle abandonnèrent le modèle du manuscrit en simplifiant les formes des lettres et en harmonisant la mise en page. Pour ce qui est de la photographie, Fox Talbot, l'un de ses pionniers, justifiera son invention par l'insatisfaction qu'il ressent face à l'appareil contemporain destiné à dessiner à la main des sujets en perspective suffisamment précis : et la « caméra » fut sa remédiation de la *camera obscura*. Les premières générations de techniciens et de producteurs du cinéma remédièrent autant la photographie que les pratiques théâtrales. Les inventeurs de la télévision remédièrent le tube à vide d'un appareil modulant les ondes radio dans un appareil transmettant les images. Dans l'image d'ordinateur, des programmes de dessin (*paint*) empruntent les techniques et les noms des pratiques analogiques de la peinture. La première génération de *web designers* ont remédié le *design* graphique tel que le pratiquaient les journaux imprimés et les magazines, qui eux-mêmes aujourd'hui remédient le *design* graphique du web.

La remédiation des pratiques concrètes est inséparable de la remédiation des agencements sociaux. Les nouveaux praticiens tiennent à revendiquer le statut de praticiens de l'ancien médium. Les vedettes de cinéma veulent être vues comme des artistes aussi doués que les comédiens de théâtre. Les réalisateurs de film veulent être considérés comme des *auteurs*. Les réalisateurs de drames télé veulent qu'on accorde à leur travail le statut de drame cinématographique (les drames de la scène étant plus ou moins moribonds). Les créateurs de jeu sur ordinateur espèrent que leurs produits interactifs atteindront un jour le statut des premiers films : il y a même une tentative d'attirer les vedettes du cinéma pour jouer dans ces productions de narration informatique. Pour la photographie, qui remédie la peinture, le cas fut plus complexe. Dans leur rivalité avec les peintres, certains photographes (tel Henry Peach Robinson) cherchèrent à être considérés comme des artistes, pendant que des photographes « normaux » (tels Lewis Hine, Edward Weston, August Sander) se considéraient non comme des artistes, mais plutôt comme des historiens de la société ou même des scientifiques naturalistes. Leurs désaccords internes touchaient à la fois les bases matérielles du médium et la nature formelle et sociale de la remédiation réalisée par la photographie. Quelles que soient ces différences, à chaque fois, la remédiation du social et celle du matériel vont de pair.

Les aspects sociaux et concrets de la remédiation charrient avec eux un pan économique. A certains égards, cette rivalité et ce remodelage entre média ont déjà été explicitement reconnus. Chaque nouveau médium a dû trouver sa place économique, soit en remplaçant soit en supplémentant ce qui était déjà disponible, pendant que les travailleurs du nouveau médium cherchaient à justifier leur succès économique par le statut du nouveau médium. Ainsi, les *web designers* exigent des salaires plus élevés que les dactylographes ou les anciens *designers* graphiques, et ils justifient cette surenchère en arguant que les média numériques ne se contentent pas de remplacer les documents imprimés mais les améliorent grandement. Ainsi, pour les *web designers*, l'aspect économique de la remédiation est très liée aux aspects sociaux et matériels. De la même façon, le fait que l'industrie du divertissement comprenne la remédiation comme une réaffectation, révèle l'inséparabilité de l'économique, du social et du matériel. Comme nous l'avons indiqué plus tôt, l'industrie du divertissement définit la réaffectation comme le transvasement d'un contenu médié connu vers une nouvelle forme médiée : une série en bande dessinée sera réaffectée dans un film d'action, un dessin animé, un jeu vidéo et une gamme de jouets. Bien que l'objectif soit économique d'abord – non pas de remplacer les formes antérieures, pour lesquelles les sociétés pourraient bien posséder des droits, mais plutôt de répandre son contenu sur le plus de marchés possibles – la réaffectation marche comme une remédiation dans la mesure où ses fins économiques ne sont rendues possibles que par des moyens sociaux et matériels.

Ces aspects matériels, sociaux et économiques de la remédiation entrent dans le réseau relationnel décrit par Latour, auquel nous avons déjà fait appel pour qualifier les média d'hybrides. Bien qu'il soit possible d'examiner chaque aspect séparément, nous croyons que la remédiation est un concept qui s'applique aux média dans leur caractère simultané d'objets, de relations sociales et de structures formelles. Un changement dans l'aspect formel d'un médium (par exemple, l'invention de la perspective linéaire dans la peinture) peut aussi changer sa valeur économique et son statut d'objet regardé. En fait, il est artificiel de caractériser ce changement comme s'il s'agissait d'une relation de cause à effet. Pour reprendre l'exemple de la perspective linéaire, le rôle et le statut de l'artiste, ainsi que l'usage social de ses créations, avaient déjà commencé à changer au XIVe siècle, au moment même où les artistes expérimentaient leur technique de la perspective. Il serait alors plus juste de dire que dans notre culture, le médium se définit comme le remodelage d'un réseau de relations. Une remédiation dans l'une des dimensions des médiahybrides semble toujours à la fois suggérer et être suggérée par les remédiations dans les autres dimensions.

Bibliographie

ALBERTI Leon Battista, *La peinture*, Paris, Seuil, 2004

ALPERS Svetlana, *L'art de dépeindre : La peinture hollandaise au XVIIe siècle*, Paris, Gallimard, 1990

BAZIN Hervé, *Qu'est-ce que le cinéma ? [1945-1958]*, Paris, Cerf, 2011

BRICKEN Meredith, « Virtual Worlds: No Interface to Design », dans BENEDIKT Michael (sld), *Cyberspace: First Steps*, Cambridge, Mass., MIT Press, 1991

BRYSON Norman, *Vision and Painting: The Logic of the Gaze*, New Haven, Conn., Yale University Press, 1983

CAVELL Stanley, *La projection du monde*, Paris, Belin, 1999

COTTEN Bob et OLIVER Richard, *Understanding Hypermedia*, London, Phaidon Press, 1992

DITLEA Steve, « Another World: Inside Artificial Reality », PC Computing 2:11, 1989

FISHER Philip, *Making and Effacing Art: Modern American Art in a Culture of Museums,* New York, Oxford University Press, 1991

FOUCAULT Michel, *Les mots et les choses,* Paris, Gallimard, 1966

FOUCAULT Michel, « Nietzsche, la généalogie, l'histoire », dans *Hommage à Jean Hyppolite*, Paris, PUF, 1971

GREENBERG Clement, « La peinture moderniste » et « Vers un Laocoon plus neuf », dans KRAJEWSKI Pascal (sld), *Appareil. N°17 : Art et médium 1 : Le médium de l'art*, MSH-Paris Nord, Juillet 2016, en ligne

JAMESON Fredric, *Le postmodernisme, ou la logique culturelle du capitalisme tardif,* Paris, ENSBA 2011

JAY Martin, « Scopic Regimes of Modernity », dans FOSTER Hal (sld), *Vision and Visuality*, Seattle, Wash., Bay Press, 1988

KELLOGG Wendy A., CARROLL John M., et RICHARDS John T., « Making Reality a Cyberspace », dans BENEDIKT Michael (sld), *Cyberspace: First Steps*, Cambridge, Mass., MIT Press, 1991

LANHAM Richard, *The Electronic Word: Democracy, Technology, and the Arts*, Chicago, University of Chicago Press, 1993

LATOUR Bruno, *Nous n'avons jamais été modernes*, Paris, La découverte, 1997

LATOUR Bruno, « Drawing Things Together », dans LYNCH Michael et WOOLGAR Steve (sld), *Representation in Scientific Practice*, Cambridge, Mass., MIT Press, 1990

MCLUHAN Marshall, *Pour comprendre les média : les prolongements technologiques de l'homme [1968]*, Paris, Seuil, 1977

MITCHELL William J. T., *Picture Theory*, Chicago, University of Chicago Press, 1994
MITCHELL William J. T., *The Reconfigured Eye: Visual Truth in the Post-Photographic Era*, Cambridge, Mass., MIT Press, 1994
PANOFSKY Erwin, *La Perspective comme forme symbolique*, Paris, Minuit, 1975
RHEINGOLD Howard, *Virtual Reality*, New York, Simon & Schuster, 1991
TALBOT William Henry Fox, *Le crayon de la nature [1844]*, ?, Casimiro, 2014

Seconde partie

Les média dans l'art

Le concept de médium chez Arthur Danto :
Les choses banales comme médiums ?

Vincent Beaubois

Vincent Beaubois est agrégé de philosophie et doctorant à l'université Paris Nanterre.

Introduction

Se démarquant des théories classiques du médium en art – centrées sur la matérialité de l'œuvre –, Arthur Danto redéfinit cette notion à partir d'un intérêt pour des œuvres *non-picturales*, des œuvres constituées par de simples objets du quotidien. Si la notion de « médium » caractérise généralement la matérialité propre aux processus artistiques classiques (peinture, sculpture, etc.), quel sens y a-t-il à interroger en ces termes des œuvres comme *In Advance of the Broken Arm* (1915) de Marcel Duchamp, se présentant comme une pelle à neige, ou encore *Brillo Boxes* (1964) d'Andy Warhol, constitué d'un ensemble de boîtes de savon de la marque Brillo ?

Pour Danto, le médium ne désigne plus simplement la matérialité mise en œuvre dans un travail plastique, mais la tension qui s'inscrit entre cette matérialité et ce qu'elle exprime. Initialement, ce concept lui sert à instituer un partage entre l'œuvre d'art et le simple objet banal : si *In Advance of the Broken Arm* reste matériellement indiscernable d'une pelle à neige vendue en quincaillerie, seule la première présente, pour Danto, un médium artistique en tant qu'elle exprime quelque chose que l'objet d'usage ne peut que taire. Alors que la pelle à neige se résumerait à un outil utilitaire, toujours pris dans des considérations pratiques, l'œuvre de Duchamp affirmerait, dans sa matérialité, une idée sur cette matérialité même. Pour Arthur Danto, cette capacité expressive de la matérialité artistique caractérise la notion même de médium.

Cependant, ses derniers travaux semblent marquer une inflexion du sens de cette coupure entre œuvre d'art et objet banal. On peut, en effet, identifier une transformation de sa pensée à partir de la fin des années 1990 à la suite de certaines critiques formulées à l'égard de son ouvrage de 1981, *La Transfiguration du banal*. Partant de ce fléchissement dans la pensée de Danto au tournant des années 2000 et jusqu'à son dernier ouvrage, *Ce qu'est l'art* (2013), nous souhaiterions développer ces intuitions récentes dans toutes leurs conséquences, actualiser une virtualité de cette pensée qui s'écarte des positions classiques en laissant deviner la possibilité que les choses banales se présentent elles-mêmes comme médiums. Alors que la philosophie de Danto se maintient généralement dans un partage classique entre art institutionnel (*high art* – seul lieu du médium en art) et culture populaire (*low culture*[1]), et plus généralement entre art et technique, le concept de médium qu'elle développe semble pointer vers une subversion de ce partage conventionnel. Nous chercherons donc à reprendre ce qui fait l'originalité de ce concept chez Danto pour l'appliquer par-delà les résultats connus de sa philosophie : non pas instituer une séparation entre l'œuvre d'art et le simple objet, mais indiquer au contraire une zone de dialogue, une zone d'échange entre les deux qui n'est pas pour autant une zone d'indistinction. Il ne s'agit donc pas tant de critiquer la philosophie de l'art de Danto que de suivre certaines potentialités qui l'habitent.

Retraçant ces questions depuis *La Transfiguration du banal* (1981) jusqu'à *Ce qu'est l'art* (2013) en passant par *La Madone du futur* (2000), nous insisterons sur le fait que, d'une part, pour Danto, le médium se définit bien à partir de la matérialité de l'œuvre sans pour autant s'y réduire, et que, d'autre part, cette notion peut nous aider à circonscrire un certain rapport aux choses, que celles-ci soient conventionnellement appréhendées comme œuvres d'art ou comme simples objets techniques. L'enjeu de cette relecture de l'œuvre de Danto s'avère donc double, puisqu'il s'agit à la fois de comprendre son évolution et, par-delà la pensée même du philosophe, d'apprendre quelque chose de notre relation aux choses.

La Transfiguration du banal : le concept de « médium » comme opérateur de coupure

La notion de « médium » en art, au XXe siècle, s'est constituée sur la base d'un partage de la culture matérielle occidentale entre ce qui relève des « simples objets » et ce qui concerne les œuvres d'art. Clement Greenberg

---

[1] Sur la différence entre « high art », « low art », « high culture » et « low culture », on pourra se rapporter à la note de Claude Hary-Schaeffer dans l'Introduction de Arthur Coleman Danto, Après la fin de l'art [1992], trad. par Claude Hary-Schaeffer, Paris, Le Seuil, 1996, p. 15. Le *high art* s'oppose au *low art* au sens où l'art institutionnel s'oppose aux arts populaires et commerciaux comme le design ou la publicité. *High culture* et *low culture* renvoient respectivement à la culture savante et à la culture populaire.

instaure le concept de medium pour légitimer une spécificité de l'art face au « non-art », notamment à travers l'opposition structurelle entre « avant-garde » et « kitsch[1] ». Rappelons que, pour Greenberg, le kitsch désigne l'ensemble de la production culturelle à l'époque industrielle : marchandises, lithographies, bandes dessinées, films hollywoodiens, etc. Alors que le principe de l'*imitation* devient commun à la peinture pré-moderniste et aux images diffusées par les industries culturelles, l'avant-garde artistique veut, selon Greenberg, se défaire de toute velléité imitative pour trouver un espace de légitimité spécifique. La notion de médium désigne alors la *matérialité* propre à chaque art en tant qu'elle deviendrait l'objectif et le lieu même du geste artistique. Le médium constitue le domaine de compétence propre à chaque art : le « grand » art se purifie des conventions extérieures à son essence en cherchant à exprimer avant tout les potentialités inhérentes à son médium, comme la planéité et le pigment coloré pour la peinture[2].

Aussi éloignée que soit la pensée de Danto de celle de Greenberg, le concept de « médium » retrouve, chez lui, une même fonction argumentative : l'œuvre d'art se caractérise par un *médium* qui fait toujours défaut au simple artefact technique. Si le sens du concept a changé – le médium chez Danto se construit à partir d'une *critique* du médium greenbergien – il conserve sa place d'opérateur de coupure entre le champ de l'art et l'étendue prosaïque des artefacts ordinaires.

Toutefois, à la différence de Greenberg, Danto reconnaît que l'histoire du modernisme est indissociable des relations intimes que la production artistique entretient avec la production industrielle et la culture de masse. Cette proximité entre l'artistique et le banal ne doit cependant pas laisser place à une indistinction, mais au contraire obliger la philosophie à déterminer de façon définitive la spécificité du champ artistique par rapport à la production technique banale. Pour Danto, des artistes comme Duchamp, Warhol, Oldenburg, Lichtenstein, Robert Morris ou Donald Judd ont placé la question de la différence entre l'art et la simple production d'objets au centre de leurs recherches artistiques. Ainsi, les piles de boîtes Brillo exposées par Andy Warhol à la Stable Gallery en 1964, posent ce problème paradigmatique : comment différencier *Brillo Boxes* de Warhol des boîtes que l'on trouve dans le commerce à cette époque, boîtes conçues par James Harvey, peintre expressionniste abstrait travaillant également comme graphiste d'emballages[3] ?

---

[1] Clement Greenberg, « Avant-garde et kitsch », dans *Art et culture* [1961], trad. par Ann Hindry, Paris, Macula, 1989, p. 9-28.
[2] Clement Greenberg, "Modernist painting", in Francis Frascina & Charles Harrison Charles (dir.), *Modern Art and Modernism: a critical anthology*, London, 1982, p. 5-10.
[3] Si la conception d'un produit industriel est généralement un travail collectif, nous identifierons, comme le fait Danto, la boîte Brillo du commerce au nom de celui qui fut en

C'est parce que la distinction entre œuvres d'art et objets ordinaires ne va plus de soi qu'il s'agit de l'instituer philosophiquement. La notion de médium trouve, sur ce terrain, un sens nouveau. *La Transfiguration du banal* cherche ainsi à se défaire de deux thèses classiques concernant le médium : la thèse de la « transparence » et celle de l'« opacité » du médium. L'originalité de Danto va consister à montrer que ces deux thèses, issues initialement d'une réflexion sur la peinture, se révèlent impuissantes à penser le défi incarné par des œuvres prenant pour seul matériau des objets du quotidien, telle *Brillo Boxes* de Warhol.

Danto associe la thèse du « médium transparent » à la compréhension classique de la peinture fondée sur le principe d'imitation *(mimesis)*. Ainsi, lorsqu'Alberti, dans le *De Pictura*, assimile la peinture à une « fenêtre », il insiste sur l'accès que confère le tableau à ce qu'il montre[1]. La matérialité picturale du tableau, c'est-à-dire son médium, doit se faire oublier pour garantir un accès direct à ce que le tableau représente : « Pour qu'il y ait illusion, le spectateur ne doit être conscient d'aucune des propriétés qui appartiennent réellement au médium car, dès lors que nous percevons le médium comme tel, l'illusion disparaît. Le médium doit être pour ainsi dire invisible[2] ». La thèse du médium transparent insiste sur le fait qu'on ne doit pas voir le médium, mais voir *à travers* lui. Danto rapproche ainsi cette pensée du médium du concept de « conscience » tel qu'on le trouve chez Sartre : la toile du peintre, comme la conscience sartrienne, serait une pure diaphanéité : non pas un élément du monde, mais « ce à travers quoi le monde est donné sans qu'elle soit donnée elle-même[3] ». L'œuvre d'art est ainsi pensée comme un moyen d'accès direct à la connaissance de ce qui est représenté : le médium pictural est une transparence qui sacrifie sa matérialité à ce qu'il représente.

De manière symétrique, la thèse de l'opacité du médium renvoie au primat de la matérialité de l'œuvre au détriment de ce qui ferait son contenu,

---

charge du graphisme, James Harvey. Il est intéressant de noter que le travail de Harvey ne se limite pas au graphisme, puisqu'il fait partie de la deuxième génération des peintres expressionnistes abstraits : « On sait qu'une des raisons pour lesquelles le *design* de la boîte de Brillo est si réussi tient au fait qu'il est dû à un artiste de qualité qui a été obligé de se tourner vers l'art commercial du fait de l'essoufflement de l'expressionnisme abstrait au début des années soixante » (Arthur Coleman Danto, *La Madone du futur* [2000], *trad. par Claude Hary-Schaeffer,* Paris, Le Seuil, 2003, p. 26). L'indiscernabilité de ces boîtes et de celles de Warhol est toute théorique et répond au besoin de la démonstration de Danto, la distinction devant s'établir sur un critère non-perceptif. En effet, les boîtes exposées par Warhol n'étaient pas identiques aux boîtes du commerce mais des reproductions peintes sur du contre-plaqué.

[1] Leon Battista Alberti, *De Pictura* [1435], *trad. par Jean-Louis Schefer,* Paris, Éditions Macula, 2014, p. 115.

[2] Arthur Coleman Danto, *La Transfiguration du banal : une philosophie de l'art* [1981], trad. par Claude Hary-Schaeffer, Paris, Le Seuil, 1989, p. 241.

[3] *Ibid.*, p. 242.

ciblant la position moderniste développée par Clement Greenberg. Ce dernier défend dans « Vers un Laocoon plus neuf » (1940) le fait que « pour restaurer l'identité d'un art, l'opacité de son médium doit être accentuée[1] ». Le tableau n'est plus une fenêtre mais une toile plane enduite de pigments colorés :

> Dans le monde de l'art actuel, il existe une tendance qui n'est pas moins réductionniste que le fut jadis la théorie de la transparence. [...] Elle prétend que l'œuvre d'art se réduit au matériau dont elle est faite : de la toile et du papier, de l'encre et des couleurs, des mots et du bruit, des sons et des mouvements[2].

Ces deux thèses sur la place du médium dans l'art pictural renvoient à la différence que Danto institue entre *image* et *motif* : tandis que la thèse du médium transparent ne donne accès qu'au motif, la thèse du médium opaque insiste simplement sur l'image. Or, c'est au contraire dans l'écart entre l'image et le motif que se situe, pour Danto, le propre du médium artistique[3]. C'est en sortant du champ pictural qu'il problématise cette notion : les *ready-made* de Duchamp ou les œuvres Pop art de Warhol sont le lieu même de cet écart puisqu'elles mettent en évidence, d'un même geste, l'échec des deux thèses à penser ce type de production. C'est parce qu'elles raisonnent à partir d'une indiscernabilité entre « œuvres d'art » et « objets d'usage » qu'elles sont le lieu d'une interrogation ontologique sur ce qui *fait* œuvre.

La thèse de la transparence et celle de l'opacité s'avèrent impropres à penser la spécificité de ces œuvres, butant toujours sur la matérialité de l'objet quotidien : l'image et le motif se superposent dans l'objet. L'artefact est à la fois le médium opaque de l'œuvre et ce à travers quoi il faudrait appréhender son contenu :

> Ainsi les œuvres des maîtres en magie artistique inversée, par exemple Marcel Duchamp, se présentent-elles incarnées dans des objets qu'il nous serait impossible de ne pas prendre pour des pelles à neige, des porte-bouteilles, des roues de bicyclette ou des peignes de pansage. Mais ironiquement, l'incarnation parfaite, comme la transparence parfaite, laisse l'œuvre aussi éthérée qu'auparavant : car à quoi pourrions-nous réagir ici si ce n'est à la pelle à neige, toute possédée qu'elle soit[4].

---

[1] Clement Greenberg, "Towards a Newer Laocoon", *Partisan Review*, n° 7, 1940, p. 296-310, « Vers un *Laocoon* plus neuf », *Appareil*, 17 | 2016, trad. par Pascal Krajewski, mis en ligne le 12 juillet 2016, consulté le 13 avril 2017. URL : http://appareil.revues.org/2288 ; DOI : 10.4000/appareil.2288.
[2] Arthur C. Danto, *La Transfiguration du banal*, op. cit., p. 252-253.
[3] *Ibid.*, p. 257.
[4] Arthur C. Danto, *L'assujettissement philosophique de l'art* [1986], trad. par Claude Hary-Schaeffer, Paris, Le Seuil, 1993, p. 47.

Les propriétés artistiques de ces œuvres ne sont ainsi pas « esthétiques » au sens perceptif du terme. Visuellement, je ne peux pas distinguer l'œuvre de l'objet banal. *La Transfiguration du banal* insiste ainsi, de façon importante, sur le fait que ce n'est pas l'appréciation sensible dans l'instant présent qui permet de définir ce qui a trait au travail artistique : la structure du face-à-face contemplatif ne permet pas de comprendre ce qui fait œuvre, elle ne permet pas de distinguer l'œuvre du simple objet. Ce qui fait la différence entre *In Advance of the Broken Arm* et une pelle à neige identique achetée en quincaillerie, c'est, pour Danto, le fait que le ready-made de Duchamp exprime quelque chose sur la manière dont cette pelle à neige du commerce se présente. L'œuvre se caractérise par son « à-propos-de » (*aboutness*) : elle intègre un point de vue sur la pelle ordinaire. L'« à-propos-de » n'est pas une qualité perceptive de l'œuvre, elle se situe dans l'écart entre la *pelle-comme-image* et la *pelle-comme-motif* :

> Toute représentation qui n'est pas une œuvre d'art peut avoir une réplique qui en est une. La différence réside dans le fait que l'œuvre d'art utilise la manière dont la représentation non artistique présente son contenu pour mettre en avant une idée concernant la manière dont ce contenu est présenté[1].

Ainsi, *Brillo Boxes* de Warhol ne se résume pas à sa présence matérielle : elle transforme l'objet ordinaire en médium artistique dans le sens où elle exprime matériellement quelque chose à propos de la boîte du commerce conçue par Harvey, donnant à penser par exemple la manière dont un emballage de savon se présente dans les années 1960. *Brillo Boxes* de Warhol est une œuvre parce qu'« elle accomplit ce que les œuvres d'art ont toujours accompli, c'est-à-dire qu'elle extériorise une manière de voir le monde[2] ». La notion de médium artistique, telle que Danto la développe dans *La Transfiguration du Banal*, se situe dans cette résonance entre un contenu et la manière dont ce contenu se présente, se caractérisant ainsi par une « semi-opacité[3] ». Le médium n'est ni transparent ni opaque, il s'inscrit dans cette tension entre transparence et opacité : la matérialité de l'objet est à la fois ce qu'il faut voir – il n'y a que cela à voir – et ce à travers quoi on peut considérer l'objet quotidien d'un œil nouveau, coupé de son usage quotidien. Devant l'œuvre de Warhol, on se met à considérer l'objet banal d'un point de vue différent : nous ne sommes plus dans l'appréhension pratique de cet objet, *Brillo Boxes* nous donnant à voir et à penser la manière dont l'objet quotidien se présente, l'esthétisation que ce type de marchandises implique :

---

[1] Arthur C. Danto, *La Transfiguration du banal, op. cit.*, p. 234.
[2] *Ibid.*, p. 322.
[3] Nous reprenons le terme de Jean-Marie Schaeffer dans sa préface à *La Transfiguration du banal*, p. 15.

« l'art commercial, étant donné son caractère ordinaire, était, d'une certaine façon, le sujet même de l'art de Warhol[1] ».

Une pensée dissymétrique de l'art et de la technique

Si la notion de médium vient asseoir une différence de nature imperceptible entre l'œuvre d'art et l'objet quotidien, cette coupure est consolidée par la façon différenciée dont Danto traite ce qui relève de l'œuvre et ce qui relève de l'artefact banal. En effet, alors que les œuvres sont analysées dans le détail et la précision de leur genèse historique et artistique, leurs doubles du quotidien ne profitent jamais d'une telle analyse. L'objet banal est astreint à sa dimension utilitaire, se trouvant toujours séparé de toute capacité expressive intrinsèque. La réalité technique est ainsi assimilée à un simple « support » matériel pour l'œuvre potentielle[2]. Cette dépréciation de l'objet technique, sur un plan ontologique, provient de son identification à un *pur moyen* :

> Un artefact implique un système de moyens, et c'est son utilisation qui définit sa signification – par conséquent, l'extraire du système dans lequel il a une fonction et le présenter pour lui-même, c'est traiter un moyen comme si c'était une fin[3].

L'objet banal n'est jamais apprécié pour lui-même, mais toujours réduit à sa détermination utilitaire. Cette assimilation de l'objet à un pur moyen tient à la reprise par Danto de certains motifs heideggériens. Parlant de la pelle à neige constituant *In Advance of the Broken Arm*, il affirme ainsi que « son élévation au statut de l'art la met au-dessus, ou en tout cas hors, du domaine du simple *outil*[4] ». La catégorie d'« outil » renvoie précisément à la définition proposée par Heidegger au § 15 d'*Être et Temps* pour décrire l'ensemble des artefacts qui nous entourent quotidiennement[5]. Selon lui, la présence des choses quotidiennes ne nous est pas d'abord donnée par une connaissance de type théorique. L'artefact n'est pas un objet qui me fait face (régime de la *Vorhandenheit*) mais un outil qui s'efface sous son *usage* (régime de la *Zuhandenheit*). Nous avons d'abord un rapport *pratique* au monde qui nous entoure : les choses se donnent à nous comme orientées par

---

[1] Arthur Coleman Danto, *Ce qu'est l'art* [2013], traduit par Séverine Weiss, Paris, Post-Éditions : Questions Théoriques, 2015, p. 56.
[2] *Ibid.*, p. 170.
[3] Arthur C. Danto, *Après la fin de l'art*, *op. cit.*, p. 151.
[4] Arthur C. Danto, *L'Assujettissement philosophique de l'art*, *op. cit.*, p. 53 (nous soulignons) ; voir aussi Arthur C. Danto, *Après la fin de l'art*, *op. cit.*, p. 148 : « Les artefacts sont d'abord des outils, des instruments, ou au moins des objets utilitaires. »
[5] Martin Heidegger, *Être et Temps* [1927], trad. par Emmanuel Martineau, § 15, édition numérique hors commerce, 2005, p. 70-74.

nos usages. Nous n'avons pas besoin de les réfléchir, de les penser pour les utiliser, elles nous accompagnent naturellement dans notre action quotidienne.

Ce rapport d'usage aux choses se caractérise par un espace réticulé de renvois entre outils. Ainsi, la pelle à neige, en tant qu'outil, renvoie au garage dans lequel elle est stockée, à l'espace enneigé à déblayer, à la neige à déplacer. Le garage lui-même renvoie à d'autres outils comme des pioches ou des râteaux. La pelle à neige se caractérise ainsi par une *place* particulière, celle-ci apparaissant sur le fond d'une structure qui la met en relation avec d'autres places et qui détermine la manière dont les objets du quotidien peuvent se rencontrer et renvoyer les uns aux autres. Heidegger nomme cette structure de renvois propre à un domaine d'utilisation une « contrée » (*Gegend*[1]).

Ainsi, la différence entre *zuhanden* et *vorhanden* rejoint, pour Danto, la différence entre simple objet utilitaire et œuvre d'art :

> Il a fallu que Warhol prenne l'initiative de créer de l'art à partir de quelque chose que Martin Heidegger aurait caractérisé comme étant un *zuhanden* (« sous la main »), à l'instar des outils ou du monde lorsqu'on le considère comme un système de moyens d'usage. Heidegger a établi une opposition célèbre entre *Zuhandenheit* et *Vorhandenheit*. Ce dernier terme, qui peut être traduit littéralement par « situé devant la main », désigne ce qui appartient au monde conçu comme système de significations. Ce que Warhol a accompli dans le cas de *Boîte Brillo*, comme dans presque toutes ses opérations d'ailleurs, c'est la transformation des moyens en significations[2].

Pour Danto, l'œuvre d'art est du côté de la *Vorhandenheit* car elle coupe l'objet de sa structure de renvois, elle sépare l'objet de sa contrée. *In Advance of the Broken Arm* n'apparaît alors plus comme élément d'une réticulation utilitaire, mais comme une entité signifiante, comme objet présentant d'abord un contenu de connaissance. Couper l'objet utilitaire de sa contrée devient la condition pour rendre compte de l'artefact utilisé comme matériau artistique, c'est-à-dire comme matériau exprimant quelque chose sur cet artefact hors de son simple usage. Seule l'œuvre d'art se caractérise donc, pour Danto, par son « à-propos-de » *(aboutness)*.

Toutefois, certaines pensées de la technique, comme celles de Leroi-Gourhan ou de Gilbert Simondon, nous ont appris à nous méfier de l'idée selon laquelle l'usage serait le seul critère pour appréhender ce qu'est un artefact[3]. L'usage est toujours une finalité *extérieure* à l'objet lui-même. Il masque la compréhension de la matérialité intrinsèque de l'objet et la

---

[1] *Ibid.*, § 22.
[2] Arthur C. Danto, *Après la fin de l'art*, *op. cit.*, p. 208-209.
[3] Gilbert Simondon, *Du mode d'existence des objets techniques*, Paris, Aubier, 1989, p. 10.

manière dont celui-ci s'inscrit dans un devenir technique. Chercher à s'intéresser à la technicité de la pelle à neige de Duchamp suppose de mettre son usage entre parenthèses. La pelle peut être appréciée en tant qu'elle matérialise une *opération technique* spécifique, une forme d'action originale sur la matière. De ce point de vue, la pelle à neige est d'abord un *levier* dont le point d'action se situe en avant du point d'appui par distinction avec ceux où le point d'action est en arrière (pressoir à levier) et ceux où ces deux points se confondent (treuil[1]). L'opération technique que matérialise la pelle est ainsi une action de « percussion linéaire » qui se distingue des percussions punctiforme (pioche) et diffuse (dame[2]). Pour Leroi-Gourhan, comme pour Simondon, la technicité de la pelle à neige de Duchamp ne prend sens qu'au sein d'une *lignée technique* agençant d'autres artefacts participant de la genèse du schème de percussion. Cette lignée caractérise l'évolution de cette opération percussive particulière comme mode *sui generis* d'action sur la matière. Il y a un devenir du schème technique de la percussion qui s'instancie dans une pluralité d'artefacts dont fait partie la pelle choisie par Duchamp. Cette compréhension de la technicité de l'objet se défait de la simple saisie utilitaire. Elle trace à la fois des liens génétiques entre des artefacts aux usages très différents (la pelle à neige de Duchamp est plus proche du *bâton à fouir* que de la *souffleuse à neige*[3]) et différencie des artefacts aux usages identiques (la pelle de Duchamp présente une technicité très différente de la pelle eskimo garnie de bois de renne servant à recouvrir de neige la base des igloos[4]). Ainsi, l'appréhension utilitaire des artefacts n'est pas la seule possible. La compréhension « technique », mise en avant par Leroi-Gourhan et Simondon, donne un exemple d'analyse plus riche de cette réalité matérielle, en s'intéressant à l'effet opératoire particulier qu'elle rend possible. D'une certaine manière, Danto atteint cette richesse d'analyse quand il s'agit des œuvres mais s'y dérobe quand il est question d'objets ordinaires, les abaissant de manière sévère à leur statut utilitaire.

De ce fait, la différence de traitement qu'opère Danto entre ce qui relève de l'œuvre d'art et ce qui se présente comme objet banal consolide, certes, sa thèse d'une différence ontologique entre les deux, mais prête aussi le flanc aux critiques qui ont été adressées à *La Transfiguration du banal*.

---

[1] André Leroi-Gourhan, *L'Homme et la matière*, Paris, Albin Michel, 1971, p. 92.
[2] *Ibid.*, p. 209.
[3] Une souffleuse à neige est un outil automotorisé (ou fixé sur un véhicule) se présentant comme une vis sans fin recueillant, dans un premier temps, la neige pour la projeter dans un second temps.
[4] André Leroi-Gourhan, *L'Homme et la matière*, *op.cit.*, p. 211 et 337.

Le médium comme potentiel de reprise

Si, pour Danto, la matérialité d'une œuvre est aussi importante que son à-propos-de, on peut se demander si les objets banals ne portent pas également en eux-mêmes une expressivité originale. L'insistance de Danto à défendre un argument *ontologique* relatif à l'œuvre d'art[1] pousse sa pensée du médium vers une limite qu'il ne franchit pas dans *La Transfiguration du banal* : pourquoi la boîte Brillo du commerce ne posséderait-elle pas déjà en elle-même les caractéristiques de la *Boîte* de Warhol, à savoir le fait d'exprimer quelque chose à propos de son contenu ?

C'est la critique qu'opère Noël Carroll, en 1997, à l'égard de l'opposition que construit Danto dans son ouvrage de 1981. Carroll insiste sur le fait que la boîte Brillo ordinaire est elle-même à-propos-de, son iconographie, ses couleurs, sa typographie exprimant quelque chose sur la marque Brillo et sur ce qu'est une boîte de savon dans les années 1960[2]. Danto examine cette critique dans son texte « Art et signification » :

> On a par exemple fait remarquer que les boîtes ordinaires de Brillo qui se trouvent dans les dépôts des supermarchés sont à propos de quelque chose – de Brillo précisément – et qu'elles incarnent leur signification à travers le design de leurs surfaces. On en conclut que, puisque mon but avait été de proposer une définition qui distinguerait les œuvres d'art des objets réels sans prendre en compte leurs aspects, j'ai échoué : en effet, ma définition vaut pour la boîte de Warhol, mais aussi pour les boîtes ordinaires, dont je tenais à la distinguer[3].

Si Danto continue, dans cet article, à opposer l'œuvre et l'objet banal, l'antagonisme entre la boîte de Harvey et celle de Warhol ne semble plus y avoir le même statut. La critique émise par Carroll oblige Danto à s'intéresser de plus près à ce qu'est un objet « banal », notamment la boîte Brillo telle qu'elle fut conçue par Harvey. Il se détache ainsi de la simple appréhension utilitaire pour considérer l'objet en lui-même et sa genèse historique. La différence de nature entre les deux boîtes laisse place à une

---
[1] Danto défend une approche *ontologique* de l'art contre l'approche contextuelle et institutionnelle de George Dickie : ce n'est pas simplement le contexte institutionnel artistique qui confère à un objet le statut d'œuvre, mais des caractéristiques ontologiques propres que la philosophie a pour tâche d'élucider. Voir *La Transfiguration du banal, op. cit.*, p. 156-161.
[2] Noël Carroll, "Danto's New Definition of Art and the Problem of Art Theories", dans Rollins Mark (dir.), *Danto and His Critics*, Chichester, West Sussex, 2012, p. 147 ; cet article a été publié initialement dans Noël Carroll, "Danto's New Definition of Art and the Problem of Art Theories", *British Journal of Aesthetics*, vol. 37, n° 4, 1997, p. 386-392.
[3] Arthur C. Danto, *La Madone du futur, op. cit.*, p. 22. Le texte de Danto, "Art and Meaning", a d'abord été publié dans Noël Carroll (dir.), *Theories of Art Today*, Madison, University of Wisconsin Press, 2000, p. 130-140.

différence de degrés. Cette appréciation nouvelle du banal revient avec insistance dans son dernier ouvrage, laissant poindre une certaine déception relativement au fait que la séparation entre art et réalité quotidienne ne soit pas aussi claire qu'il l'aurait souhaité :

> On ne peut cependant affirmer que la boîte Brillo est le sujet de la *Boîte Brillo* de Warhol sans soulever un problème : même si j'aurais préféré que l'opposition se joue entre l'art et la réalité, il est difficile de nier que la boîte Brillo de Harvey est bien de l'art. C'est de l'art, mais de l'art commercial[1].

Trouvant une place dans le champ artistique, elle gagne également un intérêt philosophique qui l'arrache à la seule sphère utilitaire : « Les boîtes en carton sont donc tout aussi philosophiques que le papier peint de William Morris : ces œuvres visent, à l'évidence, à transformer plutôt qu'à glorifier la vie quotidienne[2] ».

Même si Danto trace un nouveau partage entre « art commercial » et « beaux-arts », il reconnaît que les critères qualifiant le médium artistique peuvent valoir pour l'objet banal, en l'occurrence pour la boîte de Harvey. Pour autant, cela ne veut pas dire que les deux boîtes sont identiques. Pour comprendre leur spécificité, Danto sort de l'opposition binaire afin de construire une nouvelle expérience de pensée : il ne s'agit plus de confronter l'objet banal à l'œuvre d'art, mais d'enchâsser cette tension dans une série faisant intervenir une troisième boîte, perceptivement indiscernable des deux autres. Danto se place alors dans une *lignée* de boîtes *Brillo* : à la boîte Brillo conçue par Harvey et à celle de Warhol, il ajoute celle de l'artiste appropriationniste Mike Bidlo. Celui-ci a présenté, à la galerie Bruno Bischofburger de Zurich, en 1996, une installation intitulée *Not Warhol (Brillo Boxes, 1964)* consistant en quatre-vingt-cinq boîtes Brillo qu'il a fait fabriquer, reprenant pour l'occasion la configuration de l'exposition de Warhol en 1968 au Musée d'art de Pasadena. Cette exposition, intitulée *Not Andy Warhol*, présente une nouvelle occurrence de la boîte de savon, qu'il s'agit, pour Danto, de différencier également des deux premières. Il distingue ainsi « la boîte Warhol, de la boîte Non Warhol, et de la boîte de Brillo "authentique", rendue célèbre par Warhol et qui, bien que non-Warhol, n'est pourtant pas non plus Non Warhol[3] ».

Si *Brillo Boxes* de Warhol exprimait quelque chose au sujet de la boîte conçue par Harvey, *Not Warhol (Brillo Boxes, 1964)* exprime quelque chose au sujet de l'œuvre pop de Warhol : « La Boîte de Warhol dénote la boîte Brillo. Elle incarne cette dernière, en ce que les deux ont l'air identiques.

---

[1] Arthur C. Danto, *Ce qu'est l'art*, op. cit., p. 57.
[2] *Ibid.*
[3] Arthur C. Danto, *La Madone du futur*, op. cit., p. 26.

[...] Celles de Bidlo dénotent – le fait est notable – toutes les *Boîtes Brillo* de 1964[1] ».

Se placer au sein d'une telle série oblige Danto à regarder de plus près la boîte ordinaire et à concéder qu'elle n'est pas qu'un simple support pour un usage extrinsèque. Celle-ci se présente, au contraire, comme une réalité conçue à partir d'un travail de reprise et de transformation. La boîte de Harvey ne constitue en rien une origine absolue de ces reprises successives, étant elle-même issue d'une reconfiguration de formes existantes. Danto reconnaît ainsi dans le travail de Harvey la reprise d'une esthétique issue de l'abstraction *hard-edge* d'Ellsworth Kelly et de Leon Polk Smith[2]. Ceci nous permet de comprendre la spécificité de la boîte de Warhol et l'insistance de Danto à la défendre : si Warhol se sert de l'art commercial comme d'un matériau pour les beaux-arts, Harvey semble suivre une démarche inverse, se servant des couleurs pures et des formes simples typiques du *hard-edge* dans le domaine de l'emballage des produits de masse. La boîte de Harvey dénote ainsi cette abstraction picturale, comme elle dénote également certaines composantes des emballages Brillo des années 1950 (bichromie, typographie sans empattement sur les lettre R-I-L-L-O, composition graphique similaire) ainsi que celles de marques concurrentes (comme *Tide*)[3].

Cette structure sérielle semble modifier le sens du critère d'« à-propos-de » qui qualifiait le médium artistique dans la pensée classique de Danto. L'à-propos-de doit être resitué à partir de la série elle-même et non à partir des occurrences individuelles qui la constituent : la boîte de Harvey étant « à propos des » boîtes de savons des années 1950 et de la peinture *hard-edge*, celle de Warhol étant « à propos de » la boîte de Harvey, celle de Bidlo étant « à propos de » celle de Warhol, etc. D'ailleurs, l'édition spéciale de boîtes Brillo, en 2013, pour le centième anniversaire de la marque, s'avère elle-même « à propos » de l'œuvre de Warhol, retravaillant le graphisme de l'emballage pour le rendre encore plus « warholesque » que l'original.

Cette lignée n'a rien à voir avec une lignée technique. Ce n'est pas l'opération « technique » que manifeste l'emballage (à savoir être un contenant présentant une certaine rigidité) qui intéresse Danto. Ce qui se transforme à chaque nouvelle boîte, ce n'est pas la matérialisation d'une opération technique, mais le rapport qu'entretient la matérialité de l'œuvre avec ce qu'elle exprime. Ce qui se transforme, c'est son *médium*, au sens que Danto confère à ce terme. Cette notion de médium s'éloigne bien de son acception greenbergienne : le médium, *semi-opaque*, désigne cette tension

---

[1] Arthur C. Danto, *Ce qu'est l'art, op. cit.*, p. 63.
[2] Arthur C. Danto, *La Madone du futur, op. cit.*, p. 28 ; Arthur C. Danto, *Ce qu'est l'art, op. cit.*, p. 55.
[3] James Gaddy, "Shadow Boxer", *Print*, vol. 61, n° 4, 2007, p. 78. Consultable à l'adresse suivante : <http://www.printmag.com/article/shadow_boxer/>.

entre la matérialité de l'objet et son « à-propos-de ». Le médium donne à penser à la fois la matérialité de l'objet et l'ensemble des relations singulières liant cette matérialité à ce qu'elle exprime. Nous pourrions ainsi nommer « lignée artistique » une telle série. On peut faire une analogie entre la lignée technique telle qu'elle se définit chez Leroi-Gourhan et Simondon, et la lignée artistique telle qu'on l'a reconstruite chez Danto : si la première manifeste le devenir et la transformation d'une opération technique, d'un schème technique, la seconde présente le devenir et la transformation d'un médium artistique. Entre la boîte de Harvey et celle de Warhol, c'est une transformation du médium qui se produit parce que seule la première dénote l'abstraction *hard-edge*[1]. Le caractère de médium de la boîte Brillo vient qualifier la tension existant entre sa matérialité et la place qu'elle tient dans la série. C'est la reprise qui constitue le médium. Cette reprise n'est pas une simple citation, en tant qu'elle agit comme *modification* du médium artistique. Elle fonctionne comme une « remédiation », au sens que Jay David Bolster et Richard Grusin donnent à ce terme dans leur ouvrage de 2000[2].

La notion de remédiation vient d'un prolongement de la thèse de Marshall McLuhan selon laquelle tout nouveau média se développe en reprenant les formes du média auquel il se substitue. Bolter et Grusin mettent ainsi en évidence une double logique à l'œuvre dans l'évolution des médias. D'une part, une logique de l'immédiateté (*immediacy*) tend à nier la médiation elle-même pour rendre compte d'une transparence toujours plus claire des nouveaux médias. De l'invention renaissante de la perspective linéaire à la photographie, en passant par la télévision et la réalité virtuelle, ces médiums insistent sur l'accès toujours plus « direct » à ce qu'ils exposent[3]. D'autre part, une logique de l'hypermédiateté *(hypermediacy)* accentue le caractère opaque du média se donnant d'abord à voir comme média : s'il était assimilé à une fenêtre selon la logique de l'immédiateté, l'hypermédiateté insiste sur le fait qu'il ne renvoie qu'à d'autres fenêtres, un média ne donnant accès qu'à un autre média, à l'infini. Bolter et Grusin font remarquer que la quête de l'immédiateté, loin de supprimer l'hypermédiateté, au contraire l'entretient, la remédiation étant l'opération qui relie ces deux tendances. L'hypermédiation, si elle vise l'immédiateté,

---

[1] Arthur C. Danto, *Ce qu'est l'art, op. cit.,* p. 55 : « Warhol n'était en rien influencé par l'abstraction *hard-edge* : il ne reproduisait les formes d'un artiste existant (Harvey) que parce que ces formes étaient déjà là ».
[2] David Jay Bolter et Richard Grusin, *Remediation: Understanding New Media*, Cambridge, MIT Press, 2000.
[3] *Ibid.*, p. 11. On peut également faire remarquer que Danto, dans un article publié en 1986 intitulé « La fin de l'art » faisait déjà état d'une telle évolution de l'art mimétique. Voir Arthur C. Danto, *L'assujettissement philosophique de l'art, op. cit.,* p. 119-133.

aboutit en fait toujours à de nouvelles remédiations, transformant et contaminant un média par un autre[1].

Danto plaçait déjà sa réflexion sur le médium dans cette tension entre transparence et opacité. Si une logique de la remédiation peut être identifiée dans la série de boîtes Brillo, elle déplace néanmoins la notion développée par Bolter et Grusin : il ne s'agit pas d'identifier une logique évolutive des médias compris comme procédés de communication et de diffusion, mais de rendre compte du sens particulier d'œuvres d'art singulières considérées comme médiums. Ainsi, chez Danto, le médium n'est pas un « genre » mais ce qui singularise une œuvre matérielle. Le médium est ce qui se trouve transformé dans chaque boîte, exprimant par-là la reprise elle-même.

Le médium prend son sens à l'échelle de la série, dans un geste de reprise créative : il y a médium en tant qu'il y a remédiation et transformation du rapport institué entre une entité matérielle et ce qu'elle exprime. La signification de l'œuvre ne dépend pas simplement de sa matérialité actuelle, mais du type de relations qu'elle entretient au sein d'une lignée. Si le médium caractérise cette tension entre un artefact et la manière dont celui-ci se présente, cette présentation ne concerne pas la simple existence phénoménale de l'objet, celle-ci enveloppant également ses reprises précédentes. Cette dimension du sens n'est pas accessible par la simple expérience esthétique, Danto ayant fortement insisté, depuis *La Transfiguration du banal*, sur le fait que la simple appréciation perceptive ne pouvait identifier et définir le caractère artistique du médium. Elle appelle plutôt à s'intéresser à la genèse de l'objet et à reconstituer sa lignée, suivant les éléments de sa reprise.

Ceci ne veut pas dire que toutes les choses se valent – la boîte de Harvey est différente de celle de Warhol – mais cela nous engage à définir de manière précise l'opération de transformation d'une boîte en une autre, opération qui rend compte des différences de chacune des boîtes sans forcément impliquer une dévaluation ontologique de certaines d'entre elles comme tendait à le faire Danto en 1981.

Conclusion : vers une transversalité des médiums

En restituant l'évolution de la position de Danto sur la différence entre l'œuvre d'art et le « simple » objet, depuis *La Transfiguration du banal* (1981) jusqu'à *Ce qu'est l'art* (2013), c'est un point de vue différent sur ses analyses que nous avons cherché à mettre en évidence.

---

[1] David Jay Bolter et Richard Grusin, *Remediation, op. cit.*, p. 54-55 : "It would seem, then, that *all* mediation is remediation".

Le médium est l'indice de cette opération qui dépasse la matérialité de l'objet pour le placer dans des lignées artistiques, tout en s'exprimant nécessairement par cette matérialité. Le médium ne se caractérise ni par sa transparence (Alberti), ni par son opacité (Greenberg) mais par sa *semi-opacité*, conçue comme tension entre une matérialité actuelle et la manière qu'a cette matérialité de renvoyer à d'autres composantes, d'autres occurrences.

Le médium est ainsi la marque d'une ouverture, d'un potentiel dans la chose considérée : l'objet n'est pas pleinement actuel, il présente aussi une possibilité de reprise, de transformation, ceci valant aussi bien pour les œuvres instituées comme telles que pour les objets plus quotidiens[1]. Tout objet présente un caractère de médium, dès lors qu'il présente un potentiel de reprise expressive, un potentiel de remédiation, et se trouve pris en charge en ce sens.

Ainsi, parlant de médium artistique pour qualifier les choses banales, il ne s'agit pourtant pas de faire l'apologie d'un capitalisme industriel qui serait devenu « artiste[2] », ni de réenchanter une culture matérielle occidentale qui s'avère majoritairement fondée sur une obsolescence technique et culturelle des objets. La notion de médium, telle qu'on peut la prolonger à partir de la pensée de Danto, semble au contraire pouvoir nous éclairer sur la relation que nous entretenons avec les choses, essayant d'apprendre de la relation que Warhol a pu entretenir lui-même avec la boîte Brillo du commerce. Le médium n'est ainsi pas une caractéristique des choses en elles-mêmes, mais une propriété de notre relation aux choses. Si la notion de médium exprime toujours une remédiation, elle insiste alors sur la reprise, sur la survivance des choses plutôt que sur leur obsolescence. Penser les objets quotidiens comme médiums, c'est se réinscrire dans leur genèse : non plus les figer en les considérant dans leur entité actuelle, mais potentiellement les rejouer, les replacer dans un devenir.

Il ne s'agit alors plus d'identifier une « œuvre » remarquable (Warhol) en comparaison avec la médiocrité des productions industrielles, mais de comprendre l'opération qui se joue dans ces créations successives. Chercher à distinguer la boîte Brillo de Warhol de celle du commerce nous achemine

---

[1] Cela rejoint aussi la pensée du médium que Josef Albers a développée dans ses cours au Bauhaus, insistant sur l'*agency* propre aux médiums artistiques. Pour Albers, les différents médiums agissent comme le milieu d'une pratique créative inductive, le concepteur pensant et inventant à partir de ces matériaux. Le médium est ainsi pensé comme un potentiel capable de reprise créative. C'est la réception du Bauhaus aux États-Unis, selon une lecture greenbergienne du médium, qui va, au contraire, venir figer celui-ci dans une matérialité pleinement actuelle. Sur ce point, voir Jeffrey Saletnik et Robin Schuldenfrei (dir.), *Bauhaus Construct: Fashioning Identity, Discourse and Modernism*, Andover, Routledge, 2009, p. 90.

[2] Gilles Lipovetsky et Jean Serroy, *L'Esthétisation du monde : vivre à l'âge du capitalisme artiste*, Paris, Gallimard, 2013.

alors non pas vers une différence ontologique, mais vers une prise en considération de la relation qui se tisse entre les deux boîtes et la manière dont cette relation éclaire le processus de genèse de ces entités. Nous écartant de la séparation qu'instillait Danto dans ses premiers ouvrages entre l'art et la vie, l'évolution de sa pensée et ses répercussions sur le concept même de médium nous engagent à retrouver ce qui faisait la force du Pop art, à savoir une *proximité* entre l'art et la vie. Cette proximité n'est pas seulement plastique et formelle, elle est d'abord une attention au fait que toute chose, objet ou œuvre, est le produit d'une genèse qui peut se prolonger. Le médium désigne alors ce potentiel de reprise transversal à tout type d'artefacts.

Bibliographie

ALBERTI Leon Battista, *De Pictura* [1435], traduit par Jean-Louis Schefer, Paris, Éditions Macula, 2014

BOLTER Jay David et GRUSIN Richard, *Remediation: Understanding New Media*, Cambridge, MIT Press, 2000

CARROLL Noël, "Danto's New Definition of Art and the Problem of Art Theories", in Rollins Mark (dir.) *Danto and His Critics*, Chichester, West Sussex, 2012, p. 146-152

CARROLL Noël (dir.), *Theories of Art Today*, Madison, University of Wisconsin Press, 2000

DANTO Arthur Coleman, *Ce qu'est l'art* [2013], traduit par Séverine Weiss, Paris, Post-Éditions : Questions Théoriques, 2015

DANTO Arthur Coleman, *La Madone du futur* [2000], traduit par Claude Hary-Schaeffer, Paris, Le Seuil, 2003

DANTO Arthur Coleman, *Après la fin de l'art* [1992], traduit par Claude Hary-Schaeffer, Paris, France, Le Seuil, 1996

DANTO Arthur Coleman, *L'Assujettissement philosophique de l'art* [1986], traduit par Claude Hary-Schaeffer, Paris, Le Seuil, 1993

DANTO Arthur Coleman, *La Transfiguration du banal : une philosophie de l'art* [1981], traduit par Claude Hary-Schaeffer, Paris, Le Seuil, 1989

GADDY James, "Shadow Boxer", *Print*, vol. 61, n° 4, 2007, p. 78

GREENBERG Clement, « Avant-garde et kitsch », dans *Art et culture* [1961], traduit par Ann Hindry, Paris, Macula, 1989, p. 9-28

GREENBERG Clement, "Modernist painting", in Frascina Francis & Harrison Charles (dir.), *Modern Art and Modernism: a critical anthology*, Londres, 1982, p. 5-10

GREENBERG Clement, "Towards a Newer Laocoon", *Partisan Review*, n° 7, 1940, p. 296-310 , « Vers un *Laocoon* plus neuf », *Appareil*, 17 | 2016, traduit par Pascal Krajewski, mis en ligne le 12 juillet 2016, consulté le 13 avril 2017. URL : http://appareil.revues.org/2288 ; DOI : 10.4000/appareil.2288

HEIDEGGER Martin, *Être et Temps* [1927], traduit par Emmanuel Martineau, Édition numérique hors commerce, 2005
LEROI-GOURHAN André, *L homme et la matière*, Paris, A. Michel, 1971
LIPOVETSKY Gilles et Serroy Jean, *L'Esthétisation du monde : vivre à l'âge du capitalisme artiste*, Paris, Gallimard, 2013
SALETNIK Jeffrey & SCHULDENFREI Robin (dir.), *Bauhaus Construct: Fashioning Identity, Discourse and Modernism*, Andover, Routledge, 2009
SIMONDON Gilbert, *Du mode d'existence des objets techniques*, Paris, Aubier, 1989

L'art radiophonique :
Histoire d'un médium de masse devenu médium artistique

John Barber

Traduction : Pascal Krajewski

John F. Barber est professeur à l'Université d'État Washington de Vancouver. Il est le développeur et commissaire de la Brautigan Bibliography and Archive (www.brautigan.net), ainsi que de Radio Nouspace (www.radionouspace.net), une galerie d'exposition virtuelle dédiée aux drames radiophoniques, à la poésie sonore et à l'art radiophonique.

Introduction : début de l'émission[1]

Au risque d'une simplification réductrice, nous voudrions commencer par suggérer que la radio fonctionne au centre de deux tensions opposées, celle du commerce et celle du contrôle. D'une part, la radio consiste dans la programmation de musique, de sports, de discours ou de nouvelles, c'est-à-dire qu'elle est un médium culturellement défini à visées commerciales. D'autre part, la radio consiste dans la programmation d'une culture d'entreprise ou de gouvernement, diffusant des lignes politiques et de l'information visant à assurer le contrôle et l'obéissance à un état des choses[2].

Poursuivons les dichotomies pour noter encore que la radio est tout ensemble publique et privée. Le contenu de la radio est vécu par beaucoup de personnes en même temps, souvent sur une vaste zone géographique.

---

[1] Le texte fournit de nombreux exemples d'œuvres d'art radiophonique. Ceux suivis d'un astérisque (*) peuvent être écoutés sur : http://www.radionouspace.net/inquiries/appareil.html.
[2] Nous pourrions définir la radio comme une culture et un médium, fondés sur des sons consciemment sélectionnés et diffusés en tant que modulations d'une connaissance thématisée (les programmes), afin d'interpréter et de fournir de l'information à un large public.

Cependant, chaque auditeur peut être placé dans un contexte d'écoute différent et personnel, et faire valoir des réponses différentes à ce qu'il entend.

La radio est aussi un jeu entre le contexte et le contenu. Peu après l'établissement de la radio, à l'orée du XXe siècle, des artistes commencèrent à considérer celle-ci à la fois comme un lieu de pratique artistique et aussi comme un moyen pour créer une nouvelle forme d'art. Ainsi, la radio, ce médium (de masse), fut réinvesti comme médium (artistique) dans l'art radiophonique.

L'histoire et la pratique de l'art radiophonique (stations, programmes, œuvres) sont riches et profondes. L'art radio est une forme d'art internationale avec ses textes-clés, ses conférences, ses festivals et ses artistes. En outre, l'art radiophonique peut être vu comme l'une des premières formes de l'art des média, cette enquête artistique à la longue histoire dynamique d'efforts créatifs et d'activisme social, culturel, esthétique, politique.

Pourtant, peut-être parce qu'il est à l'épicentre d'une collision/collusion entre les anciennes traditions orales et l'accès immédiat aux informations en ligne, l'art radiophonique reste marginalisé, relégué à un petit nombre de stations de radio à travers le monde, décrié comme expérimental, d'avant-garde, souterrain, et certainement pas considéré comme *mainstream*.

Cet essai commence par une ébauche de ce que nous pourrions définir comme « l'art radiophonique » (en tant qu'artefact et pratique créatifs), par rapport au « médium » (canal/moyen de communication) et aux « média » (contexte d'une pratique artistique, outils de création, et surface ou forme sur laquelle créer). Suivront des approches historiques de l'art radiophonique. L'art radiophonique émerge comme une pratique artistique issue du médium de la radio, qui se veut à la fois captivante, interactive, personnelle et percutante. Notre conclusion brossera une théorie de l'art radiophonique comme médium artistique traversé par des tensions contradictoires entre ses différentes approches et projets, comme entre ses théories et ses pratiques.

Le médium, les média et l'art radiophonique

Il y a plusieurs façons d'envisager l'articulation des termes médium, média et art radio. Par exemple, le nom « médium » peut signifier pour le grand public un moyen pour communiquer ou partager de l'information, comme dans la proposition : « La radio est un médium de communication pour la musique, les nouvelles, le sport, les *talk-shows* ». En bref, un médium est un canal de production/transmission de contenu culturel et d'information. Au pluriel, nous pourrions parler de « médiums », mais on emploiera plus couramment le terme « média ». Ce passage au pluriel donne une toute autre ampleur à l'objet en question, nous le verrons.

Pour les universitaires et les critiques culturels, le terme « médium », toujours pris comme substantif, pourrait encore signifier une prothèse, un appendice, une extension du *sensorium* humain comme dans la célèbre citation du théoricien de la communication canadien Marshall McLuhan : « le médium est le massage [message] ». Il voulait signifier par-là que la technologie façonne la sensibilité humaine[1].

Pour les artistes, le nom « médium » peut aussi bien désigner un volume à la surface duquel ils peuvent concevoir, créer et critiquer l'autonomie et la pureté de l'art, que le matériau ou la forme d'une expression artistique, comme lorsqu'on dit : « C'est une artiste et son médium est la peinture ». Si un artiste utilise plusieurs médiums en même temps, les œuvres d'art qui en résultent sont dites « multimédia ».

Dès lors, le nom au pluriel « média » peut renvoyer à des médiums multiples, c'est-à-dire à un bouquet d'outils pour créer, stocker et transmettre de l'information. Par exemple, les « média imprimés » sont divers messages imprimés transmis par les journaux papier ou les livres. « Les média électroniques » sont les messages multiples ou communications multiples transmises *via* des dispositifs électroniques, comme la télévision. « Les média numériques » sont les communications multiples stockées, transmises et reçues en format numérique, délivrées par différentes sortes de technologie numérique, comme les ordinateurs, les tablettes, les *smartphones*. « Les média de masse » sont tous les moyens de communication (imprimés, électroniques, numériques, et autres) produits par quelques-uns (des institutions) en vue d'une consommation par le plus grand nombre (le public).

Fort de ces considérations, « l'art radiophonique » suggère l'exploration du médium « radio » (comme canal, matériau et surface) à des fins artistiques ou créatives, utilisant les média radiophoniques (les outils, potentialités, infrastructures et technologies en général et plus spécifiquement, la musique, les effets sonores, le silence et l'imagination de l'auditeur) pour produire des artefacts (l'art radiophonique, entendu sous forme d'œuvres particulières ou intégré à des programmes). Le jeu résultant de la combinaison et de la superposition d'approches et de projets variés, oblige les artistes radio à se confronter aux caractéristiques et aux possibilités de l'art radiophonique, autrement dit à utiliser la radio (le médium comme canal/volume/surface/outil) à des fins de création, de communication et de consommation.

---

[1] Marshall McLuhan et Quentin Fiore, *The Medium Is the Massage: An Inventory of Effects*, New York, Random House, 1967, p. 26.

L'art radiophonique : une définition insaisissable

L'art radiophonique est une pratique créative explorant le potentiel de la radio comme médium pour l'art plutôt que pour le commerce ou le contrôle. L'art radiophonique dépend des technologies radiophoniques de diffusion pour sa conception, sa création, et sa consommation. Il cherche tous les moyens de créer et maintenir de nouvelles stratégies acoustiques narratives et de subvertir les conventions associées au médium de la radio (en tant que canal de transmission).

C'est pourquoi l'art radiophonique est souvent considéré comme un sous-genre des arts de la transmission, qui regroupent une multitude de pratiques d'art des média, centrées sur le spectre électromagnétique. Les arts de la transmission[1] expérimentent autour de la vidéo, de la performance, de l'installation et des sons, et peuvent, outre la radio, impliquer la télévision, le téléphone, les fax, les satellites, la technologie sans fil, les plateformes mobiles, les outils de communication et les réseaux. Une autre façon de voir consiste à considérer les arts de la transmission comme espace d'exposition pour les artistes du son qui utilisent le spectre électromagnétique dans leur pratique créative[2].

Du fait de l'intérêt qu'il porte aux artistes travaillant autour du son, l'art radio est encore souvent subsumé sous l'art sonore. D'après Nicholas Zurbrugg, poète, chercheur et critique, l'art sonore[3] est créé en temps-réel et peut mélanger « le son, la musique et la parole, avec l'image, la couleur et le geste[4] ».

Mais à mon sens, l'art sonore se concentre sur les sons véhiculés par des installations, des expositions, des festivals, des concerts – autant de lieux spécifiques. Grâce aux technologies de diffusion du médium radio et au remixage temporel permis par l'enregistrement du son, l'art radio peut faire entendre ses productions en un temps et un espace distincts du lieu et de la source sonore originaire. C'est seulement là et quand la radio (médium de masse) est audible, que l'art radio (comme volume, surface et ensemble d'outils) peut se faire entendre. L'art radio, produit à distance, invisible et est pourtant interactif, est partagé par le grand nombre grâce au médium (de masse) radio et pourtant vécu à titre individuel, *via* une écoute personnelle, dans *ma* maison, et non pas dans un musée ou tout autre contexte

---

[1] Exemple d'art de la transmission, « Last Transmissions » (*) de Melissa Dubbin et Aaron S. Davidson.
[2] Galen Joseph-Hunter, Penny Duff et Maria Papadomanolaki (dir.), *Transmission Arts: Artists & Airwaves*, New York, PAJ Publications, 2011.
[3] Exemple d'art sonore, « Chop 10 » de Tarikh Korula (*).
[4] Nicholas Zurbrugg, « Sound Art, Radio Art, and Post-Radio Performance in Australia », *Continuum: The Australian Journal of Media & Culture*, Vol. 2(2), 1989.

spectatoriel *in-situ*. C'est seulement ainsi que l'art radio peut déployer ses antennes, étendre le sensible de l'homme, donner forme à de nouvelles sensibilités aux expériences sonores, à l'immersion et à l'imagination. La radio (comme médium) est là où l'art radio (comme média) a lieu.

En ce sens, l'art radiophonique est politique, impliquant, si l'on en croit le compositeur électroacoustique Dan Lander : « le désir des artistes de réinventer le médium à travers la déconstruction et/ou la reconstruction, l'utilisation de contenus sensibles et le refus de produire des œuvres qui s'insèrent facilement dans les catégories de la diffusion officielles[1]». Plus crûment, Ellen Waterman dit de l'art radiophonique qu'il « représente un bouleversement de, et fournit une solution créative à, la radio grand public commerciale[2] ».

Là où le médium radio traditionnel se concentre sur la musique, les infos, le sport et les *talk-shows* en guise de contenus, l'art radiophonique peut inclure des documentaires, des drames, de la musique électroacoustique, des récits expérimentaux, des enregistrements sur le terrain, du bruit, de la phonographie, de l'art sonore, de la poésie sonore, des paysages sonores (ou géographies soniques) et de la parole proférée – tous composés pour le médium radio et ne convenant qu'à sa transmission et sa réception.

Vue l'ampleur des contenus possibles, il peut s'avérer très périlleux de déterminer finement le périmètre de l'art radiophonique, *dixit* Nicholas Zurbrugg. Ce qui est « diffusé à la radio comme "art radiophonique" pourrait apparaître sur disque ou sur bande comme "poésie sonore", "art audio" ou "paysage sonore environnemental", ou pourrait contribuer à certaines formes de *live* pures, ou à l'art de la performance partiellement préenregistré[3]. »

En quête d'une définition plus précise, l'artiste sonore Gregory Whitehead déclare que l'art radio devrait se concentrer sur le jeu des relations dans le médium de la radio :

> [Une diffusion audio passive] ne qualifie pas pour moi l'art radiophonique. L'art radiophonique doit être une sorte d'événement ou de performance ou de présentation – une « pièce » au sens le plus large – qui se confronte aux matériaux essentiels de la radio, et le matériau de la radio n'est pas seulement le son amorphe. La radio est

---

[1] Dan Lander, « Radiocasting: Musings on Radio and Art », dans Daina Augaitis et Dan Lander (dir.), *Radio Rethink: Art, Sound and Transmission*, The Banff Centre for the Arts, Walter Phillips Gallery, 1994, p. 11-31.
[2] Ellen Waterman, « Radio Bodies: Discourse, Performance, Resonance », dans Erik Granly Jensen et Brandon LaBelle (dir.), *Radio Territories*, Los Angeles/Copenhague, Errant Bodies Press, 2007, p. 131.
[3] Nicholas Zurbrugg, « Sound Art, Radio Art, and Post-Radio Performance in Australia », *Continuum: The Australian Journal of Media & Culture,* Vol. 2 (2), 1989.

principalement un ensemble de relations, une triangulation complexe entre l'auditeur, « le joueur » et le système[1].

Une définition si fuyante de l'art radiophonique est peut-être un gage de son dynamisme, du moins si l'on veut en croire Kersten Glandien : « quand l'art est en mouvement, les définitions se brouillent »[2]. Cela dit, le *Kunstradio Manifesto* peut se révéler utile. Écrit en 1998 par l'artiste Robert Adrian, en collaboration avec *Kunstradio* (un programme diffusé d'art radiophonique) et l'Österreichischer Rundfunk (l'ORF, la Radio nationale autrichienne), le *Kunstradio Manifesto*, intitulé « Vers une définition de l'art radiophonique », est remarquable à la fois pour ses déclarations éloquentes à propos de l'art radiophonique et aussi pour les possibilités qu'il propose pour l'art et les pratiques radiophoniques.

Entre autres : l'art radiophonique est l'utilisation de la radio comme un médium [volume, matériau, surface, forme] d'art. L'art radiophonique n'est pas l'art sonore, ni la musique. L'art radio est la radio. L'art radiophonique n'est pas une combinaison de radio et d'art. L'art radiophonique est de la radio [canal, antennes, forme, outils] faite par des artistes[3].

---

[1] Gregory Whitehead, *The Loneliest Road*, BBC Radio Three, 2003, p. 1.
 Andrew Dubber soutient que la radio est bien plus que ce que cette hyper simplification ne laisse entendre. « La radio, dit-il, est un terme utilisé pour désigner des phénomènes très différents (bien que reliés) ». Par exemple, la radio est une institution ; une structure organisationnelle ; une catégorie de contenu médiatique avec ses propres caractéristiques, conventions et tropes ; une série de pratiques professionnelles et de relations ; etc. En conséquence, les œuvres, le contenu, les technologies, ou les cultures radiophoniques ne peuvent pas être considérés comme des sujets ou des processus simples et uniques, mais doivent plutôt être compris comme une « écologie », en particulier dans l'environnement des média numériques dans lequel la « radio » occupe une place croissante (Andrew Dubber, *Radio in The Digital Age*. Cambridge, UK Polity Books, 2013). Allen S. Weiss abonde en ce sens, en disant que la radio a de nombreuses formes. « Il n'y a pas d'entité unique qui constitue la "Radio" ; bien plutôt, il existe une multitude de radios » (Allen S. Weiss (dir.), *Phantasmic Radio,* Durham, Duke University Press, 1995, p. 2).
[2] Glandien Kersten, « Art on Air. A Profile of New RadioArt » dans Simon Emmerson (dir.), *Music, Electronic Media and Culture,* Aldershot, Ashgate, 2000, p.167.
[3] Le *Kunstradio manifesto* stipule :
• L'art radiophonique est l'utilisation de la radio comme médium pour l'art.
• L'expérience radio se joue là où elle s'entend, non dans le studio où elle est produite.
• La qualité sonore est secondaire par rapport à l'originalité conceptuelle.
• La radio est presque toujours écoutée en combinaison avec d'autres sons – des bruits domestiques, le trafic, la télévision, les appels téléphoniques, les enfants qui jouent, etc.
• L'art radiophonique n'est pas de l'art sonore, ni de la musique. L'art radio est la radio.
• Il ne suffit pas qu'ils soient diffusés à la radio pour que l'art sonore et la musique soient de l'art radiophonique.
• L'espace radio est constitué de tous les lieux où la radio est entendue.
• L'art radiophonique se compose d'objets sonores dont on fait l'expérience dans l'espace radio.
• La radio de chaque auditeur détermine la qualité sonore d'une œuvre radiophonique.

En raison de ce caractère fuyant, il peut être utile, selon Chris Priestman, de concevoir l'art radiophonique comme « de plus en plus multifactoriel et insaisissable[1] ». Ou bien encore, pouvons-nous considérer l'art radiophonique comme l'héritier de différentes tendances historiques.

Du futurisme italien au *Hörspiel* allemand

On rattache le plus souvent l'origine de l'art radiophonique à la fascination des futuristes italiens et soviétiques pour la radio – comme technologie, comme médium et comme culture. Les premiers, ils s'interrogèrent sur son utilisation possible comme forme d'art. Cette fascination précoce fut perpétuée par le mouvement Dada, le *Hörspiel* allemand et les artistes d'après-guerre travaillant avec le son dans différentes directions.

Le futurisme et Dada

Comme c'est souvent le cas quand des artistes cherchent un cadre de référence, le futurisme abandonna les thématiques des mouvements artistiques antérieurs. Il se débarrassa de l'harmonie et du bon goût. le futurisme glorifia un avenir fondé sur la vitesse, la technologie et le triomphe de l'humanité moderne sur la nature.

Filippo Tommaso Marinetti (1876-1944) lança le mouvement futuriste en Italie avec la publication de son *Manifeste du futurisme* (5 février 1909, *La Gazzetta dell'Emilia* ; réimprimé le 20 février 1909 en Une du *Figaro*, Paris). Son *Manifeste technique de la littérature futuriste* (1912) promouvant « l'imagination sans fils » et les « *parole in liberta* » (les paroles en liberté) fut une source d'inspiration pour de nombreux artistes et écrivains. Le manifeste du futurisme italien, *La Radia* (1933), écrit par Marinetti et Pino Masnata, imaginait un potentiel pour la radio qui rejetterait le réalisme et toute compromission avec les formes traditionnelles. Au lieu de cela, ils plaidaient pour l'abstraction, l'irréalité et la spéculation[2].

• Chaque auditeur entend sa propre version finale d'une œuvre radiophonique combinée avec le bruit ambiant de son propre espace.
• L'artiste radiophonique sait qu'il n'y a aucun moyen de contrôler l'expérience qui est faite d'une œuvre radio.
• L'art radiophonique n'est pas une combinaison de radio et d'art. L'art radiophonique est de la radio faite par des artistes.
Voir aussi : PizMO (Projet intermittent d'une Zone Musicale Objective), collectif d'artistes sonores qui travaillent en France depuis plus de 50 ans.

[1] Chris Priestman, « Narrowcasting and the Dream of Radio's Great Global Conversion », *The Radio Journal – International Studies and Audio Media,* Vol.2 (2), 2004, p. 77–88.
[2] Le texte du *Manifeste du futurisme* peut être trouvé en ligne, en anglais, sur le site officiel du futurisme : http://www.unknown.nu/futurism/manifesto.html.

Les futuristes italiens n'obtinrent jamais un accès important à la radio, et ils concentrèrent plutôt leurs efforts sur la littérature et la performance poétique. On pourrait dire la même chose des Soviétiques Viktor Vladimirovitch (Velimir) Khlebnikov et Aleksej Kruchenykh dont les expériences sur l'abstraction du langage se portèrent davantage sur les sons que sur les significations. Ils rangèrent leurs travaux sous l'appellation de *Zaum*. L'Ukrainien David Bourliouk co-rédigea le Manifeste futuriste de 1912, *Une gifle au goût du public*, avec Khlebnikov, Kruchenykh, et Vladimir Maïakovski. Il prévoyait de réunir toutes les radios afin que les gens à travers le monde puissent entendre les idées du futurisme et s'en inspirer[1].

Le mouvement Dada, fondé en 1916 à Zurich, en Suisse, par Hugo Ball, sa compagne Emily Hennings, Tristan Tzara, Kurt Schwitters, Antonin Artaud et d'autres, hérita du mouvement futuriste italien et de ses manifestes. Comme les futuristes, les dadaïstes focalisèrent leur attention sur les sons de la parole plutôt que sur son sens. Leurs expérimentations, combinées à celles du *Zaum* soviétique, forment les racines de la poésie sonore expérimentale pratiquée en Europe et en Amérique du Nord.

Les *Hörspiele* allemands

Les premiers exemples de l'utilisation du médium radio pour produire de l'art pourraient être trouvés dans le *Hörspiel* allemand (« pièce radiophonique »), une forme de théâtre radiophonique qui mélange le documentaire, le paysage sonore et la musique électroacoustique à des techniques de montage sonore. L'un des premiers exemples fut donné le 24 octobre 1924, lorsque la radio de Francfort diffusa « Zauberei auf dem Sender: Versuch einer Rundfunkgroteske » [Enchantement sur les ondes : Tentative d'un grotesque radiophonique] écrit et produit par le directeur artistique Hans Flesch. Dans cette pièce radiophonique expérimentale, une émission se voit interrompue par un sorcier qui provoque le chaos dans le studio afin d'hypnotiser les auditeurs avec des illusions sonores[2].

En plus du sorcier, les auditeurs entendaient le directeur artistique (Flesch lui-même), son assistant, l'annonceur, le directeur de chaîne, un technicien,

---

[1] Le texte *Une gifle au goût du public* peut être trouvé en version anglaise en ligne sur le site officiel du futurisme : http://www.unknown.nu/futurism/slap.html.
Le manifeste visionnaire du poète futuriste russe Victor Khlebnikov, *La Radio de l'Avenir* (1921), est souvent cité comme une préfiguration d'Internet. « La Radio de l'avenir... l'arbre principal de notre conscience... inaugurera de nouvelles façons de faire face à nos engagements sans fin et unira toute l'humanité » (cité dans Charlotte Douglas (dir.), *Khlebnikov, Velimir. The King of Time: Selected Writings of the Russian Futurian*, Cambridge, MA, Harvard University Press, 1985, p. 155)
[2] Daniel Gilfillan, *Pieces of Sound: German Experimental Radio*, Minneapolis, University of Minnesota, 2009.

un violoniste de l'orchestre de la radio, et une dactylo. Il en résultait la construction « d'une dialectique oscillant entre l'établissement de l'ordre par le divertissement et la promotion du désordre par l'innovation artistique ». En outre, cette diffusion offrait une expérimentation directe du médium radio, en attirant l'attention critique sur le cadre et le contexte de la diffusion au moment même où sa continuité et son caractère d'illusion étaient parasités[1].

Les pièces radiophoniques comme « Zauberei auf dem Sender : Versuch einer Rundfunkgroteske » étaient généralement réalisées en direct. Plus tard, en juin 1930, le cinéaste allemand Walter Ruttmann (1887-1941) produisit *Wochenende* [Week-end], une pellicule cinématographique réduite à sa bande son, qui fixa le cadre du *Hörspiel* post Seconde Guerre mondiale, en faisant usage de sons enregistrés[2].

Wochenende (*) fut présenté dans les salles de cinéma comme une expérimentation uniquement sonore. Aucune image n'était projetée à l'écran. Le public écoutait les 11 minutes 30 secondes d'un collage de mots, de fragments de musique et de sons représentant un week-end à Berlin, incluant un samedi après-midi à l'usine, une nuit en ville, un dimanche bucolique, pour s'achever sur la ville retournant au travail le lundi. Ce n'était

---

[1] « Zauberei auf dem Sender : Versuch einer Rundfunkgroteske » [Enchantement sur les ondes : Tentative d'un grotesque radiophonique], dont le sujet est l'interruption d'une émission radio normale, précéda de plus d'une décennie la diffusion de « La Guerre des mondes » d'Orson Welles (1938), elle-même largement saluée pour ses efforts pour subvertir les conventions des comptes rendus / reportages radio en bernant les auditeurs avec les nouvelles fictives d'une invasion de la planète Mars. L'émission du 30 octobre 1938, consistant en l'adaptation radio par Welles du roman de H. G. Wells *La Guerre des Mondes*, usa du style très réaliste des bulletins d'information sur le terrain pour interrompre une émission ordinaire, et créa ainsi une agitation massive parmi les auditeurs. Mais ce n'était pas le premier canular radiophonique. Cet honneur pourrait revenir à « Broadcasting the barricades » (*), un programme écrit par le Père Ronald Arbuthnott Knox (1888-1957), théologien anglais, prêtre catholique et auteur de polars, diffusé par la British Broadcasting Company (BBC) le 16 janvier 1926, à 19h40, plus d'une décennie plus tôt. "Broadcasting the barricades" interrompait un programme radio habituel par une série de bulletins d'information sur une émeute à Londres. Big Ben et l'Hôtel Savoy étaient détruits, et un politicien pendu à un lampadaire. Comme la BBC était le seul média national, et que le mauvais temps du lendemain empêcha la livraison des journaux, de nombreuses personnes furent incapables de recevoir des informations supplémentaires et pensèrent que ces comptes rendus étaient réels.

[2] Avec son film de 1927, *Berlin: die Sinfonie der Großstadt [Berlin - Symphonie d'une grande ville]*, Walter Ruttmann produisit un montage audiovisuel pionnier qui suivait l'activité de Berlin et de ses habitants, le temps d'une journée. La pellicule de *Berlin*, avec ses sons enregistrés, fut réutilisée pour créer *Wochenende*.
Berlin a pu inspirer à Dziga Vertov la chronique d'une journée d'une ville soviétique, *L'homme à la caméra* (1929). Cependant, tandis que l'œuvre de Ruttman incluait du son, le film de Vertov était muet. *L'Homme à la caméra* est souvent considéré comme l'un des films muets les plus expérimentaux et les plus influents.

donc qu'une sonorisation des images telle qu'on peut l'attendre d'un film, mais ici d'un film sans images.

Le récit sonore *Wochenende* fut également diffusé à la radio, il est donc parfois considéré comme une pièce radiophonique. Dans ce contexte, *Wochenende* serait peut-être la première expérimentation significative d'un montage radio enregistré.

Le théoricien critique et philosophe Walter Benjamin produisit environ quatre-vingt-dix *Hörspiele* entre 1929 et 1933. Plusieurs d'entre eux, comme « Jeux Radios : poètes par mots-clés » diffusé en janvier 1932, étaient expérimentaux et interactifs. On fournissait une liste de mots sans rapports les uns avec les autres à un enfant, une femme, un poète, un journaliste et un homme d'affaires. Chacun devait combiner ces mots pour créer un bref récit cohérent. Les auditeurs évaluaient les résultats. Leurs commentaires étaient publiés dans le journal de la station.

Près de la moitié des *Hörspiele* de Benjamin ont été recueillis sous le titre *Aufklärung für Kinder* [Lumières pour les enfants]. Ces historiettes étaient axées sur Berlin, l'histoire, ainsi que les catastrophes, les crimes et les actes délictueux commis par des voleurs, fraudeurs ou sorcières, ou encore sur les efforts éducatifs. Par exemple, « Radau um Kasperl » (*) [Chahut autour de Polichinelle], expérimentait « la mobilité » radiophonique, « l'omniprésence » et la capacité d'être entendu dans des lieux domestiques[1].

« Radau um Kasperl » fut diffusé par le Westdeutscher Rundfunk, le 9 septembre 1932, à Cologne, en Allemagne. En deux mots, la trame : Kasperl[2] est invité à participer à une émission radio. Effrayé, réticent, il s'enfuit et est poursuivi par l'animateur radio. Tandis qu'il essaye de

---

[1] Leslie Esther, *Walter Benjamin,* Londres, Reaktion Books, 2007, p. 127.
[2] Kasperl était une figure populaire du théâtre de marionnettes, bien connue des enfants. Benjamin utilisa Kasperl pour inviter les enfants à réfléchir sur le médium radio, sur les différentes fonctions et pratiques de la radio, et pour illustrer les mauvaises pratiques associées à la recherche des fortes audiences. Souvenons-nous que 1932 marque tout juste l'utilisation généralisée des technologies radiophoniques pour sa production, sa transmission et sa réception. 1932, c'est aussi un an seulement avant que les nationaux-socialistes, sous la houlette d'Adolf Hitler, ne renversent le gouvernement allemand et utilisent la radio comme outil premier de propagande.
Les réflexions soulevées par Benjamin dans « Radau um Kasperl » étaient (et restent) pénétrantes. Tout d'abord, il pointe l'omniprésence de la radio dans la ville, y compris dans les espaces personnels et privés comme les lits. À travers son « Radau um Kasperl », Benjamin tend un miroir à l'aliénation et la marchandisation de l'œuvre culturelle. Il met en lumière les types de discours radiophoniques acceptables. Il montre que la distance entre l'animateur et le public peut être dépassée, qu'ils peuvent travailler ensemble, même dans les cas où cette collaboration pourrait être dangereuse. Après tout, la radio est aussi un moyen de diffuser la propagande. En conséquence, la radio devient l'objet d'une discussion à propos de ses moyens de (re)production et de l'utilisation de ses mécanismes. Et cette discussion se tient en employant les possibilités sonores spécifiques de la radio.
Deux extraits de la performance originale de Benjamin « Radau um Kasperl » ont survécu.

s'échapper, Kasperl visite des lieux bien connus des enfants : la gare, le champ de foire et le zoo où il est finalement rattrapé par l'animateur. À la fin, on retrouve Kasperl dans son lit, où l'animateur enregistre sa voix avec un microphone caché. La station de radio aura donc eu son émission. Kasperl est payé. Tout est pardonné.

De tels *Hörspiele* sont pionniers et théorisent la création et la consommation de contenus audio nouveaux et différents ainsi que la situation d'écoute de ces sons comme une activité envisagée avec soin et conduite à dessein. Les pratiques d'art radiophonique telles que ces œuvres les façonnent, suggèrent des actions simultanées de collaboration, communication, création, consommation et conservation.

L'art radiophonique : de la Seconde Guerre mondiale à 2011

Cette première vague de producteurs de *Hörspiele* fut mise à bas par les nazis à l'aube de la Seconde Guerre mondiale. Après-guerre, les artistes radio expérimentèrent au moyen de bandes magnétiques et ainsi modifièrent les frontières du genre en y instillant du contenu préenregistré. Leurs efforts influencèrent directement Brion Gysin et William S. Burroughs, dont les techniques pionnières du « cut-up » pour l'enregistrement, le montage et le collage de bandes sont encore utilisées par les artistes radio contemporains pour contester la radiodiffusion classique.

Depuis ses débuts, l'art radio s'est fait entendre *via* trois modulations : des œuvres d'art individuelles (réalisées par des artistes, avec un temps et un accès déterminés), des programmes radio (des rendez-vous réguliers entre un contenu radio et un public), et des stations radio (activités commerciales, diffusant des programmes à fin pécuniaire, et parfois diffusant de l'art radio).

Quelques pièces d'art radiophonique

Comme résurgence du *Hörspiel,* citons les *Hörtexte* [textes radio] de Ferdinand Kriwet, qui depuis 1962 et jusqu'à nos jours, présentent des assemblages d'échantillons sonores et de bruit. Ainsi, pour son *Hörtext VI* de 1969, l'artiste passa un mois dans un hôtel de New York (du 11 juillet au 11 août 1969) enregistrant tout ce qu'il pouvait entendre en matière de comptes rendus radio et télévisuels sur l'alunissage d'Apollo 11 (le dimanche 20 juillet 1969). Il monta ensuite ce matériau dans un poème sonore de 21 minutes, « Apollo America » (*) (première diffusion, le 20 novembre 1969).

Rappelant notre définition des arts de la transmission, « Public Supply 1 » (1966) et « Radio Net » (1977) de Max Neuhaus, utilisent tous deux le téléphone et les réseaux radiophoniques courant à travers les États-Unis pour impliquer les auditeurs dans la production d'œuvres d'art radiophonique interactives et *live*.

Pour « Public Supply 1 » (*), Neuhaus, percussionniste et artiste sonore américain, installa dix lignes téléphoniques dans le studio (d'émission) de la radio WBAI à New York et construisit un système rudimentaire de répondeur téléphonique. Toutes les personnes qui appelaient, une fois connectées, pouvaient contribuer en laissant le message qu'elles souhaitaient. Neuhaus mixa ces sons et achemina le mélange obtenu vers le microphone ouvert qui lui-même alimentait le programme diffusé par la radio.

Pour « Radio Net » (*), Neuhaus utilisa comme points d'entrée différentes stations affiliées à la Radio Nationale Publique, dans différentes capitales – WNYC à New-York, KUSC à Los Angeles, KERA à Dallas, KSJN à Minneapolis et WABE à Atlanta. Les auditeurs appelaient la station la plus proche et sifflaient un ton de façon continue dans le téléphone jusqu'à ce qu'ils fussent déconnectés par le système de répondeur conçu par Neuhaus. Un système automatique de mixage et différents filtres bouclaient le(s) son(s) enregistré(s) au niveau de la station émettrice, puis au travers des cinq boucles installées dans chacune des stations participantes. Le résultat final, un assemblage de tonalités variant insensiblement, émergeait à Washington DC, d'où il fut émis sur le réseau de la Radio Nationale Publique, le 2 janvier 1977, pendant deux heures.

> Je compris que je pouvais ouvrir grand la porte du studio de radio grâce au téléphone ; si j'installais des lignes téléphoniques dans le studio, n'importe qui pouvait soniquement pénétrer les lieux à partir d'un téléphone. À cette époque il n'y avait pas d'émissions ouvertes aux auditeurs[1].

Le résultat de ces deux œuvres était de l'art radiophonique spontané, une collusion/collision/connexion entre la technologie radio et les auditeurs, que Neuhaus compare à un dialogue :

> Bien que je ne fusse pas en capacité de formuler cette idée en 1966, il me semble bien à présent [...] que ce qui est véritablement en jeu avec ces œuvres, c'est le rétablissement d'un genre de musique que nous avons oublié, et qui est peut-être l'élan musical originel chez l'homme : non pas faire un produit musical en vue de son écoute, mais instaurer un dialogue, un dialogue sans langage, un dialogue sonore[1].

Autre exemple, *Radio Event*. Du 30 octobre 1969 au 7 juin 1973, le département musical de la radio KPFA (Berkeley, Californie), produit et dirigé par Charles Amirkhanian, offrit à des artistes d'horizons très divers du

---

[1] Max Neuhaus, « Rundfunkarbeiten und Audium [Broadcast works and Audium] », *Transit, Zeitgleich [a June 1994 arts and media conference]*, Vienna, 1994, p.21-23.

temps d'antenne pour créer des situations qui impliquent physiquement l'auditoire, faisant de celui-ci un participant actif plutôt qu'un auditeur passif.

Ainsi, le 20 novembre 1969, l'artiste intermédia et chorégraphe de danse Anna Halprin proposa au public de KPFA le « Radio Event n° 3 : Furniture Mix », au cours duquel les auditeurs devaient réagencer leur mobilier intérieur, en rythme avec les sélections musicales diffusées pendant l'émission de radio. Ils étaient aussi invités à visualiser ce que leur imagination produisait au cours du processus. Les auditeurs/participants étaient alors conviés à appeler la station pour partager leurs rêveries, qui étaient intégrées à la conclusion du programme. La sélection musicale incluait des extraits de « Goin' Out of My Head », « Live for Life », « Don't Fence Me In », et de la musique vocale de la Renaissance ou la « Symphonie n° 35 » de Mozart[1].

En 2011, dans le cadre d'une mise en valeur de l'art radio canadien, la *Kunstradio* demanda à l'artiste sonore Anna Fritz de compiler quelques exemples. Elle sélectionna « Chaud a cold night in 2011 » (2011) par Martine H. Crispo, « RadioRoam » (2007) de Stephen Kelly et Eleanor King, « Private Telephone 1981 (Compressed) » (2011) par Andrea-Jane Cornell, « RUN » (2011) par Thomas Phillips et s*, « The Bodhi Tree » (2011) par Debashis Sinha. « Chaud a cold night in 2011 » et « RadioRoam » étaient des émissions radio en live à l'origine ; les autres étaient fondées sur des pratiques radiophoniques.[2]

Les programmes d'art radiophonique

En 1987, à Vienne, en Autriche, Heidi Grundmann fonda *Kunstradio* : un programme servant de vitrine pour des œuvres originales d'art radiophonique. Aujourd'hui, ce programme est diffusé chaque semaine sur Oesterreich 1, une chaîne culturelle de la Radio nationale autrichienne (ORF). En tant que galerie d'art sur les ondes dédiée à des projets d'art radiophonique en direct ou enregistrés, *Kuntsradio* utilise la radio comme contenu et comme contexte de l'art qu'il présente[3].

---

[1] Écouter « Radio Event No. 3: Furniture Mix » :
http://radiom.org/detail.php?omid=RE.1969.11.20.c2.
Voir les pages « Inter-Media & visuals arts » sur le site de radiom.org pour des informations et l'écoute des épisodes 1-5, 7-9, 13, 14, 18, 19, 20, et 23. En ligne : Http://radiom.org/archives.php?et=intermedia&pageID=1.
[2] *A Sampler of Recent Canadian Radio Art* a été diffusé sur *Kunstradio*, le 21 août 2011. Écouter les cinq sélections et lire le commentaire d'accompagnement par Anna Friz sur la page Web : http://www.kunstradio.at/2011A/21_08_11en.html.
[3] Par exemple, *Iberwave*, une série de programmes consacrés à l'art radiophonique d'Amérique du Sud, proposé par José Iges. En ligne :
http://www.kunstradio.at/2013B/14_07_13de.html#3.

Aventure similaire, *L'Atelier de Création Radiophonique (ACR)*, créé par Alain Trutat en 1969. L'*ACR* diffuse un programme hebdomadaire sur France Culture, une chaîne de radio publique nationale (une des stations de Radio France). En plus de l'art radio, France Culture diffuse aussi du théâtre radio et des productions expérimentales, de même que des émissions parlées dédiées à l'histoire, la philosophie, la politique, la littérature, les sciences, etc.

Autre cas, *Something Else*, un programme hebdomadaire de quatre heures d'art radiophonique, d'art sonore et de musique expérimentale, diffusé par WLUW, à Chicago, en Illinois[1].

Les stations d'art radiophonique

En 1970, le poète John Giorno diffusa sa « Radio Free Poetry » à travers l'installation électrique du Musée juif de New York, dans le cadre du *Software Show*. Les visiteurs pouvaient entendre l'émission sur des transistors radios. Bien qu'il ne s'agisse pas tout à fait d'une station de radio, Giorno espérait, avec cette pièce d'art radiophonique, inspirer des diffusions de points de vue et de matériau qu'on n'entendait pas sur les radios grand public. Son travail préfigure les idées ultérieures relatives à Internet, considéré comme un lieu où tout le monde peut devenir producteur culturel[2].

La première station radio dédiée à l'art radiophonique fut peut-être Radio Alice. Utilisant un ancien émetteur militaire, Radio Alice commença à émettre le 9 février 1976 depuis Bologne, en Italie. La radio fut fermée un an plus tard, le 12 mars 1977, par la police militaire nationale italienne dans le cadre des efforts du gouvernement visant à faire taire les nouveaux mouvements sociaux. Quand elle diffusait de la musique et des comptes rendus sur des mouvements politiques, Radio Alice s'efforçait de gommer les différences entre diffuseur et auditeur, l'artiste et le public, l'art et la vie[3].

En 1981 débute, au Japon, le projet de Tetsuo Kogawa *Mini-FM*, axé sur l'utilisation de micro-émetteurs radio à bas coût pour créer de petits réseaux de communication. Influencé par le mouvement de la Radio Libre italienne, Kogawa apprit aux gens à fabriquer leurs propres émetteurs radio FM à faible puissance et à les utiliser pour créer des communautés et une nouvelle forme de communication partagée.

Relisant l'analyse de la Radio Libre italienne par le psychanalyste et philosophe français Félix Guattari, Kogawa notait que Guattari soulignait la fonction radicalement différente de la radio libre par rapport aux média de

---

[1] A écouter en ligne : http://wluw.org/.
[2] Clare Barliant, *Stationary Flow: Process and Politics in Audio Art On the Air*, 2005.
[3] Mikkel Bolt Rasmussen, « Promises in the Air. Radio Alice and Italian Autonomia », dans Erik Granly Jensen et Brandon LaBelle (dir.), *Radio Territories,* LA/Copenhagen, Errant Bodies Press, p.43.

masse conventionnels. Ses concepts de transmission et de révolution transverse et moléculaire suggéraient que, contrairement à la radio conventionnelle, la radio libre n'imposerait pas de programmes à un public de masse dont les audimats ont été dûment prévus, mais viendrait librement à la rencontre d'un public moléculaire, d'une manière qui changerait la nature de la communication entre ceux qui parlent et ceux qui écoutent[1].

Le 30 juin 1988, la toute première station radio d'art radiophonique émettant à temps plein, et instaurée comme œuvre d'art, commença à transmettre à Berlin Ouest, en Allemagne. La station fut fondée par l'artiste polonais Wojciech Bruszewski et l'artiste allemand Loup Kahlen. À l'époque, Berlin était divisée et sous contrôle international. La Pologne était sous le coup de la loi martiale. Bruszewski estimait que la meilleure ressource pour l'artiste activiste était l'onde radio.

Il développa un logiciel informatique pour rendre aléatoire la lecture en boucle d'idées philosophiques préenregistrées. Deux personnages, Paula et Gary, furent créés en utilisant une voix synthétisée par ordinateur. Comme chaque voix récitait aléatoirement une pensée philosophique, il en résultait une apparence de discussion en temps réel prolongée. Bruszewski appela son travail « Radio Ruins of Art » (*) et l'envisageait comme une diffusion illimitée d'une enquête philosophique fondée sur un système de lecture aléatoire Après la chute du mur de Berlin, le 9 novembre 1989, les droits de diffusion accordés à Bruzewski furent révoqués par le Bureau de Poste allemand et offerts à la radio de Brandebourg dans le cadre d'une politique de privatisation des ondes menée par le gouvernement. Malgré son échec, la diffusion de Bruszewski fut l'expérience la plus longue d'une émission d'art radio diffusée par une station dédiée à l'art radiophonique.

Dernier avatar en date, Radia, lancé en avril 2005, est un réseau international de stations de radio unies par leur commun intérêt pour l'art radiophonique. Les stations qui en sont membres (stations de radio traditionnelles, stations de radio Internet et projets d'art radiophonique) commissionnent des artistes locaux pour qu'ils imaginent et produisent des œuvres d'art radiophonique qui seront mutualisées. Chaque semaine, les stations membres diffusent un programme d'art radiophonique, l'une après l'autre. Ainsi, Radia devient une galerie d'art radiophonique[2].

---

[1] Tetsuo Kogawa, « Toward Polymorphous Radio », dans Daina Augaitis et Dan Lander (dir.), *Radio Rethink: Art, Sound and Transmission,* The Banff Centre for the Arts, Walter Phillips Gallery, 1994, p.288.
[2] Radia (http://www.radia.fm), avec Radio Zero (Lisbonne, Portugal) produit RadiaLx (http://radialx.radiozero.pt/), un festival international d'art radiophonique se tenant à Lisbonne tous les deux ans.

Conclusion : Vers une théorisation d'une nouvelle forme artistique

Comme nous l'avons montré dans cet article, la superposition d'une radio comme canal de production/transmission de contenus et d'informations culturels et d'une radio comme médium artistique, utilisant la voix et d'autres sons dont la musique, les effets sonores, le silence, mais aussi l'imagination de l'auditeur – nous impose d'examiner à nouveaux frais la place d'un médium dans l'art comme celle de l'art dans un médium, et la manière dont l'un peut fournir une remédiation à l'autre. L'art radio démontre aussi avec la découverte et l'exploration d'un potentiel artistique situé à l'intersection de deux problématiques : à savoir, la collusion/collision entre l'artefact produit (l'œuvre d'art radio) et les considérations artistiques et esthétiques auxquelles il se confronte, et les exigences particulières du médium radio dont dépendent ses productions.

Comme expérience sonore, une émission d'art radiophonique peut trouver sa source dans la station radio d'une ville. L'émission peut être entendue à des kilomètres de distance par des auditeurs qui sont à la maison, chez eux. Un flux externe peut ainsi faire irruption dans des vies personnelles à l'intérieur d'espaces privés. Mais l'irruption (et son étrangeté, sa tension et/ou puissance politique) ne provoque pas de contamination parce que l'écoute de la radio est une activité seconde, une surcouche, que l'on fait volontairement en même temps qu'autre chose. Notre attention n'est pas mobilisée sur/par l'écoute.

Pour autant, l'écoute peut être très puissante. En tant que fiction, l'art radio est livré sans image. Il dépend des oreilles et de l'imagination des auditeurs. Or, l'écoute active est beaucoup plus puissante que le visionnage passif. Produite à distance, la radio est invisible, éphémère, activité aveugle, partagée simultanément avec d'autres auditeurs non-vus, bien que vécue personnellement, individuellement ; elle met l'accent sur l'interprétation, l'interaction, l'imagination de ce que l'on entend. Dès lors, on ne peut s'attendre à ce que les expériences de différents auditeurs soient les mêmes. L'art radio peut bien venir de loin, il touche les auditeurs dans leur sphère personnelle.

Cette flexibilité de la ré-imagination et de la réinterprétation, combinée au pouvoir sonore de l'art radio de faire interagir les auditeurs depuis leurs espaces personnels (comme leur maison), paraissent à Lander la promesse d'un futur vigoureux pour l'art radio. « Le développement d'un corpus théorico-pratique autonome concernant la référentialité acoustique – en particulier, quand elle concerne la radio et les média électroniques –

contribuera à une meilleure compréhension du rôle que joue l'art radiophonique dans l'articulation des idées culturelles et sociales[1] ».

Le jeu d'approches et les travaux résultant, qui contrecarre toute réduction à l'autonomie esthétique, vient fracturer les anciennes hiérarchies et engendre des tensions.

Se détachant sur cette toile de fond, l'artiste radio est un médiateur entre les institutions émettrices et les auditeurs, entre l'art et la technologie, entre le médium et l'art. L'artiste radio peut créer des fractures et des tensions, mais peut tout aussi bien répondre à ces tensions par des propositions nouvelles et interdisciplinaires. Bonne écoute !

Bibliographie

BARLIANT Claire, *Stationary Flow: Process and Politics in Audio Art On the Air*, 2005, en ligne : http://somewhere.org/NAR/writings/barliant.htm

BAUDOUIN Philippe, *Au Microphone : Dr. Walter Benjamin : Walter Benjamin et la Création Radiophonique, 1929-1933*, Éditions de la Maison des Sciences de l'Homme, Paris, 2009

COHEN Andrea, *Les Compositeurs et L'Art Radiophonique*, Paris, L'Harmattan, 2015

DOUGLAS Charlotte (dir.), *Khlebnikov, Velimir. The King of Time: Selected Writings of the Russian Futurian*, Cambridge, MA, Harvard University Press, 1985

DUBBER Andrew, *Radio in The Digital Age: A book (and some associated observations)*, en ligne : http://radiointhedigitalage.com/book/

GILFILLAN Daniel, *Pieces of Sound: German experimental Radio*, Minneapolis, University of Minnesota, 2009

GLANDIEN Kersten, « Art on Air. A Profile of New RadioArt », dans EMMERSON Simon (dir.), *Music, Electronic Media and Culture*, Aldershot, Ashgate, 2000

GUATTARI Felix, *Soft Subversions*, New York, Semiotext(e), 1996

JOSEPH-HUNTER Galen, DUFF Penny et PAPADOMANOLAKI Maria (dir.), *Transmission Arts: Artists & Airwaves*. New York, PAJ Publications, 2011

KOGAWA Tetsuo, « Toward Polymorphous Radio », dans AUGAITIS Daina et LANDER Dan (dir.), *Radio Rethink: Art, Sound and Transmission*, The Banff Centre for the Arts, Walter Phillips Gallery, 1994, p. 287-299

MCLUHAN Marshall et FIORE Quentin, *The Medium Is the Massage: An Inventory of Effects*, New York, Random House, 1967

---

[1] Dan Lander, « Radiocasting: Musings on Radio and Art », dans Daina Augaitis et Dan Lander (dir.), *Radio Rethink: Art, Sound and Transmission,* The Banff Centre for the Arts, Walter Phillips Gallery, 1994, p. 13.

NEUHAUS Max, *Rundfunkarbeiten und Audium [Broadcast works and Audium] Transit, Zeitgleich [a June 1994 arts and media conference]*, Vienna, 1994

PIZMO (Intermittent Project of Objective Musical Zone), *Site de l'artiste*, en ligne : http://pizmo.free.fr

PRIESTMAN Chris, « Narrowcasting and the Dream of Radio's Great Global Conversion », *The Radio Journal – International Studies and Audio Media*, vol. 2(2), 2004, p. 77-88

RASMUSSEN Mikkel Bolt, « Promises in the Air. Radio Alice and Italian Autonomia », dans JENSEN Erik Granly et LABELLE Brandon (dir.), *Radio Territories*, LA/Copenhagen, Errant Bodies Press, 2006

Syntone : Actualité & critique de l'art radiophonique [Site web], en ligne : http://syntone.fr

WATERMAN Ellen, « Radio Bodies: Discourse, Performance, Resonance », dans JENSEN Erik Granly et LABELLE Brandon (dir.), *Radio Territories*, LA/Copenhagen, Errant Bodies Press, 2007, p. 118-134

WEISS Allen S. (dir.), *Phantasmic Radio*, Durham, Duke University Press, 1995

ZURBRUGG Nicholas, « Sound Art, Radio Art, and Post-Radio Performance in Australia », *Continuum: The Australian Journal of Media & Culture*, vol. 2(2), 1989, en ligne : http://wwwmcc.murdoch.edu.au/ReadingRoom/2.2/Zurbrugg.html

Une esthétique post-média

Lev Manovich

Traduction : Pascal Krajewski

Lev Manovich est professeur en Sciences de l'Informatique au Graduate Center de l'Université de la ville de New York (CUNY) et directeur du programme Software Studies Initiative. Il est l'auteur de huit ouvrages, dont Software takes command *(2014) et* Le Langage des nouveaux médias *(Les presses du réel, 2010).*

Le médium en crise

Dans le dernier tiers du XXe siècle, divers développements culturels et technologiques ont conjointement vidé de son sens l'un des concepts clés de l'art moderne – celui de médium. Pour autant, aucune nouvelle typologie des pratiques artistiques n'est venue remplacer celle fondée sur les médiums, qui divise l'art en peinture, littérature, sculpture, cinéma, vidéo, et ainsi de suite. L'hypothèse selon laquelle la pratique artistique pourrait être scrupuleusement ordonnée selon un petit groupe de médiums distincts a continué de structurer l'organisation des musées, des écoles d'art, des organismes de financement et autres institutions culturelles – bien que cette hypothèse ne reflétât plus le fonctionnement réel de la culture.

Plusieurs développements distincts ont contribué à cette crise du concept. Depuis les années 1960, le développement rapide de nouvelles formes artistiques – assemblage, *happening*, installation (y compris ses différentes sous-catégories telles que l'installation *in situ* et l'installation vidéo), la performance, l'action, l'art conceptuel, l'art processuel, l'intermédia, les arts temporels, etc. – a menacé la typologie des médiums (peinture, sculpture, dessin) par le simple fait de la prolifération de ces formes. En outre, si la typologie traditionnelle était fondée sur la différence entre les matériaux utilisés dans le cadre d'une pratique artistique, les nouveaux médiums, eux, soit autorisaient l'utilisation de différents matériaux dans des combinaisons arbitraires (installation), soit, pire encore, visaient à dématérialiser l'objet d'art (art conceptuel). Par conséquent, ces nouvelles formes ne pouvaient plus vraiment être des médiums au sens traditionnel du terme.

Lev Manovich, *Visualizing Vertov (extraits)*, 2013. Crédits : Lev Manovich

Une autre mutation du concept de médium est survenue lorsque de nouvelles formes culturelles fondées sur les technologies récentes ont progressivement pris place à côté de l'ancienne typologie des médiums artistiques. La photographie, le cinéma, la télévision et la vidéo sont apparus progressivement dans le cursus des écoles d'art et ont été regroupés dans des départements spéciaux des musées d'art. Dans le cas de la photographie et du cinéma traditionnels (*ie* pré-numériques), les considérer comme des médiums distincts au sens traditionnel du terme continue de faire sens : ils utilisent différents supports matériels (film photographique dans le cas de la photographie, pellicule dans le cas du film), et ils s'intègrent parfaitement dans une autre dichotomie fondamentale utilisée par l'esthétique traditionnelle pour édifier sa typologie des médiums : d'un côté, les arts de l'espace (peinture, sculpture, architecture) et de l'autre, les arts temporels (musique, danse). Puisque la photographie tourne autour des images fixes tandis que le cinéma a à voir avec les images animées (dont la perception nécessite la dimension temporelle), et dans la mesure où ils se fondent sur des matériaux distincts – l'intégration de ces deux formes dans la typologie des médiums artistiques ne menaçait pas encore le concept de médium.

Toutefois, dans le cas de la télévision et de la vidéo, les choses ne furent pas si aisées. Le *média de masse* qu'est la télévision et le *médium artistique* qu'est la vidéo utilisaient bel et bien tous les deux la même base matérielle (le signal électronique qui peut être transmis en direct ou enregistré sur une bande) et par ailleurs ils impliquaient les mêmes conditions de perception (un écran de télévision). Les seules raisons de les considérer comme des média[1] distincts étaient sociologiques et économiques, à savoir les différences quant à la taille de leur public respectif, aux mécanismes de leur distribution (*via* les réseaux de télévision VS *via* les expositions muséales ou les galeries), ainsi qu'au nombre de copies d'une bande ou d'un programme réalisé.

Ce cas de la télévision *versus* la vidéo est un exemple de la façon dont le vieux concept de médium utilisé par l'esthétique traditionnelle pour décrire les différents arts est entré en conflit avec un nouveau groupe de distinctions apportées par le XXe siècle : à savoir des distinctions entre l'art et la culture de masse. Alors que l'art moderne, comme système, impliquait la circulation d'objets uniques ou existant en édition très limitée, la culture de masse, elle, imposait une distribution massive de copies identiques – et elle se retrouvait ainsi dépendante de diverses technologies de reproduction et de distribution, mécaniques et électroniques. Lorsque les artistes commencèrent à utiliser les technologies des médias de masse pour faire de l'art (que ce soit la photographie, le cinéma, la radio, la vidéo, ou l'art numérique), l'économie du système artistique leur prescrivait de créer des éditions limitées mais en utilisant à présent des technologies conçues pour la reproduction de masse, et ce de façon tout à fait contradictoire (ainsi, en visitant un musée d'art contemporain, vous pouvez trouver des objets conceptuellement paradoxaux tels qu'une « cassette vidéo, éditée à 6 exemplaires » ou un « DVD, édité à 3 exemplaires »). Peu à peu, ces lignes de partage sociologiques entre les différents mécanismes de distribution, renforçant les autres fractures sociologiques déjà mentionnées (selon la taille du public, ou selon l'espace d'accueil et d'exposition), devinrent des critères prépondérants pour distinguer différents médiums, plus que les anciennes distinctions construites sur le matériau utilisé ou sur les conditions de réception. En bref, la sociologie et l'économie prirent le pas sur l'esthétique.

---

[1] Manovich utilise au singulier le terme « medium ». Au pluriel, il use soit du mot « mediums » pour évoquer les arts, soit de « media » pour invoquer une notion plus large, englobant les médias d'information ainsi que toutes les prothèses servant de médiateurs dans l'action de l'homme. Nous retrouvons donc partiellement notre distinction du terme « médium », entre un usage artistique (un médium, des médiums, le médiumnique), anthropologique (un médium, des média, le médiologique) et populaire (un média, les médias, le médiatique). Notre traduction entend maintenir cette distinction. [NdT]

L'attaque numérique

Parallèlement à l'arrivée des médias de masse au cours du XXe siècle et à la prolifération des nouvelles formes artistiques à partir des années 1960, un autre développement menaçait l'idée traditionnelle du médium : la révolution numérique des années 1980-1990. Le passage de la plupart des moyens de production, de stockage et de distribution des médias de masse vers la technologie numérique (ou vers diverses combinaisons de technologies électroniques et numériques), tout comme l'adoption de ces mêmes outils par des artistes singuliers perturbèrent à la fois les divisions traditionnelles fondées sur les matériaux et les conditions de réception, mais aussi les nouvelles divisions, plus récentes, fondées sur les modèles de distribution, les méthodes de réception/exposition et les schémas économiques.

Sur le plan matériel, le passage à la représentation numérique et l'usage banalisé d'outils de modification ou d'édition dans la plupart des média (copier, coller, déformer, interpoler, filtrer, concaténer, etc.) qui se substituèrent aux divers outils artistiques traditionnels – effacèrent les différences entre la photographie et la peinture (dans le domaine de l'image fixe) et entre le film et l'animation (dans le domaine de l'image en mouvement[1]). Sur le plan esthétique, le Web a érigé le document *multimédia* (c'est-à-dire quelque chose qui *combine* et mélange différents média comme le texte, la photographie, la vidéo, les graphiques, les sons) comme le nouveau standard de la communication. La technologie numérique a également rendu bien plus aisée la pratique culturelle existante qui cherche à produire des versions différentes d'un même projet pour différents médiums, différents réseaux de distribution et différents publics. Et si on peut produire des versions radicalement différentes d'un même objet d'art (par exemple, une version interactive et une qui ne l'est pas, ou la version d'un film en 35mm et sa version Web), alors le lien traditionnellement fort entre l'identité d'un objet d'art et son médium est rompu. Sur le plan de la distribution, le Web a dissous (du moins en théorie) la différence entre la distribution de masse, déjà rattachée à la culture de masse, et la distribution restreinte réservée jusque-là aux sous-cultures et au système de l'art. (Le même site Web peut être consulté par une personne, dix personnes, dix mille personnes, dix millions de personnes, etc.)

Ce ne sont là que quelques exemples des limites du concept traditionnel de médium dans notre culture post-numérique (ou post-Internet). Et pourtant,

---

[1] Pour une discussion plus approfondie de ce changement, voir le chapitre « Le cinéma numérique et l'histoire de l'image en mouvement », dans Lev Manovich, *Le langage des nouveaux médias*, traduction de l'anglais (américain) par Richard Crevier, Dijon, Les presses du réel, 2010.

malgré l'insuffisance évidente de la notion de médium pour décrire les réalités culturelle et artistique contemporaines, celle-ci persiste. Elle persiste par pure inertie – et aussi parce que la remplacer par un meilleur système conceptuel, plus adéquat, est plus facile à dire qu'à faire. Ainsi, plutôt que de se débarrasser une bonne fois de la typologie des médiums, nous continuons à ajouter de plus en plus de catégories : « nouveaux genres », installation interactive, art interactif, net art. Le problème avec ces nouvelles catégories, c'est qu'elles suivent la vieille tradition qui identifie différentes pratiques artistiques en fonction des matériaux utilisés – à ceci près que les diverses nouvelles technologies ont remplacé les différents matériaux.

Par exemple, tout l'art du Net, à savoir l'art qui utilise la technologie d'Internet, s'agglomère sous une seule catégorie de « net art ». Mais pourquoi devrait-on supposer que tous les objets d'art qui partagent la technologie du Net ont forcément quelque chose en commun au regard de leur réception par leurs utilisateurs[1] ? L'idée d'un « art interactif » est tout aussi problématique. Comme je l'ai suggéré ailleurs :

> Utilisé dans le cadre des média informatiques, le concept d'interactivité est une tautologie. Les interfaces homme-machine (IHM) modernes sont, par définition même, interactives. Contrairement aux interfaces antérieures comme celles des traitements par lots, l'IHM moderne permet à l'utilisateur de contrôler l'ordinateur en temps réel en manipulant des informations affichées sur l'écran. Une fois qu'un objet est représenté dans un ordinateur, il devient automatiquement interactif. Par conséquent, appeler les ordinateurs des média interactifs est vide de sens – cela revient simplement à énoncer le fait le plus basique à propos des ordinateurs[2].

Tout comme nous ne devrions pas supposer que toute œuvre d'art utilisant la technologie d'Internet appartient au médium « net art », nous ne devrions pas ranger dans la catégorie « art interactif » tous les objets d'art utilisant – ou, plus précisément, formant une sur-couche sur – la technologie interactive de l'informatique moderne. Nous voudrions pouvoir mettre en avant cette proposition : il n'est *pas impossible* qu'il y ait un médium à part appelé « net art », fondé sur la technologie d'Internet, mais il serait erroné de qualifier automatiquement tout art utilisant Internet comme du « net art ».

---

[1] En dehors de l'art, il serait sans doute préférable d'envisager Internet comme un ensemble de média distincts qui certes partagent certaines technologies et une certaine communication, mais dont chacun a en fin de compte son identité propre. Par exemple, Internet utilisé pour le courrier électronique est un médium, les sites Web commerciaux en sont un autre.

[2] Lev Manovich, *Le Langage des nouveaux médias*, Dijon, Les presses du réel, 2010 [Notre traduction].

Lev Manovich, *Visualizing Vertov (extraits)*, 2013. Crédits : Lev Manovich

Programme pour une esthétique post-média

Dans le cadre de cet article, je ne parviendrai pas vraiment à jeter les bases d'un nouveau système théorique apte à remplacer le vieux discours des médiums en proposant une description plus adéquate de la culture post-numérique, post-Internet. Cependant, ce que je peux faire, c'est suggérer une direction particulière, que nous pourrions vouloir suivre en vue d'élaborer un tel système. Cette direction consisterait à remplacer la notion de médium par de nouveaux concepts issus de l'informatique et de la culture d'Internet. Ces concepts peuvent être utilisés à la fois littéralement (dans le cas effectif de la communication par ordinateur) mais aussi métaphoriquement, dans un sens élargi (dans le cadre de la culture pré-informatique). Voici alors à quoi une telle esthétique post-média pourrait ressembler :

1. L'esthétique post-média a besoin de catégories aptes à dire comment un objet culturel *organise des données* et *structure l'expérience utilisateur de ces données.*

2. Les catégories de l'esthétique post-média *ne devraient pas être associées à un quelconque médium particulier de stockage ou de communication.* Par exemple, plutôt que de penser « l'accès aléatoire » comme une propriété spécifique du médium informatique, nous devrions le penser comme une stratégie générale d'organisation des données (qui

s'applique aussi bien aux livres traditionnels qu'à l'architecture) et, par ailleurs, comme une stratégie particulière du comportement de l'utilisateur[1].

3. L'esthétique post-média *devrait adopter les nouveaux concepts, métaphores et opérations de l'ère de l'informatique et du réseau*, tels que l'information, les données, l'interface, la bande passante, le flux, le stockage, la conversion, la compression, etc. Nous pouvons employer ces concepts à la fois lorsque l'on évoque notre propre culture post-numérique (post-Internet), mais aussi notre culture passée. À mon sens, une approche rétroactive est non seulement un exercice intellectuel intéressant en soi, mais encore une obligation morale – afin de saisir les cultures ancienne et nouvelle dans un même *continuum*, afin d'enrichir la nouvelle culture par l'usage des techniques esthétiques de l'ancienne culture, et afin de rendre l'ancienne culture compréhensible aux nouvelles générations parfaitement à l'aise avec les concepts, les métaphores et les techniques de l'ère de l'informatique et du réseau. Pour illustrer mon propos, voici un exemple. Nous pouvons décrire respectivement Giotto et Eisenstein non seulement comme un peintre du début de la Renaissance et comme un cinéaste moderniste, mais aussi comme d'importants *designers* d'information. Le premier a inventé de nouvelles façons d'organiser les données sur une surface plane statique (un seul panneau) ou dans un espace en trois dimensions (un ensemble de panneaux dans un bâtiment d'église) ; le second inaugura de nouvelles techniques pour organiser des données dans le temps et pour coordonner des données sur différentes pistes audiovisuelles, afin d'obtenir un effet maximum sur l'utilisateur. De cette façon, un futur livre sur le *design* de l'information pourrait inclure Giotto et Eisenstein aux côtés d'Allan Kay et de Tim Berners-Lee.

4. Le concept traditionnel de médium met en avant les propriétés physiques d'un matériau particulier et ses capacités de représentation (c'est-à-dire la relation entre le signe et le référent). Comme toute l'esthétique traditionnelle en général, ce concept nous encourage à réfléchir aux intentions de l'auteur, au contenu et à la forme d'une œuvre d'art – plutôt qu'à l'utilisateur. En revanche, penser la culture, les média et les œuvres culturelles particulières comme des *logiciels* nous permet de nous concentrer sur les opérations (appelées dans les logiciels actuels des « commandes ») disponibles pour l'utilisateur. L'accent se déplace sur les capacités et le comportement de l'utilisateur. *Plutôt que d'utiliser le concept de médium, nous pouvons utiliser le concept de logiciel pour parler des médiums du*

---

[1] Un excellent exemple d'une catégorie nouvelle prenant en compte les récents textes générés par ordinateur, et pouvant en même temps être utilisée pour parler des écrits pré-informatiques, est la « littérature ergodique » développée par Espen Aarseth dans son *Cybertext: Perspectives on Ergodic Literature,* Baltimore, Johns Hopkins University Press, 1997.

passé, c'est-à-dire pour demander quel genre d'opérations sur l'information un médium particulier permet à son utilisateur[1].

5. Les critiques culturels comme les concepteurs de logiciels en sont tous venus à établir une distinction entre un lecteur/utilisateur idéal inscrit dans le texte/logiciel et les stratégies réelles de lecture/utilisation/réutilisation employées par les utilisateurs réels. L'esthétique post-média doit faire une distinction similaire relativement à tous les média culturels, ou, pour employer le terme dûment introduit, à tous les *logiciels culturels*. Les opérations disponibles et la « bonne » façon d'utiliser un objet culturel donné diffèrent de la façon dont les gens en viennent effectivement à l'utiliser. (En fait, un mécanisme fondamental de la culture récente consiste dans le « mésusage » systématique des logiciels culturels, tels que rayer des disques dans la culture DJ, ou remixer d'anciennes pistes).

6. Les *tactiques* de l'utilisateur (pour utiliser le terme de Michel de Certeau) ne sont pas uniques ou aléatoires mais suivent des modèles particuliers. Je voudrais proposer un nouveau terme, le « comportement informationnel », pour décrire une façon particulière d'accéder et de traiter l'information disponible dans une culture donnée. Nous ne devons pas toujours supposer *a priori* qu'un comportement informationnel donné est « subversif » ; il peut aussi être étroitement corrélé au comportement « idéal » suggéré par le logiciel, comme il peut en différer simplement parce que tel utilisateur n'est qu'un débutant et qu'il n'est pas passé maître dans l'utilisation optimale du logiciel.

Le comportement informationnel

Tout comme le terme « logiciel » qui permet de déplacer l'accent des média/textes vers l'utilisateur, j'espère que l'expression « comportement informationnel » pourra aussi nous aider à réfléchir sur certaines dimensions de la communication culturelle qui passaient jusqu'alors inaperçues. Ces dimensions ont toujours été présentes, mais dans une société de l'information, elles ont rapidement pris de l'importance dans nos vies et sont donc devenues visibles et intelligibles. Aujourd'hui, notre vie quotidienne se compose d'activités informationnelles, à entendre dans une acception la plus

---

[1] Nous pouvons faire ici un parallèle avec la trajectoire de la critique culturelle au cours des dernières décennies. Dès les années 1970, la critique culturelle a déplacé son centre d'intérêt de l'auteur et du texte vers les stratégies et les pratiques de lecture (la psychanalyse, les *cultural studies*, l'ethnographie). La critique a souligné que chaque lecteur construit son propre texte et que les lecteurs emploient diverses stratégies de lecture, d'interprétation et de réutilisation des textes culturels. En parallèle, les concepteurs des interfaces homme-machine et des logiciels en général ont commencé à étudier les façons réellement employées par les utilisateurs de logiciels et autres technologies de l'information.

littérale qui soit : vérifier et répondre à son courrier électronique, écouter ses messages téléphoniques, organiser ses fichiers informatiques, utiliser des moteurs de recherche, etc. Au sens le plus basique, la façon particulière dont les gens organisent leurs fichiers informatiques, ou utilisent des moteurs de recherche, ou interagissent par téléphone peut être considérée comme un comportement informationnel. Bien sûr, selon le paradigme des sciences cognitives, la perception et la cognition humaines en général peuvent être considérées comme du traitement de l'information – mais ce n'est pas ce que je veux dire ici. Certes, tous les actes de perception visuelle ou de remémoration peuvent être analysés en termes de traitement de l'information, mais surtout il y a aujourd'hui beaucoup plus de choses à voir, filtrer, rappeler, trier, hiérarchiser et planifier. En d'autres termes, dans notre société, notre vie et notre travail quotidiens gravitent dans une large mesure autour de nouveaux types d'activités comportementales comprenant la recherche, l'extraction, le traitement et la communication de grandes masses d'informations, souvent quantitatives – allant de la conduite sur le réseau routier d'une grande ville à l'utilisation du World Wide Web. Les comportements informationnels d'un individu constituent une partie essentielle de son identité : ils sont les tactiques particulières adoptées par un individu ou par un groupe pour survivre dans la société de l'information. Tout comme notre système nerveux a évolué pour filtrer les informations existantes dans l'environnement, et ce d'une manière adaptée à la capacité informationnelle d'un cerveau humain ; de même, pour survivre et prospérer dans la société de l'information, nous évoluons vers un comportement informationnel spécial[1].

Comme d'autres concepts de la société de l'information (tels que les logiciels, les données et les interfaces), le concept de comportement informationnel peut être appliqué au-delà des activités informationnelles effectives *stricto sensu* (telle que l'utilisation d'un Palm Pilot, de Google ou du métro). Il peut être étendu à toute la sphère culturelle et également projeté dans le passé. Par exemple, nous pouvons réfléchir sur les comportements informationnels adoptés lors de la lecture d'un livre, la visite d'un musée, le zapping à la télévision ou la recherche de pistes à télécharger sur Napster. Appliqué rétrospectivement, le concept de comportement informationnel souligne que toute la culture du passé ne consista pas seulement à représenter des croyances religieuses, à glorifier les puissants, à créer la beauté, à légitimer les idéologies dominantes, etc. – elle s'avérait également être du *traitement de l'information*. Les artistes ont développé de nouvelles

---

[1] Geert Lovink, dans sa description ironique de la figure d'un « Data Dandy », attire notre attention sur l'ampleur que ce traitement des informations a prise en tant que caractéristique culturelle de notre époque. Voir Adilkno, *The Media Archive*, Brooklyn, New York, Autnomedia, 1998, p. 99.

techniques de codage de l'information tandis que les auditeurs, les lecteurs et les regardeurs ont développé leurs propres techniques cognitives d'extraction de ces informations. L'histoire de l'art n'est pas seulement affaire d'innovation stylistique, de lutte pour représenter la réalité, la destinée humaine, la relation entre la société et l'individu, etc. – elle est aussi *l'histoire des nouvelles interfaces d'information développées par les artistes et des nouveaux comportements informationnels développés par des utilisateurs*. Lorsque Giotto et Eisenstein développèrent de nouvelles façons d'organiser l'information dans l'espace et dans le temps, leurs regardeurs durent aussi développer les moyens appropriés pour naviguer dans ces nouvelles structures d'information – tout comme aujourd'hui, chaque évolution majeure d'une nouvelle version d'un logiciel familier nous oblige à modifier les comportements informationnels que nous avons développés en utilisant une version précédente.

Entourés au quotidien d'interfaces informationnelles, les critiques et les artistes ont déjà commencé, ici ou là, à réfléchir à la culture du passé en termes de structures d'information. Un bon exemple en est l'importance accordée au livre de Francis Yates, *L'Art de la mémoire* [1966] dans les débats qui agitent les nouveaux média. Ce que je suggère cependant, c'est le fait que des concepts tels que les interfaces et les comportements informationnels peuvent être appliqués à tout objet culturel, passé et présent. En bref, tout objet culturel est partiellement un Palm Pilot.

Lev Manovich, *Visualizing Vertov (extraits)*, 2013. Crédits : Lev Manovich

Le logiciel comme nouvel objet de l'analyse culturelle

Comment cette esthétique post-média, telle que je l'ai brièvement esquissée ici, pourrait-elle venir se greffer sur l'histoire des *cultural studies*, telles qu'elles ont émergé ces dernières décennies ? Si nous tentons de relire la communication culturelle en suivant les bases de la théorie de l'information, à savoir les notions d'auteur, de texte, de lecteur (ou, dans les termes exacts de la théorie de l'information : l'expéditeur – le message – le récepteur), nous pouvons résumer son histoire à un glissement graduel de notre attention de l'auteur vers le texte, puis vers le lecteur. La critique traditionnelle est centrée sur l'auteur, son intention créatrice, sa biographie et sa psychologie. Émergeant à la fin des années 1950, le structuralisme a déplacé le regard sur le texte lui-même, en l'analysant comme un système de codes sémiotiques. Après 1968, l'énergie de la critique se déplaça progressivement du texte vers le lecteur. Ce changement s'explique par de multiples raisons. D'une part, il est devenu évident que l'approche structuraliste rencontrait de sévères limites : en traitant chaque texte culturel comme une instance d'un système global, le structuralisme n'avait pas grand chose à dire sur ce qui faisait l'unicité et l'importance culturelle d'un texte donné[1]. D'autre part, après les événements de 1968, il devenait également clair que l'approche structuraliste soutenait inopinément le *statu quo*, l'Ordre, le Système. Parce que le structuralisme voulait tout décrire comme un système fermé et parce qu'il traitait chaque texte culturel particulier comme une instance d'une « structure profonde » plus globale, il s'avérait être du côté de la norme plutôt que de l'exception, de la majorité plutôt que des minorités, de la société telle qu'elle existait plutôt que telle qu'elle aurait pu être.

Le glissement du texte au lecteur a pris différentes formes, dont on peut sans doute retenir deux étapes. Première étape, le texte abstrait du structuralisme est remplacé par le lecteur abstrait, idéal, tel qu'imaginé par la psychanalyse (Kristeva) – ce qui a teinté de psychanalyse les théories du cinéma tournant autour de la notion d'appareil et de dispositif[2], ou encore la

---

[1] À cet égard, *S / Z* de Roland Barthes qui décrit le fonctionnement de cinq codes sémiotiques dans une nouvelle de Balzac, sonne comme un aveu involontaire de la défaite du structuralisme : pour montrer le fonctionnement de certains codes dans le roman, Barthes choisit certains passages mais il les utilise de manière non systématique pour illustrer simultanément le régime de codes différents. Donc, plutôt que de produire une analyse structurelle scientifique, il finit par rédiger un travail, stimulant mais complètement idiosyncrasique, d'interprétation culturelle. Roland Barthes, *S / Z*, Paris, Seuil, 1976.
[2] Il s'agit là du travail, d'obédience psychanalytique, mené dans les années 1970 par Jean-Louis Baudry et Christian Metz. [NdT]

théorie de la réception en littérature. Seconde étape, autour de 1980, ce lecteur abstrait est remplacé par les lecteurs réels et les communautés de lecteurs, à la fois contemporains et historiques – et qui sont l'objet des analyses des *cultural studies*, de l'ethnographie, des essais sur la réception historique du primo-cinéma, etc.

Une fois passé chacun de ces caps, de l'auteur au texte et du texte au lecteur, où la critique culturelle pourrait-elle bien aller ? À mon avis, nous avons besoin de « mettre à niveau » le modèle de l'information (auteur – texte – lecteur) en y ajoutant deux nouvelles composantes – pour ensuite concentrer notre attention critique sur ces composantes. Ces composantes sont les logiciels utilisés par l'auteur et ceux utilisés par le lecteur. Les auteurs contemporains (émetteur) utilisent un logiciel pour créer un texte (message), et ce logiciel influence, voire in-forme les types de textes en cours de création : de Frank Gerry s'appuyant sur un logiciel spécial pour sa conception architecturale jusqu'à Andreas Gursky utilisant Photoshop, en passant par les DJs dont toute la pratique est dépendante de logiciels, très concrètement ou plus métaphoriquement (voir toutes les opérations permises par les platines, les mixeurs et autres appareils électroniques utilisés à l'origine par des DJs). De même, un lecteur contemporain (récepteur) interagit souvent avec un texte en utilisant un logiciel dédié de son ordinateur (tel qu'un navigateur Web) ou un logiciel au sens élargi (voir les interfaces câblées plus anciennes ou les molettes de contrôle fournies par divers dispositifs électroniques comme le lecteur CD). (Étant donné que les logiciels d'ordinateur modernes imitent souvent les interfaces matérielles préexistantes – par exemple, le lecteur QuickTime simule les commandes d'un magnétoscope standard – cette distinction n'est pas aussi pertinente qu'elle pouvait paraître au premier abord). Ce logiciel donne sa forme à la pensée du lecteur devant son texte ; en fait, il définit ce qu'est le texte en question, qu'il soit un ensemble de pistes séparées sur un CD ou un ensemble de composants multimédia et d'hyperliens présentés comme une page web[1].

Jusqu'à présent, j'ai parlé du modèle de communication tel que la théorie de l'information le formule, constitué de trois éléments : l'émetteur, le message et le récepteur. En réalité, ce modèle est plus complexe et comprend sept éléments en tout : émetteur, codage, message, récepteur, décodage, canal et bruit. D'après ce modèle, l'expéditeur encode un message en utilisant son propre code ; le message est alors transmis à travers un canal de

---

[1] J'ai dit plus tôt que le concept de logiciel nous permettait d'analyser comment, concernant certaines opérations sur l'information, un utilisateur peut jouer un rôle de co-créateur pour un médium donné. Il est intéressant de noter qu'historiquement, la théorie moderne des médias et la critique culturelle moderne ne se sont jamais systématiquement rencontrées, sauf dans les travaux de Friedrich Kittler, ses étudiants et ses épigones.

communication ; au cours de la transmission, il est affecté par du bruit ; enfin, le récepteur décode le message en utilisant son propre code. En raison de la capacité limitée de la bande passante du canal, la présence de bruit et d'un possible écart entre les codes de l'émetteur et du récepteur, le récepteur peut ne pas recevoir le même message que celui envoyé par l'émetteur. Développée à l'origine pour des applications telles que les télécommunications dans les années 1920 et 1930 (transmissions téléphonique et télévisuelle) ou le (dé)cryptage de codes au cours de la Seconde Guerre mondiale, la théorie de l'information avait pour but d'aider les ingénieurs à construire de meilleurs systèmes de communication.

Différents problèmes apparaissent quand ce modèle de communication est adopté comme modèle de communication culturelle. Les ingénieurs qui l'ont développé étaient intéressés par la précision dans la transmission du message ; mais dans le cadre d'une communication culturelle, l'idée d'une transmission exacte est dangereuse : supposer que la communication ne peut réussir que si le récepteur reconstitue fidèlement le message de l'émetteur consiste à privilégier le sens voulu par l'émetteur sur celui compris par le récepteur. (Nous pouvons dire que les *cultural studies*, qui se concentrent sur les usages « subversifs » de la culture dominante, présentent l'extrême inverse, car elles supposent que seule la communication « ratée » vaut d'être étudiée).

En outre, ce modèle de communication traite le code et le canal (celui-ci correspondant au « médium » tel que ce terme est couramment utilisé) comme des composants mécaniques passifs : ils ne sont que les outils nécessaires pour transmettre un message préexistant. Comme à l'origine ce modèle a émergé dans le contexte des télécommunications, il présuppose que la communication orale ou visuelle non intermédiée (deux personnes qui se parlent face à face ou une personne regardant la réalité) est idéale. C'est seulement parce que nous voudrions que cette communication idéale se tienne aussi sur une large distance, que nous devons nous préoccuper des codes et du canal.

Je pense qu'en ajoutant au modèle les composantes du logiciel de l'auteur, d'une part, et celui du lecteur, de l'autre, on parvient à mettre l'accent sur le rôle actif que la technologie (*ie* ce que le modèle original appelle les codes et le canal) joue dans la communication culturelle. Les logiciels d'auteur informent la façon dont l'auteur appréhende le médium avec lequel il travaille ; et par conséquent, ils jouent un rôle crucial dans l'élaboration de la forme finale d'un texte techno-culturel. Pour le lecteur qui accède à ce texte à travers l'interface de son logiciel, cette interface informe de façon similaire sa compréhension du texte : quels types de données contient le texte, comment est-il organisé, que peut-on communiquer en plus, que ne peut-on pas communiquer ? En outre, les outils logiciels (à nouveau, qu'ils soient effectivement installés sur un ordinateur ou bien qu'ils consistent, dans un sens plus large, en un ensemble d'opérations sur des données et de métaphores employées par un médium particulier ou une technologie de représentation) sont l'élément qui permet aux auteurs et aux utilisateurs de remixer de nouveaux textes culturels à partir de textes existants. Encore une fois, on pourrait évoquer ici l'exemple de la pratique DJ.

Quels sont les dangers d'une théorie esthétique post-média telle qu'esquissée ici ? Comme n'importe quel paradigme, elle privilégie certaines directions de recherche au détriment des autres. Donc, bien qu'il puisse être productif d'aborder l'histoire de la culture comme l'histoire des interfaces informationnelles, des comportements informationnels et des logiciels, une telle perspective risque de nous rendre moins attentifs à d'autres aspects de la culture. Le danger le plus immédiatement évident est que, dans sa focalisation sur les structures de l'information et les comportements informationnels, l'esthétique post-média tend à privilégier les dimensions cognitives de la culture sans fournir aucun moyen clair de penser les questions de l'affect.

L'affect a été négligé dans la théorie culturelle depuis la fin des années 1950, lorsque, sous l'influence de la théorie mathématique de la communication, Roman Jakobson, Claude Lévi-Strauss, Roland Barthes et consorts ont commencé à traiter la communication culturelle uniquement sous l'angle du codage et du décodage des messages. En 1961, Barthes commence son article bien connu, « Le message photographique », de la manière suivante :

> La photographie de presse est un message. L'ensemble de ce message est constitué par une source émettrice, un canal de transmission et un milieu récepteur. La source émettrice, c'est la rédaction du journal, le groupe des techniciens dont certains prennent la photographie, dont d'autres la choisissent, la composent, la traitent, et dont d'autres enfin la titrent, la légendent et la commentent. Le milieu récepteur, c'est le public qui lit le journal. Et le canal de transmission, c'est le journal...[1]

Bien que les critiques ultérieures aient évité une telle application directe des termes de la théorie mathématique de la communication à la communication culturelle, l'héritage de cette approche a continué à persister pendant des décennies comme paradigme général de la critique culturelle qui encore aujourd'hui se concentre sur les concepts de « texte » et de « lecture ». En abordant tout objet/situation/processus culturel comme un « texte » qui est « lu » par le public et par les critiques, la critique culturelle

---

[1] Roland Barthes, « Le message photographique », [*Communications, vol. n° 1,* 1961, p. 127-138.

privilégie les dimensions informationnelles et cognitives de la culture plutôt que les dimensions affective, émotionnelle, performative et expérientielle. D'autres approches influentes de la critique culturelle des dernières décennies ont, de façon similaire, négligé ces dimensions. Ni la psychanalyse de Lacan (années 1960), ni l'approche cognitive dans les études littéraires et dans la théorie du cinéma (années 1980) ne s'intéressèrent à l'affect.

L'esthétique informationnelle ou post-média que j'esquisse ici, ne sait pas non plus traiter directement de l'affect – soit ! – et donc son approche devra être complétée par d'autres paradigmes. Mais il est important de nous rappeler que nous ne pouvons pas rendre pleinement justice à la culture contemporaine en considérant un travailleur de l'information comme travaillant sur son ordinateur sans nous intéresser à la musique qu'il est susceptible d'écouter simultanément sur un lecteur CD/mp3. En bref, nous ne pouvons pas considérer seulement le bureau et ignorer le *nightclub*.

Le bureau et le club : les deux reposent sur la même machine (l'ordinateur numérique). Ce qui les différencie, c'est le logiciel. Au bureau, nous utilisons les navigateurs Web, des bases de données, des tableurs, des gestionnaires d'information, des compilateurs, des outils d'écriture, etc. Au club, le DJ utilise des logiciels de mixage et de composition de musique, soit directement sur scène, soit indirectement en diffusant des pistes composées au préalable dans un studio.

Si la même machine de traitement de données peut être utilisée pour des processus cognitifs hautement rationnels (par exemple, la rédaction d'un code informatique) et pour rendre possible une expérience affective, corporelle de *clubbing*, cela signifie que les données n'ont pas juste à voir avec la cognition. Si dans nos sociétés, les flux de données modifient nos cerveaux et nos corps, peut-être l'esthétique informationnelle finira-t-elle aussi par savoir appréhender l'affect à travers ses données.

Addendum :

« 10 textes clés sur l'art des nouveaux média - 1970-2000 »[1]

1. Gene Youngblood, *Expanded Cinema*, New York, Dulton, 1970
2. Jasia Reichardt, *The Computer in Art*, Londres, 1971
3. Cynthia Goodman, *Digital Visions: Computers and Art*, New York, 1987

---

[1] Extrait de : Lev Manovich, « 10 Key Texts on New Media Art, 1970-2000 », 2002, en ligne : http://manovich.net/index.php/projects/key-texts-on-new-media-art.

4. Friedrich Kittler, *Discourse Networks*, Stanford, 1990 (d'abord publié en allemand, 1985)
5. Michael Benedikt [ed.], *Cyberspace: First Steps*, Cambridge, Mass., 1991
6. *Artinctact 1: Artists' Interactive CD-ROMagazine*, Karlsruhe, 1994
7. Minna Tarkka et all [eds.], *The 5th International Symposium on Electronic Art Catalogue (ISEA)*, Helsinki, 1994
8. Peter Weibel et al, [eds.], *Mythos Information: Welcome to the Wired World. Ars Electronica 1995 Festival Catalog*, Peter Weibel (éd.), Vienne et New York, 1995
9. Espen Aarseth, *Cybertext: Perspectives on Ergodic Literature*, Baltimore, 1997
10. Ulf Poschard, *DJ Culture*, Londres, 1998 (d'abord publié en allemand, 1995)

Bibliographie

AARSETH Espen, *Cybertext: Perspectives on Ergodic Literature,* Baltimore, Johns Hopkins University Press, 1997

ADILKNO, *The Media Archive*, Brooklyn, New York, Autnomedia, 1998

BARTHES Roland, *S / Z*, Paris, Seuil, 1976

BARTHES Roland, « Le message photographique », dans *Communications, Vol, N°1,* Paris, Le Seuil, 1961

MANOVICH LEV, *Le Langage des nouveaux médias*, traduction de l'anglais (américain) par Richard Crevier, Dijon, Les presses du réel, 2010

Le « lâcher-prise » : mutations numériques des gestes architecturaux

Sébastien Bourbonnais

Sébastien Bourbonnais est docteur en architecture. Ses recherches portent sur l'évolution des pratiques architecturales depuis l'arrivée des technologies numériques.

« Imaginons l'inimaginable, le geste du premier imagier. »

Jean-Luc Nancy

L'action du « lâcher-prise » se trouve, à l'état de métaphore, dès les premières lignes de l'ouvrage de Marshall McLuhan, *Les Médias sont des traducteurs* : « On a fait remarquer que le pouvoir de la technologie qui élargit les champs d'action par l'action alternative de saisir et de lâcher prise, ressemble à celui des grands singes arboricoles, plutôt que ceux qui vivent au sol[1] ». Cette comparaison étonnante est reprise de l'écrivain et essayiste Elias Canetti qui développe cette idée dans un texte sur la *main*[2]. L'évolution des capacités de la main, principalement celle des modes de saisie, permet à chaque fois une reconfiguration du milieu.

Avec l'arrivée des technologies numériques, la conception architecturale s'est vue offrir un nouveau milieu d'exploration. Il est possible de repérer chez certains architectes des conduites technologiques intuitives qui prennent la forme de ce lâcher-prise. Ni laisser-aller, ni inattention, mais plutôt l'inverse, le lâcher-prise nécessite une attention accrue de la part des

---

[1] Marshall McLuhan, « Les médias sont les traducteurs », dans *Pour comprendre les médias : les prolongements technologiques de l'homme,* Montréal, HMH, 1968 [1964], p. 76 (Traduit par Jean Paré).
[2] Elias Canetti, « La main », dans *Masse et Puissance*, Paris, Gallimard, 1966 [1960], p. 224-232 (Traduit par Robert Rovini).

architectes, car ils ont l'obligation d'intégrer cette forme à leurs propres préoccupations. En architecture numérique, le lâcher-prise peut être présenté comme la capacité pour un concepteur de laisser, momentanément, le programme se charger de transformer, modifier et faire varier la forme grâce à un algorithme particulier. Les architectes regardent en effet la forme varier selon des programmatiques précises, ils sont doublement attentifs, parce qu'ils ne savent pas réellement à quoi s'attendre. Ils restent concentrés pour recadrer, rediriger, réorienter la prise de forme, de manière intuitive ou analytique, jusqu'à ce qu'ils en découvrent, perçoivent et inventent le sens. Les expérimentations du lâcher-prise entraînent une réorganisation des rythmes et des gestes. Les architectes ont dû fournir un effort afin de synchroniser deux processus – la cadence de l'algorithme avec le rythme de leurs pensées. L'énergie déployée sur un temps longs, entraînant une série de réajustements, a permis aux architectes d'intégrer cette nouvelle rythmique à leur pratique.

Ces resynchronisations des rythmes et cet apprentissage de nouveaux gestes impliquent de considérer avec attention la réalité technologique des premières explorations architecturales numériques. Les actions réalisées dans ce nouveau milieu participent d'un remaniement des capacités des architectes à concevoir, et peut-être même à imaginer.

Comme dans toutes les explorations, le nouveau milieu trouve ses limites et perd de sa nouveauté par vagues successives. Il attire par conséquent moins l'attention. Cette diminution de l'attention est certainement l'un des problèmes majeurs qui montrent les limites de la sensibilité du lâcher-prise. Il n'en reste pas moins qu'à l'instar de l'expression forgée par Jean-Luc Nancy, « la prise d'un lâcher[1] », et qui lui a servi pour saisir le moment initial, voire initiatique, de la *peinture dans la grotte*, le lâcher-prise décrit à sa façon l'un des rapports singuliers et originaux qu'entretiennent les architectes avec le nouveau milieu proposé par les technologies de l'information et de la communication (TIC).

Moment initiatique

Dans son texte sur la *Peinture dans la grotte*[2], Jean-Luc Nancy reprend le travail entamé par Georges Bataille sur la naissance de l'art, en s'intéressant lui aussi à la grotte. Le texte de Nancy ne s'intéresse ni aux peintures de taureaux ni à celles de cerfs, mais aux mains négatives : trace d'une main

---

[1] Jean-Luc Nancy, « Peinture dans la grotte », dans *Les Muses*, Paris, Galilée, 2001, p. 124.
[2] « Peinture dans la grotte » a d'abord été publié en 1994, dans *La Part de l'Œil*, Bruxelles, numéro consacré à « Georges Bataille et l'esthétique », puis republié en 2004, dans *Les Muses*, avec quelques modifications, ajouts et précisions. Dans les citations de cet article, les parties en italiques correspondent aux ajouts de la version de 2004.

ouverte, réalisée par la technique du pochoir. À l'instar de Bataille, Nancy accorde une grande importance à cette monstration, initiale voire initiatique, qui contient le geste originel, « qui appelle l'attention et l'éveil[1] » et surtout, qui permet d'ouvrir un monde : « Du peintre à la paroi, la main ouvre une distance qui suspend la continuité et la cohésion de l'univers, *pour ouvrir un monde*[2]. »

L'ouverture d'un monde à l'homme coïncide avec la naissance de l'art, apparaissant dans un même geste, calme et violent. Ces mains négatives, imprégnées à la paroi, sans autre but qu'être « la simple étrangeté de la présentation[3] », représente ce que Nancy appelle le « détachement », ce qui correspond au tout du monde. La question n'est pas ici celle de la saisie ou de la prise, tout au contraire, comme le commente très clairement Nancy : « La main posée, plaquée sur la paroi, ne saisit rien. Ce n'est plus une main préhensible, mais elle est offerte comme la forme d'une prise impossible ou abandonnée. *Une prise qui lâcherait, tout aussi bien. La prise d'un lâcher : le lâcher de la forme*[4]. »

Ouvrir un monde se ferait comme l'on ouvre une main. La naissance de l'art se ferait par un détachement qui permettrait de prendre conscience de soi ; se détacher de son animalité, disait Bataille, ou de sa présence étrange dans le « dedans » du monde. Ce que nous exposent à la fois Bataille et Nancy, c'est que par ce geste ô combien particulier de détachement, s'ouvre un nouveau milieu pour l'imagination. Ce geste, qui peut être vu comme extériorisation de soi, définit au même moment l'intériorité du peintre. Le détachement est nécessaire pour qu'une nouvelle intériorisation ait lieu ; elle se produit en même temps que l'extériorisation, dans un même geste. C'est ce geste qui est peint dans la grotte ; c'est l'acte du lâcher qui se trouve figé sur la paroi.

Le contenu du trait

Pour l'architecture, c'est dans un premier temps le sens de la ligne qui a été lâché. Quelques architectes absorbés à réaliser des expérimentations avec les nouvelles technologies ont cherché une ligne sans contenu, capable d'accueillir de nouvelles forces et de renouveler les significations : une machine abstraite. Si le diagramme a été employé avant l'arrivée massive des TIC, le trait lumineux sur l'écran est venu déstabiliser le sens même de la ligne, comme le montre le projet *Binary House* (1988) de l'architecte

---

[1] Georges Bataille, « Lascaux ou la naissance de l'art », dans *Œuvres complètes IX*, Paris, Gallimard, 1970 [1955], p. 15.
[2] Jean-Luc Nancy, « Peinture dans la grotte », dans *Les Muses*, Paris, Galilée, 2004, p. 128.
[3] *Ibid.*, p. 126.
[4] *Ibid.*, p. 124.

autrichien Manfred Wolff-Plottegg. La *Binary House* répondait à différentes itérations provenant du mélange, par *morphing*, de deux ensembles de données, qui pouvaient être continuellement transformés par interaction.

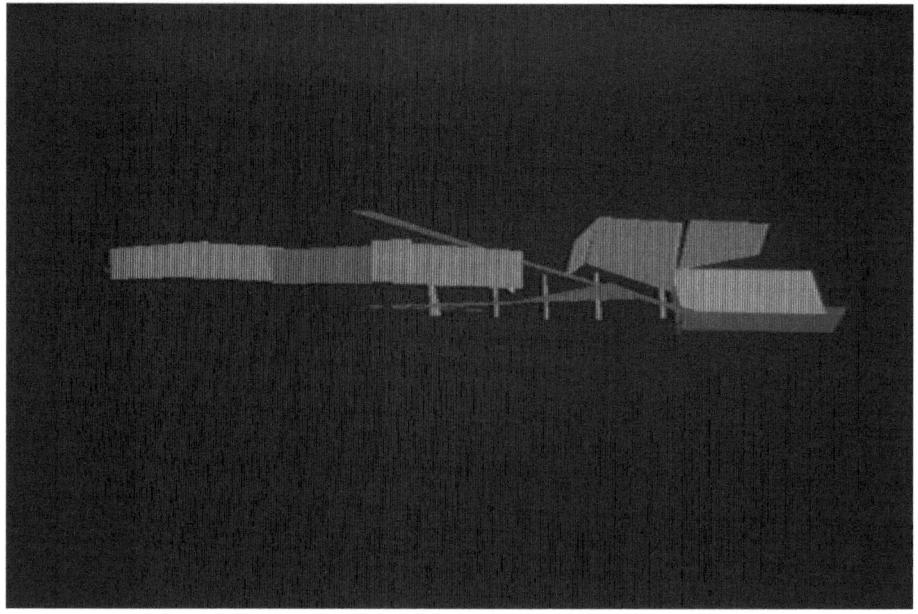

Manfred Wolff-Plottegg, *Binary House*, 1987. © Wolff-Plotteg

Parlant de la *Binary House*, Wolff-Plottegg explique qu'un trait peut acquérir des significations différentes d'un instant à l'autre, car il est vide de contenu.

> Les traits ne sont tout d'abord que des traits, ne sont qu'une image visuelle, ne veulent rien dire. Ce sont des voyageurs sur l'écran. Dans la mesure où les traits sont vides de contenu, ils peuvent être lus dans n'importe quelle combinaison[1].

Cette absence de contenu a constitué par ailleurs un véritable problème technique pour le programmeur, qui a dû assigner et prédéfinir un sens pour chacun de ses traits lumineux. C'est tout un système qu'il a fallu inventer pour reproduire cette reconnaissance innée que recouvrent naturellement les traits d'un dessin architectural. Cette perte de contenu des traits de la *Binary House* a le mérite d'insister sur l'importance du récepteur, qui peut y voir une information qui n'a pas été émise consciemment. Dans cette reconfiguration, l'interaction avec les pixels animés par les logiciels donne

---

[1] Manfred Wolff-Plottegg, *La maison binaire & l'interaction (résumé) : Une théorie pour l'architecture de l'ordinateur* [en ligne], disponible sur : http://plottegg.tuwien.ac.at/binairec.htm (page consultée le 7 janvier 2016).

l'impression d'une redécouverte possible du sens de la ligne, de la représentation et même de toutes les attributions architecturales. Le trait lumineux déstabilise, car il ne sert plus ni à capter le réel ni à suivre le fil de la pensée ; il exprime une existence sans contenu prédéfini. Le trait numérique, comme le révèle Wolff-Plottegg, ne se rapporte plus à une réalité extérieure, mais existe à l'intérieur de l'espace de projection simulé par le programme, entraînant ainsi un désajustement par rapport au référentiel notationnel.

> Le fait que la *maison binaire* existe là [dans l'unité centrale], entièrement, est une caractéristique essentielle. […] La *maison binaire* même, bien qu'elle existe, n'a pas de dimensions. Le fait de l'absence de dimensions est en relation directe avec le fait que les traits sont dépourvus de noms[1].

Les propos de Wolff-Plottegg montrent que les dimensions d'un édifice, et plus largement le « point de vue », ne constituent plus des critères essentiels de la définition de l'objet, parce que le trait ne se réfère plus à un extérieur et à un sujet, mais est en interrelation avec les autres traits de la réalité simulée à l'intérieur de l'unité centrale de traitement. Le dessin est aspiré par l'espace interactif immersif et trouve une certaine autonomie, complète pour Wolff-Plottegg. Cette position a été largement partagée par plusieurs architectes qui voient dans cette réalité virtuelle un espace de création nouveau et autonome, comme le précisait le premier axiome de la maison binaire : « 1. La maison binaire n'existe que dans l'unité centrale de traitement (CPU)[2] ».

Cette existence hors soi, projetée dans un nouveau milieu, se distingue du dessin projectif principalement par le fait qu'il ne s'agit plus de la même extériorisation : le lâcher n'est plus le même. Le détachement ne se fait plus par la main du dessinateur, mais par un trait qui est pensé et généré par un algorithme. La configuration *algorithme-trait-œil* s'ajoute à celle traditionnellement établie entre *main-trait-œil*. L'architecte voit par conséquent son champ d'action s'agrandir pour la conception, car une technique ne chasse pas les autres, mais vient s'ajouter aux techniques déjà là tout en reconfigurant le champ d'action de chacune d'elle.

---

[1] *Ibid.*
[2] Manfred Wolff-Plottegg, *Architecture Beyond Inclusion and Identity Is Exclusion and Difference from Art*, Bâle, Birkhauser, 2015, p. 58 (ma traduction).

Premiers débordements

L'exploration de ces milieux s'est accompagnée de nouvelles attentes qui concernent la possibilité de découvrir de nouvelles façons de faire. Pour cette raison, les architectes ont cherché délibérément à être déstabilisés, ils croyaient qu'en se fixant des objectifs architecturaux « traditionnels », ils retomberaient dans des présupposés dépassés. Ils se sont servis des logiciels afin de se libérer des contraintes habituelles et pour repenser de fond en comble les modes de conception hérités.

À dire vrai, ils ont cherché délibérément à être débordés par la machine afin de reconfigurer leurs attentes initiales. Ces débordements ont par-dessus tout été possibles grâce à l'interaction en temps réel avec l'image. Il s'établit alors une sorte de jeu [*Play*] avec la machine, qui n'est pas éloigné de ce que Mathieu Triclot, spécialiste de la cybernétique, dit des jeux vidéo. Il n'est pas inintéressant de prêter attention à cette histoire (ou philosophie) des jeux vidéo car, comme le souligne Triclot, « à chaque fois, ce qui s'invente, ce sont de nouvelles liaisons avec la machine, de nouveaux régimes d'expérience, de nouvelles manières de jouir de l'écran[1] ». C'est bien d'une évolution semblable, dans la relation-liaison à la machine, que les architectes ont fait l'expérience au fur et à mesure qu'ils adoptaient certains logiciels de conception.

Selon Triclot, l'un des changements majeurs de l'histoire des jeux vidéo s'est opéré avec la sortie du jeu *Pong* en 1977 : « Le jeu vidéo était jusqu'ici le paradigme d'un univers contrôlable, dénombrable. *Pong* y fait surgir la puissance inverse, de la perte de contrôle et de la perte de soi dans le jeu[2] ». Le joueur parvient, à « un état de concentration intense au bord du précipice[3] ». En matière de jeu vidéo, et surtout de jeu d'arcade, le débordement et la perte de contrôle font partie des règles et sont constitutifs de l'expérience. Une tension s'institue alors, de plus en plus forte, la relation entre le joueur et la machine s'intensifie jusqu'à un point limite où ce qui se passe derrière l'écran vient envelopper complètement la réalité de l'individu.

Si, pour le jeu vidéo, le débordement est possible grâce à l'accélération, en architecture, le débordement se produit, pour une partie substantielle, par les variations continues appliquées à des formes ; parce que la modélisation est devenue un objet temporel, capable de varier par elle-même, offrant ainsi aux architectes la possibilité de se détacher des paradigmes définis par l'immobilité – spatiale et temporelle – des formes. Plusieurs architectes ont d'ailleurs exploré toute sorte de pistes (le hasard, l'accident et le

---

[1] Mathieu Triclot, *Philosophie des jeux vidéo*, Paris, La Découverte, 2011, p. 37.
[2] *Ibid.*, p. 141.
[3] *Ibid.*, p. 152.

traumatisme) afin de soutenir cette remise en question des « fondements » de la construction.

L'instrument moteur

Ces débordements ont aussi pris la forme d'une création d'instruments, à l'intérieur même du logiciel, sorte de mise en abîme instrumentale. Pour l'architecte, il ne s'agit plus seulement de modéliser un bâtiment, mais également un dispositif technique, simulé par le calcul et visible à l'écran qui lui, est un dispositif capable d'engendrer des transformations sur une forme ou des éléments. Le processus de génération de la forme du projet *Beachness* (2002) par le groupe NOX est une illustration de ces instruments simulés et paramétrés.

Dans ce projet-objet, la forme de la tour est générée grâce à la simulation d'un dispositif technique constitué de deux cylindres interconnectés, où la rotation de l'un conditionne celle de l'autre. « La structure de la tour en spirale résulte d'une chorégraphie complexe d'un flux de sphères monadiques guidé par des tambours rotatifs »[1]. Cette médiation instrumentale permet à l'architecte de générer des tracés jusqu'alors intraçables par sa main. L'architecte entrevoit ainsi la possibilité d'être « débordé » par la machine, de perdre pour un moment le plein contrôle des tracés. Ce n'est plus l'architecte qui dessine les traits, mais les particules sphériques, mises en mouvement par les tambours rotatifs, qui tracent la structure de l'édifice.

Lars Spuybroek explique ainsi le décalage qui s'est produit dans le projet *Beachness* : « Puisque tous les corps sphériques sont connectés les uns aux autres par les forces du champ, chacun des mouvements a eu un effet sur les autres ». Ce qui a eu pour effet de créer « des mouvements qui se produisent à l'intérieur de mouvements »[2]. C'est le mouvement à l'intérieur du mouvement qui, en plus d'introduire une distance entre le résultat et son anticipation, crée un décentrement qui s'opère dans la motricité des gestes. Ce n'est plus par des gestes humains que le trait se dessine, synchronisé avec le mouvement de la main et les rythmes du corps, mais par des mouvements pensés dans l'instrument simulé. L'instrument emmagasine une logique de transformation qu'il déploie au cours de la simulation.

---

[1] Lars Spuybroek, *NOX, machining architecture*, New York, Thames & Hudson, 2004, p. 65 (ma traduction)
[2] *Idem.*

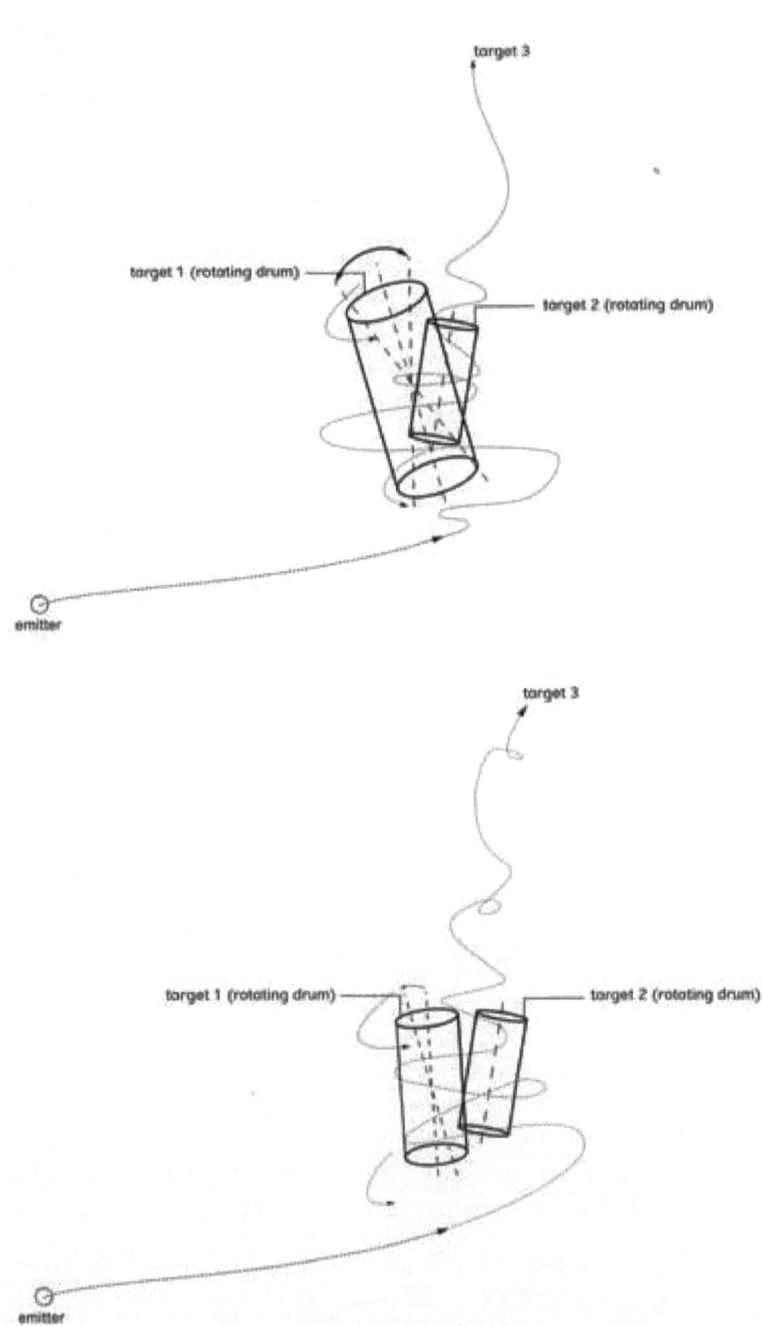

NOX, Lars Spuybroek, "*Beachness*", 2002. © Lars Spuybroek

C'est dans cette logique qu'il faut comprendre la référence de Spuybroek au procédé de *dripping* du peintre américain Jackson Pollock, même s'il convient de souligner une différence radicale entre eux. Effectivement, comme chez Pollock, la maîtrise ne s'acquiert plus directement dans le tracé de la forme, mais par les gestes intégrés à une chorégraphie. Cependant, cette chorégraphie ne se réalise plus dans les mouvements du corps physique, mais s'actualise dans les mouvements générés par la cadence qu'imposent les calculs mathématiques des processus numériques. Comparativement à la performance artistique, où le lâcher peut être total, l'architecte se doit de reprendre en main le processus de manière à ajuster le résultat à une réalité constructible. Les figures tracées par le dispositif de tambours rotatifs doivent être reconnectées, par l'image, avec les intentions de l'architecte. C'est dans ce sens que Spuybroek conçoit ces techniques d'enregistrement du mouvement :

> Pour moi, enregistrer la trace du mouvement a toujours été une méthode structurale, et non pas formelle. [Les projets] sont conçus avec des contours vagues et des figures libres de mouvement qui sont ensuite reconnectés dans une configuration structurelle[1].

Il y a bien une reconnexion qui se produit hors machine, par l'intermédiaire de l'architecte. La reprise ne se fait plus par la main, ni véritablement par le corps, mais par l'imagination, qui doit entrer en résonance avec le mouvement généré par l'instrument simulé. C'est par cette synchronisation, possible ou non, qu'un apprentissage peut être fait et que l'instrument peut être validé, modifié, ou simplement abandonné au profit d'un autre, complètement nouveau.

Resynchronisation

Il faut insister sur le fait qu'à l'ère numérique, les gestes ne sont plus les mêmes. La correspondance sensori-motrice s'efface au profit d'une perception décentrée et analytique. Le déplacement s'opère dans l'action même de projeter. L'extériorisation ne se fait plus seulement avec la main, mais l'algorithme devient également une possibilité d'engendrer des variations de formes. Ce sont les nombreuses opérations d'action et de rétroaction *(feedbacks)* qui sont extériorisées dans les logiciels et qui, peu à peu, trouvent une régularité, un rythme, se cristallisant dans une opération qui fonctionne pour faire projet.

Il est important de préciser que ce n'est pas l'algorithme lui-même qui modifie le plus radicalement les possibilités de conception architecturale, mais l'arrivée du programme comme mémoire et force de calcul. Autrement

---

[1] *Ibid.*, p. 66.

dit, c'est la mise sous programme qui est venue modifier le rythme de l'image ; ils imposent leurs propres cadences. Tout l'enjeu réside dans la synchronisation qui devient possible grâce à l'attention du concepteur. La difficulté principale de l'algorithme, en deçà de telle ou telle programmatique particulière, n'est pas tellement d'être une nouvelle extériorisation de l'imagination, c'est-à-dire une virtualisation, mais de s'inscrire dans un autre rythme : un rythme cadencé par un programme. C'est pour cette raison que les procédés numériques ont d'abord été perçus comme des processus déstabilisants pour la conception architecturale.

Ces processus ne sont pourtant pas irréversibles, car toute extériorisation peut s'intérioriser. L'intériorisation de cette nouvelle cadence ne se fait cependant plus de manière corporelle, comme dans le cas du dessin, c'est-à-dire par l'agencement *main-trait-œil*. Elle se fait au prix d'un effort, avec des gestes qui acquièrent leur rythme à travers un apprentissage, jusqu'à constituer une rythmique particulière, propre à tel ou tel architecte. Il n'est d'ailleurs pas exagéré de filer la métaphore du *rythme*, avec ses implications, comme l'a suggéré le psychologue Paul Fraisse, spécialiste de la perception du temps.

> Le rythme engendre une induction motrice qui est certes synchronisation avec un donné extérieur au sujet, mais cette synchronisation entraîne une *participation* où la distinction entre le monde extérieur et le sujet s'abolit en quelque sorte, tandis que l'activité perceptive implique un effort de compréhension et d'assimilation[1].

Dans cette logique, les potentialités numériques ne peuvent être comprises et intégrées qu'au moment où l'architecte se trouve pleinement engagé dans des processus de conception pour lesquels les logiciels « participent » eux aussi, de telle manière que les deux processus entre en résonnance l'un avec l'autre. Se limiter aux rythmiques « traditionnelles » du dessin, par exemple, ne permet pas de saisir les subtilités rythmiques qu'ont amenées les technologies numériques. C'est principalement pour cette raison que les animations, simulations et mises en mouvement sont si représentatives, car elles exposent d'abord une désynchronisation. Elles ont introduit une rythmique extérieure, étrangère, dans la conception. Un rythme extérieur, qui, pour être resynchronisées, demandent à l'architecte des efforts d'assimilation et de compréhension.

Cette resynchronisation s'approche de ce que le philosophe Gilbert Simondon appelait *disparation*, c'est-à-dire de l'établissement d'une communication entre deux processus, laquelle en produit un troisième,

---

[1] Paul Fraisse, *Les structures rythmiques : étude psychologique*, Louvain, Publications universitaires de Louvain, 1956, p. 118 (souligné par l'auteur).

absorbant les deux premiers, par invention. Il se produit alors un saut, dont la résolution n'existe telle quelle dans aucun des processus initiaux, mais ne se réalise pleinement que dans le troisième. C'est grâce à cette disparation qu'il devient possible de saisir les potentiels de l'objet architectural au cours de son processus même. Elle s'opère au moment où l'individuation de l'architecte, de sa connaissance, entre en résonance avec le processus formel qui se développe sur l'écran. En d'autres termes, il s'opère une relation co-constituante entre deux processus : celui de la connaissance de l'architecte qui évolue par rapport à celui de la simulation de l'objet qui se transforme hors de lui.

Tel est certainement le point central qui a été négligé par le milieu de l'architecture dans le changement de paradigme de l'objet vers le processus : son mode de saisie. Pour saisir le processus, Simondon est par ailleurs très clair sur ce point, il faut passer par un second processus qui, par analogie, en permet la connaissance : « Nous ne pouvons, au sens habituel du terme, connaître l'individuation ; nous pouvons seulement individuer, nous individuer, et individuer en nous[1] ». À suivre Simondon, la connaissance des processus, ici de prise de forme architecturale, peut se faire par le rapport analogique qui s'opère avec le processus d'individuation du sujet connaissant (l'architecte). Ces deux processus doivent se synchroniser, afin que l'architecte puisse saisir le sens de la simulation générée à partir d'algorithme. En d'autres termes, ces processus particuliers du bâtir ne se comprennent pas sans que l'architecte ne participe à ces processus, sans qu'il ne les « suive » de près.

Saisir le processus

Cette resynchronisation est nécessairement transductive, dans le sens que Simondon donnait à la transduction :

> [La transduction] est un procédé mental, et plus encore qu'un procédé une démarche de l'esprit qui découvre. Cette démarche consiste à *suivre l'être dans sa genèse*, à accomplir la genèse de la pensée en même temps que s'accomplit la genèse de l'objet[2].

C'est grâce à cette démarche « de l'esprit qui découvre » que la forme acquiert un sens architectural et que le concepteur parvient à s'en saisir. C'est d'ailleurs pour cette raison que l'inscription de départ, ou encore l'algorithme choisi, ne requiert pas une complexité excessive : il s'agit plutôt d'assurer une combinaison fructueuse. Cette association se singularise et

---

[1] Gilbert Simondon, *L'Individuation à la lumière des notions de forme et d'information*, Grenoble, Jérôme Millon, 2005, p. 36.
[2] *Ibid.*, p. 34 (souligné par l'auteur).

gagne en efficacité lorsque les logiciels parviennent à amplifier certaines préoccupations architecturales, qui elles, à leur tour, viennent actualiser les potentiels du programme.

Pour que cette rencontre ait lieu, il est primordial que l'architecte soit attentif, motivé et qu'il participe « lui-même » à ce processus. C'est de cette façon qu'il a « prise » sur les événements. Des explorations comme a pu l'être *l'Hystera Protera* (1998), de dECOi (Mark Goulthorpe), exposent la préoccupation intense de ses concepteurs pour les variations rendues possibles par les techniques tridimensionnelles de *mapping* et de *morphing* ainsi que par celles d'animation. L'*Hystera Protera* résulte d'une figure plaquée sur un ovoïde qui, après avoir été mise en rotation et multipliée de manière séquentielle, a donné des figures 3D qui elles, disposées couche par couche, parviennent à produire une enveloppe.

Cet effet de mouvement que rend possible la trace de l'écriture en train de se faire, en train de se transformer, déstabilise à la fois l'objet et la compréhension à laquelle il donne lieu. Dans le texte *From Autoplastic to Alloplastic Tendency*, Goulthorpe explique son travail : « nous ne produisons ni des objets, ni des images, mais plutôt de *l'affect*, la transformation déplace la notion d'origine (d'un *a priori* représentationnel)[1] ». Ce changement d'origine sera d'ailleurs une question centrale pour l'*Hystera Protera*. Pour l'architecte, la nature des origines est désormais dynamique, métastable et immanente. Comme il l'explique : « l'origine d'une forme suspend sa propre origine au-dessus ou à l'intérieur d'elle-même[2]. » Il se produit une sorte de tâtonnement à l'intérieur même de l'origine : une instabilité suffisamment stable pour qu'y émerge la forme.

Pour développer cette idée, Goulthorpe se réfère à la lecture que fait Luce Irigaray du mythe de la caverne de Platon. Dans ce texte, en sus de l'attaque contre la représentation, la philosophe Irigaray cherche à penser l'origine en termes de matrice, de maternité, et non plus de paternité. Il ne s'agit plus de représenter, de se représenter d'abord une forme, mais d'en permettre la naissance, avec son milieu associé. Pour Irigaray, l'intérêt se porte sur la « deuxième naissance », par le renversement qui s'opère à la sortie de la caverne. Elle explique ce moment de la « sortie » comme suit :

> L'instant d'une inversion où se retrouveraient, se renverseraient, se recoudraient simplement une fois – le temps de les relever – les oppositions en bas/en haut, dedans/dehors, antérieur/postérieur,

---

[1] Mark Goulthorpe, *From Autoplastic to Alloplastic Tendency*, Orléans, Hyx, 2008, p. 97 (ma traduction).
[2] Mark Goulthorpe, « Hystera Protera », dans *Possibility of (An) Architecture. Collected Essays* New York, Routledge, 2008, p. 23 (ma traduction).

gauche/droite, est/ouest. L'un passait, quasiment, dans l'autre, à la lumière solaire[1].

Le recours par Goulthorpe à cette explication indique son désir de cerner ce moment intense, où l'objet architectural acquiert sa signification, quasiment à l'image d'une initiation. Ce renversement se produit dans une oscillation qui empêche néanmoins la compréhension de l'origine de manière directe et traditionnelle. Les significations spatiales et temporelles sont latentes ; c'est-à-dire les distinctions entre intérieur et extérieur, ou entre haut et bas, ne sont pas complètement évacuées, mais se constituent en même temps que la signification de la forme, qui elle aussi s'individue progressivement, à mesure que Goulthorpe et son équipe devine le sens, en individuant eux-mêmes leurs connaissances du processus.

Rapport « collectif » aux logiciels

Cet apprentissage des possibilités offertes par les processus algorithmiques requiert des efforts de compréhension et d'assimilation lorsque les processus techniques rencontrent et touchent les charges affectives de l'architecte. C'est dans cette logique que les processus de transformation ne se réalisent pas uniquement à l'extérieur de l'architecte, de manière autonome, mais qu'ils prennent du relief lorsque ces processus se trouvent réintériorisés par l'architecte : au fur et à mesure que l'architecte parvient à saisir ces processus, qui avaient été « lâchés » dans un premier temps.

À la lumière de presque vingt années d'exploration, il n'est pas excessif de dire que les qualités spatiales des édifices résultant de ces premières expérimentations ont été en deçà des attentes de leurs concepteurs et que ces espaces, finalement construits, n'ont pas su véritablement réinventer de manière habile et subtile les milieux de vie. Pour percevoir leurs intérêts et leurs forces, il ne suffit pas de déplacer notre attention de l'objet vers le processus, il faut également prendre au sérieux l'expérience technologique de l'architecte. Cette expérience comprend une énergie humaine et des intentions qui se sont inscrites, voire cristallisées, dans les processus qui, à leur tour, par rétroaction, sont venus transformer les attentes initiales. Pour y parvenir, les architectes ont dû en quelque sorte se désindividuer ; c'est-à-dire laisser une place afin d'ouvrir de nouvelles pistes d'investigation, quitte à court-circuiter les moyens normaux d'apprentissage.

---

[1] Luce Irigaray, « Le mythe de Platon », dans *Speculum de l'autre femme*, Paris, Minuit, 1974, p. 362.

Parmi les pratiques inventives, il est possible de trouver une désindividuation d'un type particulier, très bien décrit par Muriel Combes dans son travail sur la transduction simondonienne :

> La désindividuation peut contenir sous certaines configurations (transindividuelles) une nouvelle individuation. La désindividuation transindividuelle est la condition d'une nouvelle individuation[1].

L'hypothèse ici avancée est bien celle selon laquelle cette désindividuation, repérable dans les premières expérimentations, est ce qui a fourni les bases et permis le développement de certaines structurations pour les pratiques qui ont suivi. Cette capacité de réintériorisation est possible parce que ces expérimentations ont été réalisées d'égal à égal, dans une réciprocité d'échanges. Il est possible de voir dans ces expérimentations que réalisent les architectes un rapport presque « collectif » avec les logiciels, dans le sens où Simondon parlait d'un rapport presque social avec l'objet technique.

> Le collectif se distingue de l'interindividuel en tant que l'interindividuel ne nécessite pas de nouvelle individuation dans les individus entre lesquels il s'institue, mais seulement un certain régime de réciprocité et d'échanges [...]. La naissance de l'interindividuel est progressive et ne supporte pas la mise en jeu de l'émotion, capacité de l'être individué de se désindividuer provisoirement pour participer à une individuation plus vaste[2].

Dans l'inter-individualité, les actions se produisent en parallèle, sans véritablement affecter ni l'un ni l'autre des individus en relation. Le collectif, au contraire, permet certains croisements, car les actions se placent au niveau de l'émotion des individus et leur offrent ainsi la capacité de se désindividuer provisoirement, pour chercher à établir de nouvelles relations constitutives. En effet, c'est une certaine désindividuation qui contient la capacité à engendrer de nouvelles individuations. La relation au sein d'un collectif doit se développer entre des individus ouverts, « car l'opération d'individuation ne saurait admettre d'observateur déjà constitué[3] ». L'observateur, pour Combes, est celui qui, en cherchant à comprendre l'opération d'individuation, met d'abord en marche son propre processus de pensée, quitte à remettre en question des idées déjà formées.

Dans le cas qui nous intéresse, il serait possible de considérer l'entité architecte-logiciel comme un collectif d'un type particulier. Il ne serait pas question pour l'architecte de perdre son individualité, mais pour chacun

---

[1] Muriel Combes, *Simondon, individu et collectivité. Pour une philosophie du transindividuel*, Paris, PUF, 1999, p. 66.
[2] Gilbert Simondon, *L'individuation à la lumière...*, op. cit., p. 167.
[3] Muriel Combes, *Simondon. Individu et collectivité*, op. cit., p. 16.

d'eux d'acquérir la capacité d'entrer en relation provisoirement avec « le potentiel non individué » de l'autre, afin de participer à « une individuation ultérieure[1] ». On peut alors dire qu'une relation établie dans un collectif implique nécessairement quelques déstabilisations, justement parce que la relation s'établie à partir du potentiel non individué de chacun. C'est néanmoins grâce à ce pouvoir de déstabilisation, que des inventions sont possibles.

Être dans un rapport collectif avec un logiciel ou des machines signifie que la relation s'établit au travers des tensions soulevées par un problème architectural singulier qui peut, en présence de la machine, se reformuler. Il ne s'agit pas simplement de résoudre des problèmes, même si ceux-ci servent d'amorce, mais d'en reformuler d'anciens selon de nouvelles configurations. C'est seulement par cette disponibilité à être déstabilisé, provisoirement, c'est-à-dire à avoir la capacité de remettre en cause les procédures cognitives habituelles des processus de conception, que cet acte désindividuant offre la chance aux architectes d'entrer en relation avec les potentialités non individuées, non formalisées et non « programmées » des logiciels.

Déplacement de l'attention

Cette relation transindividuelle avec les logiciels demande aux architectes une attention soutenue qui, à force d'être mobilisée, finit par s'estomper ; ils deviennent moins attentifs et les attentes se dissipent peu à peu. Après la fascination, l'exaltation, qui devait révolutionner de fond en comble les pratiques architecturales autant que l'architecture elle-même, il devient compliqué de maintenir son attention ; compliqué de se concentrer, en entier, sur cet unique point d'intérêt. Cette perte d'attention doit néanmoins être compensée afin de maintenir le bon fonctionnement et le bon déroulement des opérations de conception. L'attention est progressivement remplacée par une maîtrise plus fine de ces processus technologiques, c'est-à-dire par l'acquisition de savoir-faire. L'apprentissage de ces savoir-faire reconfigure les attentes en même temps qu'il concentre l'attention sur des points sensibles, permettant ainsi de la rediriger vers d'autres problèmes. Les architectes n'ont plus l'obligation de suivre de bout en bout le processus comme si une surprise pouvait, accidentellement, survenir à tout moment. Et surtout, les attentes envers le numérique ne viennent plus occuper l'ensemble de la pratique, ne sont plus l'unique préoccupation qui fut à bien des égards, handicapante plus que salvatrice, mais permettent désormais d'intégrer des préoccupations plus larges et des questions plus anciennes. Il n'a pas été si

---

[1] *Ibid.*, p. 66.

étonnant alors de voir resurgir au milieu des années 2000 les préoccupations qui avaient été mises délibérément de côté, comme les questions de la fabrication et de la matérialité. Une partie de plus en plus importante des architectes contemporains ont d'ailleurs fait de ces questions le centre de leurs préoccupations, il suffit de penser aux travaux de Gramazio & Kohler, d'Achim Menges, ou encore, comme on le verra, aux expérimentations *Theverymany* (Marc Fornes). Ces architectes se sont « ressaisis » de plusieurs problèmes anciens, ceux-là même qui avaient été abandonnés, avec de nouvelles intensités, provenant de l'énergie déployée dans les premières expérimentations.

Le détachement a donné à la fois une nouvelle prise et surtout l'élan nécessaire pour aborder ces questions avec un nouveau souffle. Cette mutation des gestes architecturaux est capable d'assurer un meilleur contrôle sur les processus de conception, mais aussi de fabrication, permettant ainsi de faire évoluer les attentes et motivations pour que celles-ci se prolongent et prennent en compte des préoccupations plus larges. Ces lâchers et reprises concentrent, cristallisent et concrétisent les potentialités technologiques avec des vouloirs propres à chaque architecte.

Reprise de la fabrication

Les « reprises » ont été multiples et continuent à proliférer, par tâtonnements. Il ne s'agit pas ici de faire l'inventaire des nouveaux champs d'actions qu'offrent les machines CNC (Computer numerical controlled), mais de laisser entendre que si ces prises nouvelles ne sont pas permanentes, elles se font néanmoins dans l'attente d'être à nouveau lâchées. Ces reprises constituent néanmoins la prise qui oriente le lâcher suivant, à l'instar du premier pas qu'effectue le voyageur perdu dans la forêt.

> Avant le geste de marcher, il n'y a pas de norme et tous les pas, en toutes les directions, sont à la fois équiprobables et équivalents. Mais dès qu'un pas est accompli, il devient norme pour le pas suivant, car le pas suivant est cumulatif par rapport à lui, et tous les pas faits dans la même direction s'ajoutent et mènent vers la lisière de la forêt[1].

Les prototypes de l'architecte Marc Fornes (THEVERYMANY) rendent compte de cette tentative ininterrompue de déplacer l'attention sur des aspects spécifiques du projet-objet. L'évolution de sa pratique et de son questionnement se concentre sur des problèmes techniques qu'il qualifie de « pragmatiques ». À l'aide de scripts, Fornes réalise une exploration donnant une série d'éléments non standards à assembler. La spécificité réside dans le

---

[1] Gilbert Simondon, « Psychosociologie de la technicité », dans *Sur la technique, 1953-1983*, Paris, PUF, 2014, p. 103.

fait que l'exploration ne se fait plus uniquement derrière l'écran, mais principalement dans la réalisation de prototypes à l'échelle 1:1. Ceux-ci permettent de pousser plus loin les limites de la production numérique en questionnant à chaque fois une réalité du monde de la construction : résistance des matériaux, équilibre, assemblage de pièces, etc. L'attention se déplace et se concentre à chaque fois sur un problème qui a émergé, parfois jusqu'à faire échouer le prototype précédent. Malgré ces déplacements, il se dégage de cette production une cohésion, presque une unité, qui montre en effet une maîtrise de l'exploration, où le lâcher ne se fait que sur un élément précis, de manière à garder une cohérence entre les prototypes. La prise ne se fait pas une fois pour toutes, mais se réalise par accumulation, comme un moulage continu, qui se prolonge à chaque nouveau prototype.

MARC FORNES/THEVERYMANY, *NonLin/Lin Pavilion*, **Frac Centre, 2011.**
© Photographie par François Lauginie

« Construire des prototypes […], c'est-à-dire des formes qui sont à cheval entre l'objet et le projet, qui conjuguent la logique de l'objet à celle du projet[1] ». Les prototypes, nous dit During, permettent d'échapper à une analyse uniquement restreinte au processus ; les prototypes doivent passer le test de l'expérience, doivent être validés par des critères et des normes. Ces

---

[1] Elie During, « Un nouveau statut de l'œuvre d'art », dans Colette Tron (dir.), *Esthétique et société,* Paris, l'Harmattan, 2009, p. 26.

prototypes d'un type particulier servent de jonction entre les perturbations qui sont venues transformer radicalement les milieux de la pratique architecturale – conception et fabrication, « projet » –, d'une part, avec les milieux de l'architecture elle-même, la ville, de l'ordre de l'objet, d'autre part. L'exploration par prototype révèle par ailleurs l'hétérogénéité de ces transformations, où chaque milieu a été perturbé localement. La question devient alors de chercher à comprendre l'articulation entre ces différents milieux.

MARC FORNES/THEVERYMANY, *Pleated, Inflation*, **Argeles-sur-mer, 2015.**
© **Photographie par Brice Pelleschi**

La prise du « lâcher » qu'ont présenté les premières expérimentations architecturales numériques, semble avoir été initiatrice dans l'appropriation des TIC par les architectes. Par la mutation des gestes de l'architecte, c'est la *tekhné* de l'architecture qui se voit reconfigurer. En l'espèce, de nouveaux modes se sont introduits, avec leur rythmique propre, émergeant peu à peu d'un apprentissage qui se réalise à chaque fois par l'expérimentation que l'architecte fait de ces nouveaux instruments de conception et de fabrication. Ces mutations dans les gestuelles des architectes ne viennent pas révolutionner de fond en comble les différents rapports que ceux-ci entretiennent avec les milieux, mais en proposent certainement de toutes nouvelles combinaisons.

Bibliographie

BATAILLE Georges, « Lascaux ou la naissance de l'art », dans *Œuvres Complètes, t. 9*, Paris, Gallimard, 1970 [1955], p. 7-101

CANETTI Elias, « La main », dans *Masse et Puissance*, Paris, Gallimard, 1966 [1960], p. 224-232

COMBES Muriel, *Simondon, individu et collectivité. Pour une philosophie du transindividuel*, Paris, PUF, 1999

DURING Élie, « Un nouveau statut de l'œuvre d'art », dans Tron Colette (dir.), *Esthétique et société*, Paris, L'Harmattan, 2009, p. 15-50

FRAISSE Paul, *Les structures rythmiques : étude psychologique*, Louvain, Publications universitaires de Louvain, 1956

GOULTHORPE Mark, *From Autoplastic to Alloplastic*, Orléans, Hyx, 2008

IRIGARAY Luce, « Le mythe de Platon », dans *Speculum de l'autre femme*, Paris, Éditions de Minuit, 1974

MCLUHAN Marshall, *Pour comprendre les médias : les prolongements technologiques de l'homme*, Montréal, HMH, 1968 [1964]

NANCY Jean-Luc, *Les Muses*, Paris, Galilée, 2004

SIMONDON Gilbert, *L'individuation à la lumière des notions de forme et d'information*, Grenoble, Jérôme Millon, 2005

SIMONDON Gilbert, *Sur la technique, 1953-1983*, Paris, PUF, 2014

SPUYBROEK Lars, *NOX, machining architecture*, New York, Thames & Hudson, 2004

TRICLOT Mathieu, *Philosophie des jeux vidéo*, Paris, La Découverte, 2011

WOLFF-PLOTTEGG Manfred, *La maison binaire & l'interaction (résumé) : Une théorie pour l'architecture de l'ordinateur* [en ligne], disponible sur : http://plottegg.tuwien.ac.at/binairec.htm (page consultée le 7 janvier 2016)

WOLFF-PLOTTEGG Manfred, *Architecture Beyond Inclusion and Identity Is Exclusion and Difference from Art*, Bâle, Birkhauser, 2015

Le transmédia :
Un dépassement du médium ?

Karleen Groupierre

Karleen Groupierre est une artiste-chercheuse, auteure d'œuvres transmédias et maître de conférences dans le laboratoire LLSETI de l'Université Savoie Mont-Blanc, chercheuse associée au laboratoire INReV de l'Université Paris 8 et membre du collectif de chercheurs OMNSH (Observatoire des Mondes Numériques en Sciences Humaines).

Dans un monde où les technologies numériques innovantes se démocratisent, où le jeu vidéo, les projets de réalité virtuelle peuvent porter le nom d'œuvre d'art, apparaissent également des œuvres immersives déployées sur de multiples supports, des créations polymorphes qui sont à la fois films, jeux, installations artistiques, performances, concerts, etc. : les transmédias de fiction[1].

Nous définirons les fictions transmédias comme « un ensemble de médias ou d'œuvres bâtissant conjointement une histoire fictionnelle globale et cohérente, qui sera diffusée de manière coordonnée et synchrone et présentée comme un tout à un public choisi ». De plus, nous considérerons, dans ce texte, que cet ensemble peut lui-même être envisagé comme une œuvre essentiellement narrative se déployant sur différents médiums.

Une pléthore de termes, souvent utilisés de manière interchangeable, inonde le monde des créations pluri-médias. Cependant, nous verrons que le transmédia n'est pas du multimédia, pas plus que ne l'est le cross-média. Dans ce foisonnement de termes, et en nous appuyant sur différents exemples d'œuvres transmédias, nous proposerons une cartographie sémantique des principales formes de créations transmédias.

À partir de cette catégorisation, nous observerons de quelle manière le concept de médium peut être remis en question dans une œuvre transmédia

---

[1] Notons que, même si nous nous concentrerons dans cet article sur les récits transmédias de fiction, il existe aussi des projets documentaires, parfois politisés, qui adoptent une structure narrative transmédia.

(en particulier dans le cadre de la relation de l'artiste à l'œuvre et dans le cas où la nature d'un médium forme une œuvre transmédia).

Certains modes de création transmédia amènent l'auteur à créer sans limites de support et en relation avec le public. Ces œuvres transmédias impliquent-elles une transformation de l'usage du médium dans la création artistique ?

Enfin, nous nous interrogerons sur la possibilité de l'émergence d'un nouveau genre, défini notamment par une nouvelle médiumnité : le *transart*, un mode de création polymorphe renouvelant les processus de création de l'auteur comme le rapport du spectateur à l'œuvre.

Approche d'un médium transmédia

L'apparition de ce type de fictions s'est faite progressivement, dans le sillage des *adaptations*. On observe dans un premier temps que le processus d'adaptation unique, d'un film à un jeu ou d'un conte à un film, tel que le conte *Peau d'âne* adapté en film par Jacques Demy, a tendance à se multiplier. On voit alors apparaître de plus en plus d'adaptations multiples, telles les très nombreuses interprétations de *Blanche Neige*, du roman érotique pour adulte à la pièce de théâtre contemporain, en passant par le film de Disney. On pourra remarquer que ce processus d'adaptation commence à se synchroniser, donnant naissance aux premières fictions dites « cross-média ».

Toutefois, des différences se font jour qui vont permettre de définir plus précisément l'objet cross-média en lui-même. En effet, dans une adaptation, l'auteur transpose l'histoire d'un support à un autre, mais cette transposition reste très libre ; il peut choisir son médium de prédilection, changer le cours ou la fin de l'histoire originale ou encore la destiner à public très différent. Les adaptations conduisent à une véritable remise en œuvre du sujet. L'univers imaginaire pourra être très différent d'un support à un autre. C'est le cas, par exemple, des multiples adaptations de la *Belle et la Bête*, ou encore de *La Petite Sirène* (qui ne meurt pas dans la version de Disney). Ces particularités permettent de distinguer la fiction cross-média des adaptations multiples:

> La fiction cross-média est un ensemble de médias constitutif d'un même univers imaginaire global et cohérent qui est diffusé de manière coordonnée et synchrone, et présenté comme un tout à un public choisi[1].

---

[1] Karleen Groupierre, *Enjeux des transmédias de fiction en terme de création et de réception*, thèse de doctorat, Université Paris 8, 2013.

Mais, si l'ensemble des créations cross-média répond à cette définition très générale, on observe tout de même de grandes différences d'une création à une autre, différences qui définissent plusieurs sous-catégories de cross-média. Ainsi, en 2008, Romain Gandia proposa-t-il de distinguer les « cross-média par adaptation » dans lesquels, principalement dans une démarche de commercialisation, on se contente d'adapter et de réadapter une histoire ou des pans de celle-ci sur différents médias. C'est le cas de nombreuses fictions pour jeune public telles qu'*Arthur et les Minimoys, Totally Spies*, etc.

À première vue, le cross-média peut apparaître comme un mode de production répondant principalement à des problématiques commerciales et à des enjeux financiers (déclinaison systématique, produits dérivés, etc.) au détriment de la liberté créative des auteurs. Si ces productions de contenu fictionnel ne semblent pas permettre l'émergence d'une nouvelle médiumnité, nous verrons cependant que ce n'est pas le cas de toutes les formes de réalisations cross-médias.

En effet, à l'opposé de ces « cross-médias par adaptation », on voit aussi émerger une catégorie de cross-médias plus complexes et souvent plus riches dans laquelle chaque support ajoute quelque chose à la fiction globale : les transmédias.

Cette sous-catégorie de cross-médias correspond globalement à la définition de « transmedia storytelling » de Jenkins (2006), c'est-à-dire à une « histoire transmédia [qui] se déploie au travers de multiples supports, avec chaque nouvel élément apportant une contribution caractéristique et précieuse à l'ensemble[1] ».

---

[1] Nous traduisons : "A transmedia story unfolds across multiple media platforms, with each new element making a distinctive and valuable contribution to the whole.", Henry Jenkins, *Convergence Culture: Where Old and New Media Collide,* NYU Press, 2006, p. 95-96.

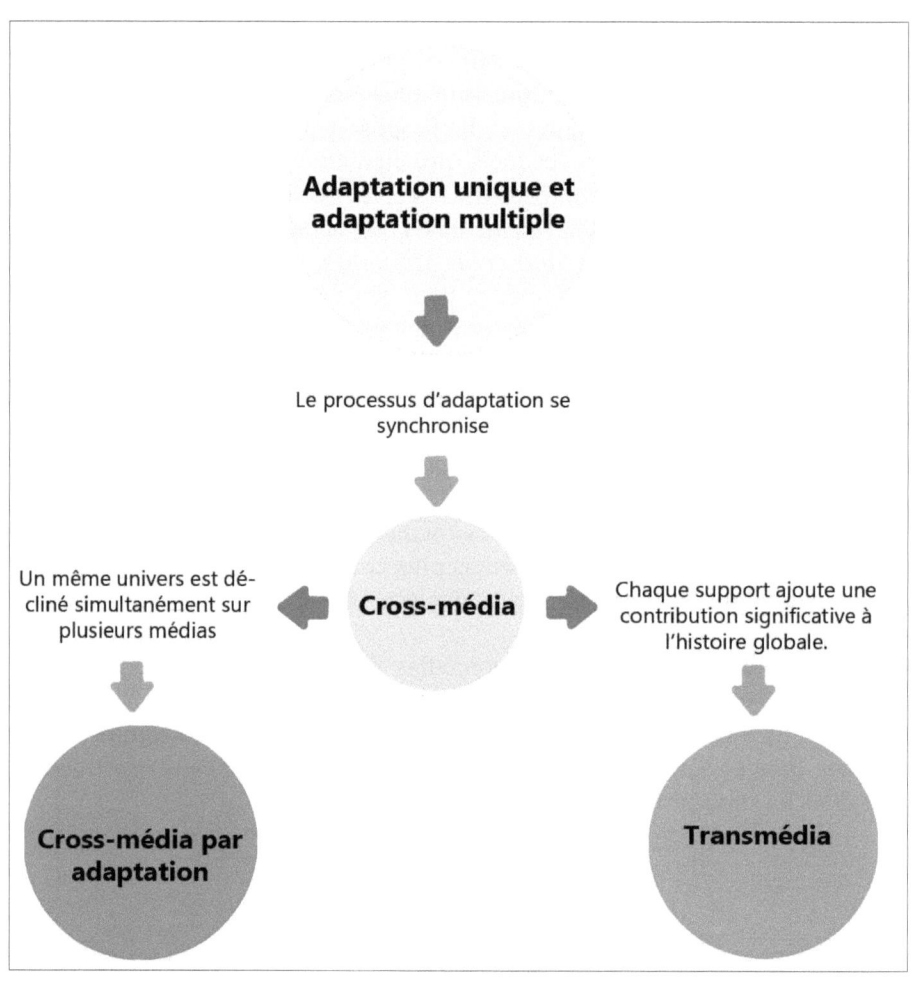

Représentation de la typologie du cross-média. Karleen Groupierre, 2012

Cette définition généraliste permet de caractériser l'ensemble des projets transmédias, par opposition aux projets de cross-média par adaptation. Néanmoins, les projets transmédias répondant à cette définition présentent parfois de grandes différences. Certains théoriciens suggèrent d'autres points de vue pour définir le transmédia. C'est le cas de Christy Dena qui propose le terme de « *transfiction* » pour qualifier le transmédia conçu comme une histoire qui, pour être complète, est dépendante de toutes les pièces réparties sur les différents supports[1]. Franck Rose quant à lui place le spectateur et son

---

[1] Christy Dena, *Transmedia Practice: Theorising the Practice of Expressing a Fictional World across Distinct Media and Environments [Thèse]*, School of Letters, Art and Media,

ressenti au centre de ses recherches, partant du postulat selon lequel les gens veulent être immergés dans une fiction[1]. Il définit le transmédia comme une fiction dont chaque support permet d'immerger davantage le spectateur dans une histoire :

> Un nouveau type de récit émerge : il est non linéaire, il est participatif, souvent comme un jeu *(gamelike)*, et il est conçu avant tout pour être immersif. C'est le « deep-media » : des histoires qui ne sont pas seulement divertissantes, mais immersives, qui vous emportent plus loin que le drame télévisé d'une heure, plus loin que le film de deux heures ou le spot de trente secondes ne le permettent[2]. »

Il oppose ainsi le « deep media » au « mass media » : « Nous vivons dans une période où deux modes de culture populaire rivalisent : la passivité contre la participation. Les médias de masse par rapport aux deep medias[3] ».

Ces différentes approches du transmédia, relatives à certains points de vue, peuvent nous amener à penser que, tout comme il existe deux sortes de cross-média (par adaptation et transmédia), le transmédia possède aussi plusieurs formes. On voit en effet émerger, d'un transmédia à un autre, des différences évidentes notamment dans la façon dont la narration exploite les différents médias porteurs de la fiction. En réponse à cette supposition, nous proposerons trois sous-catégories de transmédias qui correspondent toutes à la définition généraliste proposée par H. Jenkins (2006), mais possèdent chacune ses particularités propres.

Trois médiumnités pour trois sous-catégories de transmédia ?

Si la fiction transmédia peut être définie comme un ensemble de médias ou d'œuvres bâtissant conjointement une histoire fictionnelle globale et cohérente, qui sera diffusée de manière coordonnée et synchrone et présentée comme un tout à un public choisi, nous distinguerons tout de même trois

---

Department of Media and Communications Digital Cultures Program, University of Sydney, 2009.
[1] Frank Rose, *The Art of Immersion: How the Digital Generation Is Remaking Hollywood, Madison Avenue, and the Way We Tell Stories* [Reprint], WW Norton & Co, 2012, p. 8 : "We know this much: people want to be immersed. They want to get involved in a story, to carve out a role for themselves, to make their own. But how is the author supposed to accommodate them?"
[2] *Ibid.*, p. 6. *"a new type of narrative emerging-one that's nonlinear, that's participatory and often gamelike, and that's designed above all to be immersive. This is 'deep media': stories that are not just entertaining, but immersive, taking you deeper than hour-long TV drama or a two-hour movie or a 30-second spot will permit."*
[3] *Ibid.*, p. 98. « *We live in a moment when two modes of popular culture are vying for supremacy: passivity versus participation. Mass media versus deep media"*.

sous-catégories de transmédia, dont chacune propose une approche différente du support devenant médium : les transmédias à média maître inaltérable, les transmédias à média maître altérable, et les transmédias sans média maître.

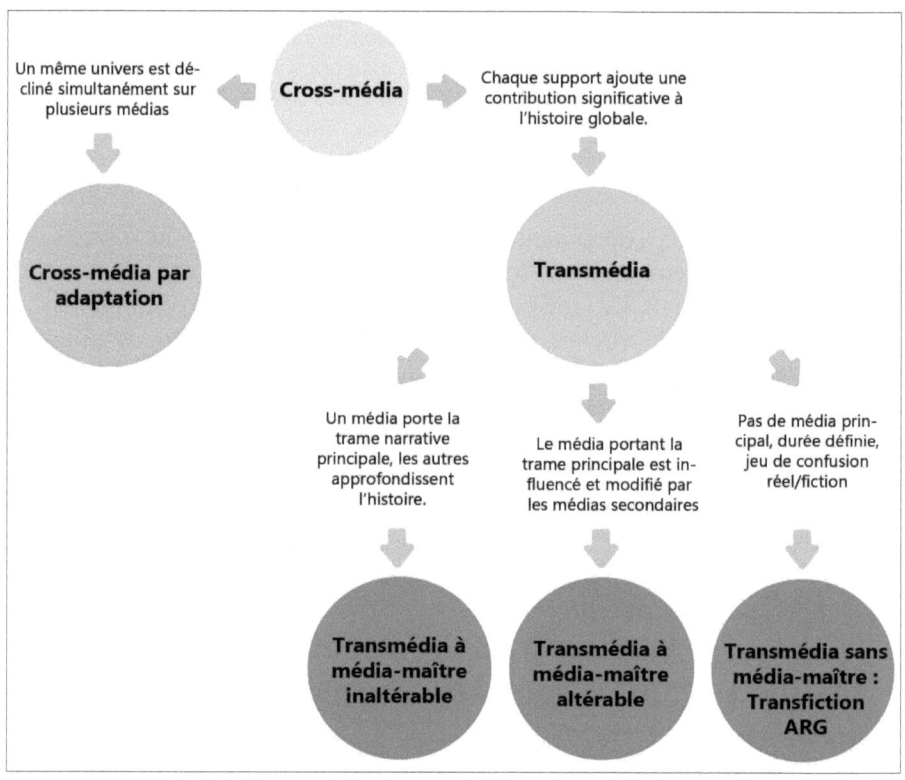

Représentation de la typologie du cross-média et du transmédia. Karleen Groupierre, 2012

Les transmédias à média maître inaltérable : un contournement de la résistance du médium ?

Il s'agit d'une forme de création transmédia, comme l'a définie H. Jenkins, mais dont la trame narrative principale se déploie sur un seul et unique média (média maître). Ce média maître, souvent réalisé en premier, porte à lui seul une fiction complète et compréhensible sans avoir recours à d'autres médias.

Toutes les autres ramifications de l'histoire, déclinées sur d'autres supports, permettent d'approfondir et/ou de compléter l'histoire portée par le média maître. Ces médias secondaires ont aussi souvent pour but d'intégrer davantage la fiction dans le quotidien du public, mais parmi ces autres médias aucun ne peut influencer ou modifier ce qui est raconté par le média maître ; il est inaltérable (narrativement parlant).

C'est le cas du transmédia *L'ombre rose*[1]. Le média maître est le roman du même nom qui raconte l'histoire de deux adolescents, Alkan et Ciana, dans un monde où les ombres sont colorées. Dans ce monde, chaque espèce a une ombre d'une couleur différente : brune ou grise pour les humains, bleue pour les chiens, orange pour les lapins, etc. Cependant, pour une raison inconnue et à la suite de l'obscur décès de sa mère, Alkan s'est réveillé un matin avec une ombre rose comme celles des cochons. Il porte depuis cette ombre comme une malédiction, et tente d'avancer malgré ce handicap. La jeune et insouciante Ciana, quant à elle, vit très mal le fait de devoir étudier aux côtés de cette personne à l'ombre de cochon qui la met très mal à l'aise, jusqu'au jour où un événement pour le moins étrange bouleverse sa vie et l'oblige à demander l'aide d'Alkan. Les deux héros se lancent ainsi dans une enquête fantastique dans le but de découvrir la véritable nature de cette ombre rose.

Cette histoire, déjà pré-écrite, est le média maître et ne sera pas influencée en retour par les autres médias (secondaires) mis en place pour porter la fiction. De plus, le roman peut se suffire à lui-même, aucun autre élément n'est indispensable.

Ce média maître est accompagné de six médias secondaires : deux installations interactives, un site internet, une série d'animations, des textes illustrés et un court-métrage, qui permettent de transporter l'univers de la série dans l'espace de vie du public en rendant la fiction plus présente.

Dans ce transmédia, l'installation *Miroir*[2], permet d'expérimenter « pour de vrai » un objet magique que les héros du roman découvrent lors de leurs voyages. La série d'animation *Odette Ilda et Gasparine* permet de connaître un peu mieux trois personnages secondaires du roman, le court-métrage *Lume* explique la genèse du monde des ombres, etc. Ainsi, tous les médias secondaires pourraient être considérés comme autant de points d'ancrage d'un univers fictionnel dans le quotidien des spectateurs *via* des supports (livre, *smart phone*, PC, etc.) faisant partie intégrante de leur vie.

Tous ces médias annexes, diffusés en même temps que les chapitres du roman, participent à la création de l'univers L'ombre rose et sont directement nourris par le média maître. Cependant, ils ne permettent pas au public d'influencer ce qui se passera dans le prochain chapitre du roman ; quelles que soient les interactions entre le public et les médias secondaires, le média maître reste verrouillé. La structure des transmédias à média maître inaltérable pourrait donc être représentée de cette façon :

---

[1] Karleen Groupierre, *L'ombre Rose*, 2008. www.uneombre.com.
[2] Sophie Daste, Karleen Groupierre, Adrien Mazaud, *Miroir*, 2009.

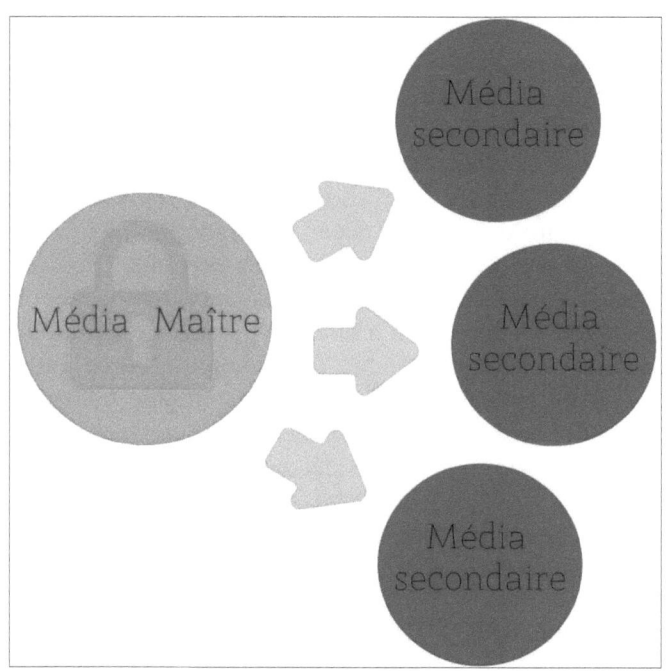

Schéma de la structure d'un transmédia à média maître inaltérable. Karleen Groupierre, 2012

Dans cette forme de transmédia, les liens narratifs inter-médias ne se font que dans un sens : du média maître vers les médias secondaires. Il s'agit de la forme transmédia la plus répandue, car, étant plus limitée en terme d'interactions entre les différents supports, sa mise en place est moins périlleuse financièrement parlant, et la cohérence narrative est plus facilement conservée grâce à cette inaltérabilité du média maître.

Notons que les transmédias à média maître non altérable peuvent, parfois, être assez proches des cross-média par adaptation. Si l'on se fie à la définition d'Henry Jenkins, la nuance entre les deux peut parfois résider dans le jugement de chacun concernant ce qui constitue une « contribution significative », ou non, apportée par les différents médias. Ces nuances sont assez subtiles et dépendent de la sensibilité et de la subjectivité de chacun, c'est pourquoi des débats demeurent.

Pour conclure, une œuvre de transmédia à média maître inaltérable sera portée principalement par un média ou une œuvre unique qui ne peuvent pas être influencés ni modifiés durant leur période de diffusion. Les autres médias, secondaires, sont liés au média maître et permettent de compléter ou d'étendre la fiction globale dans le but de l'intégrer au quotidien réel du spectateur.

Dans un élan de création artistique, tous ces médias deviennent le médium de création de l'artiste transmédia. Ce mode de création engendre un renouvellement du rapport de l'artiste à son (ses) médium(s), comme si l'artiste ne pouvant se contenter des spécificités du médium initial (celui de l'œuvre maîtresse), ne pouvant se restreindre à exprimer son art sous la contrainte de la nature d'un seul médium, s'autorisait à étendre son art simultanément *via* plusieurs médiums.

De cette manière, l'artiste apporte de nouvelles dimensions à son œuvre par l'intermédiaire des médiums secondaires qui prolongent l'œuvre maîtresse. Cette boulimie créative n'est pas sans rappeler un élan contemporain de notre société de consommation, et la créativité de l'auteur déborde du média maître pour alimenter d'autres médias secondaires. À l'image de cette volonté d'en avoir toujours plus et de consommer de manière illimité, l'artiste d'un transmédia peut créer sans fin et sans se restreindre à un médium. De cette façon, il contourne la contrainte de résistance de son médium maître (c'est-à-dire « l'opérativité »[1], la façon dont on peut l'utiliser), en intégrant à son œuvre un second médium qui apportera une autre opérabilité apte à accueillir la partie de création que le média maître ne pouvait pas porter. Par exemple, dans *L'ombre rose*, la série d'animation permet de contourner l'aspect « muet et aveugle » du livre (on ne peut que décrire les voix des personnages et leur physique), et permet une représentation son et image des personnages. Notons tout de même que cela aura également pour effet de resserrer le champ d'interprétation du public. Car si chaque médium secondaire apporte une contribution significative à l'ensemble de l'œuvre, l'étend en quelque sorte, en retour, chaque contribution précise et délimite le monde imaginaire du transmédia.

Les transmédias à média maître altérable : un réseau de médiums communicants ?

Tout comme la précédente catégorie, ce transmédia déploie la trame narrative principale sur un seul média (le média/médium maître). Cependant, dans ce cas, les dérivés de l'histoire et de l'univers appliqués à d'autres supports peuvent avoir des influences sur le média principal. C'est-à-dire qu'un fait ou un événement relatif à un média secondaire peut apparaître dans le scénario du média maître. Cela permet aux auteurs de faire interagir entre eux des médias différents, mais porteurs de la même histoire. Le scénariste, par exemple, pourra, dans un épisode du média maître, faire allusion à un fait (événement, incident de fiction) qui a été créé sur un média

---
[1] Pascal Krajewski, « Un médium, des média ? », *vide supra*, p. 17.

secondaire par un autre scénariste ou par le public. En effet, dans ce genre de transmédia, il arrive très souvent que l'un des médias secondaires soit directement lié aux réactions du public. Ainsi, le spectateur pourra indirectement (*via* un média secondaire) avoir une influence sur sa fiction préférée.

C'est le cas du transmédia *Sofia's Diary*[1], qui propose au public de suivre la vie et les problèmes de Sofia, une adolescente de dix-sept ans *via* le réseau social Bebo et une série (*web* et TV). D'autres médias intégrés à la fiction (magazines, sites internet, etc.) complètent l'univers de *Sofia's Diary*. Ce transmédia plein de dilemmes amicaux et amoureux a pour média principal la série : c'est elle qui offre au public la trame principale de la fiction. Or, dans cette série, le public est amené à conseiller Sofia sur ses choix, notamment en lui envoyant des textos, ou en laissant des commentaires sur le réseau qui seront pris en compte dans la suite de la série. Ainsi, chaque spectateur aura la sensation de faire partie de la fiction.

L'intervention du public crée des rétroactions narratives entre un support et un autre et, potentiellement, entre un support réel (une rencontre de *fan* par exemple) et un univers virtuel persistant (le MMORPG), car les deux supports (réel et virtuel) appartiennent à une même fiction. Cela offre au spectateur un pouvoir d'action non négligeable sur la fiction qui lui donnera la sensation d'y être intégré. Il en résultera une sensation de réalité : « si mes actions réelles ont des conséquences sur les choix de mon héros, alors celui-ci semble plus vrai. »

La structure de cette catégorie de transmédia peut être représentée par le schéma ci-dessous :

---

[1] Nuno Bernado, *Sofia's Diary*, transmédia, 2007. En ligne : http://www.bebo.com/sofiasdiary.
Pour plus d'information voir aussi : BeActive Entertainment, « Sofia's Diary », beactivemedia.com, 2012, en ligne : http://www.beactivemedia.com/tv-film/sofias-diary/ et Lisa McGarry, « Sofia's Diary On Bebo Gets 5 Million Viewers In Two Weeks!, » unrealitytv.co.uk, 2008, en ligne: http://primetime.unrealitytv.co.uk/sofias-diary-on-bebo-gets-5-million-viewers-in-one-week/.

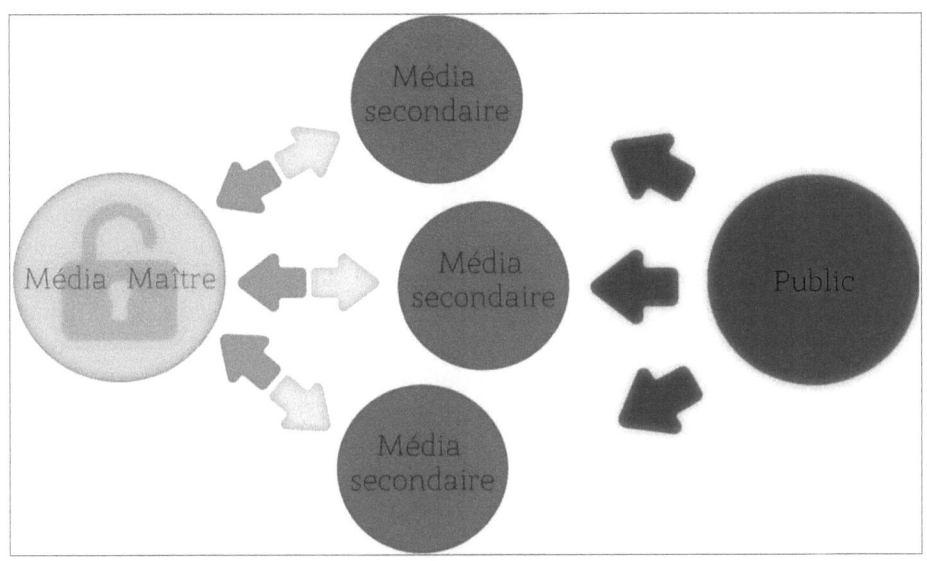

Schéma de la structure d'un transmédia à média maître altérable. Karleen Groupierre, 2012

Pour résumer, le transmédia à média maître altérable est une œuvre portée principalement par un média unique qui peut être influencée ou modifiée, durant sa période de diffusion, par ce qui se passe au niveau médias secondaires. Les autres médias, secondaires, sont liés au média maître, influencent celui-ci et permettent de compléter ou d'étendre la fiction globale dans le but de l'intégrer au quotidien réel du spectateur. Notons que les événements, portés par un média secondaire, qui influencent le média maître peuvent avoir pour origine l'auteur (choix narratif) comme le spectateur (interaction avec le média secondaire).

Ces transmédias sont plus difficiles à mettre en place, car ils demandent un effort de synchronisation supplémentaire entre les différents médias, obligeant ainsi l'auteur à travailler avec un médium évolutif qui pourra changer dans le temps. L'artiste a le devoir de faire évoluer son œuvre en fonction des actions du public ou des rebondissements fictionnels ayant lieu dans tous les médiums porteurs de l'œuvre. Aussi certaines évolutions d'un médium secondaire auront-elles des conséquences sur la suite de la création de l'auteur. Il travaille donc en réaction à des médiums poreux, c'est-à-dire qui échappent un peu à son contrôle total et peuvent être influencés par des éléments extérieurs à l'œuvre initialement créée.

Cette forme de transmédia semble également offrir des possibilités de créations nouvelles, notamment grâce aux jeux narratifs réalisables entre les différents médias qui amènent l'artiste à créer, non plus une œuvre *via* plusieurs médiums distincts, mais un réseau médiumnique, une œuvre réticulaire, portée par plusieurs médiums communicants les uns avec les autres.

Transmédias sans média maître : un nouveau médium composite ?

Le transmédia sans média maître est une fiction transmédia dans laquelle tous les supports s'assemblent comme dans un puzzle pour constituer une histoire cohérente et intégrée au quotidien réel du spectateur. Le spectateur d'un tel transmédia est donc obligé de naviguer sur l'ensemble des supports pour saisir l'histoire fictionnelle.

Ce troisième type correspond à la définition de « *transfiction*[1] » proposée par Christy Dena ; ces transmédias sont aussi communément nommés « fiction totale ». Tous les médias doivent être combinés pour former une fiction unique, ce qui a pour conséquence de faire disparaître un éventuel média maître : aucun média ne peut être exploré seul et aucun ne sera le principal. Chaque média est dépendant de l'ensemble. Cela crée des structures narratives complexes. Notons que certaines de ces transfictions peuvent en apparence posséder un média maître (un site internet rassemblant l'ensemble de la communauté, par exemple) ; cependant, il s'agit d'un média prioritaire par rapport à l'usage et non par rapport à la fiction elle-même : pour vivre la fiction, le public utilisera continuellement ce média ; seulement, il n'est pas plus porteur d'histoire ou de sens que les autres. Ainsi, quels que soient les degrés d'usages des différents médias d'une transfiction, ils sont tous conjointement supports de l'œuvre.

Il s'agit généralement d'une aventure hybridant le réel et l'imaginaire dans le but d'immerger le spectateur, jusqu'au point où il pourrait confondre réel et fiction, ou jeu et hors jeu.

Dans ce type de transmédia, le réel pourrait alors être considéré comme un support de la fiction à part entière. Ce type de transmédia permet une histoire *de toutes pièces*. L'espace réel, les réseaux sociaux, les mondes de synthèses (MMOG) sont autant de supports de la narration au service de la fiction. Les différents supports et médias mis en place sont généralement assemblés pour *faire comme si* le rêve était vrai. La plupart des ARGs (Alternate Reality Game[2]), utilisant différents médias, correspondent à ce type de transmédia.

---

[1] Christy Dena, *Transmedia Practice: Theorising the Practice of Expressing a Fictional World across Distinct Media and Environments* [thèse], School of Letters, Art and Media, Department of Media and Communications Digital Cultures Program, University of Sydney, 2009. Notons que cette définition ne contredit pas celle de H. Jenkins, elle la limite et la complète.

[2] Traduit en français par « Jeux à Réalité Alternée ».

La structure de cette catégorie de transmédia peut être représentée par le schéma ci-contre :

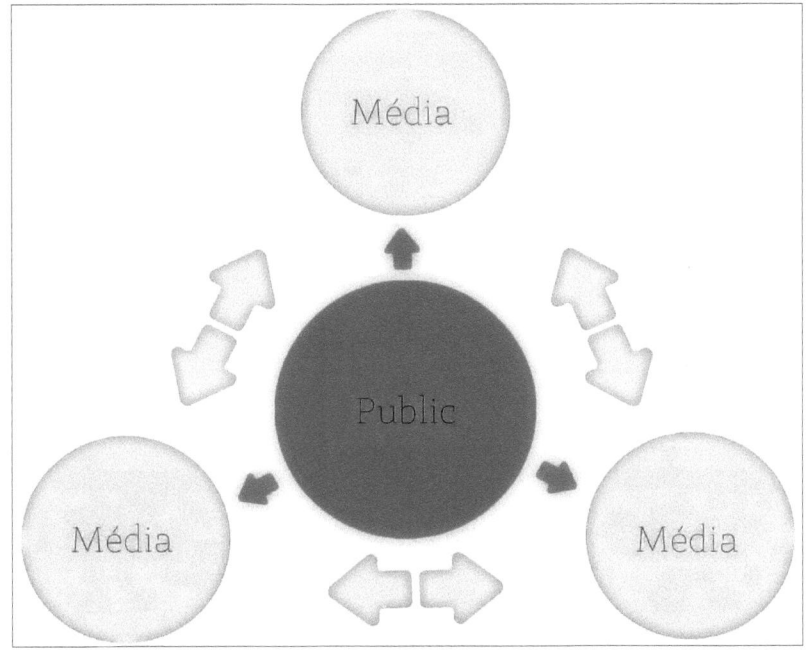

Schéma de la structure d'un transmédia sans média maître. Karleen Groupierre, 2012

C'est le cas du transmédia « *Ghost Invaders – Les Mystères de la Basilique*[1] », une œuvre ARG d'une durée d'un mois, créée par deux artistes françaises. Cette fiction immersive avait pour but de faire découvrir le patrimoine culturel et historique de la ville de Saint-Denis (93). Les joueurs devaient mener l'enquête dans la ville (Musée D'art et d'Histoire, Basilique, rues du centre-ville, office du tourisme, chez quelques commerçants) et *via* différents médias réels ou virtuels (presse locale, radio, sites internet, téléphonie, etc.) dans le but de renvoyer des fantômes des siècles passés dans le monde de l'au-delà. La ville de Saint-Denis est une ville très riche en histoire, et la Basilique abrite les tombeaux des rois de France. Durant tout le mois d'avril 2012, des installations illusions étaient disposées dans la ville et ses monuments permettant au public de rencontrer les fantômes de personnes ayant réellement vécu ou ayant leurs tombeaux à Saint-Denis, tels que le roi Dagobert, ou encore Louis XVII. Plusieurs événements (concerts, parades, visites spéciales, etc.), souvent perturbés par les fantômes ont été organisés tout au long du mois de jeu.

---

[1] Karleen Groupierre, Edwige Lelièvre, 2012.

Installation vidéo et sonore, Basilique de Saint-Denis. Karleen Groupierre, 2012

Aidés par des personnages augmentés[1], les joueurs devaient naviguer sur les différents supports afin de reconstituer la fiction et de résoudre l'enquête. Ils pouvaient également recevoir des SMS ou des appels, échanger avec les personnages augmentés et les Dyonisiens (commerçants, médiateurs culturels...) impliqués dans le jeu ; jouer à s'immerger dans une enquête fictionnelle laissant parfois le doute entre jeu et réalité.

---

[1] Personnages de fiction augmentés de divers accessoires : comptes sur les réseaux sociaux, ils sont parfois incarnés par des acteurs, possèdent cartes de visite, téléphone portable, site internet, blog, etc.

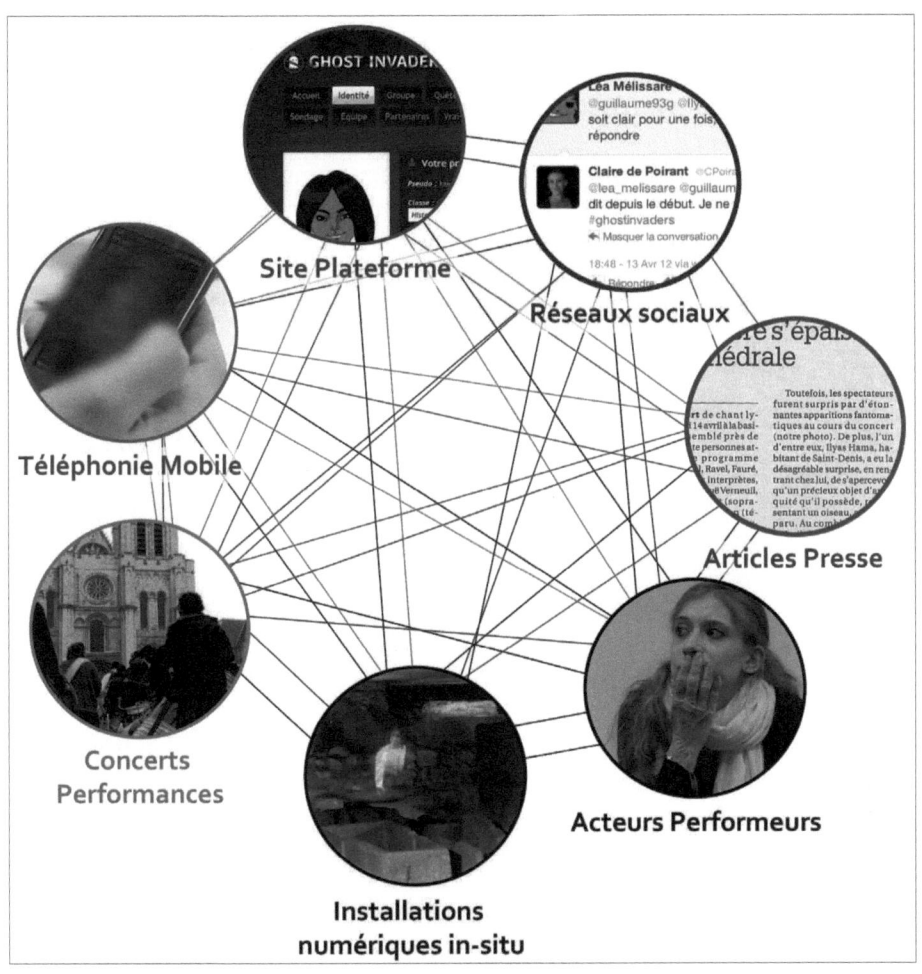

Structure du transmédia sans média maître. Source : Ghost Invaders - Les Mystères de la Basilique, 2012

Ce type de transmédia conduit de nouveau à s'interroger sur la nature du médium. Comme dans les transmédias à média maître altérable, nous sommes face à un réseau de médiums communicants assemblés, mais en plus, la réalité est sublimée pour être en partie intégrée à l'œuvre, devenant à son tour une part de ce réseau de médiums connectés. De plus, le public devient un moteur de l'œuvre, car le fil narratif de celle-ci ne se déroule que grâce aux actions des participants, ce qui peut nous amener à supposer que l'artiste devra composer avec son public et en réaction à son public. Ainsi, les transmédias sans média maître sont portés par un réseau médiumnique qui ne fait sens que par la navigation du public dans la fiction. En d'autre mots, nous sommes face à une œuvre qui se révèle et se complète grâce à la manière dont le public l'explore. Cette forme de création impose à l'auteur de créer en réaction et dans l'attente des actions du public. Peut-on alors considérer que le public devient une partie de ce réseau médiumnique porteur de l'œuvre ?

Par ailleurs, à la façon des matériaux composites industriels[1], les médiums constituant l'œuvre s'assemblent pour offrir des propriétés nouvelles que les composants seuls ne possédaient pas. Nous pouvons donc avancer que des médiums assemblés forment un nouveau *médium composite*, capable de porter une création évolutive dans le temps et en fonction de son public.

Par ailleurs, notons que certaines réalisations transmédias peuvent présenter des variantes ; on peut trouver, par exemple, deux « médias altérables » (qui peuvent se modifier l'un l'autre), qui forment à eux deux un bloc média maître inaltérable. C'est le cas du transmédia « *Wakfu*[2] » dans lequel il y a des rétroactions narratives entre le jeu en ligne et la série TV, ces deux éléments formant indépendamment un cœur inaltérable dont sont issues les autres créations du même univers (BD, Art Book, jeux, etc.).

Ainsi les variantes de ces trois catégories de transmédia peuvent-elles être nombreuses, et certains projets transmédias appartenir à plusieurs sous-catégories soit parce qu'ils ont évolué dans le temps d'une catégorie à une autre, soit parce qu'ils présentent des particularités faisant d'eux des projets hybrides. Cela peut nous amener à penser que la médiumnité d'un transmédia peut donc être variable selon la structure de l'œuvre finale.

Le processus de création transmédia : vers une *médiumnité floue* ?

Multiples médiums pour un auteur polytechnique

Le transmédia fait appel, par définition, à plusieurs médias qui portent conjointement une même réalisation. L'artiste transmédia devra donc dépasser son médium de prédilection pour étendre sa création à plusieurs médiums.

Il semble important, dans un premier temps, d'attirer l'attention sur le fait que l'usage de plusieurs formes d'expressions artistiques pour exprimer une même fiction n'est pas apparu avec le transmédia. Dès 1764, Johann

---

[1] « Un assemblage d'au moins deux composants non miscibles (mais ayant une forte capacité de pénétration) dont les propriétés se complètent. Le nouveau matériau ainsi constitué, hétérogène, possède des propriétés que les composants seuls ne possèdent pas. », Larousse, 2011.
[2] Studio Ankama, 2012.

Gottfried von Herder pense à « des œuvres où la poésie, la musique, l'action et la décoration ne feraient qu'un[1] », arrivent ensuite les concepts d'« art total » (Wagner) et d'« intermédialité » (Higgins[2]) qui donneront naissance à ce que j'ai nommé des *œuvres composites*, des réalisations qui, comme le transmédia, mêlent plusieurs arts : vidéos, acteurs, danse, musique[3]. Pourtant, si le rapprochement de ces créations avec le transmédia est évident, ces dernières ne sont pas des transmédias, car l'œuvre composite est une réalisation unique dans laquelle sera intégrée, à un instant donné, de la danse, de la vidéo, etc. Il s'agit d'une superposition de pratiques et de créations dans un temps et un espace donné, alors que le transmédia est un art de la multiplicité, il intègre plusieurs œuvres, parfois disposées dans des espaces variés et à des instants différents. Seule l'expression d'émotions et d'une histoire par le biais de plusieurs formes d'arts est commune à ces deux modes de création. Ainsi, contrairement aux transmédias, le multimédia ne permet pas de dissocier différents éléments de la fiction dans un registre spatio-temporel, tout sera consommé dans un même lieu et en même temps.

Toutefois, la démarche de certains artistes polytechniques, qui créent sans frontières de genres ou de supports, annonce déjà très tôt une forme de création transmédia avant l'heure. En effet, de très nombreux artistes, au fil des siècles, ont ressenti l'envie ou le besoin de s'exprimer *via* différentes formes de création artistique. On peut penser à des auteurs polytechniques tels que Léonard de Vinci qui était peintre, sculpteur, architecte, inventeur. Cependant, même si ce maître du XVIe siècle possédait une palette de médiums riche, il ne créait pas de lien visible (narratif, de sens) entre ses différentes réalisations. Le cloisonnement naturel demeurait entre les différentes formes artistiques.

D'autres auteurs polytechniques ont su utiliser plusieurs médiums de leur palette pour servir la même histoire ou le même univers, amorçant dès lors une véritable démarche transmédia. C'est le cas de Lewis Carroll, connu pour être l'auteur d'*Alice au Pays des Merveilles*[4], qui était aussi photographe, inventeur, illustrateur et mathématicien (et passionné de théâtre et de musique). Il a illustré lui-même le premier manuscrit d'*Alice au Pays des Merveilles* (alors nommé *Alice's Adventures Under Ground*).

---

[1] Cité par Adolphe Appia, *œuvres complètes* Tome 2, Paris, L'Âge d'homme, 1986, p. 440.
[2] Dick Higgins, « Intermedia », *The something else press newsletter*, vol. 1, n° 1, Février 1966. Repris dans Nicolas Feuillie (dir.), *Fluxus dixit. Une anthologie*, vol. 1, Dijon, Les presses du réel, 2002, p. 201-207.
[3] Karleen Groupierre, *Enjeux des transmédias de fiction en terme de création et de réception [thèse]*, 2013.
[4] Charles Lutwidge Dodgson, *Alice's Adventures in Wonderland*, 1865.

Lewis Carroll, *Alice's Adventures Under Ground (extraits du manuscrit),* **1864.**

Cet auteur s'appliquait à donner vie à un monde étrange. Il est aussi intéressant de noter qu'Alice est inspirée d'une personne (réelle), Alice Liddell, souvent sujette des photographies de l'artiste.

Photos réalisées pas Lewis Carroll.
De droite à gauche et de haut en bas : Alice Liddell, 1859, Alice Liddell 1858, Beatrice Hatch 1874, Xie Kitchin 1874, Beatrice Mary 1864, Rose Wood 1865, Irene MacDonald, Flo Rankin et Mary McDonald 1864, ThomasCombe 1860, Elizabeth Ley Hussey 1864, Annie Coates 1857, Xie Kitchin 1873.

Pour compléter cet univers, Lewis Carroll a notamment inventé un timbre-poste pour envoyer du courrier « Au pays des merveilles ».

Le peintre Redon avait une passion pour la littérature. Ses contes fantastiques, publiés de manière posthume[1], forment avec ses peintures de la même période un tout cohérent.

---

[1] Odilon Redon et Alexandra Strauss, *Nouvelles et contes fantastiques*, Paris, RMN-Grand Palais, 2011.

Odilon Redon, *Le Mystique*, 1880. Source : Otterlo, Kröller-Müller Museum

> Il rêve, il a l'esprit perdu dans le monde incompréhensible. On le voit souvent seul au sein des foules actives, courbé sous des retours, son mystère, et ses larmes. Soit qu'il songe au passé d'une vie qui s'effeuille et tombe, mystérieuse, inconnue, sur son corps qu'elle opprime, soit qu'un tourment l'accable, soit qu'un mal d'infini l'élève encore au faîte des aspirations humaines, à l'extrême désir des heures suprêmes et inespérées, il rêve, il rêve toujours.[1]

Nous pourrions citer de nombreux auteurs qui, comme Lewis ou Redon, ont ces pulsions créatrices *trans-arts* et qui dépassent la simple compétence polytechnique pour assembler plusieurs formes de création dans le but de porter un même univers. On se rend compte que ce potentiel *trans-artistique* existait déjà bien avant l'apparition des nouveaux médias numériques et de la narration dite « transmédia ». Cependant, il est possible que cette faculté *trans-artistique* soit de plus en plus présente dans les mœurs des créateurs contemporains probablement aussi parce que la technologie (utilisée dans les arts) est de plus en plus accessible. Il y a encore quelques années, faire un film n'était accessible qu'à une poignée de personnes dont c'était le métier ; aujourd'hui, la démocratisation des outils permet de s'équiper à un coût abordable et de filmer avec une qualité professionnelle. Cela ne signifie pas, pour autant, que n'importe qui peut s'inventer cinéaste, mais la possibilité d'expérimenter ces diverses formes d'expression artistique s'est nettement accrue.

Ainsi, l'auteur transmédia ne se contente pas d'être polytechnique, il assemble de multiples médiums qui forment, composent, un nouveau médium unique et mouvant, à même de porter une création qui ne sera

---

[1] *Ibid.*, p 57. Cette œuvre et ce texte ont été réunis et sont présentés côte à côte dans l'ouvrage.

complète que grâce aux multiples spécificités de ces médiums combinés. De plus, il ne s'agit pas non plus de créer une pièce unique faisant appel à différentes techniques, mais bien de créer une œuvre transmédia elle-même constituée de plusieurs œuvres autonomes ou semi-autonomes, qui, une fois assemblées, apportent une nouvelle signification. Nous serions donc face à une forme de création qui va au-delà du polytechnique pour devenir *transartistique*.

Transmédia : quand tout fait médium

Si les auteurs contemporains sont des créateurs multi-arts en puissance, il semble que le transmédia soit la forme de création correspondant à ce désir trans-artistique qui les anime. En effet, le transmédia n'apparaît pas comme une évolution technologique et complexe, mais plutôt comme une méthode naturelle d'expression artistique dans l'air du temps. L'artiste, profitant tout simplement des (nouveaux) moyens mis à disposition pour communiquer ou créer une fiction, utilise avec insouciance tout ce qui peut lui permettre de partager son univers avec un public. McLuhan a d'ailleurs fait remarquer que :

> Aujourd'hui, nous commençons à remarquer que les nouveaux médias ne sont pas seulement des gadgets mécaniques pour créer des mondes d'illusion, mais de nouveaux langages possédant des pouvoirs d'expression uniques et novateurs.[1]

Un moyen d'expression puissant dont se sont emparés les artistes transmédia. On remarque également qu'il y a derrière la plupart des transmédias, ce que Anthony Roux, un des fondateurs d'Ankama, appelle un « super-créateur ». Il semble effectivement que la cohérence et l'originalité d'un transmédia soient maintenues grâce à l'existence de ce *Maître de la Création*. Une personne, ou une équipe, avec un imaginaire débordant capable de créer un univers cohérent immense, de recréer une société entière gouvernée par de nouvelles règles. C'est le cas de J. R. R. Tolkien, auteur du *Seigneur des Anneaux*, qui a recréé un univers fictionnel complet incluant des dizaines de biographies de personnages, l'invention de plusieurs alphabets imaginaires, et bien d'autres détails formant l'univers global de cette trilogie.

Ainsi :

---

[1] Marshall McLuhan, Eric McLuhan, et Frank Zingrone, *Essential McLuhan*, London, Routledge, 1997, p. 272.*"Today we are beginning to notice that the new media are not just mechanical gimmicks for creating worlds of illusion, but new languages with new and unique powers of expression."*

> La technique n'impose rien : elle propose, et l'homme dispose, ou compose. [...] les médias nous surprennent toujours : leur usage correspond très rarement à ce que leurs inventeurs avaient imaginé.[1]

L'auteur transmédia, en plus d'avoir des compétences polytechniques, saura utiliser et parfois détourner les nouveaux médias numériques qui sont à sa disposition, car chaque nouvelle technologie peut devenir médium.

Une création inter-humains, vers un dépassement du médium ?

Le transmédia apparaît comme un art du renouvellement, il est une forme de création prise dans le cercle vertueux de l'évolution : les créations des auteurs et les réactions des spectateurs modèlent les techniques et les usages.

Mais, à leur tour, les innovations technologiques et d'usage influencent les auteurs et les spectateurs, et par conséquent les œuvres. C'est pourquoi il faut envisager la fiction transmédia comme une forme de création encore en mouvement, prise dans le bain bouillonnant d'une culture, comme une manière de créer, d'échanger et de rêver qui n'a de cesse d'évoluer. De la même façon, le médium composite, qui émerge de la combinaison des différents médiums porteurs du transmédia, est évolutif, mouvant ; il intègre de nouvelles technologies et s'adapte aux envies du créateur comme aux réactions du public. Il y a tout au long d'une fiction transmédia, entre le spectateur et l'auteur, un échange, un dialogue ludique existant au travers de l'œuvre fictionnelle.

La narration transmédia génère une fiction qui n'est pas ordinaire, une fiction souvent mêlée au réel, une fiction augmentée. L'augmentation de la fiction, c'est-à-dire les multiples supports et l'hybridation d'espaces fictionnels, numériques et réels, a pour but d'emporter le public plus loin dans la fiction, lui proposant une aventure immersive et aussi très souvent participative et interactive. Ces différentes spécificités de la création transmédia nécessitent un renouvellement de la place de l'auteur devenant alors un « directeur omniscient[2] », un chef d'orchestre de la fiction, à mi-chemin entre le « maître de poupées[3] » et le « fondateur de discursivité » (Foucault) s'appliquant continuellement à protéger la cohérence de sa fiction qui lui échappe sans cesse.

C'est précisément ce renouvellement du rôle de l'auteur, la nécessité, dans certains transmédias, de créer en temps réel par rapport aux réactions d'un

---

[1] Francis Balle, *Les médias*, Paris, Presses universitaires de France, 2004, p. 16.
[2] Karleen Groupierre, « Ghost Invaders comme paradigme du métissage entre territoires réels, territoires virtuels, territoires fictionnels ? », *MEI LES TERRITOIRES DU VIRTUEL*, n° 37, 2013, p. 11
[3] Jane McGonigal, "The Puppet Master Problem: Design for Real-World, Mission Based Gaming", dans Pat Harringan et Noah Wardrip-Fruin (dir.), *Second Person*, MIT Press, 2006.

public, qui exacerbe le potentiel créatif d'un transmédia en imposant au créateur un mode de création d'un nouveau genre. On peut, alors, envisager le transmédia comme une création qui rehausse la créativité de l'auteur, non seulement parce qu'elle inclut diverses formes d'art, mais aussi parce qu'elle incite souvent l'auteur à réagir à sa propre fiction.

Ce qui me semble également ressortir avec force de l'ensemble des observations sur les œuvres transmédia est l'importance des échanges humains que permet la fiction transmédia. En cela, il serait intéressant de questionner le transmédia par rapport à « *l'esthétique relationnelle* » qu'a théorisée Nicolas Bourriaud consistant « *à juger les œuvres d'art en fonction des relations interhumaines qu'elles figurent, produisent ou suscitent.* »[1] En effet, les fictions transmédias suscitent des relations interhumaines fortes : on pense aux spectateurs qui partagent, échangent et même vivent une histoire collective, à la relation qui peut se créer entre le public et les *personnages augmentés*[2], et, bien sûr, au dialogue ludique possible entre les spectateurs et l'auteur. Comme si l'œuvre dépassait son médium pour atteindre l'humain. Il semble alors difficile de réduire la nature du médium d'une telle œuvre à être seulement une matière plastique ou numérique.

De plus, le transmédia suppose une relation création–réception non linéaire. En 1986, Edmond Couchot voyait déjà dans les « médias » cette rupture de la linéarité :

> Il n'y a plus médiation entre l'auteur d'un énoncé et son destinataire à travers un dispositif de transmission qui ne fait que véhiculer cet énoncé en l'altérant plus ou moins, il y a commutation directe et (plus ou moins) instantanée dans l'espace et dans le temps entre un récepteur devenu émetteur, un émetteur devenu récepteur et un énoncé flottant qui à son tour émet et reçoit.[3]

De la même façon, ne peut-on pas considérer aujourd'hui les transmédias comme un art de la « commutation » ? Dans une fiction transmédia, il y a un espace fictionnel proposé par l'artiste que le public et l'auteur font vivre ensemble, remettant ainsi en cause la frontière créateur–spectateur.

Le médium peut alors être vu, non plus uniquement comme une matière plastique ou numérique, mais aussi comme un lien flottant. Si la « *commutation* » fait partie de la matière médiumnique de l'œuvre transmédia, le médium composite n'est plus simplement un agglomérat de

---

[1] Nicolas Bourriaud, *Esthétique Relationnelle*, Dijon, Presses du réel, 1998, p. 117.
[2] Il s'agit de personnages de fictions (très souvent incarnés par des acteurs réels) qui entrent en communication (privée) avec les joueurs. Leur présence est intensifiée par l'ajout d'accessoires appartenant au registre réel. Ainsi, un personnage augmenté pourra posséder un téléphone portable, une carte de visite, un compte sur différents réseaux sociaux, etc.
[3] Edmond Couchot, « Médias et immédias », in *Art et Communication*, Rayon photo, Paris, Osiris, 1986, p. 105.

matière et de technologies, mais inclut des notions relationnelles. La médiumnité devient floue, dépasse le médium composite jusqu'au point où l'on ne sait plus exactement ce qui relève de l'œuvre ou non.

Conclusion

Marcel Duchamp disait en 1960, « Je crois qu'aujourd'hui plus que jamais l'Artiste a cette mission para-religieuse à remplir : maintenir allumée la flamme d'une vision intérieure, dont l'œuvre d'art semble être la traduction la plus fidèle pour le profane[1] ». Pourait-on envisager le transmédia comme une forme de création artistique répondant à cette mission des auteurs ? Une forme de création plus adaptée à la vision intérieure de certains artistes ?

Mais le transmédia n'est pas seulement un outil d'expression adapté à des envies d'auteurs, c'est aussi une forme de création résultant des mutations de notre société et de notre usage des nouveaux médias. Une façon de raconter des histoires qui use de tout ce qui fait notre quotidien, comme une manière « d'habiter poétiquement[2] » notre réel. Le transmédia, lorsqu'il se répand sur certains supports, permet à la réalité de notre quotidien[3] d'être investie poétiquement par l'imaginaire d'un artiste. Par conséquent, si le transmédia n'est pas une invention pratique, il n'en demeure pas moins une forme de narration et de création renouvelée par de nouveaux usages et une nouvelle manière d'exprimer un monde imaginaire. Ainsi, le transmédia agrandit le champ des possibles de la création d'un auteur, mais renouvelle aussi le rôle de l'auteur.

Les œuvres transmédias sont constituées d'un ensemble d'œuvres autonomes, mais qui, assemblées, forment un tout nouveau : du *trans-art*. Cette forme de création est portée par un *médium composite*, c'est-à-dire un amalgame de différents médiums assemblés pour former un réseau de médiums communicants. Ce médium composite permet de dépasser la résistance initiale d'un médium unique. De plus, dans certaines œuvres de trans-art, l'espace réel et les relations inter-humains (auteur/public, public/public, public/personnages de fiction) prennent une place très importante au point qu'on peut se demander si l'espace réel et le public ne deviennent pas aussi une partie de ce médium composite.

---

[1] Marcel Duchamp, « L'artiste doit-il aller à l'Université ? » (Extraits de l'allocution à l'université d'Hofstra, New York, 1960), dans *Duchamp du signe suivi de Notes*, Paris, Flammarion, 2008, p. 220.
[2] En référence à Hölderlin : « *Il faut habiter poétiquement la terre* » cité dans : François Cheng, *Cinq méditations sur la beauté*, Paris, Albin Michel, 2008.
[3] Notre réel est représenté par nos usages et les médias que nous utilisons à des fins non fictionnelles : téléphones, *e-mails*.

L'artiste transmédia travaille donc avec un médium multiple qui devra être très réactif, presque vivant, et englober des espaces réels comme le public.

Le médium portant chacune des œuvres d'un trans-art s'efface au profit de l'univers global. Cet ensemble infiniment riche et complexe devient le véritable cœur de l'œuvre. On aura tendance à oublier le support de l'œuvre qui est multiple et changeant pour se concentrer sur le message, les relations, l'univers que l'artiste veut partager. Dans cette forme de création, tout peut faire médium donc, la nature du médium n'est plus caractéristique, elle semble presque moins importante. C'est en cela que le médium composite portant une œuvre transmédia peut faire valoir sa *médiumnité floue*. Une médiumnité dans laquelle la spécificité et la limite de chaque médium s'effacent au profit d'un ensemble évolutif et communicant. Une médiumnité qui dépasse la matière plastique et numérique, et intègre l'humain.

Bibliographie

ANZIEU Didier, *Le Corps de l'œuvre*, Paris, Gallimard, 1981
BARBANTI Roberto, « Métamorphoses du médium dans l'art du XXe siècle à nos jours : Multimédialité et ultramédialité » [Synthèse HDR], Paris, 2012
BARBANTI Roberto, « Les origines des arts multi-media et la question du dépassement du médium », *Question d'Esthétique*, Editions CPEA, hors série n° 1, 2004, p. 49-74
BOURRIAUD Nicolas, *Esthétique Relationnelle*, Dijon, Presses du réel, 1998
[COLLECTIF], *Arts et nouvelles technologies*, Paris, L'Harmattan, 2007
COUCHOT Edmond, « Médias et immédias. », *Art et Communication*, Rayon photo, Paris, Osiris, 1986, p. 101-106
DENA Christy, *Transmedia Practice: Theorising the Practice of Expressing a Fictional World across Distinct Media and Environments [Thèse]*, School of Letters, Art and Media, Department of Media and Communications Digital Cultures Program, University of Sydney, 2009
DUCHAMP Marcel, *Le processus créatif,* Paris, France, L'Echoppe, 1990
DUCHAMP Marcel, *Duchamp du signe suivi de Notes*, Paris, Flammarion, 2008
GROUPIERRE Karleen, « Ghost Invaders comme paradigme du métissage entre territoires réels, territoires virtuels, territoires fictionnels ? », *MEI Les territoires du virtuel*, n° 37, 2013, p. 11
GROUPIERRE Karleen, *Enjeux des transmédias de fiction en terme de création et de réception* [Thèse], Université Paris 8, 2012, en ligne : karleen.fr/these
HIGGINS Dick, « Intermedia », dans FEUILLIE Nicolas (dir.), *Fluxus dixit. Une anthologie*, vol. 1, Dijon, Les presses du réel, 2002, p. 201-207

JENKINS Henry, *Convergence Culture: Where Old and New Media Collide*, NYU Press, 2006

MCGONIGAL Jane, *Reality Is Broken: Why Games Make Us Better and How They Can Change the World,* London, Jonathan Cape, 2011

MCGONIGAL Jane, « The Puppet Master Problem: Design for Real-World, Mission Based Gaming », in Pat Harringan et Noah Wardrip-Fruin (dir.), *Second Person*, MIT Press, 2006, en ligne: http://janemcgonigal.files.wordpress.com/2010/12/mcgonigal_the-puppet-master-problem_mitpress.pdf .

MCLUHAN Marshall, MCLUHAN Eric and ZINGRONE Frank, *Essential McLuhan*, London, Routledge, 1997

ROSE Frank, *The Art of Immersion: How the Digital Generation Is Remaking Hollywood, Madison Avenue, and the Way We Tell Stories* [Reprint], WW Norton & Co, 2012

WINNICOTT Donald Woods, *Jeu et réalité : l'espace potentiel*, Paris, Gallimard, 2015

L'exposition comme médium.
Quelques observations sur la cybernétisation de l'institution et de l'exposition

Yuk Hui et Adeena Mey

Yuk Hui est docteur en philosophie, enseignant-chercheur à l'Université de Leuphana en Allemagne. Il est l'auteur de On the Existence of Digital Objects *(2016) et de* The Question Concerning Technology in China. An Essay in Cosmotechniques *(2016).Après des études de Science Studies et de théorie de l'art contemporain,*

Adeena Mey termine actuellement une thèse en études cinématographiques à l'Université de Lausanne. Il est chargé de recherche à l'Ecal (Ecole Cantonale d'Art de Lausanne).

Introduction

Dans « Qu'appelle-t-on un médium ? », Pascal Krajewski offre un très beau résumé des sens possibles de ce terme, sans pouvoir trancher parmi eux, sur la base d'une discussion détaillée des notions de médium, notamment chez Marshall McLuhan et Régis Debray. À partir de ces deux auteurs, deux approches du médium peuvent être articulées, l'une matérialiste et technique, l'autre plus symbolique et anthropologique.

Pour le premier, « le médium est le message[1] », parce que le médium parle, c'est-à-dire qu'il porte en lui-même une signification qui a toujours été ignorée ou occultée par le contenu du message qu'il porte. McLuhan propose une notion très générale du médium, affirmant que « tout prolongement technico-technologique de nous-mêmes est un médium[2] ».

---

[1] Pascal Krajewski, « Qu'appelle-t-on un médium ? », *Appareil* [En ligne], Articles, mis en ligne le 11 février 2015, consulté le 07 juin 2017. URL : http://appareil.revues.org/2152.
[2] *Ibid.*, p. 3.

Pour le second, le médium est « l'ensemble, techniquement et socialement déterminé, des moyens de transmission et de circulation symbolique[1] ». L'accent est mis sur le symbolique, ce qui restreint *de facto* toute appréhension du médium à la seule humanité. Il nous semble qu'une généalogie de la relation « symbolique/médium » s'avérerait nécessaire pour développer une notion généralisée et moins anthropocentrique du médium. Une première piste pourrait être l'interprétation du médium comme « milieu », telle que l'a proposée Monique Sicard dans « Du médium au milieu[2] ». Ce dernier désigne littéralement ce qui est au centre, ou ce qui est entre deux choses, connexion qui ouvre la voie à un autre type d'enquête concernant les relations entre tous les êtres.

Par conséquent, à la lumière de ces premiers défrichages, il nous semble que deux voies s'ouvrent à l'analyse du médium. D'abord, une analyse archéologique et matérialiste, qui concerne la transformation historique d'un standard en un autre, d'une matérialité en une autre et, à leur suite, la transformation sociale et économique ; ensuite, une analyse portant sur la communication, l'environnement et l'expérience du sujet et du groupe. Pour parvenir à une définition qui puisse englober les deux sens mentionnés, nous devrons y regarder de plus près. En effet, nous entendons ontologiser le médium au moyen de nouvelles notions fournies par la science et la technologie. Plus précisément, il s'agira de nous distancer de l'approche classique, aristotélicienne, afin de définir le médium comme modulation de tensions, comme système métastable.

Cette définition ontologique nous permettra de proposer une généalogie de l'exposition comme médium à partir de son infrastructure matérielle et comme vecteur de communication, en analysant le processus de cybernétisation et de réinstitutionnalisation de l'exposition tel qu'il se déploie à partir des années 1960.

1. Redéfinir le médium

Pour parvenir à une définition du médium qui risque de paraître étrangère aux historiens de l'art et aux muséologues, nous procéderons en deux temps. Premièrement, nous analyserons la notion de *modulation* dans le travail des philosophes Gilbert Simondon et Gilles Deleuze. Selon ces deux auteurs, cette notion permet en effet de penser une nouvelle ontologie qui implique également une nouvelle conception de l'esthétique. Dans un deuxième

---

[1] *Ibid.*, p. 3.
[2] Monique Sicard, « Du médium au milieu », *Livraisons de l'histoire de l'architecture* [En ligne], 20 | 2010, 10 décembre 2012, http://lha.revues.org/253 ; DOI : 10.4000/lha.253.

temps, nous articulerons le médium avec le *milieu¹* tel qu'analysé par Georges Canguilhem.

1.1. Le médium comme modulateur de l'information

Nous proposons de concevoir une définition du médium opératoire et processuelle (c'est-à-dire moins substantialiste). Une pensée substantialiste tend à réduire l'être à une essence, après quoi, celui-ci se ferme sur lui-même. Il s'agit donc d'une pensée statique et rigide qui ignore la dynamique de l'être en cherchant une identité immuable. La pensée scientifique et technique du XXe siècle a ouvert de nouvelles voies pour penser les dynamiques et les processus, et ainsi une ontologie généralisée permettant d'élaborer des théories résolvant l'opposition entre être et devenir, en remontant à leur genèse.

La notion de modulation nous permet de penser le médium comme une *opération* informationnelle et relationnelle. Dans son ouvrage *L'individuation à la lumière des notions de forme et d'information*, le philosophe Gilbert Simondon a proposé de refonder la question de l'individuation à partir de celle de la modulation, comme alternative à la pensée hylémorphique. L'hylémorphisme se résume à la formule suivante : une forme déjà individualisée impose une essence (*eidos*) à la matière passive ou inerte[2]. Prenons l'exemple de la fabrication d'une brique, donnant intuitivement l'impression que c'est le moule qui donne sa forme à une matière inerte, dans le cas présent, de l'argile. Simondon critique l'idée selon laquelle la forme du moule est *déjà individuée* ; quant à l'hylémorphisme, il ne permet pas d'expliquer le processus que le philosophe nomme « individuation ». Simondon propose donc de comprendre la fabrication d'une brique comme modulation, c'est-à-dire, plus précisément, comme opération informationnelle, dans laquelle il ne s'agit plus d'hylémorphisme, mais d'une modulation de l'information en fonction d'une certaine condition matérielle et énergétique : la texture de l'argile, les mains de l'ouvrier, la

---

[1] Le mot « milieu » en français est très lâche et mal-défini. Au XXe siècle, les philosophes ont employé le concept de milieu pour traduire des termes étrangers comme l' *Umwelt* allemand, ainsi que le *Fûdo* japonais (Augustin Berque). Cependant, ces deux termes véhiculent des sens fort différents. Le premier signifie un monde intériorisé par le sujet, le dernier renvoie à un environnement extérieur ou au climat.

[2] Nous renvoyons ici à Aristote. Dans le livre Z de sa *Métaphysique*, Aristote donne à la forme (*eidos*) seule (la forme comprenant elle-même la matière et sa composition) le statut de substance. Voir Aristote, *Métaphysique*, Traduction (éd. de 1953) de J. Tricot (1893-1963), Éditions Les Échos du Maquis ; cette forme-là présente une certaine similitude avec l'autre forme (morphé du l'hylémorphisme). Sur la relation entre les deux terme, voir Werner Marx, *The Meaning of Aristotle's "Ontology"*, Den Haag, 1954.

pression du moule entre les grains, etc.¹ Cette nouvelle démarche anti-aristotélicienne de Simondon ouvre une voie beaucoup plus large pour comprendre le médium comme une opération qui, bien qu'elle exige un support matériel, résiste à sa réduction à des conditions ou des objets purement matériels. *Dans cette perspective, le médium est informationnel et relationnel.*

La notion d'information joue un rôle central dans la philosophie de Simondon, et par conséquent la notion de forme peut être ressaisie à travers la notion d'information. L'information, selon Simondon, « à la différence de la forme, n'est jamais un terme unique, mais la signification qui surgit d'une disparation² » ; une « disparation » émerge de la tension entre deux schèmes ou deux réalités. Nous tentons donc de concevoir le médium comme un processus de traitement des disparations, déclenchant une transindividuation en tant que recherche d'une résolution, pour aboutir à une nouvelle métastabilité.

Dans le contexte de l'art et de l'esthétique, ces disparations peuvent prendre des formes sensibles aux intensités variables, la distinction entre le beau et le sublime d'Emmanuel Kant en est un exemple.³ La question fondamentale de l'esthétique est celle de la signification que porte le sensible pour celui qui la reçoit. « Être sensible » signifie que ce qui est transmis porte une signification pour le récepteur, opération d'un système auquel il participe. Comme Simondon l'a remarqué :

> Être ou ne pas être information ne dépend pas seulement des caractères internes d'une structure ; l'information n'est pas une chose, mais l'opération d'une chose arrivant dans un système et y produisant une transformation. L'information ne peut se définir en dehors de cet acte d'incidence transformatrice et de l'opération de réception⁴.

Si l'information joue un rôle central, c'est parce qu'elle est nécessaire à l'opération qui produit une transformation au sein d'un être. La modulation est une opération dans laquelle les disparations sont amplifiées ou couplées, faisant émerger une résolution. Nous nous bornerons ici à la modulation du sensible, autrement dit à l'expérience esthétique.

Pareille connexion entre modulation et esthétique se retrouve explicitement dans l'œuvre de Deleuze. En effet, Deleuze reprend la notion

---

[1] Sur cette question et une comparaison avec les cybernéticiens, voir : Hui Yuk, « Simondon et la question de l'information », *Cahiers Simondon*, n° 6, p. 29-46. Éditions L'Harmattan.
[2] Gilbert Simondon, *L'individuation à la lumière des notions de forme et d'information*, Grenoble, Éditions Jérôme Millon, 2006, p. 35.
[3] De même que Jean-François Lyotard parle d'une *heuristique* – c'est-à-dire une opération presque algorithmique – dans son analyse du sublime dans la troisième critique de Kant.
[4] Gilbert Simondon, *Communication et information*, Paris, Les éditions de transparence, 2010, p. 159.

simondonnienne de modulation dès son livre *Différence et Répétition* (1968), et l'applique, comme concept à la fois métaphysique et systématique, à sa relecture de l'histoire de la philosophie[1]. Nous nous référons au cours de Deleuze sur la peinture, dans lequel il propose de comprendre la peinture à la fois comme une modulation de la lumière et comme une modulation de la couleur.[2] Peindre est l'acte de moduler, que ce soit de la couleur, de la lumière ou les deux. Selon la lecture qu'en fait Deleuze, Cézanne emploie la technique de la modulation de la couleur, non pas de la lumière, la différence consistant dans le fait que l'artiste juxtapose des couleurs (un « nouveau régime de la couleur » dit Deleuze), et ce faisant, produit une figure, de la « ressemblance non similaire[3] ». Nous pouvons comprendre cette ressemblance non similaire ce que Simondon nomme disparation, qui est l'information.

La modulation de la peinture a pour but de produire un *espace signal* qui s'adresse à des spectateurs ; autrement dit, la création artistique tend vers un *médium* communicationnel, car une œuvre est un moyen d'individuation à la fois psychique et collective, entre le créateur et son public. Deleuze montre que ce sont les techniques de modulation qui définissent les espaces signaux, selon des techniques qui varient en fonction des cultures : il existe un espace signal grec, un espace signal byzantin, un espace signal égyptien. L'emploi du mot « signal » chez Deleuze requiert une certaine précaution de notre part, tout comme l'usage qui en est fait en sciences de la communication et en sémiotique, où il se trouve alors chargé d'une signification technique. Les signaux n'étant pas séparés de l'espace, la modulation esthétique peut donc être conçue comme visant à produire un « espace signal » comme « partage du sensible[4] ». L'espace signal est aussi un espace de significations, c'est-à-dire qu'il module les sens. Ainsi, les régimes du sensible comme disparations (comme dans le cas de la peinture), permettent au sujet de les intérioriser effectivement et de construire son propre monde.

1.2. Le médium comme intermédiaire avec le milieu

Dans *Le vivant et son milieu*, Canguilhem retrace la généalogie du terme « milieu » et les diverses nuances que ses usages ont pu prendre depuis le XVIIIe siècle. Dès le début de son texte, il note que le milieu « est en train de

---

[1] Voir l'analyse de Yuk Hui, « Modulation after Control », *new formations: a journal of culture/theory/politics*, vol. 84-85, 2015, p. 74-91.
[2] Gilles Deleuze, « La Peinture et la question des concepts transcription », Cours 17 du 05/05/81, dans *La voix de Gilles Deleuze en ligne*, http://www2.univ-paris8.fr/deleuze/article.php3?id_article=83.
[3] Gilles Deleuze, « La Peinture », Cours 18 du 12/05/1981, dans *La voix de Gilles Deleuze en ligne*, http://www2.univ-paris8.fr/deleuze/article.php3?id_article=198.
[4] Nous empruntons cette notion à Jacques Rancière. Voir *Le partage du sensible. Esthétique et politique*, Paris, La Fabrique, 2000.

devenir un mode universel et obligatoire de saisie de l'expérience et de l'existence des êtres vivants[1] ». Son enquête révèle la dimension profondément dialectique qui s'ouvre entre le milieu et le vivant qui l'habite. Si un premier mouvement insiste sur l'adaptation du vivant à son milieu, donné, conditionnant – Canguilhem remarque aussi comment le milieu est, en retour, façonné par le vivant. Ainsi le milieu n'est plus seulement à comprendre comme l'environnement donné et brut, mais comme le résultat d'une élaboration par le vivant de son habitat.

Il y a donc un phénomène d'adaptation du vivant, redoublé par une opération d'élaboration du milieu – dans un circuit bouclé. Nous proposons d'appeler « médium », ce qui justement opère dans ce processus entre le vivant et son milieu. Le médium indique comment le milieu influe sur le vivant et aussi, comment le vivant opère sur son milieu pour le façonner selon ses besoins.

Dans le cas de l'homme, le milieu ne peut être réduit à un environnement géographique ou physico-chimique. Il contient aussi toutes les sphères représentationnelles et symboliques – de sorte que le vivant, quand il s'agit de l'homme, doit aussi être compris selon ces deux dimensions : il est environnement physique et sphère sémiotique, chargée de sens. Le médium, au cœur du processus de co-détermination entre le milieu et l'homme, aura donc un effet sur les plans physique et symbolique. Le monde humain est riche de médiums qui permettent la modulation de processus d'intériorisation du milieu selon des règles préalables.

Si *l'environnement* brut donné n'a plus cours et doit être remplacé par l'idée de *milieu*, résultat de l'action de l'homme sur l'environnement, cette transformation passe par la soumission de l'environnement à une normativité[2]. Dès lors, l'activité humaine se définit notamment par sa capacité à modifier certaines normativités et à rompre avec elles en faveur d'une autre normativité compatible avec la vie. C'est là que l'on trouve aussi les actes créatifs qui transforment le milieu de manière radicale, et qu'on désigne par création artistique ou invention. Ces actes peuvent également être des actes puissants qui agissent à une échelle géographique[3]. Aussi, Canguilhem écrit-il : « en effet, le milieu du vivant est aussi l'œuvre du vivant qui se soustrait ou s'offre électivement à certaines influences[4]. »

Le milieu propre à l'homme n'est pas celui de l'animal, car l'homme est capable de modifier son milieu en lui attribuant des significations

---

[1] Georges Canguilhem, « Le vivant et son milieu », dans *La connaissance de la vie*, Paris, Vrin, 2009, p. 165.
[2] Guillaume Le Blanc, *Canguilhem et la vie humaine*, Paris, PUF, 2010, p. 232.
[3] *Ibid.*, p. 236.
[4] Georges Canguilhem, *Le normal et le pathologique*, 12e éd., Paris, PUF, coll. « Quadrige », 2013, p. 154.

symboliques, ainsi que des fonctions pragmatiques[1]. À la différence du milieu d'un animal, celui de l'homme convoque une médiation technique et symbolique comportant deux temporalités, l'une historique et anthropologique, l'autre médiatique et phénoménologique. La richesse du médium est ce qui distingue le monde animal du monde humain, l'homme étant le seul animal capable de créer un milieu technique agissant sur l'environnement extérieur : ainsi, nous avons un *monde de symboles* en-dessus du *monde de signes*. Le monde des animaux, lui, ne contient que des signaux d'où découlent des significations. Ces signaux constituent ce que Deleuze nomme un « espace signal ». Par conséquent l'adaptation de l'homme à son milieu, contrairement à celle de l'animal, se modalise bel et bien sous deux aspects : un aspect zoologique d'adaptation aux contraintes artificielles et naturelles de l'environnement, et une intériorisation de la sémiose généralisée et signifiante qui le baigne.

Entre l'intériorisation symbolique et le milieu extérieur, c'est-à-dire entre le subjectif et l'objectif, on trouve un *intermédiaire*, et c'est ce que nous continuons de nommer *médium*. Ce dernier n'est pas donné, au contraire de ce que l'on désigne d'habitude par « nature » ou « environnement », ni comme ce qui va être anticipé et interprété par le sujet-humain ou le sujet-animal. Le *médium*, tel que nous l'entendons, relèverait plutôt d'une opération faisant médiation entre deux réalités, agissant comme un mécanisme de modulation.

Le monde humain est riche de médiums par lesquels le processus d'intériorisation peut être modulé à partir de règles préalables. Comme mentionné plus haut, selon Canguilhem, la transformation de l'environnement en milieu résulte d'une soumission à un type de normativité. Dans leur évolution, les médiums produisent constamment des dynamiques symboliques, qui à leur tour reconfigurent les médiums dont l'intériorisation permet à chacun de créer sa propre vision du monde.

C'est à ce sens-là que tend notre proposition de théorisation de l'exposition comme médium. Plus précisément, l'exposition n'est ni un environnement objectif, ni un milieu déjà construit une fois pour toutes, mais un modulateur évoluant selon une technicité. Dans cette perspective, l'exposition est aussi un milieu spécifique à l'homme car il est un espace foisonnant de sens et de signaux. Elle n'est pas donnée immédiatement comme un paysage quelconque, mais est construite pour optimiser et amplifier certains signaux. Elle est véritablement une modulation chargée de sens, d'énergie et de potentiel. Nous explorons, plus bas, le moment de cybernétisation du musée et des expositions comme une mutation à la fois technique et éco-sociale.

---

[1] Gilbert Simondon, « Culture et technique », dans *Sur la technique*, Paris, PUF, 2014.

2. Le médium Exposition

Nous pouvons à présent nous pencher sur la période 1960-1970, moment critique pour la pratique artistique comme pour l'institution muséale. Effectivement, à cette époque, se développent des pratiques artistiques dites « intermédiatiques » et d'autres démarches artistiques conceptuelles, processuelles ou encore performatives, regroupées sous le poncif de « dématérialisation de l'art[1] ». Mais ce sont moins les reconfigurations du médium de l'art comme manifestant un prétendu tournant vers l'« intermédia[2] » ou vers la « condition post-médium[3] » qui nous intéressent ici que celles du médium de l'exposition, faisant apparaître de nouvelles formes d'intégration de ces pratiques au sein des institutions et des expositions.

Posons que l'exposition est un médium qui, par exemple, se situe entre une série d'œuvres d'art et les schèmes psycho-sociaux du public – la première constituant *le milieu*, et les seconds *sa représentation*. Elle module, à travers des objets concrets, parergonaux, et engage la représentation de chaque visiteur en modulant les informations comme la lumière, les couleurs, les sons et les gestes, et en produisant *in fine* un effet psychique et social. À partir de cette conceptualisation, nous pourrions commencer l'enquête sur l'infrastructure de l'exposition à partir de la notion d'information, en la considérant comme un système autorégulateur.

Il convient donc de se détacher de l'image de l'exposition comme espace fermé accueillant des œuvres d'art et des visiteurs. Nous la comprenons plutôt comme un système dont la croissance peut être exponentielle, traversant les institutions : elle crée un espace-signe non limité aux objets dans une salle, s'incarnant plutôt dans une réticulation d'information à l'intérieur des salles d'exposition, et se déployant dans une constellation *inter-institutionnelle* voire *transnationale*. Il nous semble que ce développement passe par deux voies, reprenant chacune des deux modulations du terme médium telles qu'on vient de les proposer : l'exposition, comme reconstruction d'un nouvel environnement, passant par une réticulation institutionnelle et transnationale ; et la « cybernétisation » de l'exposition, c'est-à-dire sa conceptualisation comme « centre de communication ».

---

[1] Lucy Lippard, *Six Years. The Dematerialization of the Art Object from 1966 to 1972*, Los Angeles, University of California Press, 1973, 1997.
[2] Dick Higgins, "Intermedia", *The Something Else Newsletter*, vol. 1, n° 1, 1966.
[3] Rosalind Krauss, "*A Voyage on the North Sea*" in *Art in the Age of the Post-medium Condition*, Londres, Thames and Hudson, 2000.

2.1. Le « milieu » muséal : Réticulation institutionnelle

Nous analyserons tout d'abord la réticulation de l'exposition, car elle nous semble constituer un premier niveau au sein de cette dynamique de reconfiguration. Bien qu'ayant accueilli les diverses expériences du modernisme, jusque dans les années 1960, le modèle du musée demeurait celui établi au XIXe siècle, fondé sur une épistémologie rationaliste établissant la classification comme modalité d'accès au savoir, corollaire du sujet voyant et étant vu. C'est dans une volonté de rupture avec ce paradigme – où l'exposition est conçue comme simple réceptacle d'objets offerts à la contemplation de ce sujet – que la possibilité d'un nouveau type de musée est débattue dans les années 1960-1970. Cette dynamique est contemporaine et entre en interaction avec d'autres transformations. D'une part, l'élargissement des pratiques artistiques (les « *expanded arts* »[1], synthétisés dans le diagramme produit par George Maciunas en 1966[1]) et d'autre part, le développement du régime intermédiatique des arts qui vient battre en brèche le principe moderniste de la spécificité du médium défini par Greenberg. En outre, cette expansion est réalisée dans les pratiques dites de « critique institutionnelle[2] » dont le mouvement au dehors – de l'institution, du musée, de l'exposition – établit ces derniers comme matériau même de la production artistique, l'objet de la critique devenant le médium même par lequel est formulée cette critique.

L'exposition fait partie d'un dispositif institutionnel qui ne touche plus simplement les œuvres d'art et les spectateurs. L'idéal moderniste d'auto-réflexivité du médium va venir toucher l'agencement discursif, sémiotique et matériel qu'est l'exposition, devenue ce que Rancière nomme un « dispositif critique », notant que l'émancipation esthétique se double alors d'une revendication d'émancipation sociale[3]. En effet, nous trouvons d'un côté des stratégies de réflexivité vis-à-vis de l'institution, qui déploient leur charge critique à l'encontre du *White Cube* (comme médium, il est considéré comme un vecteur idéologique, ou pire, il exerce, à travers ses qualités structurantes, une force disciplinaire sur les agents humains et non-humains qui circulent en son sein) ; de l'autre, cet *éthos* critique est endossé par

---

[1] Pour une reproduction de ce diagramme voir : Astrit Schmidt-Burkhardt, *Maciunas' "Learning Machines": From Art History to a Chronology of Fluxus*, Vienne / New York, Springer, 2003, p. 18 sq.
[2] Pour ne citer que cet exemple, les pratiques que ce terme recouvre occupent un espace ouvert, d'un côté, par l'héritage duchampien et l'attention portée au contexte d'exposition afin de montrer la condition nominaliste de l'art, et de l'autre, des modalités de critiques idéologiques et sociales du système artistique émergeant en opposition à la guerre du Vietnam. Voir notamment Christian Kravagna (dir.), *The Museum as Arena. Artists on Institutional Critique*, Kunsthaus Bregenz, Walther König, 2001 ; Alexander Alberro et Blake Stimson (dir.), *Institutional Critique. An Anthology of Artists' Writings*, MIT Press, 2011.
[3] Voir notamment : Jacques Rancière, *Le Spectateur émancipé*, Paris, La Fabrique, 2008.

l'institution elle-même dans la mesure où durant ce moment significatif des années 1960-1970, elle se transforme en ingérant les pratiques et postures artistiques et sociales de résistance ou de subversion à son endroit. Si ce moment signale de nouvelles démarcations et peut être analysé, dans la perspective de l'histoire de l'art, sur le mode d'une rupture, ces deux positions reposent en fin de compte sur le même socle épistémologique : l'affranchissement face au musée et sa démocratisation comme anti-illusionnisme, dévoilement. Le sujet éclairé est devenu capable d'échapper à ces vieilles lunes, et s'est équipé pour les dénoncer. Mais comme Sven-Olov Wallenstein l'a justement remarqué à propos de ce désir d'être en dehors de l'institution (artistique mais également psychiatrique) :

> L'institution produit une certaine structure du désir, elle active un certain espace dans lequel signifiants et désirs circulent, et en ce sens, il est tout aussi futile de rêver d'un espace complètement désinstitutionnalisé, comme d'une institution qui fonctionne[1].

Comme Deleuze et Guattari le diront en effet plus tard :

> les structures « dures » et segmentaires ne fonctionnent que sur la base de leurs 'lignes de fuite' ou de leurs fuites, parce que quelque chose leur échappe, irrévocablement. *Une société ou une institution ne forme qu'un que grâce à ce qui fuit*, de même que la ligne de fuite est le seul point de déterritorialisation d'une structure donnée[1].

De plus, la déterritorialisation implique en même temps une reterritorialisation qui vise à une métastabilité. Les lignes de fuite cherchent toujours les nouvelles réticulations circulant entre le public, les institutions sociales, financières, politiques, etc. En ce sens, l'exposition est détachée d'un lieu et des objets, c'est-à-dire qu'il ne s'agit pas simplement d'un médium produisant une médiation entre des objets et des spectateurs, mais qu'elle se répand hors d'elle-même pour occuper un nouveau territoire.

Pour le curateur Paul O'Neill, l'exposition comme médium résulte notamment d'une « convergence entre pratiques artistiques et curatoriales ». O'Neill situe la fonction de médium de l'exposition entre deux pôles, celui de la communication d'une part, et celui de sa faculté à déterminer des pratiques sociales de l'autre. Il se base sur les analyses du critique d'art Bruce Ferguson qui affirme que :

> [C'est par rapport au] site de présentation plutôt qu'en relation au moment de production d'une œuvre d'art individuelle que l'exposition génère de telles structures hiérarchiques, pour produire des formes générales et spécifiques de communication. [...] l'exposition artistique

---

[1] Sven-Olov Wallenstein, « Institutional Desires », dans Nina Möntmann (dir.), *Art and Its Institutions*, Londres, Black Dog Publishing, 2006, p. 122. Notre traduction.

temporaire est devenue le médium principal de distribution et de réception de l'art, et dès lors, l'agent principal du débat et de la critique, concernant tous les aspects des arts visuels[1].

Par ailleurs, cette période de redéfinition du musée et de l'exposition se caractérise aussi par des phénomènes d'hybridation ou d'indifférenciation des modalités de présentation de l'art, la galerie ne représentant alors qu'un espace parmi d'autres où artistes et curateurs expérimentent diverses possibilités de présentation de l'art. Une liste non-exhaustive composant cette topologie multiple pourrait inclure la salle de cinéma et la temporalité linéaire à laquelle est assigné le spectateur, le festival comme dispositif temporaire, la télévision comme lieu de diffusion et d'exposition de l'art vidéo, le livre d'artiste, ou pour prendre un exemple contemporain, la diffusion d'œuvres d'art numériques qui fait fi de l'architecture et de l'espace muséal – ces exemples invalidant toute velléité de concevoir l'exposition comme objet fixe et immuable[2]. L'exposition redéfinie comme médium doit être repensée selon cette transversalité, irréductible aussi bien à sa structure physique, architecturale, spatiale, qu'à sa simple fonction : il s'agit de la ressaisir dans sa capacité à redéfinir un « sensorium spécifique » et à dépasser « la séparation entre sens et médias[3] ».

2.2. La « modulation » muséale : Modèles cybernétiques

La cybernétisation de l'exposition doit être comprise ici comme la conception cybernétique de l'exposition, qui implique son refaçonnage concret (spatial, technique, matériel) par l'intégration de l'idée de *feedback*, et sa conceptualisation comme système organisé à rétroactions. L'exposition comme dispositif de modulation agit aussi bien sur la médiation entre les objets, les visiteurs, les institutions, que sur les sensibilités attentionnelles des spectateurs.

Nous pouvons étayer notre proposition à travers une série de formulations dues à des curateurs eux-mêmes dont la réception d'auteurs tels que McLuhan ou Wiener a influencé les entreprises de reconceptualisation et de

---

[1] Ferguson Bruce W., « Exhibition Rhetorics », dans Reesa Greenberg, Ferguson Bruce and Nairne Sandy (dir.), *Thinking About Exhibitions*, Londres et New York, Routledge, 1996, p. 178. Cité dans Paul O'Neill, *The Culture of curating and the curating of culture(s): the development of contemporary curatorial discourse in Europe and North America since 1987* [Thèse], Middlesex University, School of Art and Design, 2007, p. 107. Notre traduction.
[2] Pour un panorama des modalités diverses d'exposition, du film d'artiste et de l'image en mouvement plus spécifiquement, voir François Bovier et Adeena Mey, « On Moving Images, from the "Exhibition Format" to Public Space », dans Bovier François et Mey Adeena (dir.), *Exhibiting the Moving Image. History Revisited*, Zurich, JRP-Ringier, 2015, p. 4-17.
[3] Andrew McNamara et Toni Ross, « On medium specificity and discipline crossovers in modern art. Jacques Rancière interviewed by Andrew McNamara and Toni Ross », *Australian and New Zealand Journal of Art*, 2007, 8(1), p. 86.

refaçonnage – théorique comme concret – des dispositifs muséaux et expositionnels. C'est notamment au commissaire suédois Pontus Hultén que nous devons l'une des formulations les plus systématiques concernant ce qu'il nomme au début des années 1970 (avant qu'il ne devienne le premier directeur du Centre Pompidou) le musée comme « lieu de communication[1] ». Selon Hultén, ce dernier d'une part est conçu comme le lieu permettant de présenter les recherches artistiques que le musée traditionnel ne peut accueillir, et d'autre part doit prendre acte des « formes de communication » créant des « rapports nouveaux entre l'art et la vie, la vie et la création et la diffusion artistique », dynamiques nouvelles résultant de Mai 68. « Il s'agissait de favoriser la communication sociale » poursuit Hultén[2]. Plus précisément, ses idées pour ce nouveau type d'institutions sont synthétisées dans un schéma composé de quatre cercles concentriques[3]. La notion d'information est transversale aux quatre cercles, c'est-à-dire que toutes les composantes de ce lieu de communication sont ressaisies à travers la notion d'information. Ce système se précise comme suit :
  1. Information primaire (communication téléprintée)
  2. Espace et outils pour le traitement des informations (ateliers pour le public, les artistes et le personnel du musée)
  3. Information traitée (exposition d'art, films, musique, danse, théâtre...)
  4. Collection d'art, archives de films... Information traitée et gardée : mémoire[4].

Dans cette perspective, tout ce qui compose un musée est redéfini comme *information*, de la plus élémentaire non traitée, à des unités informationnelles transformées en objets culturels et à leur mise en mémoire (rôle de conservation et de collection du musée). Nous pouvons donc parler de cybernétisation du musée et de l'exposition, ces derniers devenant, en conséquence de cette remodélisation, un assemblage régulé par le principe cybernétique de *feedback* et de régulation de la production et de la circulation de l'information.

À cette schématisation de Hultén, à cette interprétation du musée comme « lieu de communication » réductrice en ce qu'elle ne discrimine pas « communication » et « information », nous pourrions opposer l'approche de la notion de « musée de communication » du curateur argentin Jorge Glusberg. Dans le cadre de ses activités au Centro de Arte y Comunicación (CAYC) de Buenos Aires, Glusberg a proposé une distinction opératoire

---
[1] Pontus Hultén, « Le musée, lieu de communication », *Skira annuel*, n° 75, 1975, p. 126.
[2] *Ibid.*
[3] « Un modèle abstrait » du Moderna Museet dont il fut le directeur avant de diriger Beaubourg.
[4] Yann Pavie, « Vers le musée du futur : entretien avec Pontus Hultén », *Opus International*, n° 24-25, 1971, p. 58-61.

pour ce nouveau type de musée et d'exposition. Selon lui, la « différence entre un musée de communication et un simple musée d'information repose sur le fait que le premier est orienté vers l'encouragement de la participation tandis que le second ne fait que transmettre du contenu déjà formé dans une structure qui inhibe une telle participation[1] ». En outre, cette notion de participation est l'effet d'une modulation facilitée par l'infrastructure cybernétique, et elle peut être considérée comme l'une des pierres angulaires de cette cybernétisation de l'art, dont le musée et l'institution prennent acte. En effet, dès les années 1960, participation et cybernétisation se font écho : les pratiques artistiques cybernétisées – des « happenings » à l'art informatique émergeant, en passant par les « environnements » et l'art cinétique – étaient considérées comme remettant en question la dialectique spatiale du fond et de la figure, ainsi que le paradigme perspectiviste sur lesquels l'activité spectatorielle classique est fondée, encourageant plutôt des formes de co-production du sens et d'intelligibilité de l'art (telles que l'interactivité, la collaboration, l'intégration dans l'œuvre). En outre, l'idée de participation renvoie encore au spectre des modes d'engagements corollaires de l'expansion des arts.

Pour ne citer que l'un des exemples les plus directement influencés par la cybernétique, le critique d'art américain Jack Burnham, dans son « Esthétique des systèmes », décrit l'intégration progressive, dans les années 1960, du spectateur dans l'œuvre d'art, les dispositifs communicationnels encourageant l'idée que l'homme est partie intégrante de son environnement, l'art par ordinateur réalisant radicalement cette vision d'une esthétique invalidant la « notion d'un art séparé de son environnement quotidien »[2]. Aussi, chez Glusberg, la participation s'inscrit dans une vision qui va au-delà d'une conception du musée comme lieu artistique.

> La prédominance de l'aspect fonctionnel en art, comme en architecture, étant historiquement un obstacle à la prise en considération adéquate de sa fonction de communication, transcendant considérablement la simple opérationnalité pratique pour devenir un moyen de connexion et d'implication avec le public, un moyen de façonner les relations sociales[3].

Pour Glusberg et son projet d'une « muséologie critique », il est nécessaire de réinscrire le musée au-delà du discours artistique pour le replacer dans les canaux qui participent à sa structuration interne et à son effectivité sociale : le musée est fondamentalement un « signe comprenant

---

[1] Jorge Glusberg, *Cool Museums and Hot Museums*, Buenos Aires, CAYC, 1980, p. 17. Notre traduction.
[2] Voir par exemple : Jack Burnham, « The Aesthetics of Intelligent Systems », dans The Guggenheim Museum, *On the Future of Art*, New York, Viking Compass, 1970, p. 95-122.
[3] *Ibid.*, p. 13.

d'autres signes » et peut donc être désigné par l'expression aux accents mcluhaniens de « musée comme message » (museum-as-message).

Avec le « musée comme signe/message » de Glusberg, le musée devient un médium global incluant d'autres médiums et communiquant lui-même avec d'autres médiums, à l'instar de la ville elle-même. Or, dans l'histoire de la cybernétisation du musée, cette articulation entre ville, exposition et institution a été expérimentée par Peter F. Althaus à la Kunsthalle de Bâle. Sur la base de recherches sur l'espace urbain et sa rationalisation – le développement d'un « modèle de pensée » pour des structures flexibles, capables de croître, de se réduire et de se régénérer permettant l'identification de l'humain avec ce milieu – Althaus a formulé la notion de « musée ouvert », conception éprouvée à travers l'exposition *Das offene Museum* réalisée en 1970 dans le musée bâlois alors sous sa direction.[1]

> Le musée d'art (...) se présente comme un centre d'information et de communication, puisqu'avec l'exemple de l'art – la réaction subjective et immédiate, temporellement et structurellement conditionnée, de l'individu doué d'expression à son milieu – le développement humain de la conscience comme expérience (recherche du passé), confrontation (conflit avec le présent), spéculation (planification de l'avenir) peut être contrôlé.[2].

Conclusion

Nous avons défini le médium comme modulateur technique de l'information au sens large, comme ce qui donne sa forme au milieu technique et à notre sensibilité. Nous avons postulé que l'exposition, dispositif technique *et* informationnel, pouvait être analysée comme médium. Enfin, nous avons suivi son évolution dans les années 1960, qui virent son milieu et son paradigme se transformer.

Cette époque voit en effet l'émergence d'une cybernétisation de l'exposition, véritable mutation épistémologique, où se théorise l'exposition comme « lieu de communication ». C'est aussi le moment historique où l'infrastructure technologique rejoint cette nouvelle conceptualisation et la réalise, comme Hultén l'a bien envisagé dans son texte « Le musée, lieu de communication » : « Une véritable science de l'information est en train de s'élaborer corrélativement à la nouvelle orientation prise par les sciences et les sciences humaines : histoire de l'art, informatique, cybernétique, linguistique et sémiologie, remise en cause de concepts de théorie, d'histoire, d'espace et de

---

[1] Peter F. Althaus, « Das offene Museum - die Stadt », *Kunstnachrichten*, Nr. 6(2), octobre 1969, non paginé. Notre traduction.
[2] Peter F. Althaus, « Kommunikation im 'Offenen Museum' », *SWB-Kommentare*, Nr. 16, September 1970, p. 617.

temps, de signe. »[1] Ces deux niveaux de cybernétisation – institutionnel et informationnel – ne sont pas séparés mais sont les deux faces d'une même pièce.

Au niveau institutionnel, on voit que l'exposition est de plus en plus intégrée aux recherches universitaires tout en étant populaire auprès du public. L'œuvre d'art selon ce paradigme n'est plus un objet passif, mais selon Hultén, plutôt un événement foisonnant d'informations, de débats et de dialogues.[2] Est rassemblé tout un corpus d'informations liées (critique, médias, information publique) que Glusberg désigne sous le terme générique de « paramédia »[3].

Au niveau informationnel, le musée lui-même, comme c'est le cas avec le Centre Pompidou, devient « une machine en mouvement » selon l'expression de son architecte Renzo Piano.[4] L'usage des dispositifs technologiques devient de plus en plus important dans les expositions qui possèdent une grande capacité à moduler les signaux et à mettre en œuvre de nouveaux circuits d'information. Et il ne s'agit pas simplement d'usage de la technologie, mais plutôt de la pensée cybernétique en tant que paradigme épistémologique qui comprend l'exposition comme un jeu de communication et de signaux.

---

[1] Pontus Hultén, « Le musée, lieu de communication », *Skira annuel*, No. 75, 1975, p.126.
[2] « Information, dialogues, débats doivent restituer l'œuvre d'art, la remettre au niveau de la vie et non plus en faire l'objet d'un culte passif » (*ibid.*)
[3] Jorge Glusberg, *Cool Museums and Hot Museums*, Buenos Aires, CAYC, 1980, p. 14.
[4] Cité dans Jorge Glusberg, *Cool Museums and Hot Museums*, Buenos Aires, CAYC, 1980, p. 15.

Bibliographie

ALBERRO Alexander et STIMSON Blake (dir.), *Institutional Critique. An Anthology of Artists' Writings*, MIT Press, 2011

ALTHAUS Peter F., « Das offene Museum - die Stadt », *Kunstnachrichten*, No. 6(2), Octobre 1969

BOVIER François et MEY Adeena (dir.), *Exhibiting the Moving Image. History Revisited*, Zurich, JRP-Ringier, 2015

CANGUILHEM Georges, « Le vivant et son milieu », dans *La connaissance de la vie*, Paris, Vrin, 2009

CANGUILHEM Georges, *Le normal et le pathologique*, 12e éd., Paris, PUF, Collection Quadrige, 2013

DELEUZE Gilles, « La Peinture et la question des concepts transcription », Cours 17 du 05/05/81, dans *La voix de Gilles Deleuze en ligne*

DELEUZE Gilles, « La Peinture », Cours 18 du 12/05/1981, dans *La voix de Gilles Deleuze en ligne*

FERGUSON Bruce W., « Exhibition Rhetorics », dans Reesa Greenberg, Ferguson Bruce and Nairne Sandy (dir.), *Thinking About Exhibitions*, London and New York, Routledge, 1996

GLUSBERG Jorge, *Cool Museums and Hot Museums*, Buenos Aires, CAYC, 1980

HIGGINS Dick, « Intermedia », *The Something Else Newsletter*, Vol. 1, No. 1, 1966

HUI Yuk, « Modulation after Control », *new formations: a journal of culture/theory/politics*, Vol. 84-85, 2015 HULTÉN Pontus, « Le musée, lieu de communication », *Skira annuel*, No. 75, 1975

KRAJEWSKI Pascal, « Qu'appelle-t-on un médium ? », *Appareil* [en ligne], Articles, 11 Février 2015, http://appareil.revues.org/2152

KRAUSS Rosalind, « *A Voyage on the North Sea* »: *Art in the Age of the Post-medium Condition*, London, Thames and Hudson, 2000

LE BLANC Guillaume, *Canguilhem et la vie humaine*, Paris, PUF, 2010

MCNAMARA Andrew et Ross Toni, « On medium specificity and discipline crossovers in modern art. Jacques Rancière interviewed by Andrew McNamara and Toni Ross », *Australian and New Zealand Journal of Art*, 2007, 8(1)

PAVIE Yann, « Vers le musée du futur: entretien avec Pontus Hultén », *Opus International*, no. 24-25, 1971

RANCIÈRE Jacques, *Le partage du sensible. Esthétique et politique*, Paris, La Fabrique, 2000

SCHMIDT-BURKHARDT Astrit, *Maciunas' "Learning Machines": From Art History to a Chronology of Fluxus*, Vienna / New York, Springer, 2003

SICARD Monique, « Du médium au milieu », *Livraisons de l'histoire de l'architecture* [En ligne], 20 | 2010, 10 décembre 2012

SIMONDON Gilbert, *L'individuation à la lumière des notions de forme et d'information*, Grenoble, Editions Jérôme Millon, 2006

SIMONDON Gilbert, « Culture et technique », dans *Sur la technique*, Paris, PUF, 2014

WALLENSTEIN Sven-Olov, « Institutional Desires », dans Möntmann Nina (dir.), *Art and Its Institutions,* London, Black Dog Publishing, 2006

Finale

Pré-médium

Daphné Le Sergent

Daphné Le Sergent est artiste et maître de conférences au département Photographie de l'Université Paris 8. Son travail de recherche articule pratique artistique et réflexion sur l'œuvre. En 2009, elle a publié L'image-charnière ou le récit d'un regard *(L'Harmattan). Son travail est régulièrement exposé dans des galeries et institutions.*

*

Supposez qu'un article puisse se dévoiler à l'instar d'un dessin, traversé par les lignes de dialogue entre deux interlocuteurs plutôt que se présentant comme le développement argumenté d'une thèse ou l'analyse fine d'un périmètre. Les lignes ici semblent s'étirer d'une façon pointilliste, rebondissent entre deux points de vue, et dressent peu à peu l'image d'une intuition intellectuelle. Au fil des pages de cet essai, les lignes s'allongent, elles viennent par là dissiper le flou de cette intuition pour épouser le contour de certaines idées, faire émerger des îlots de pensée et, dans ce tressage au début incertain, engagent la compréhension de ce qui n'était qu'un « ressenti noétique ».

*

Première ligne, l'idée d'un pré-médium

> *La scène se passe de nos jours. Les deux interlocuteurs se trouvent devant une feuille blanche. D'un côté, le Poète se tient hésitant, ne sachant pas encore ce qu'il va exécuter, de l'autre le Raisonneur, curieux d'assister à cette scène.*

Le Raisonneur – Excusez-moi de faire intrusion, de vous couper dans votre inspiration mais l'occasion est trop belle et je brûle de vous poser quelques questions. Au temps des écrans, du multi-média, et d'internet, comment appréhendez-vous le médium ?

Le Poète – Le médium ? Quelle drôle de question ! Selon moi, le médium n'existe pas.

Le Raisonneur – Oui enfin, c'est bien une feuille de papier que nous avons devant les yeux, n'est-ce pas ?

Le Poète – Certes. Mais le dessin, même s'il reste encore à réaliser, a pour moi déjà commencé.

Le Raisonneur – Ah ! Vous voyez ! Il s'agit d'un dessin, donc d'un médium particulier.

Le Poète *(se tournant vers le Raisonneur)* – Non, je ne voulais pas parler de ce dessin-là. Le dessin auquel je faisais allusion est déjà présent à moi avant même d'être visible. Il se prépare et monte comme une chose latente qui progressivement se précise. Au départ, c'est une vague sensation, même pas encore une forme ou une idée. Souvent, je ne cherche pas à la canaliser immédiatement dans une formalisation, je la laisse errer... ou au contraire, c'est plutôt elle qui choisit de resurgir à n'importe quel instant, quand je me promène en ville, quand je regarde une œuvre ou même quand je pense à tout autre chose. Tout à l'air de se créer à mon insu, c'est comme si les sensations vécues de mon expérience appelaient à elles cette lointaine impression que j'ai d'un futur dessin. C'est comme si une sensation présente venait révéler et cerner cette sensation d'œuvre que je ne connais pas encore.

Le Raisonneur – Oui, par mémoire involontaire. Deleuze en parle beaucoup dans sa *Logique de la sensation* ou dans son ouvrage sur Proust : une sensation vient en réveiller une autre, parce qu'elles résonnent dans le corps de la même façon. La sensation de l'océan évoque ainsi celle du ciel car elles sont de la même « sonorité sensitive », aussi vaste dans l'écho de leur étendue l'une que l'autre. Mais vous ne m'enlèverez pas de l'esprit l'idée que c'est le médium qui vient rendre effectif, *in fine*, le travail qui se trouve en pressentiment dans le flot de sensations que vous décrivez.

Le Poète – Justement non. Je suis en train de faire un dessin, mais cela aurait pu tout aussi bien être une poésie. Ce que je suis en train de vous expliquer est que peu importe le médium, tout est déjà là avant. Les sensations s'agrègent les unes aux autres et rendent possibles les conditions d'émergence de la forme artistique, ici une ligne, là un vers. Plutôt que médium, je parlerai volontiers de pré-médium.

Le Raisonneur – Quand vous parlez d'un pré-médium, le sens du préfixe est-il temporel ou logique ? S'agit-il des matériaux qui viennent avant la question du médium dans le processus créateur, ou d'une étape plus archaïque, qui implique sans le dire celle du médium ?

Le Poète – Un peu des deux ? Le pré-médium se présente à moi comme l'ensemble des sensations qui vont être mon véritable terreau primitif et dans lequel je vais puiser au fil de la création. Non, attendez, en fait, je crois qu'il ne s'agit d'aucun des deux. J'irai plus loin encore en disant que cet ensemble de sensations se compose également des sensations tirées de mon contact avec tel ou tel médium. Il n'y aurait pas un stade originel de la sensation puis celui de la réalisation et de son incarnation dans le médium mais la lente élaboration de la forme dans un pré-médium. Celui-ci est un magma initial ; et lui-même est le fruit d'une décantation : il se solidifie au gré des multiples agrégats de mes sensations quotidiennes.

Seconde ligne, le contre-point de la sensation

Les deux personnages sont assis à une table. Le dessin n'a pas avancé et ils prolongent leur discussion devant un café.

Le Raisonneur – Qu'appelez-vous au juste une « sensation » ?

Le Poète – La plus petite qualité que l'on retire des choses, leur réverbération en nous : le léger scintillement de l'anse de votre tasse sous la lumière, la chaleur de cet objet dans votre main, celle qui se communique à votre corps une fois que vous avez bu ce café, tout ce qui nous rend la réalité hautement contrastée. Vous reprendrez du sucre ?

Le Raisonneur – Non merci. (*Pause*). S'agit-il de la sensation telle que l'a définie le $18^{\text{ème}}$ siècle ? A la fièvre des grandes passions, manifestation des mouvements de l'âme – je pense à *Phèdre* de Racine par exemple – succède l'intérêt des philosophes et des scientifiques pour les petites fluctuations du corps. Le terrain des humeurs est délaissé au profit de celui de la sensibilité, de toutes ces petites aiguilles où vient se manifester la vie.

Le Poète – Développez, je vous en prie.

Le Raisonneur – Le $18^{\text{ème}}$ siècle va adopter l'idée de sensations élémentaires, hétérogènes et pouvant être isolées, étudiées. Et ce sur quoi s'installe le sujet, ce n'est plus tant la pensée mais ces sensations-mêmes, celles d'un tissu organique qui confère une stabilité pour ce que Georges Vigarello[1] nomme le « sentiment de soi ».

Le Poète – Cette idée me plaît, nous serions tous pétris de la même matière en somme.

Le Raisonneur – Vous allez un peu vite. Que la reconnaissance d'un for intérieur repose sur le corps plutôt que sur l'esprit ne revient pas encore à penser la nature de ces sensations. Ernst Mach, philosophe-physicien allemand du 19ème, dans une visée déjà presque phénoménologique, formule cette question beaucoup plus précisément que ne le fait le 18ème. Pour lui, seules les sensations viendraient constituer la conscience, selon le principe que ce ne sont pas les corps qui produisent des sensations mais les complexes de sensations qui constituent les corps.

Le Poète – Oui et bien voyez-vous, le pré-médium, c'est exactement cela. Un réservoir initial de sensations qui viennent s'agréger les unes aux autres. Une nuée initiale qui se structure peu à peu. La forme produite dans un médium, ce serait en quelque sorte la stabilité de ces agrégats, le fait que des liens entre deux ou plusieurs sensations se déterminent et se solidifient.

Le Raisonneur – Le médium consisterait pour vous dans le choix d'un type d'associations de sensations ? Quels seraient alors ces liens ?

Le Poète – Le premier de tous et que tout artiste doit, me semble-t-il, combattre, est celui de l'habitude perceptive.

Le Raisonneur – Je vous écoute.

Le Poète – Admettons que les sensations soient comparables à des empreintes. Plus l'empreinte des choses vient se répéter en nous, plus le sillon de la mémoire est marqué, stabilisé en une représentation. Dans le *Phédon*, Platon parle de notre rapport à la connaissance : les impressions sensorielles se rapportent à des traces originelles, celles laissées par une réalité supérieure dans les tablettes de cire de l'âme. Aussi, toute impression sensorielle viendrait-elle se mouler à une marque antérieure, « vraie » pour Platon. Le travail de l'artiste, ce serait justement de venir déstabiliser les liens entre sensations, acquis par l'expérience et l'habitude.

Le Raisonneur – Ce que reprend toute la théorie humienne : nos habitudes sensationnelles bâtissent notre monde. En se répétant, elles s'imposent comme nécessaires, les lois de causalité ne seraient plus que des habitudes ancrées. Mais attendez… je ne suis pas sûr de vous suivre. Vous voulez dire que les sensations s'agrègent entre elles dans l'habitude que nous avons d'identifier les objets par des mots ? Point ne serait besoin de s'arrêter

---

[1] Georges Vigarello, *Le sentiment de soi, Histoire de la perception de soi*, Paris, Seuil, 2014.

sur telle ou telle sensation puisqu'elles semblent glisser d'elles-mêmes, couvertes par les mots, par l'utilisation que l'on va faire de la chose, par la lecture que l'on prête au monde.

L'usage des mots, l'utilisation que l'on va faire de la chose, la lecture que l'on prête au monde, viennent en quelque sorte obnubiler la sensation qu'ils disent : Toute sensation en deviendrait évanescente, de ce que l'on ne prendrait plus le temps de s'arrêter dessus, se contentant du sens trivial qu'on lui suppose ?

Le Poète – Oui c'est cela. Voyez-vous, j'ai souvent l'impression que les sensations sont comparables aux ombres portées. En les regardant, on n'est jamais certain de l'objet qui les occasionne. Certes le contour nous donne des éléments d'identification, nous invite à formuler le mot ou le concept qui permettra de reconnaître cette chose. Mais la sensation, comme l'ombre, se dessine en creux. C'est comme si les contours, la cerne du mot si vous le voulez, avait été pulvérisée en une présence passée. L'artiste serait celui qui évolue dans ce monde des ombres.

Le Raisonneur – Oui, la caverne de Platon. Vous fumez ? (*il lui tend une cigarette*)

Le Poète – Merci. (*Il allume la cigarette et expulse en parlant un jet de fumée*). Non, la caverne est là comme espace projectif d'une vérité supérieure. Les ombres, réduites à être assimilées à des masses sombres, à de lointaines formes, deviennent interchangeables les unes avec les autres. Soit qu'une forme en évoque une autre, soit qu'elles aient la même position dans l'espace. Tout le travail de l'artiste consiste ainsi à substituer l'une à l'autre.

Le Raisonneur – La caverne de l'atelier alors (*sourire*).

Troisième ligne, déjouer les habituels contours des choses

> *Le poète s'est remis au travail. Il réunit à présent différentes images devant lui, recherches iconographiques tirées d'internet, divers croquis et schémas, notes griffonnées sur quelques bouts de papier. Il les regroupe en plusieurs piles, recommence l'opération. Soudain le Raisonneur croit apercevoir une analogie de structure qui vient se répéter dans certaines des images.*

Le Raisonneur – Résumons si vous le voulez bien. Le pré-médium se constituerait d'agrégats de sensations. Ces agrégats seraient de deux sortes, le premier relevant de l'habitude, l'autre tenant d'un jeu associatif ou d'une métaphorisation de la part de l'artiste.

Le Poète – En effet. Nous pourrions parler de lignes d'ailleurs. Dans le pré-médium, il y aurait d'abord deux types de lignes. Premièrement, la ligne-contour sur laquelle viennent se concentrer les sensations éparses, conférant au réel une stabilité objective. Cette ligne se tiendrait dans une tradition platonicienne qu'aujourd'hui nous pourrions qualifier de documentaire. Deuxièmement, une ligne de construction ou de composition, venant lier et hiérarchiser les éléments de l'œuvre les uns aux autres. C'est sur cette ligne que le spectateur est invité à sillonner dans l'œuvre.

Le Raisonneur – Quelque chose m'échappe. Je saisis votre histoire de lignes mais je ne vois pas très bien comment la sensation et le lien métaphorique peuvent intervenir. Si on pense aux tableaux classiques...

Le Poète – Vous avez raison. Il est vrai que les peintres de l'âge classique préféraient l'ordre éthéré de la géométrisation du monde. « Equilibre » et « harmonie » étaient leurs maîtres-mots. Mais je dirai là qu'il s'agit encore et toujours de lignes spécifiques engageant une sensation particulière du monde. N'oublions pas que le regard du peintre est imbriqué dans toute une écologie de formes culturelles et *d'habitus* visuels. La logique d'un espace maîtrisé par des lois géométriques va avec une conception rationalisée du monde, cartésienne me diriez-vous ? Anne Sauvageot parle d'une « culture de l'œil »[1], l'artiste retranscrit sur la toile les sensations qu'il a assimilées comme belles et que les commanditaires reconnaissent comme telles également. Une communauté de goût, en quelque sorte.

Le Raisonneur – Bien sûr, mais je ne m'y retrouve toujours pas entre la ligne de composition et l'association métaphorique que vous mentionniez tout à l'heure.

Le Poète – Le jeu métaphorique ne se crée pas seulement entre deux éléments de la toile. Il faut encore que l'artiste puisse modeler le pré-médium selon les lignes qu'il aura captées du monde extérieur. Prenez le peintre William Hogarth. Dans son *analyse de la beauté*, il s'émerveille devant la grâce de certaines lignes, les lignes ondoyantes. Ces dernières sont tracées dans l'air, de façon imaginaire, avec l'extrémité de nos membres ou avec notre corps entier, lorsque nous sommes en action. Pour cet homme raffiné du 18ème siècle, ainsi en va-t-il de la manière dont un gentilhomme meut sa main lorsqu'il présente à une femme son éventail ou sa tabatière, sachant user de l'arabesque et ramenant délicatement sa main vers le corps.

---

[1] Anne Sauvageot, *Voirs et savoirs, esquisse d'une sociologie du regard*, Paris, PUF, 1994, p. 99.

Et il suffit de s'attarder sur son œuvre pour apprécier la dynamique serpentine des compositions que ces lignes ondoyantes lui ont inspirées.

Le Raisonneur – Nous voilà revenus au 18ème siècle ! Le sensualisme anglais ! Diderot et les aveugles ! Condillac… et sa belle statue polysensitive ! Sans oublier le sublime d'Edmund Burke, bien sûr… (*levant soudain sa main au ciel*) Ah, le sublime ! Ce vertige des sens et de la raison ! La transcendance du sensoriel, que dis-je, la sublimation du sensoriel ! (*Il marque une pause, sa voix retombe et le ton se fait précis*). Quand Edmund Burke définit le sublime, voyez-vous, il pose comme primat celui des sens, de ce qu'ils nomment nos « facultés naturelles » relevant d'une conformation des organes, semblable chez tous. Ces sens nous mènent au plaisir ou à la douleur. Tandis que le beau procure un plaisir positif, un plaisir négatif est engendré par la cessation de la douleur ou son éloignement, voire sa simple évocation. Pour lui, cette profonde impression sur nos corps et nos esprits, liée à la conservation de soi, est la plus forte des deux. Tout ce qui est d'une certaine manière terrible ou traite d'objets terribles est ramené à l'idée de sublime. Que l'on puisse trouver du délice (*delight*) dans la représentation de la souffrance d'autrui ou dans le spectacle des catastrophes – ce sentiment d'horreur glacé – permet l'avènement d'un autre type de regard sur la peinture. Le spectateur n'est plus hissé dans l'univers lumineux, apaisant et maîtrisé du modèle antique, mais se laisse véritablement « engluer » dans l'intensité sensationnelle des toiles. Je pense particulièrement au *Radeau de la méduse* de Géricault qui relate la noyade d'une frégate et les cas de cannibalisme qui y ont été rapportés.

Le Poète – Quel enthousiasme ! Quel lyrisme ! On voit que vous n'avez pas « froid » aux yeux. Il faut absolument que je vous montre quelques reproductions de gravures romantiques de ma collection. On y perçoit très bien cet enivrement des sens au péril du réel. On plonge dans un univers de châteaux, chimères et cauchemars où l'obscurité devient le règne de la métamorphose. Le réel n'est bientôt plus qu'une carcasse, une sorte de ruine que l'on déguise à souhait par des visions les plus fantasques. Plus rien ne semble tout à fait réel dans le sublime. Les sujets parlent à notre imaginaire et sont tirés de notre imaginaire. Et c'est en plongeant au plus profond de son for intérieur que l'artiste devient visionnaire. A cette époque, on en vient même à se passer de l'observation directe du réel. Alexander Cozens, un peintre anglais du 18ème siècle, met au point une méthode pour inventer des paysages sans toutefois reproduire des éléments naturels. Sur une toile préparatoire, il pose rapidement un ensemble de taches d'encre qui lui évoque une sensation de paysage. Dans l'agencement de ces différents plans et masses, dénommés « macules », il en déduit peu à peu l'espace de la représentation. Ici la ligne de composition est totalement soumise à la sensation. L'artiste compose par jeu métaphorique, en déjouant les contours-clichés de ses sensations habituelles...

Le Raisonneur – Je comprends mieux. L'artiste ne puise plus seulement des sensations nées de son contact avec le réel mais emprunte aux sensations internes le ressort d'une œuvre qui cherche une proximité presque affective avec le spectateur. Connaissez-vous le physiologiste allemand Johannes Müller ? Dans un ouvrage intitulé *Des manifestations visuelles fantastiques*, il relève la possibilité d'une image et de visions fantastiques dans les sensations persistantes de la rétine.

Le Poète – On pourrait presque parler d'une ligne de composition qui devient physiologique…

Le Raisonneur (*regardant distraitement les documents face à eux*) – Qu'allez-vous faire de toutes ces feuilles ?

Le Poète – Après tout ce que nous venons de dire… ce n'est pas évident.

Le Raisonneur (*toujours les yeux posés sur les piles, reprenant avec un ton aimable*) – Bon, d'un côté nous aurions la ligne de composition qui organise les éléments du tableau les uns aux autres et dont la sinuosité prend source dans la sensation qu'en retire le peintre. De l'autre, nous avons une ligne-contour, tracée par l'habitude perceptive et nous permettant d'identifier les objets. Si je ne me trompe, votre dernière ligne, que vous appelez « physiologique », peut tout aussi bien fonctionner dans ces deux registres de ligne ?

Le Poète – C'est vrai que Cozens n'opère pas de distinction entre les deux. C'est ce qui fait justement la force de sa méthode. Il commence son tableau avec un ensemble de taches noires sur une feuille blanche. C'est cela son idée de paysage, la sensation d'un paysage à venir. Tout son travail consiste ensuite à distribuer ces macules, ces taches, selon l'interprétation qu'il en donne, soit comme lignes-contours – une tache se transforme en buisson –, soit comme ligne de composition – un groupe de taches s'enchaînant et s'amalgamant. Dans ce dernier cas, certaines taches s'agrègent entre elles et peuvent évoquer les ombrages du relief d'une montagne se débattant avec l'obscurité du feuillage d'un massif d'arbres au premier plan. Faire d'une sensation un mouvement, faire de ce mouvement une organisation de taches, en déduire un paysage. La ligne physiologique se tient résolument du côté de la sensation. Qu'elle se raffine en ligne-contour, et nous avons une chose individuelle ; que les sensations se précipitent en un ensemble, et nous obtenons une composition. Ce qui importe c'est bien l'énergie, le mouvement. (*Il devient songeur*).

Le Raisonneur – Et ce mouvement, vous pouvez m'en dire plus ?

Le Poète (*exclamatif*) – J'ai trouvé ! C'est du mouvement qu'il manque à mon dessin ! Je dois le travailler comme un champ de forces et non comme un espace de représentation. (*Se tournant vers le Raisonneur*). Excusez-moi. (*Sur un ton solennel*) Comme dirait Verlaine… il faut de la musique avant toute chose. Ce mouvement, c'est une ligne, une ritournelle, la petite musique de l'expression que Kandinsky nomme « nécessité intérieure ». Ou plutôt non, restons sur cette idée d'un champ de forces, une constellation dans l'espace intérieur. (*Il marque une pause*). Je me compare souvent à une plaque sensible. Les sensations s'y accrochent et s'articulent les unes aux autres selon ces forces en place. Le processus créateur se tient à la croisée de plusieurs forces, les unes venant de l'intériorité, les autres du monde extérieur. (*Il semble vouloir dire autre chose. Il hésite*). Remettons-nous au travail si vous le voulez bien.

Quatrième ligne, pour un dessin filmique

> *Le Poète fait glisser le crayon sur sa feuille et réitère son geste à plusieurs reprises. Les variations d'une même forme se superposent les unes aux autres. Une forme globale émerge de ce faisceau de lignes.*

Le Poète (*enthousiaste*) – Avez-vous déjà entendu parler du « dessin par le milieu ou par le contour » ? Dans ses études pour *La liberté guidant le peuple*, Delacroix crayonne plusieurs fois la figure féminine centrale selon des positions légèrement différentes. Il ne conçoit pas son sujet dans un simple contour, comme Ingres, mais dans une masse corporelle animée, prenant vie dans l'enchevêtrement des différentes silhouettes. On se croirait presque déjà au cinéma…

Le Raisonneur – Je n'arrive pas encore à discerner ce qui va émerger dans cette feuille mais tout ce que je peux dire pour l'instant, c'est que cette ligne ininterrompue est pour moi hypnotique. Depuis tout à l'heure, je suis des yeux le mouvement de votre main, un peu comme au cinéma où le regard se laisse conduire dans l'image animée.

Le Poète – D'ailleurs toute la difficulté d'un montage, c'est de faire en sorte que le mouvement engendré par un corps dans le plan A se prolonge dans le mouvement d'un autre corps dans le plan B. Après chaque coupe, le spectateur met quelques centièmes de seconde à repérer l'endroit qu'il doit regarder. Si on l'oblige à repérer un nouvel endroit, cela produit une désorientation. A chaque fois, il faut avoir une idée assez précise de l'endroit où vient se poser le regard. J'aime bien me dire que le travail du montage au cinéma, c'est comme un dessin temporisé, cela revient à créer des lignes de continuité dans le temps.

Le Raisonneur – Les fils invisibles du cinéma ! Venant coudre ensemble des dimensions hétérogènes.

Le Poète – Vous ne croyez pas si bien dire. Aux débuts du cinéma, au temps du muet, le travail du montage était dévolu aux femmes, comme s'il s'agissait d'un travail de couture où la main abouterait des fragments.

Le Raisonneur – Nous parlions tout à l'heure des lignes de composition dans la peinture et nous voilà à présent dans le montage cinématographique. Pour revenir à ma première question sur le médium, est-ce qu'il s'agit là pour vous du même type de ligne ?

Le Poète – Oui. Mais pour comprendre un tel rapprochement, il faut peut-être revenir un peu sur l'art moderne. A partir du moment où les artistes ne considèrent plus l'image dans la représentation qu'elle propose mais comme une surface plane avec des couleurs assemblées…

Le Raisonneur – La célèbre phrase de Maurice Denis. « Se rappeler qu'un tableau – avant d'être un cheval de bataille, une femme nue, ou une quelconque anecdote…

Le Poète – …est une surface plane » avant tout. Oui. Selon cette considération, la toile devient espace physique et l'œil un promeneur dans ce nouveau pré carré. Klee ira jusqu'à le comparer à un animal qui broute tranquillement les surfaces colorées ou qui sillonne sa longueur, porté par le dynamisme des lignes. La ligne de composition devient un réel vecteur pour le regard. Il ne s'agit plus comme les classiques de hiérarchiser les éléments d'une histoire ni même comme les romantiques de rendre compte d'une intensité physiologique. Cette ligne apparaît comme pure trajectoire…venant même prendre le pas sur la ligne-contour qui s'effrite, elle, passablement avec l'effondrement du système illusionniste perspectiviste. Et cette ligne trajectoire, ligne-vecteur, est pour moi celle qui est en jeu au cinéma.

Le Raisonneur – Les choses ne sont pas si « linéaires » que vous le décrivez. Cézanne dit de sa peinture qu'elle est là pour réaliser les sensations particulièrement intenses qu'il éprouvait lors de ses crises cérébrales[1].

Le Poète – Je n'ai pas dit que la ligne-vecteur de l'art moderne était dénuée de sensations ! Au contraire, en étant consacrée comme mouvement, elle permet de se libérer des contraintes figuratives et d'exercer un plaisir

---

[1] Lettre de Cézanne à Joachim Gasquet. Bernard Dorival, *Cézanne*, Paris, Tisné, 1948, p.106.

épuré. Nous aurions à faire à une sensation qu'ils prétendent détachée de tout objet.

Le Raisonneur – Honnêtement, vous y croyez ? Vous pensez que l'on peut isoler une sensation de sa réalité matérielle ?

Le Poète – Pourquoi pas ?

Le Raisonneur – Tout cela me semble bien présomptueux. Le projet moderniste vise à dégager des briques élémentaires pour construire autre chose, pour édifier une utopie où doit s'enraciner la vie. Soit, tout cela est louable en tant que projet. Kandinsky, quand il compare les sensations issues des différents organes sensoriels et en dégage des correspondances ne se trouve-t-il pas influencé par l'idée d'une œuvre d'art totale ? Même Marcel Duchamp à l'époque tourne cette idée en dérision[1] ! Le plaisir rétinien à l'état pur ! Quelle plaisanterie ! Ses *rotoreliefs*, qu'il présente ironiquement à l'exposition du concours Lépine, forcent tellement cette attitude par leur effet hypnotique qu'ils interrogent justement les limites de l'art et de cette mode.

Le Poète – Je ne sais pas. Je dois réfléchir à ce que vous soulevez. Si nous sortions pour une promenade ?

Cinquième ligne, Passages dans l'œuvre, la ligne performative

> *Le Raisonneur et le Poète marchent à présent côte à côte dans les rues d'un petit village. La nuit commence à tomber et les derniers commerçants s'affairent à ranger leur devanture.*

Le Poète – Depuis tout à l'heure, je réfléchis à votre remarque et il est vrai qu'il semble impossible de pouvoir penser une sensation dans son entière pureté. La tache rouge d'une toile abstraite ne peut isoler la sensation de rouge. On pourrait penser que cela favorise une intensité presque exclusive dans sa réception mais, face à elle, l'artiste ou le spectateur réagira toujours par une association d'idées ou avec d'autres sensations. Par contre, ce qui paraît intéressant de souligner vis-à-vis de ces lignes de parcours, c'est qu'elles s'avancent dans un perpétuel interstice entre deux éléments de la toile, entre deux objets, entre deux sensations, comme dans un rebond permanent. Imaginez la surface d'une toile, mon œil évolue, contact 1 : il touche un élément de sa course, contact 2 : il en touche un autre et ainsi de

---

[1] Pierre Cabanne, *Entretiens avec Marcel Duchamp*, Paris, Pierre Belfond, 1967, p. 74.

suite. Il n'y a certes pas de sensations pures mais des propositions de sensations pures qui sont en perpétuelle connexion les unes avec les autres et avec celles émises par le monde extérieur.

<u>Le Raisonneur</u> – C'est intéressant que vous utilisiez encore le champ lexical du toucher. Jean Paulhan, à propos de la peinture cubiste, convoque un espace tactile[1]. Le toucher prend le pas sur la vue. Tout se passe pour lui comme si notre regard était une allonge de nos doigts. On pourrait même parler du coup de ligne haptique à propos de cette ligne de composition qui devient trajectoire dans la peinture moderne.

<u>Le Poète</u> – Oui c'est très juste.

<u>Le Raisonneur</u> – Moi aussi, j'ai réfléchi à nouveau à ma position. Un peu plus tard, un peu plus loin, aux Etats-Unis en 1934, John Dewey publie son fameux livre *l'Art comme expérience*. On peut y lire : « Toute œuvre d'art possède un médium particulier qui sert de support, entre autres choses, au tout qualitatif dont elle est entièrement solidaire »[2]. Avec la modernité, la sensation doit passer dans et par l'objectivité de la matière, et non la représentation d'un objet. C'est bien la question du médium lui-même qui les entraîne de manière effrénée vers la sensation.

<u>Le Poète</u> – Pourtant la génération d'artistes qui se nourrit de la lecture de Dewey va mettre à mal l'idée de médium.

<u>Le Raisonneur</u> – Non ! Chez Pollock, le médium, c'est la peinture. C'est tellement vrai que Greenberg consacre son œuvre comme celle qui dévoile l'essence même du médium Peinture, à savoir la planéité de la toile.

<u>Le Poète</u> – Et que faites-vous de 4'33'' de John Cage, composé en 1952 et donc contemporain à *l'action painting* ? Dans ce morceau de musique, David Tudor, le pianiste, ne joue rien pendant quatre minutes et trente-trois secondes. Par là, il incite les spectateurs à faire attention aux bruits alentours, aux petites sensations environnantes, plutôt que de se concentrer sur un seul objet musical « autoritaire ».

<u>Le Raisonneur</u> – Ce que vous soulignez est vrai mais, hélas, ici se cachent peut-être les deux faces d'une même médaille. Dans les années 1960, Siegfried Kracauer, qui a émigré aux Etats-Unis, insiste sur l'hégémonie des sciences et la perte de crédit des interprétations que donnent la religion, les valeurs morales ou idéologiques. Il écrit cela dans les dernières parties de son livre *Théorie du film*. Pour lui, les sciences, sciences humaines comprises, sont devenues la clé unique. Pas de comportement sans

---

[1] Jean Paulhan, *La peinture cubiste*, Paris, Denoël, Folio/essais, 1990, p. 28
[2] John Dewey, L'art comme expérience, Paris, Gallimard, Folio/essais, 2010, p. 324.

une explication psychanalytique ou psychologique, pas de mouvement de foule sans une raison sociologique, pas d'événement sans convocation de l'Histoire. Et bien sûr, une confiance aveugle dans le progrès technique et la trame rationnelle mathématique qui le sous-tend. C'est comme si cette science avait vidé la réalité de l'expérience de toute substance. Il cite d'ailleurs Dewey dans cet ouvrage et reconnaît dans la peinture abstraite, dans ses lignes sinueuses, les symptômes de cette période. La peinture abstraite n'est pas tant anti-réaliste que révélant les lignes des processus mentaux contemporains, comme si l'art s'attachait à faire le relevé des trajets qui suivent nos pensées et nos émotions[1].

Le Poète – Le médium n'est donc plus considéré dans sa physicalité – ou dans son objectité comme vous le dites – mais se diffuserait dans l'expérience même ?

Le Raisonneur – Les théories de l'époque interrogent en effet cette question. Cherchant à dépasser l'histoire moderniste de Clement Greenberg qui s'origine dans les années 1940, Rosalind Krauss envisage la production des années 1960 autrement. Les pratiques artistiques sont déjà, à cette époque-là, multi-média : installation, performance, sculpture, son. Le défi de sa pensée est d'arriver à les embrasser sous un prisme commun. Dans un texte sur la notion d'index, elle insiste particulièrement sur l'ancrage de ces pièces dans l'espace réel du musée ou de la galerie. Son livre sur la sculpture, intitulé *Passages*, est écrit en ce sens. Le spectateur ne se tient plus dans un face-à-face avec l'objet artistique mais se trouve dans un espace immersif. Il le traverse, d'où l'idée de passages. Toutefois, il me semble que la question du médium n'est pas évacuée pour autant. Par exemple, c'est avec tout l'arsenal des matériaux industriels que les minimalistes travaillent. Ces objets manufacturés, entraînent de nouvelles logiques de construction. On est ici loin du collage cubiste même si ces œuvres impliquent l'idée d'un parcours, non plus cette fois de l'œil mais du corps tout entier !

Le Poète – Moi, j'y verrais la même question. Qu'ils réalisent des collages ou des œuvres *in situ*, ces artistes se trouvent confrontés au même problème d'agencement. Comment faire tenir ensemble des éléments disparates et hétérogènes sans faire intervenir la figuration ou la narration, pour les cubistes, ou sans en appeler à l'imitation d'espaces pré-existants, pour les minimalistes *in situ* ? A une différence près : pour les artistes modernes, la logique de montage relève d'une construction, de l'édification d'un ensemble abstrait mais cohérent, interne au plan de la toile ; pour les artistes des années 60, la logique de l'installation relève d'un dialogue

---

[1] Siegfried Kracaeur, *Théorie du film, La rédemption de la réalité matérielle*, Paris, Flammarion, Bibliothèque des savoirs, 2010, p. 416.

constant de l'œuvre avec le lieu. J'en reviens à ma ligne-parcours, celle qui court le long de ces ensembles et nous invite à les traverser – et le médium n'importe pas !

Le Raisonneur – A présent il fait déjà nuit. Nous pourrions imaginer traverser cette rue et rentrer à l'atelier ?

Sixième ligne, Le regard énuclée de la société du spectacle

> *Le poète a sorti une photographie de grand format qu'il a épinglé au mur. Il tient dans la main son dessin et reporte des blocs de traits ici et là sur la photographie. Le Raisonneur est assis, au fond de la pièce.*

Le Raisonneur – Où en étions-nous ?

Le Poète – J'essaye de reprendre depuis le début. Nous sommes partis de l'idée d'un pré-médium. J'ai proposé que ce pré-médium soit composé d'agrégats de sensations, ou plutôt qu'il se constitue de lignes d'agencements de sensations. Si on les énumère une à une, nous avons passé en revue la ligne de composition de l'âge classique, la ligne physiologique du romantisme, la ligne haptique du collage cubiste, la ligne-vecteur du montage cinématographique et la ligne parcours des installations des années 1960. Ce qui m'intéresse dans cette dernière, c'est qu'elle associe un « je vais » à un « je sens ».

Le Raisonneur – Même si Maurice Merleau-Ponty n'a été traduit que tardivement aux Etats-Unis – aux alentours des années 1970 – tout l'art de cette époque est emprunt d'une conception phénoménologique. Je citerai *Verb list* de Richard Serra, où il définit la sculpture au travers d'une liste de verbes d'action et de gestes. Ou encore *3L Beams* de Robert Morris, œuvre dans laquelle trois structures identiques en forme de L sont disposées dans l'espace diversement et impliquent à chaque fois chez le spectateur une perception nouvelle. Pour Rosalind Krauss, il n'y a pas un sujet qui préexiste à l'expérience de ces œuvres mais un sujet qui se construit dans l'immédiat de leur donne sensible. Mais je vois que vous avez cet ouvrage sur votre étagère ? Vous permettez ?

Le Poète – Oui, naturellement.

Le Raisonneur – Page 277. Je cite : « Nous ne sommes que la totalité de nos comportements visibles, tout aussi lisibles aux autres qu'à nous-mêmes. Nos comportements sont façonnés par le monde extérieur, par ses conventions, son langage, le répertoire de ses émotions – à partir desquels nous apprenons nos propres émotions »[1].

Le Poète – Cela renvoie à ce que vous disiez tout à l'heure quand vous parliez d'Ernst Mach, nos corps sont des complexes de sensations…

Le Raisonneur – Pas exactement, la pensée de Mach s'inscrit dans une observation physiologique que l'on a accusée d'être grossière, quelque peu mécaniste, voire psychologisante et qu'Husserl ne reprendra qu'indirectement. Ici Rosalind Krauss recoupe Maurice Merleau-Ponty dans l'idée d'une réciprocité. Le spectateur n'est pas seulement « actif », se dirigeant volontairement dans l'espace, il est aussi mû dans et par cet espace. Il touche mais il est touché. Encore une fois le paradigme du sens tactile…. Mais (*son regard s'oriente sur le travail du Poète*), je croyais votre dessin abouti ? Ce n'était qu'une étape ?

Le Poète (*ignorant sa remarque, les yeux rivés sur son travail*) – Pour continuer à parler de lignes, il me semble qu'il existe aussi des lignes photographiques. Regardez, l'optique de l'objectif écrase ou dilate les différents plans de l'espace dans le cadre de la photographie. On se retrouve face à des rapprochements inédits, des liens, des lignes que nous ne verrions pas en expérimentant ce point de vue directement.

Le Raisonneur – Oui enfin c'est discutable, la photographie, qu'elle soit argentique avec ses grains d'halogénure d'argent pour le noir et blanc ou numérique avec ses pixels ne présente pas de lignes. Je parlerais plutôt de trame.

Le Poète – Pourquoi toujours réduire la chose à sa réalité scientifique ? Pensez-vous réellement que c'est avec cette réalité-là que je crée ? Non. Tout médium est d'abord médium engendrant des sensations, des lignes, des associations : des façons à la fois de lier ensemble les éléments de l'œuvre et de guider l'acte perceptif du public. C'est cela mon véritable matériel !

Le Raisonneur – Ne vous emballez pas, c'était juste une remarque. J'ai bien compris que votre atelier était celui de la sensation… Bon, comment travaillez-vous la photographie alors ?

Le Poète – Et bien je cherche les lignes qu'emprunte le regard dans l'image et j'essaye de les retravailler par le dessin, soit de les accentuer, soit de les détourner.

Le Raisonneur (*se penchant sur l'épaule du Poète et regardant l'ouvrage*) – Intéressant, j'aime bien l'effet de déréalisation que cela suscite.

---

[1] Rosalind Krauss, *Passages, Une histoire de la sculpture de Rodin à Smithson*, Paris, Macula, 1997, p.277.

La photographie en effet ne se livre plus dans le code d'interprétation lié à son médium, c'est-à-dire l'image perçue en tant que trace objective d'une réalité passée, mais en appelle à un ailleurs, à un merveilleux.

Le Poète – Vous allez encore me rétorquer que je me place sous la coupe de l'affect et de l'émotion mais pour moi, il n'y a aucune image qui ne soit neutre et « objective ». Toute image, même la plus insignifiante, éveille une sensation, une tonalité. C'est Warhol par exemple qui disait que la vie était plus intense et plus vraie dans les films.

Le Raisonneur – Oui, par effet de ressort dramatique... (*sourire complice au Poète*)

Le Poète – Je dirai plutôt par effet mythologique...

Le Raisonneur – Je ne vous suis pas.

Le Poète – Vous qui lisez beaucoup, vous devez connaître *La société du spectacle* de Debord ? Bon, et bien, n'oubliez pas que toute image médiatique ou toute marchandise tend à être « maniable », taillée pour le besoin standardisé de chacun, assimilable facilement et assimilée sans qu'on y prenne garde. Roland Barthes parle de mythologie. Je ne reçois pas le signifiant photographique d'un homme avec un chapeau sur un cheval, je vois directement le *cow-boy* et j'appréhende avec lui les notions politiques et économiques d'entreprises individuelles qui lui sont afférentes. Le spectacle de Debord n'est pas si différent quand il parle de l'autonomie du spectacle sur la vie, d'images qui apparaissent coupées de l'existence. La sensation dans le spectacle n'est pas issue de l'expérience directe du spectateur avec ce qu'il contemple, c'est du *ready-made*, de l'automatique pour nos sens.

Le Raisonneur – Par rapport à la question que je posais sur le médium dans les années 1960...

Le Poète – Oui ?

Le Raisonneur – Est-ce qu'il n'y aurait pas un rapport ? Je veux dire que l'art de cette période pense l'expérience comme se détachant du médium. Et bien, ne faut-il pas y voir un écho de ce dans quoi nous plongent les médias ? Une coupure de notre expérience directe, de notre sensation directe, avec son image ?

Le Poète – Peut-être. Mais plus qu'à une coupure sensation-image, là où je critiquerais vivement la question des médias, c'est quand elle cherche à nous faire croire à un regard appareillé, à un regard qui voit tout, à son ubiquité.

Le Raisonneur – Il y a quelque chose sur lequel on vient de mettre le doigt, et qui nous ramènerait un peu à l'une de nos interrogations de départ :

le lien entre le multimédia et les appareils, et plus généralement l'influence du progrès technique dans le processus historique que vous avez décrit.

Le Poète – Oui je sais ce que vous souhaiteriez m'entendre dire… Le travail de l'artiste, dans son élaboration, se nourrit des avancées scientifiques et techniques. Les études des couleurs de Chevreul sont fondamentales dans l'émergence de l'impressionnisme, fasciné par le rendu des effets de lumière.

Le Raisonneur (*reprenant sur la lancée*) – La pensée positiviste prépare cela. Le sujet est réduit à son corps. La vision à un système optique. Toute chose est quantifiable. Le médium apparaît d'ailleurs dans une transparence, en tant que support physique pour le regard. Il n'y a qu'à énumérer le nombre impressionnant de machines optiques au 19ème et d'expériences scientifiques dont la plus célèbre dans le monde de l'art reste celle d'Etienne-Jules Marey. Le fantasme est celui d'un œil souverain, détaché du corps, voyageant au travers du cinéma et des panoramas, rendu perfectible et puissant grâce à ces machineries, excité sans cesse dans le flux des médias, dans le foisonnement des éclairages et des enseignes urbaines. Lazlo Moholy-Nagy prône l'appareil photographique procurant une « Nouvelle Vision », une prothèse qui peut appréhender ce que l'œil nu ne peut saisir.

Le Poète (*se détachant de la table de travail*) – Voilà, j'ai terminé. Quelle heure se fait-il ? Accepteriez-vous un verre ?

Septième et huitième lignes, les lignes du goût et de l'universel

> *Raisonneur et Poète se retrouvent à nouveau attablés. Ils dégustent ensemble une bouteille de vin que le Poète a sorti de sa cave.*

Le Poète – Comment trouvez-vous le vin ?

Le Raisonneur – Si mon palais ne me fait pas défaut, je dirais que c'est un Bordeaux.

Le Poète – Exact. C'est un Cabernet sauvignon. Il a une ampleur très fruitée, légère, peu alcoolisée et en même temps une force tannique. Une double ligne pour ainsi dire… après notre discussion… Deux lignes mélodiques : l'une est aiguë, acidulée, au souffle court, l'autre est plus grave, déposant l'arôme progressivement et se prolongeant en bouche alors que la première ligne s'est tue. Et… Comment trouvez-vous le dessin ?

Le Raisonneur (*hésitant*) – J'aime beaucoup. (*Il prend une gorgée de vin et ajoute d'un seul trait*). Suite à la discussion de cette journée, une chose m'apparaît tout à coup, une chose que nous avons éludée, contournée, la question du Sens, et pour être abrupt, de son absence. A bien y réfléchir, je ne suis pas sûr qu'un spectateur soit celui qui perçoive une sensation et se mette soudain à rêver. Le spectateur, c'est aussi celui qui voit *quelque chose*, comprend et se met à penser. Pour rester chez Deleuze, j'ai l'impression que vous développez une *logique de la sensation* – mais *quid* d'une possible logique du sens ?

> *Le Poète reste interdit quelques instants, regardant le Raisonneur puis son verre. Il semble à présent plongé dans une réflexion.*

Le Raisonneur – N'y voyez là qu'une question venant parachever ce moment passionnant. Rien de plus.

Le Poète – Pourquoi s'arrêter en si bon chemin ? Vous avez raison. (*Inspiré*). Car, au final, qu'est-ce que le sens sinon la connaissance, mon cher ami ? Et la connaissance est aussi celle qui se fait par la sensation. Le travail que je viens de terminer reprend des gestes qui, perçus par le spectateur, peuvent réveiller des gestes passés, routiniers, de ce qu'on appelle l'*habitus*. Evidemment, il n'y a pas un Sens qui vient se coller strictement sur cette image mais une appréhension sensible de ses lignes et mouvements qui parlent, à leur façon, de l'esprit du temps. Pourquoi aimez-vous telle ou telle pièce d'art primitif ? Pour sa forme, ce qu'elle fait résonner en vous ou bien pour les préceptes religieux et donc les relations sociales qu'elle porte ?

Le Raisonneur – Pour la connaissance qu'elle m'apporte du religieux au travers de sa forme.

Le Poète – Et bien voilà, vous avez votre réponse. La connaissance, le Sens dont vous vous préoccupez tant, relève aussi d'une connaissance intérieure. La configuration formelle d'une statuette d'art primitif m'imprègne de façon diffuse, les agrégats de sensations qui ont présidé à sa naissance et à la pensée qui l'a vu naître me font sentir quelque chose. C'est sur ce principe que tourne le tourisme culturel. Croyez-vous que les touristes étrangers lisent Georges Duby avant de visiter Notre-Dame ? Non ! Ils s'en imprègnent. De par sa structure, la cathédrale rend tangible l'idée de l'élévation de l'âme de la religion chrétienne. L'œuvre plaît parce qu'elle touche.

Le Raisonneur – Mais, dans le cas d'une œuvre d'arts premiers ou encore dans celui d'une cathédrale gothique, nous n'avons pas à faire à une œuvre individuelle. Les cathédrales sont un ouvrage collectif, n'est-ce pas ? Outre témoigner de la richesse des affects de la condition humaine, vous conviendrez qu'une œuvre d'art est toujours plus que cela. Il faudrait pouvoir revenir à quelque chose de moins subjectif pour concevoir que la sensation dans une œuvre, enfin les agrégats de sensation, peuvent nous mener à une quelconque connaissance.

Le Poète – Hoho ! (*Il sourit. Boit. Sourit à nouveau*)… Je vois aussi que vous pouvez produire des lignes sinueuses, cher Raisonneur.

Le Raisonneur (*lui rendant son sourire*) – Oui c'est la ligne de l'expression de la sensation d'un entêtement. Pourrait-on parler à présent de la sensation portée par un médium ? Nous évoquions tout à l'heure la société médiatique. Des cinéastes indépendants des années 1960 comme Peter Kubelka pensent le cinéma comme médium de temps et de lumière, dans ses effets de rythme et de clignotement. Wolf Vostell ou Nam June Paik cherchent quant à eux à saisir le flux télévisuel.

Le Poète – Vous qui m'affirmiez qu'il n'était pas possible de dégager une sensation dans sa pureté ! Nous parlons bien, depuis le début de cette conversation, d'associations et d'agrégats de sensations, n'est-ce pas ? Il me semble que toute sensation liée à un médium renvoie nécessairement à tout un ensemble iconographique relatif à cette époque. Dans *Sun in your Head* (1966), Wolf Vostell filme certes les oscillations du tube cathodique mais les images captées – *speakerine*, avions de guerre, missiles – y sont tout aussi importantes que le médium mis en exergue. Les images sont incarnées ! Cette question d'une connaissance de l'œuvre par la détermination de ses lois physiques est une affaire moderniste que nous avons largement dépassée ! D'ailleurs les années 1970 et notamment Robert Smithson y opposeront la notion d'entropie. Regardez autour de vous, croyez-vous que l'histoire nous mène vers des jours meilleurs, comme l'inculquait la foi dans une vision progressiste de l'histoire et des sciences ? Il y a justement un historien de l'art qui va envisager les choses autrement. Dans les *Formes du temps* (1973), Georges Kubler apprécie les formes artistiques dans leur agencement. Au lieu de chercher à les situer dans le temps, à les dater précisément et ainsi à perpétuer leur cours historique, il s'efforce de les comprendre dans leur disposition, dans l'articulation spécifique de leurs parties. Que ce soit le style gothique ou la perspective, elles ont toutes deux une façon de conformer les éléments constitutifs d'une façon particulière. Regardez le verre que vous tenez. Il remplit la même fonction qu'un gobelet du Moyen-Age mais toutefois, son aspect élancé, la façon dont le pied et le ballon s'harmonisent l'un avec l'autre, l'installent tout à fait dans le contemporain.

Le Raisonneur – Nous voilà donc sur le champ des techniques. Seriez-vous d'accord pour reconnaître leur importance sur l'organisation dans l'œuvre des sensations ?

Le Poète – Tout à fait. Marcel Mauss parle des techniques du corps et je crois qu'aujourd'hui nous sommes dangereusement soumis à un conformisme de nos gestes par l'utilisation des machines, des appareils, des espaces et objets standardisés qui constituent notre environnement.

Le Raisonneur – A la bonne heure ! Nous nous accordons sur un point.

Le Poète – Trinquons ! (*Levant son verre vers le Raisonneur*). Vous parlez de technique, moi de mouvement. Peut-être parce que je crois que toute technique doit nécessairement être incomplète, défaillante. Pour rester dans le strict domaine artistique, je crois qu'à l'utilisation technique et systématique d'un médium, doit être préféré un mouvement, souple et sensible, et plus fragile aussi, passant d'un médium à un autre.

Le Raisonneur (*Feignant de jouer un personnage, il ajoute sur un ton solennel*) – Le réel est un flux continu. Prenons garde aux découpages arbitraires/rigoristes qu'en proposent les mots et les techniques.

Le Poète (*Reprenant le même air*) – Oui, dans cette mauvaise pièce de théâtre, nous plaidons tous coupables. Et moi de citer Godard qui cite lui-même Racine : « Quand tu sauras le crime et le sort qui m'accable. Je n'en mourrai pas moins, j'en mourrai plus coupable. »

Table des matières

OUVERTURE

Un médium, des média ?   7
Pascal KRAJEWSKI

PREMIÈRE PARTIE : LE MÉDIUM DE L'ART

Dans le corps de l'œuvre : Pour une préhistoire du médium chez Diderot   25
Giuseppe DI LIBERTI

Kant, les beaux-arts et leurs moyens d'expression   43
Danielle LORIES

Qu'est-ce qu'un médium artistique ? Intention et condition   61
Michel GUÉRIN

L'impropriété du dessin   77
Lucien MASSAERT

La quadrature de la bande dessinée   95
Pascal KRAJEWSKI

Technique, genre ou médium ? Pour une réévaluation de l'expression "dessin animé" 127
Jean Baptiste MASSUET

INTERMÈDE

Remédiation (1996)   147
    Jay David BOLTER et Richard GRUSIN

SECONDE PARTIE : LES MÉDIA DANS L'ART

Le concept de médium chez Arthur Danto : Les choses banales comme médiums ?   191
    Vincent BEAUBOIS

L'art radiophonique : Histoire d'un médium de masse devenu médium artistique   209
    John BARBER

Une esthétique post-média (2001)   227
    Lev MANOVICH

Le "lâcher prise" : mutations numériques des gestes architecturaux   243
    Sébastien BOURBONNAIS

Le transmédia : Un dépassement du médium ?   263
    Karleen GROUPIERRE

L'exposition comme médium   289
    Yuk HUI et Adeena MEY

FINALE

Pré-médium   307
    Daphné LE SERGENT

Les Beaux Arts
aux éditions L'Harmattan

Dernières parutions

DU LIEU DE CULTE À LA SALLE DE MUSÉE
Muséologie des édifices religieux
Sous la direction de Claire Merleau-Ponty
Les lieux de culte et le patrimoine religieux posent des problèmes muséographiques spécifiques, en particulier lorsqu'un lieu de culte se transforme en musée. Quelle est la place de l'art contemporain dans ce type de lieux ? Comment expose-t-on les objets rituels dans les musées ? Les lieux des grandes religions présentes en France sont étudiés ici : cathédrales, églises, temples, mosquées, synagogues, pagodes.
(Coll. Patrimoines et sociétés, 29.00 euros, 334 p.)
ISBN : 978-2-343-13149-8, ISBN EBOOK : 978-2-14-005284-2

MÉMOIRES ET PATRIMOINES
Des revendications aux conflits
Sous la direction de Céline Barrère, Grégory Busquet, Adriana Diaconu, Muriel Girard, Ioana Iosa
Cet ouvrage propose une réflexion sur les revendications, les contestations et les conflits, qui participent à la fabrication contemporaine du patrimoine. Cette entrée introduit au cœur de la réflexion la compréhension du patrimoine comme construction sociale, liée à un contexte temporel et géographique spécifique, et surtout à une configuration sociale qui le crée. Le patrimoine ne sera pas considéré comme existant *a priori*, mais en tant qu'objet de revendication.
(Coll. Habitat et Sociétés, 38.50 euros, 388 p.)
ISBN : 978-2-343-13331-7, ISBN EBOOK : 978-2-14-005276-7

UNE ÉCOLE DE MANAGEMENT À L'ÉPREUVE DES COURS D'ART
Une jeunesse en quête de sens
Coste Dorina - Préface de Roxana Bobulescu
Cette étude vise principalement à repérer les usages des cours d'art graphique par une école de management, et par les étudiants dans leurs différentes dimensions. Quelles dynamiques sociales et identitaires déclenchent-ils sur les étudiants au sein de l'institution et aussi au sein de l'entreprise ? Cet ouvrage révèle une pédagogie qui se définit par l'éveil d'une conscience critique, menant les jeunes à questionner croyances, pratiques et institutions qui font partie de formes de domination à l'œuvre dans la société.
(Coll. Logiques sociales, 29.00 euros, 276 p.)
ISBN : 978-2-343-08851-8, ISBN EBOOK : 978-2-14-005393-1

IMAGES D'IMAGES
Sous la direction de François Soulages et Bruno Zorzal
Qu'en est-il des usages et des appropriations créatrices des images dans l'art contemporain, donc des images d'images ? Quand le faire prend l'air d'un refaire, nous rapportons-nous de la même

manière aux œuvres, aux procédés de création, ainsi qu'à la photographie et à l'art lui-même ? Cet ouvrage propose d'étudier en quoi les images d'images renouvellent les problématiques concernant à la fois la conception, la diffusion et la réception des œuvres.
(Coll. Eidos Série Photographie, 20.50 euros, 204 p.)
ISBN : 978-2-343-13642-4, ISBN EBOOK : 978-2-14-005308-5

TECHNO ET POLITIQUE
Étude sur le renouveau d'une scène engagée
Descamps Tanguy, Druet Louis
La techno est intimement liée au politique. De sa naissance aux États-Unis à son expansion en Europe, cette musique exprime un besoin d'émancipation sociale et politique. À travers l'étude empirique de la scène parisienne, nous observons qu'une partie d'entre elles se réapproprie les valeurs du genre musical. La techno devient le support d'actions solidaires, locales, une sorte d'utopie concrète qui ambitionne de diffuser ses valeurs dans la société.
(Coll. Logiques sociales, 19.00 euros, 180 p.)
ISBN : 978-2-343-12864-1, ISBN EBOOK : 978-2-14-005347-4

LA CHANSON POLYPHONIQUE FRANÇAISE AU TEMPS DE DEBUSSY, RAVEL ET POULENC
Cafafa Marielle
La chanson polyphonique française pour voix mixtes *a cappella* connaît un nouvel âge d'or durant la première moitié du XXe siècle. Écrites dans un style à la fois moderne et archaïsant, ces chansons, qui peuvent furtivement faire penser aux chansons de la Renaissance, contiennent de multiples références. L'auteur, musicienne, tente ici de déceler les probables sources d'inspiration des compositeurs qu'elle envisag comme des pistes pour penser l'interprétation de l'un des fleurons de la musique française.
(Coll. Univers musical, 38.00 euros, 482 p.)
ISBN : 978-2-343-13603-5, ISBN EBOOK : 978-2-14-005371-9

CINÉMA SÉNÉGALAIS
Sembène Ousmane le précurseur et son legs
Diop Mag Maguette
Cet ouvrage revisite l'histoire du cinéma sénégalais et le legs de Sembène Ousmane. La jeune génération de cinéastes et celle de l'avenir doivent connaître leur histoire, l'histoire du cinéma sénégalais, en garder une mémoire vivante source d'inspiration. Ce livre arrive au moment de la relance d'une industrie cinématographique et audiovisuelle durable au Sénégal depuis 2013.
(Harmattan Sénégal, 25.00 euros, 240 p.)
ISBN : 978-2-343-11581-8, ISBN EBOOK : 978-2-14-005245-3

LE MUSÉE, DEMAIN
Sous la direction d'Emmanuelle Amsellem et Isabelle Limousin
Quel est le devenir du lointain héritier de l'antique *mouseion* d'Alexandrie ? Pour penser l'avenir du musée, des professionnels et des experts se sont réunis. Cet ouvrage constitue une pierre angulaire pour un chantier fondamental, celui d'une refondation institutionnelle. Des approches territoriales, nationales et internationales continuent à dessiner les contours du musée que nous voulons bâtir ensemble pour demain.
(Coll. Patrimoines et sociétés, 26.00 euros, 248 p.)
ISBN : 978-2-343-12951-8, ISBN EBOOK : 978-2-14-005116-6

MÉTAMORPHOSES NUMÉRIQUES
Art, culture et communication
Sous la direction de Pélissier Nicolas, Pélissier Maud
Voici un éclairage original, inspiré par les sciences de l'information et de la communication, sur les transformations actuelles des industries et institutions culturelles, ainsi que des arts vivants, à l'ère du numérique. Les auteurs proposent de repenser les catégories de la création, de la

médiation ou de la réception au travers des perspectives de réinvention et de dépassement offertes par l'environnement numérique.
(Coll. Communication et Civilisation, 29.00 euros, 280 p.)
ISBN : 978-2-343-13261-7, ISBN EBOOK : 978-2-14-005074-9

DE L'ART CINÉTIQUE À L'ART NUMÉRIQUE
Hommage à Frank Popper
Sous la direction de Françoise Py
Frank Popper est l'un des grands théoriciens de l'art contemporain. Il est, sur le plan international, le spécialiste de l'art optique et cinétique, de l'art électronique, informatique et virtuel, et du Net Art. Ce volume auquel ont collaboré nombre de ses amis, artistes, historiens de l'art et esthéticiens, retrace son parcours hors normes, donne un éclairage nouveau sur les grandes expositions historiques qu'il a montées et entre en dialogue avec son travail de chercheur.
(Coll. Eidos série Retina, 27.00 euros, 270 p.)
ISBN : 978-2-343-12203-8, ISBN EBOOK : 978-2-14-005070-1

POÏÈSE / AUTOPOÏÈSE : ARTS ET SYSTÈMES
Sous la direction de Xavier Lambert
Cet ouvrage a pour vocation d'explorer une dimension particulièrement féconde de la relation entre les arts contemporains et les technologies du numérique. La poïèse renvoie à l'idée de fabriquer, et l'autopoïèse à ce qui se fait soi-même. L'hypothèse est que l'utilisation des systèmes autopoïétiques dans le cadre d'une démarche artistique décentre le rapport de l'artiste à l'œuvre dans sa poïèse. L'artiste reste concepteur, mais délègue la poïèse à un dispositif systémique processuel.
(Coll. Ouverture Philosophique, 32.00 euros, 310 p.)
ISBN : 978-2-343-13202-0, ISBN EBOOK : 978-2-14-005045-9

IMAGES SERVILES, IMAGES CRITIQUES
Photographie et corps politiques, 10
Soulages François
Ce livre conclut une série de dix ouvrages publiés sur la problématique Photographie & corps politiques. Il nous interroge sur les représentations photographiques, idéologiques ou artistiques des corps politiques, en questionnant les potentialités des images - servilité, critique ou création. Et ce, à partir d'images policières, psychiatrisantes et artistiques. Les enjeux sont en effet certes politiques et moraux, mais aussi existentiels et esthétiques. Deux artistes - Bernard Koest et Bruno Zorzal - interviennent dans ce livre pour présenter des photographies.
(Coll. Eidos Série Photographie, 17.50 euros, 158 p.)
ISBN : 978-2-343-13257-0, ISBN EBOOK : 978-2-14-004943-9

POÏÉTIQUES DU DESIGN 4
Conception, corps et fiction
Sous la direction de Gwenaëlle Bertrand et Maxime Favard
Au regard des trois précédents volets de «Poïétiques du design», ce quatrième recueil d'articles permet d'aborder la question de la conception au travers d'une relecture du corps et de nos capacités à nous aventurer dans certaines fictions. Les auteurs de cet ouvrage s'attachent à interroger la place du corps et de la fiction dans la conception en architecture et en design, et font état d'un transhumanisme croissant au niveau du corps, de la science, de l'industrie et de l'éthique.
(Coll. Esthétique série Ars, 22.50 euros, 216 p.)
ISBN : 978-2-343-13352-2, ISBN EBOOK : 978-2-14-005104-3

LE CORPS DANSANT
Ouvrage dirigé par Dominique Rebaud
Ces troisièmes Carnets d'Archipel Méditerranées posent la question du Corps Dansant partout où il se trouve : dans les pratiques sociales dansées, dans la création contemporaine, dans la profondeur des temps, l'infini des espaces et des cultures. Ce Corps Dansant souvent oublié, interdit ou inconnu et que chacun possède de manière innée et acquise, est décrypté et analysé

dans ces différents textes ; répondant ainsi à l'appel d'Adel Habbassi pour que le théâtre soit «un lieu de partage de nos intelligences» engendrant des «formes forcément hybrides».
(Coll. Carnets d'Archipel méditerranées, 13.50 euros, 136 p.)
ISBN : 978-2-343-13355-3, ISBN EBOOK : 978-2-14-005117-3

TWIN PEAKS ET SES MONDES
Foubert Jean
Début 1990, la série télévisée de David Lynch, *Twin Peaks*, crée l'événement. Le créateur, novateur et sulfureux, d'*Eraserhead* (1977) et de *Blue Velvet* (1986) révolutionne le concept et l'écriture de feuilleton de télévision. En 2017, Lynch réalise une troisième saison intitulée *Le retour*. Entre-temps, il y aura eu *Twin Peaks : Fire Walk with me* (1992), œuvre de cinéma magistrale, méprisée alors, unanimement réévaluée aujourd'hui. Par l'exploration de ses dimensions culturelles et esthétiques, cet essai cartographie l'univers et le réseau édifiés par D. Lynch.
(Coll. Champs visuels, 13.00 euros, 106 p.)
ISBN : 978-2-343-13507-6, ISBN EBOOK : 978-2-14-005184-5

ABÉCÉDAIRE DE LA FANTASMAGORIE
Variations
Vimenet Pascal
La fantasmagorie et son aura traversent l'espace historique originel qui voit muter les «phantasmagories» jusqu'aux expériences hybrides actuelles. Ce thème fédère ici 83 nouvelles entrées qui questionnent la propagation internationale de la fantasmagorie et ses manifestations dans le cinéma d'animation sur les plans graphique, technique, littéraire, politique, philosophique, plastique. Elles incluent une vingtaine d'inédits de Pascal Vimenet, de 1985 à 2017.
(Coll. Cinémas d'animations, 36.00 euros, 354 p.)
ISBN : 978-2-343-13318-8, ISBN EBOOK : 978-2-14-004987-3

CONSEILS DU THÉÂTRE DE L'UNITÉ À NE PAS SUIVRE
Lettre à Charlotte
Livchine Jacques, De Lafond Hervée - Préface de Jean-Pierre Marcos
Ce livre est une belle leçon de théâtre pour tous les jeunes artistes, un recueil d'histoires extraordinaires, pour que la création hors les murs puisse se poursuivre et se nourrisse aux sources de leurs imaginaires. Les auteurs, des amoureux fous du Théâtre et particulièrement du Théâtre de rue, nous communiquent la vibration de chaque idée, le parfum de chaque mot, le feu qui les brûle toujours.
(Coll. Citizen Free Art, 16.50 euros, 152 p.)
ISBN : 978-2-343-13130-6, ISBN EBOOK : 978-2-14-005212-5

ENTRE LES CORPS
Les pratiques émersiologiques aujourd'hui (cirques, marionnettes, performance et arts immersifs)
Actes du colloque des 7 et 8 octobre 2016 au Centre national des arts du cirque
Sous la direction de Bernard Andrieu et Cyril Thomas
L'art vivant implique le corps dans la création d'une esthétique intercorporelle : relation directe avec le public, échanges entre les partenaires, émersion de sensations intimes. Par le contact tactile des mains, des corps et des peaux, des informations invisibles sont activées dans les réseaux nerveux, hormonaux et cérébraux. Ainsi, les artistes se reconnaissent par la projection de leur espace corporel qui repose sur une sensibilité empathique, dans une reconnaissance affective et sur une résonance motrice.
(Coll. Mouvements des Savoirs, 24.00 euros, 232 p.)
ISBN : 978-2-343-13132-0, ISBN EBOOK : 978-2-14-005027-5

L'HARMATTAN ITALIA
Via Degli Artisti 15; 10124 Torino
harmattan.italia@gmail.com

L'HARMATTAN HONGRIE
Könyvesbolt ; Kossuth L. u. 14-16
1053 Budapest

L'HARMATTAN KINSHASA
185, avenue Nyangwe
Commune de Lingwala
Kinshasa, R.D. Congo
(00243) 998697603 ou (00243) 999229662

L'HARMATTAN CONGO
67, av. E. P. Lumumba
Bât. – Congo Pharmacie (Bib. Nat.)
BP2874 Brazzaville
harmattan.congo@yahoo.fr

L'HARMATTAN GUINÉE
Almamya Rue KA 028, en face
du restaurant Le Cèdre
OKB agency BP 3470 Conakry
(00224) 657 20 85 08 / 664 28 91 96
harmattanguinee@yahoo.fr

L'HARMATTAN MALI
Rue 73, Porte 536, Niamakoro,
Cité Unicef, Bamako
Tél. 00 (223) 20205724 / +(223) 76378082
poudiougopaul@yahoo.fr
pp.harmattan@gmail.com

L'HARMATTAN CAMEROUN
TSINGA/FECAFOOT
BP 11486 Yaoundé
699198028/675441949
harmattancam@yahoo.com

L'HARMATTAN CÔTE D'IVOIRE
Résidence Karl / cité des arts
Abidjan-Cocody 03 BP 1588 Abidjan 03
(00225) 05 77 87 31
etien_nda@yahoo.fr

L'HARMATTAN BURKINA
Penou Achille Some
Ouagadougou
(+226) 70 26 88 27

L'HARMATTAN SÉNÉGAL
10 VDN en face Mermoz, après le pont de Fann
BP 45034 Dakar Fann
33 825 98 58 / 33 860 9858
senharmattan@gmail.com / senlibraire@gmail.com
www.harmattansenegal.com